KB058166

조선은
왜
무너졌는가

조선은 왜 무너졌는가

정병석 지음

시공사

이 책에서 날짜 기준으로 조선 왕조의 이야기를 기록했거나《조선왕조실록》의 내용을 인용한 경우, 모두 한국고전번역원(http://www.itkc.or.kr)에서 제공하는《조선왕조실록》데이터베이스를 참고했음을 알려드립니다. '참고문헌'에 표기되지 않은 고전 문헌(《경세유표》,《율곡전서》등)의 해석도 같은 곳을 참고했습니다.

왜 어떤 나라는 가난하고 어떤 나라는 잘사는가? 무엇이 이런 차이를 만드는가? 오랜 역사에 걸쳐 하나의 민족으로서 같은 문화와 같은 언어를 가진 나라였던 남한과 북한이 왜 경제력에서 엄청난 격차를 보이는가? 미국의 하버드대학교와 MIT의 경제학, 정치학 교수인 대런 애쓰모글루, 사이먼 존슨, 제임스 로빈슨 세 사람은 남북한 간의 경제력 격차를 경제성장론으로 어떻게 설명할 수 있는가에 대해 연구했다. 세 교수가 2005년에 발표한 논문 "장기 경제성장의 근본 원인으로서의 제도 Institutions as a Fundamental Cause of Long-run Growth"는 남북한 간 경제성장 격차가 발생한 원인을 규명하는 데서 출발했다. 남한과 북한은 원래 한 나라였고 문화와 언어 등이 같았는데, 1945년 인위적으로 분단되고 나서 아주 다른 길을 걸어왔다. 분단 이후 두 나라는 점차 차이를 보이기 시작하더니, 현재 엄청나게 큰 경제력의 격차를 보이고 있다.

1945년 해방 후, 북한은 소련식 사회주의체제를 선택하여 사유재산과 시장경제를 폐지하고 정치적으로는 공산당의 일당독재체제를 구축했다. 반면 남한은 미국식 자본주의 시장경제체제를 채택하여 사유재산을 인정하고, 정치적으로는 민주적인 체제를 정착시켰다. 남한과 북한은 지리, 기후, 자원, 문화, 종교, 언어, 인종 등에서는 차이가 없었는데 정치와 경제제도에서만 달라진 것이다. 즉, 남한과 북한이 다른 조건에서는 다 동일하고 단지 제도에서만 차이가 있었는데, 경제적 성과에서 엄청난 격차를 보였다는 것이 세 교수의 핵심 주장이었다. 특정한 경제성장 모델이 타당한지 아닌지를 현실에 직접 적용하고 실험해보는 것은 대단히 어려운 일인데, 남북한의 사례는 성장 모델의 타당성을 자연스럽게 입증해준 역사적인 실험이었다고 평가한 것이다. 애쓰모글루를 비롯한 교수들은 남북한에 대한 분석을 토대로 장기 경제성장에 제도가 가장 중요한 요인이라는 확신을 얻었다. 그리고 동서양의 많은 나라들에도 계속 이 모델을 적용하여 분석하고 있다.

대학생들에게 "500년 이상 존속했던 조선이 왜 망했을까?"라는 질문을 던지면 대개 당파 싸움, 쇄국정책, 양반의 수탈 등의 답변을 한다. 그러면 "그런 요인들이 어떻게 조선을 망하게 했을까? 경제학적으로는 어떻게 설명할 수 있을까?"라고 질문하면 그다음부터는 답변이 궁해진다.

오랜 기간에 걸쳐 한 국가의 경제가 성장하고 쇠퇴하는 것을 설명하는 이론이 경제성장론이다. 경제성장론의 관점에서 장기적으로 살펴보면 한 나라의 경제성장에 가장 중요한 영향을 미치는 것은 '제도'이다.

제도에는 여러 유형이 있는데, 그중에는 국가의 경제성장을 촉진하는 성격의 제도가 있는가 하면 오히려 저해하는 성격의 제도도 있다.

한편 사회의 의식, 가치관, 종교, 문화 등도 경제성장에 중요한 영향을 미친다. 제도와 경제성장의 관계를 규명하여 노벨경제학상을 수상한 더글러스 노스는 이런 문화 등의 요인을 법제화되지 않은 '비공식적 제도'로 부르자고 했다. 이렇게 되면 정치나 경제제도뿐만 아니라 문화 등의 비공식적 제약까지 모두 제도라는 틀 속에 포괄하여 이론을 정립할 수 있게 된다.

제도에 중점을 두는 경제성장론(제도론)의 관점에서 검토해보면, 남북한의 격차를 제도의 차이로 분석하는 것처럼 조선이 왜 쇠퇴의 길로 가게 되었는지도 보다 설득력 있게 설명할 수 있다. 그러나 그간 한국사학계나 조선경제사학계에서는 조선의 흥망을 제도라는 관점에서 분석하는 사례가 별로 눈에 뜨이지 않았다. 최근에는 이헌창 교수가 재산권 보장, 특히 토지 소유권에 대하여 제도론 관점에서의 연구를 시도하고 있다.

몇 년 전부터 나는 《반계수록》, 《우서》, 《북학의》, 《경세유표》 등 조선 중후반기 고전을 읽으며 당시 학자들의 탁월한 경륜에 심취했다. 그런데 한편으로는 의문이 들었다. 17세기에서 19세기에 저술된, 이렇게 훌륭한 제도 개혁론들은 왜 당시에 널리 읽히지 못하고 정책에 반영되지 못했을까? 왜 조선의 경제성장에 직접 기여하지 못했을까? 이런 의문을 갖는 데서 이 책의 논의가 시작되었다. 많은 조사와 연구 끝에, 나는 제도적 요인이 조선 경제 쇠퇴의 핵심 요인이라는 결론을 내렸다. 그리고 이러한 논의를 여러 사람과 같이 하기 위해 이 책을 썼다.

《조선은 왜 무너졌는가》의 목적은 조선의 주요 제도에 집중하여 어떤 제도가 정치·사회를 어떻게 안정시켰고, 어떤 제도가 왜 경제성장을 저해했는지 살펴보는 것이다. 나는 국사학자가 아니고 조선에 관한 1차 사료를 자유롭게 접할 수 있는 상황에 있지도 않다. 그럼에도 불구하고 기왕에 연구, 발표된 자료를 제도라는 관점에서 분석하고 재해석해보면 조선 흥망의 요인들이 더 분명하게, 논리적으로 설명될 수 있다고 생각한다.

1652년 반계 유형원은 전라도 부안에 칩거하면서, 임진왜란과 병자호란을 거치며 철저히 무너진 조선의 제도를 복원하고 나라를 재건하는 방안을 연구하기 시작했다. 그는 18년간 심혈을 기울여 《반계수록》이라는 대작을 완성한다. 《반계수록》은 17세기 후반에 조선 제도 전반에 대한 분석과 개혁 방안, 즉 '국가개조론'을 제시한 매우 체계적인 역작이다. 여러 학자와 관료들이 숙종과 영조 등 여러 임금에게 《반계수록》을 제출하며, 출판하여 널리 읽히게 해달라는 상소를 올렸으나 계속 무시당했다. 관료와 학자들이 두루 읽고 정책에 반영하려면 마땅히 인쇄하여 출판해야 하는데, 조선 조정에서는 출판해달라는 단순한 건의조차 수용하지 못했다. 《반계수록》이 인쇄된 것은 책이 저술되고 나서 거의 100년이 지나서였고 그나마 목판으로 몇 부를 인쇄하여 정부 서고에 비치했을 뿐이었다. 이것이 금속활자를 세계 최초로 발명하고 인쇄술이 발달했던 조선에서 일어난 일이었다. 유럽에서는 15세기부터 인쇄혁명이 진행되어 각종 출판물이 쏟아져 나오고 있었다.

그래서 나는 조선에서의 인쇄와 출판에 관한 문헌을 찾아 읽었다. 나중에는 구텐베르크에 관한 자료를 읽으며 독일과 조선 간에 어떤 제도적인 차이가 있어 인쇄와 출판이 독일에서는 발달하고 조선에서는 발달하지 못했는지 고찰했다. 이런 식으로 조선의 주요 제도를 공부해가면서 그 과정에 어떤 제도적인 문제가 있었는지를 계속 탐구했다.

왜 지배계급은 《반계수록》의 내용을 널리 소개하거나 논의하는 것을 꺼렸는가? 유형원의 제도 개혁안이 지배층의 이익과 배치되었기 때문인가? 그렇다고 해서 이 책이 출판되는 것까지 방해할 필요가 있었는가? 이런 문제의식으로 연구한 결과, 인쇄와 출판을 국가가 직영하고 양반 사대부계급이 지식을 독점하는 체제가 이런 결과를 만들어냈다는 판단을 하게 되었다.

나는 조선사를 오랫동안 공부한 학자가 아니며 이른바 민족사관이나 식민사관 등 어느 특정 사관에 치우친 바도 없다. 한국사학계에서 연구한 방대한 자료를 모두 탐독하지는 못했기에 주류 한국사학계의 이론과 다른 판단을 한 부분도 일부 있을 것이라고 생각한다. 나는 경제학자이므로, 처음부터 조선사 전체를 아우르는 제도사를 쓰려고 시도한 것이 결코 아니었다. 경제학자의 시각에서 조선의 중요한 제도에 초점을 맞추어 경제학의 틀로 분석하고 거기에 함축되어 있는 경제학적 의미를 찾으려 했었다는 것을 미리 밝혀둔다.

따라서 조선사의 시대별로 주요 제도의 변천을 따지거나 주요 제도를 모두 망라하는 기술을 하지는 않을 것이다. 앞에서 제시한 대로 정치제도, 경제제도 및 비공식적 제도의 틀을 가지고 분석하되 그 제도의 성격이 개방적인가 폐쇄적인가, 포용적인가 착취적인가 등의 관점에서 분석한 다음, 제도의 이런 특성들이 어떤 경제적 결과를 초래했는지를 분석했다. 조선의 제도에 대한 통사를 쓰지 않더라도 주요 제도를 위와 같은 관점에서 분석하면 나의 의도는 충분히 전달될 것이라 확신한다.

조선의 지배계층 성리학자들은 농업을 본업으로 중시하고, 상공업은 게으른 자들이나 수행하는 천한 일이라고 생각하며 이를 억압했다. 양반들은 굶더라도 상공업에 종사해서는 안 된다고 생각했다. 조선은 신분제로 '양천제'를 채택하여 일부 천민을 제외한 모든 계층을 양인으로 규정했다. 양인은 백성으로서의 권리와 의무를 동등하게 부담하도록 되어 있었다. 그러던 것이 조선 중기를 지나며 '반상제'로 바뀌어, 양반을 제외하고는 양인과 천민이 모두 상민으로 취급되는 신분제도가 형성되었다. 신분제도는 매우 중대한 것임에도, 법령이 아닌 관행으로 형성되었다는 사실이 중요하다.

이것이 조선의 특징이었다. 《경국대전》을 비롯한 법전이 버젓이 있는데도, 어떻게 법의 취지와 맞지 않는 신분제 관행이 사회를 대신 지배할 수 있는 것인가? 이는 지배계층이 오랫동안, 집단적으로 그런 관행을 만들고 실행하는 힘을 가졌기에 가능한 일이었다. 이런 사례들을 통해, 조선에 대한 연구는 제도에 중점을 두어 분석하는 것이 가장 효과적인 접근 방법이라고 확신했다. 더구나 이러한 접근 방법은 내가 공부하는 신제도학파 경제성장론을 적용할 수 있고, 필요하면 다른 나라의 제도와 비교할 수도 있는 장점이 있었다.

2012년에 《국가는 왜 실패하는가》라는 제목으로 애쓰모글루와 로빈슨 두 교수의 저서가 우리나라에서도 출판되었다. 이 책은 신제도학파 경제성장론의 관점에서 남북한을 포함한 많은 나라들의 사례를 분석해 제시하고 있다. 전 세계적으로 많은 공감을 얻은 책이다. 나도 오래 전부터 노스와 애쓰모글루 등 여러 학자들의 신제도학과 경제학을 토대로 한양대학교 경제학 세미나에서 학생들과 많은 나라들의 사례를 분석해 왔다. 그 과정에서 조선과 한국 경제의 성장에 대해 이러한 제도적 접근 방법이 매우 유효함을 절감하고 있었다. 그러던 중에 이 책이 출판되자, 그간 논의해왔던 제도론 관점에서 조선에 대해 분석한 책을 발간할 필요가 있다고 느꼈다. 말하자면 《국가는 왜 실패하는가》에 적용된 이론의 조선판이라 할 수도 있다.

제도로 경제성장의 모든 것을 설명할 수는 없을 것이다. 그러나 이 책을 읽고 나서, 국가 경제 성쇠의 가장 중요한 프레임과 핵심적인 요인을 설명하는 데는 제도적 접근이 가장 적합하다는 것에 독자들도 공감하기를 기대한다.

나는 30년 동안 정부 관료로 공직에 종사하면서, 많은 법과 제도를 입안하고 집행해왔다. 최저임금법, 고용보험법, 고령자고용촉진법, 고용정책기본법, 파견근로자보호법 등 여러 법과 제도를 직접 입안하고 시행해본 경험이 있다. 또한 1970~1980년대에는 직업훈련정책을 담당하며 경제개발 5개년계획에 직접 참여하기도 했다. 이런 과정에서 경제성장을 위해서는 정부의 역할이 대단히 중요하고, 국가의 행정은 제도를 통해서 시행되며, 제도를 잘 설정하는 것이 무엇보다도 중요하다는 것을 절감했다. 또한 그 과정에서 관료의 역할이 결정적으로 중요하다는 것을 누구보다도 더 실감했다. 조선의 제도를 연구하면서도, 역지사지의 마음으로 "내가 그 당시의 관료였다면 어떤 제도를 만들어 어떻게 운영했을까, 또 어떻게 행동했을까"를 끊임없이 생각했다.

많은 행정 경험을 통해 관료들의 의식과 행태를 잘 알고 있기 때문에 조선 시대 관료들의 행태를 보다 실감나게 파악했다고 자부한다. 물론 조선 관료들의 행태 중에는 이런 시각에서 보더라도 이해할 수 없는 것들이 많다. 성리학적 이데올로기와 당시의 정치적, 사회적 제약 등을 감안하더라도 그렇게까지 폐쇄적인 제도를 운영할 필요는 없었는데 하며 아쉬움을 느낀 경우도 많았다. 본문 몇 군데에는 제도 개선을 위한 개인적 의견도 제시해두었다.

이 책은 교양서로 집필한 것이므로 깊은 경제학적 지식이나 조선 역사에 대한 사전지식이 없더라도 충분히 읽을 수 있을 것이다. 조선에 관한 서술도 최대한 현대적인 용어로 바꾸고 쉽게 쓰려 노력했다. 사실 조선사는 가까운 우리의 역사이면서도 어려운 한자 투의 용어와 생소한 제도 때문에 읽기가 쉽지 않고 이해하기도 어렵다. 조선에 관한 많은 문헌들이 전공자가 아닌 사람들이 이해하기 어려운 전문용어로 기술되어 있어 일반 독자들의 접근이 쉽지 않기 때문이다. 같은 이유로, 나도 조선의 문헌을 읽고 제도를 이해하는 데 생각했던 것보다 훨씬 더 많은 시간을 투입해야 했다. 그래서 이 책을 통해 조선에 관한 문헌을 경제학자의 시각에서 이해하고 이를 쉬운 현대적인 용어로 분석해보려고 했던 것이다.

조선의 역사에 관한 서적을 한꺼번에 많이 읽다 보니 많은 내용이 중복되어 어디까지가 공인된 사실이고 어디까지가 개별 연구자의 독특한 해석인지를 판단하기 어려운 경우가 많았다. 이런 이유로 출처를 명시하지 못한 곳도 있으리라고 생각한다. 이 책에서는 이미 밝혀진 역사가들의 문헌을 충실히 공부하고 얻은 자료를 토대로, 새로운 해석을 하려했을 뿐이다. 조선에 대한 새로운 학설을 제시할 의도는 없었음을 밝혀두고자 한다. 그것은 경제학자로서 내가 할 수 있는 역할을 뛰어넘는 일이다.

오랜 기간 조선의 제도를 공부하면서 느낀 것은 조선의 제도에는 자랑스러운 부분보다 아쉬운 부분이 더 많았다는 것이다. 그런데 제도의 문제는 조선에 그치지 않고 현대에도 지속되고 있다. 조선 제도의 문제를 반면교사로 삼아 현대 제도의 문제점을 도출하고 해결 방안을 모색하려 노력했다. 현대 제도에의 시사점은 결론 부분에 제시했다.

이 책이 완성되기까지 많은 분들의 도움을 받았다. 이 책의 초안을 끝까지 다 읽고 많은 지적을 해준 고려대학교의 이헌창 교수, 서울대학교의 이영훈 교수와 성균관대학교의 안대회 교수에게 깊이 감사드린다. 이헌창 교수와 이영훈 교수는 잘못된 사실관계를 바로잡아주고 관련된 참고문헌을 새로 제시해주며 더 검토해보도록 많은 도움을 주었다. 여러 부분에서 이 책과는 다른 해석을 제시했으나 나의 고집으로 다 수용하지는 못했다.

안대회 교수는 조선에 대해 균형 잡힌 시각을 가져야 한다고 여러 차례 촉구했고, 전체의 체계를 잡는 데 기여했다. 또한 초고 상태의 원고 전체를 숙독하고 밤을 새워 토론해준 한신대학교 배준호 교수와, 재야 역사가인 친구 허주병에게도 감사의 마음을 전한다. 학술 세미나에서 이 책의 핵심 이론을 발표하고 집중 토론하며 논리를 바로잡을 기회를 준 이수노동포럼과 한양대학교 경제학부 교수들에게도 깊이 감사드린다. 그들의 의견을 수용하지 않아 오류가 남아 있다면, 그것은 오로지 나의 책임이다. 거듭 이들에게 감사드린다.

2016년 10월

정병석

나는 조선의 제도를 연구하면서 제도의 논의가

조선뿐 아니라 현대의 한국에도 그대로 적용된다고 생각한다.

우리가 조선에 대해 분석했듯이 우리 후손들도 현대를 분석할 때

폐쇄적인 제도 때문에 더 발전할 수 있는 기회를 놓쳤다고 비판할지도 모른다.

폐쇄적이고 착취적인 제도의 문제가 결코 조선에 국한된 논의가 아니라

현대에도 적용되는 유효한 관점인 것이다.

1장

조선은
왜
가난했을까

19세기 서양 무역상의 눈으로 본 조선

1866년, 독일 무역상 에른스트 오페르트Ernst J. Oppert를 태운 배가 서해 흑산도에 도착했다. 조선과 통상 교섭을 추진하겠다는 거창한 목표를 가지고 오랜 준비 끝에 찾아 온 것이었다. 그는 이후 2년 동안 세 번이나 서해안을 따라 답사를 하며 아산 현감, 강화 유수(강화도 지역의 행정과 군사를 책임지던 벼슬), 포졸 대장, 지역 주민 등 많은 사람들을 만났다. 이를 통해 지역 실정을 파악했고, 조선에 대한 견문을 넓혀갔다.

그가 보기에 조선은 대륙에 면해 유리한 지리적 여건, 온화한 날씨, 비옥한 토지, 풍부한 광물자원 등 잘살 수 있는 여건을 충분히 갖추고 있었다. 그런데도 조선인들은 왜 이렇게 가난한 것일까? 오페르트는 조선이 가난한 결정적인 이유가 정부의 억압적이고 폐쇄적인 정치체제에 있다고 판단했다. 조선에서는 왕이 절대적인 권력을 가지고 지배하는데, 부패한 관리들이 마치 강도처럼 백성들을 약탈하고 착취한다고 지적했다.

　오페르트는 세 번에 걸친 조선 탐사 기록을 토대로 여러 사람들과 논의하며 조선의 지리와 역사, 생산물, 풍속, 제도, 민족의 특성 등을 두루 연구했다. 그리고 마침내 1880년 독일에서 《금단의 나라, 조선Ein verschlossenes Land, Reisen nach Corea》이라는 책을 출간했다. 단순한 서해안 탐사 기록을 넘어 조선에 대해 매우 포괄적으로 서술한 책이었다.

　그는 조선의 땅이 비옥해 풀이 잘 자라는데도 염소가 귀하고, 양을 전혀 키우지 않아 모직물이 생산되지 않는다는 사실에 놀라워했다. 또한 금, 은, 구리, 석탄 등의 광물자원이 아시아 대륙의 다른 어느 나라보다 더 풍부할 것이라고 확신했다. 그런데도 정부가 채광을 금지해 자원을 활용하지 못하는 것이 큰 문제라고 생각했다. 그리고 조선에서 아직 과학적인 방법으로 국토의 자원을 개발하지 못하고 있는 것은 백성들이 무관심한 탓도 있다고 보았다. 오페르트는 조선의 백성들이 조금만 관심을 기울인다면 쉽게 부유해질 수 있다고 믿었다. 그런데도 조선 정부가 백성들을 고무시켜 자원을 개발하려 하지 않는 탓에 조선의 우수하고 풍부한 자원들이 모두 무용지물이 되고 있음을 안타까워했다.

　그는 또한 조선의 산업 기술, 생산력, 근로 의욕이 아시아의 다른 국가들에 훨씬 못 미치는 수준인데, 그것은 조선 정부가 산업의 발달에 무관심할 뿐만 아니라 그것을 억제했기 때문이라고 분석했다. 정부의 억압적인 제도와, 인근 국가들에서 스스로를 격리시킨 폐쇄적 정책이 문제라는 것이었다. 그러니 현재의 정치체제가 바뀌지 않고는 어떠한 경제발전도 이룰 수 없다고 생각했다.

그러나 그는 조선인들이 정직하고 천성이 착하다고 파악했다. 또한 조선인들이 결코 창의성이나 기량이 부족하지 않으며, 중국이나 일본의 기술자 수준이 되기 위해서는 약간의 교육과 격려만 있으면 된다고 보았다. 조선의 수공업은 조잡한 면 제품과 대마 제품 중심인데, 품질이 많이 떨어지는 저급품이라고 평가했다. 다만 제지 기술은 발달해 조선산 종이가 중국이나 일본 것보다 질기고 품질이 좋다고 했다. 그는 프랑스 신부로부터 들었다는 하나의 사례를 소개했다. 손목시계가 고장 나서 조선의 기술자에게 수리를 맡겼는데, 그 조선인은 손목시계를 한 번도 본 적이 없는 사람이었음에도 고장 난 시계를 잠시 살펴보더니 부품을 정확하게 재조립해 바로 고쳤다는 것이었다. 그는 이런 재능과 품성을 가진 백성들이 억압적인 제도 때문에 제 역량을 발휘하지 못하고 있음을 지적했다.

오페르트는 독일의 함부르크에서 부유한 유대인 은행가의 아들로 태어나, 19세가 되던 1851년에 대★상인의 꿈을 안고 홍콩으로 왔다. 홍콩에서 장사를 하며 기반을 잡자 상하이로 거점을 옮겨 무역업을 시작했다. 오페르트는 수세기 동안 쇄국정책을 펴던 중국과 일본은 개항을 했는데도, 아직 문을 굳게 잠그고 있는 조선에 대해 깊은 관심이 생겼다. 일본이 1858년 개항을 하자 일본을 직접 방문하기도 했지만 그의 주된 관심은 조선을 방문해 조선의 개항을 위한 사전 교섭을 추진해보려는 것이었다. 그러나 당시 조선은 1866년 미국 상선 제너럴셔먼호 사건, 1866년 프랑스 함대의 강화도 점령 사건을 비롯해 천주교 박해 사건이 계속되면서 대외 감정이 악화된 상태였다.

　당시 조선과 중국이 왕래하던 육로는 멀리 중국의 동북부와 요동을 통해 우회하는 방법이었다. 오페르트는 이 통로가 너무 길고 시간이 많이 걸려 전혀 실용성이 없다고 판단하고, 해상으로 서해안을 거쳐 한양에 접근하는 방안을 검토했다. 그런데 서해안은 조수간만의 차가 크고 섬과 암초가 많아 접근이 쉽지 않았다. 서해안에 대한 해도조차 알려진 것이 없었다. 그렇게 몇 년을 준비한 끝에 그는 드디어 1866년 영국 상선을 빌려 서해안 탐사길에 올랐던 것이다.

　그의 세 번째 탐사는 우리 역사에 기록된 유명한 사건과 관련되어 있다. 1868년(고종 5년)에 발생한 남연군 묘소의 도굴 사건이었다. 오페르트가 바로 이 사건의 주모자였다. 그는 당시의 실권자 흥선대원군의 아버지인 남연군 묘소를 이용해, 대원군을 만나 통상조약을 추진하려고 도굴을 계획했다고 밝혔다. 그의 저서에는 당시 작성했던 통상조약 초안도 첨부되어 있다.

　오페르트는 19세기에 조선과 통상하기 위해 찾아왔던 많은 서양인 가운데 하나였다. 서양인들이 조선을 둘러보고 진단한 내용은 대개 비슷했다. 조선은 너무도 가난하고 경제력이 지극히 취약하다, 조선은 자신이 가지고 있는 토지나 광물 등의 자원조차 충분히 활용하지 못하고 있다, 조선인은 게으르고 지저분하다, 조선이 가난한 것은 백성의 문제가 아니라 정부와 제도의 문제이다, 부정부패한 관리와 양반들이 백성을 수탈하고 있다 등이 공통된 의견이었다.

　서양인 중에서 조선어를 알고 조선에 대한 이해가 깊었던 영국인 로스 목사John Ross는 조선이 "극도로 가난한 나라"이며 "관리들이 백성을 쥐어짜는 나라"라고 단정했다. 그는 "정부의 모든 관직이 시장에서 공공연히 매매되고 법과 제도는 돈을 쥐어짜내기 위한 수단으로 이용된다"고 지적했다. 이 '쥐어짜내기squeeze'라는 단어는 서양인들이 조선을 묘사할 때 자주 사용한 표현이었다.[1] 조선을 '지배계급과 관리들이 백성을 끊임없이 착취하고 수탈하는 나라'라고 규정한 것이다. 서양인들은 조선이 가난하고 백성의 삶이 피폐한 원인을 국토가 좁거나 자원이 부족한 탓으로 돌리지 않았다. 중국의 착취에서 원인을 찾은 것도 아니었다. 이들은 조선이 제대로 된 제도를 설립해 시행한다면 충분히 경제를 성장시킬 수 있다고 보았다.

물론 서양인들이 잠깐 조선에 체재하면서 관찰한 것만으로 조선의 문제를 제대로 이해하기는 어려울 수 있다. 그럼에도 불구하고, 일부 사실관계를 오인한 것을 제외한다면 원인 분석 면에서는 많은 서양 사람들의 판단이 대개 일치한다. 이들은 서양의 발달된 제도와 문화를 기준으로 삼아 조선의 것과 비교하며 판단했기 때문에 조선이 가진 제도적 취약점을 쉽게 분별해낼 수 있었다. 그리고 바로 이 '제도'가 조선의 문제라고 진단했다.

애당초 한 나라의 제도와 문화, 생활상을 잠시 둘러보고 그 나라를 제대로 평가한다는 것은 쉽지 않다. 한국사를 전공한 학자들이 보는 시각에도 여러 견해차가 있는데, 우리 문화와 제도에 대해 깊은 이해가 없는 서양인들이 제한된 관찰과 견문으로 어떻게 객관적인 판단을 할 수 있겠는가? 그런데 다른 각도에서 보면, 잠깐 둘러보고 느낀 소감이 오히려 선입관에 가려지지 않은 실상을 파악한 것이라고 볼 수도 있지 않을까? 더구나 산업화를 먼저 이룩하고 근대적 경제체제를 갖춘 서양인들은 조선의 제도를 제대로 볼 수 있는 눈, 판단의 도구를 가졌다고 생각할 수도 있겠다.

19세기 중국인의 눈으로 본 조선

조선 왕조는 중국에 조공을 바치고 중국 황제에 의해 왕이 책봉되는, 이른바 조공-책봉의 사대 관계가 유지되었던 시기이다. 조공 관계 안에서 조선은 명나라를 황제국으로 여기고 충성함으로써 외교적 실리를 챙겼지만, 한편으로는 유교문명의 종주국으로서 흠모했다. 청나라에 대해서는 속으로 멸시하면서도 겉으로는 충성하는 관계였다.

조선에 대한 중국의 반응은 어떠했을까? 이 시기에 조선에 다녀간 중국의 사신들이 많았지만, 조선에 대한 기록은 상대적으로 많지 않다. 우선 그들은 조선에 대해 잘 몰랐고, 관심도 크지 않았다. 청나라 말의 왕석기王錫祺라는 학자가 편찬한 방대한 저작《소방호재여지총초 조선편小方壺齋輿地叢抄 朝鮮篇》에는 여러 중국인들이 조선을 연구하고 쓴 글이 소개되어 있는데, 이를 토대로 중국인이 본 조선 후기의 모습을 살펴보자.

19세기 아편전쟁을 계기로, 중국도 먼저 산업화를 이룩한 서양 열강에게 수모를 겪고 있었다. 유럽과 비교해 군사력과 생산력 면에서 많은 자괴감과 열등감을 느낀 중국인들은 중국을 발전시키기 위한 방안을 고심하고 있었다. 그런 처지에 있는 중국인들의 눈에 비친 조선은 더욱 가난하고 장래가 없는 나라였다. "그 나라(조선)에 들어가면 활기가 없고 먹는 것도 담백하다. 장비는 낡고 형편없으며, 화약을 쓰는 장치도 매우 느리다. 세계 여러 나라 가운데 아마도 이만큼 빈약한 국가는 없을 것이다."[2] 왕석기는 이러한 견해가 조선을 다녀간 중국인들의 일반적인 평가라고 부연했다. 19세기 중반에도 조선은 나라를 부유하게 만들거나 군사력을 튼튼하게 하려는 대비가 전혀 되어 있지 않은 나라였다.

19세기 중국인들은 조선의 지배층들이 "전통 관념에서 벗어나지 못하고 폐쇄적"이라고 진단했다. 예로부터 나라가 부강하려면 농업과 방직은 말할 것도 없고 소금과 제철로도 이익을 얻어야 하는 법인데 조선은 문사만을 중시하고 이러한 분야에는 전혀 관심을 갖지 않았다고 지적했다. 또한 상업과 통상에 관심을 갖지 않고 폐쇄적이며 특산물도 적다고 비판했다.[3]

마건충馬建忠은 프랑스에도 유학을 다녀온 청나라 관료로, 조선에 들어와서 외교 분야에 종사했다. 그는 조선의 땅은 기름지지만 물자가 부족해 유통되지 않고 불균형이 심하며, 상업이 발달하지 않아 국민이 빈곤하다고 지적했다. "불균형을 해소하는 방법은 물자를 유통시키는 것이다. 백성의 이익을 도모하고 금지된 것을 풀어 백성들이 스스로 생계와 이익을 꾸리도록 해야 한다."[4] 그는 서양 각국도 처음에는 쇄국을 해 백성이 잘살지 못했지만, 뒤에 제도를 쇄신해 부국강병을 이룩했다고 언급했다. 그는 조선이 발전하기 위해서는 쇄국정책을 폐지하고 학교와 철도를 건설해야 하며 조세를 감면해주는 정책을 통해 상공업을 진흥시켜야 한다고 주장했다. 경제성장론의 관점에서 봐도 정확하게 문제를 지적하고 있다.

마건충은 또한 "양반뿐만 아니라 백성들도 품성이 나태해, 토지를 개간하는 데는 관심이 없고 게을러서 양전을 황무지로 만드는 사례도 있다"고 했다. 조선의 백성은 도박을 좋아하고 길거리에서 장기를 즐기는 등 무지몽매하고 게으르며 무능한 존재로 인식되어 있었다. 조선의 상업에 대해서는 근대적인 모습을 전혀 갖추지 못하고 간단한 교환만 이루어지는, 낙후되고 초라한 수준이라고 언급했다. 더불어 거리에 간판도 없고 시장에는 활기가 없고 조잡한 상품뿐이라고 지적하며 조선이 침체한 것은 상업이 발달하지 못한 때문이라고 지적했다. 의식주도 중국에 비해 매우 낙후된 수준이라고 평가했다. 결국 조선이 옛것에 얽매였기 때문에 국가가 약해지고 재물이 부족한 것이며, 상업의 침체는 조선 정부의 정치적 무능 때문이라고 진단했다.

일본을 방문한
조선 통신사의 기록

1420년 일본에 간 통신사 송희경宋希璟은 오사카 인근의 아마가사키에서 쌀, 보리, 메밀의 3모작을 하는 것을 보았다. 그는 특히 수리관개시설이 잘 갖춰진 것을 보고 감탄했다. 또 하천에서 물을 끌어 오고 각지에 저수지를 조성해 수력자동양수차를 활용하는 것도 목격했다. 당시 조선에는 보급되지 않은 관개기술이었다. 그는 퇴비 사용법이 널리 보급되어 농업 생산력이 크게 늘어난 현장을 둘러보았고 촌락 사이에 물 대는 순서와 수량 배분을 조정하는 제도가 널리 행해지는 사례도 관찰했다. 사실 일본 역사에서는 이때부터 농업 생산력의 향상을 토대로 시장경제가 현저하게 발달했다고 평가한다. 송희경이 서술한 내용과 일치하는 부분이다.[5]

신숙주申叔舟는 1443년에 왜구에 관한 교섭을 위해 일본에 다녀온 후 펴낸 《해동제국기海東諸國記》에 대마도에 대해 기록했다. "대마도는 (…)

사방이 모두 돌산이라 토지가 메마르고 백성들이 가난해 소금을 굽고 고기를 잡아 팔아서 생활한다. (⋯) 대마도는 우리나라에 가장 가까운 섬인데다가 매우 가난하기 때문에 해마다 쌀을 차등 있게 주었다." 이렇게 해마다 조선에서 100석씩 대마도에 내리는 쌀을 세사미歲賜米라고 불렀다. 대마도는 그만큼 식량이 부족하고 빈한한 곳이었다. 그랬던 대마도가 200년 후에는 사정이 전혀 달라진다. 1655년 사신으로 간 남용익南龍翼은 예상과는 완전히 다르게 발달하고 부유한 대마도의 모습에 크게 놀랐다.

돌아오지 않는 조선인들

임진왜란 이후 1607년, 1617년, 1624년에 각각 파견된 조선의 통신사들에게는 전란 중 일본에 잡혀간 조선인, 이른바 피로인被擄人이라 지칭한 사람들의 송환 문제가 핵심 외교 이슈 중 하나였다. 적어도 6만 명 이상으로 추정되는 피로인들은 10년, 20년이 지나 고국에서 온 사절들이 귀국을 종용해도 대부분 귀국을 꺼렸다. 신분별로 반응이 상이하기는 했다. 양반 출신 피로인들은 조선에서 특권층으로 대우받다 일본에서 고생도 하고 정착하는 데도 어려움을 겪으니 이 기회에 귀국하겠다는 사람이 더러 나타났다. 그런데 평민이나 천민 출신들은 대부분 귀국에 소극적이었다.

특히 도자기 장인이나 인쇄기술자 들은 아예 귀국할 뜻이 없었다. 이들은 조선에서는 장인이라며 천시되었는데, 일본에서는 오히려 기술자라고 크게 대우받았고 일할 수 있는 기회를 얻어 생활도 안정되어 있었다. 몇 년 사이에 많은 재산을 모은 사람도 있었다. 도자기 장인들은 특히 사무라이와 같은 신분으로 우대를 받아, 일본 각지에서 이들을 초대해 도자기 산업을 육성하는 참이었다. 이들은 천시받고 의식주도 기약 없는 조선에 굳이 돌아갈 이유가 없었다. 일본 규슈에 끌려와 가라쓰 시에 정착한 도공 중에는 일본 천황에게 바치는 도자기를 만드는 장인으로 임명되어 크게 대접받으며 일본의 도자기 산업을 일으킨 사람도 있었다. 또 아리타 지역에 정착한 도공 이삼평李參平(이상평으로도 알려져 있음)은 도자기 가마의 책임자로 임명되어 일본 최초의 백자를 생산했다. 그는 지금도 아리타의 도조陶祖라고 추앙받고 있으며, 현재 아리타 현에는 그를 기리는 추모비도 세워져 있다.[6]

같은 시기임에도 기술자에 대한 조선과 일본의 제도에는 이렇게 큰 차이가 있었다. 그 결과로 조선의 도자기, 인쇄기술자들은 일본에 남아 더 기술을 연마하며 성공에의 길을 모색했다. 일본은 조선인 기술자들을 잘 활용하고 대우하며 관련 산업을 집중적으로 육성했다. 그 영향으로 일본은 오래지 않아 도자기와 인쇄 분야에서 조선을 훨씬 능가했다. 조선의 기술자들이 일본에서 더 역량을 발휘하게 하고, 조선에 뒤처졌던 산업을 최고의 경쟁력을 갖춘 산업으로 육성한 것은 당시 일본의 제도와 정책이었다. 제도의 차이가 조선과 일본의 산업 격차를 확대한 것이다.

일본과의 격차는 점점 벌어졌다. 1607년 통신사 경섬景暹의 기록인 《해사록海槎錄》에는 17세기 당시 일본에 대해 물산이 풍부하고 부유하며 상업은 중국과 같은 수준이라고 평가되어 있다. "거리가 방정하고 여염

집이 즐비하며 시장에는 물화가 쌓여 있다. 중국과 남만, 남반, 유구 등의 나라와 서로 물화를 유통시키는데, 아무리 먼 곳이라도 통하지 않는 곳이 없다. 관동 지역의 여러 주와 석견, 단후, 장문주는 금은을 많이 생산하고 중국의 동전을 가져와 시장에서 사용한다. 이 때문에 상인들이 사방에 운집하고 국내가 부유하며 시장 점포의 제도는 중국과 같다."[7]

1624년 사절단의 부사 강홍중姜弘重은 《동사록東槎錄》에서 "일본인은 질서를 잘 지키는 백성들이고, 일본은 물력이 있는 나라"라고 매우 찬탄했다. "산천이 아름답고 비옥하였으며, 시장에는 물화가 산같이 쌓여 있고 여염에는 곡식이 널려 있으니 그 백성의 부유함과 물자의 풍성함이 우리나라와 비교가 안 되었다." 또한 그는 "농민은 물자가 풍부하고 백성이 평안하여 생리生利가 매우 넉넉했다"고 표현했다.[8] 대마도와 교토에서도 백성들의 질서가 잡혀 있는 것을 보고, '법령이 엄정하고 막부의 위엄이 대단하다는 것을 느꼈다"고 적었다. 당시의 조선과 비교해 국가의 법령이 잘 준수되고 있다는 것을 절감하며 이는 조선보다 더 엄격한 형벌의 영향이라고 판단했다.

이어진 여러 사절들도 공통적으로 일본의 경제력에 감탄하고는, 일본의 번영이 국내 상업과 대외무역의 발달에서 비롯된 것이라고 지적했다. 사신들은 각 도시가 번성했고 경관이 좋았으며, 건물이 웅장했다고 솔직하게 기록했다. 그리고 그것이 자연의 혜택과 상공업의 발달에서 기인한다고 판단했다.[9]

1764년 영조 때 통신사로 일본에 갔던 조엄趙曮은 동래 부사와 경상도 관찰사를 역임해서 일본에 대해 잘 알고 있던 관리였다. 그는 일본의 건축 기술이 "동쪽 집 창문을 빌려다 서쪽 집에 사용해도 꼭 들어맞는다"라고 하며 감탄했다. 그는 사신 행차 도중에 수차水車(물레방아), 주교舟橋(배에 널판을 걸쳐 만든 다리), 제방 보호 기술 등을 보고는 그 제도와 모양을 잘 보고 배워 수용하려는 자세를 보였다. 또한 대마도에서 구황식물로 알려진 고구마 종자를 구해 부산으로 보냈고, 재배법을 상세하게 배웠다. 조엄은 당시 통신사로서는 매우 드물게도 일본의 좋은 제도나 기술을 배우려는 개방적인 자세를 보였다. 다른 관료와 달리 열린 마음을 가진 덕분에, 그는 구황식품 고구마를 도입하는 공을 세우고 역사에 남게 되었다.[10]

문화적 우월감에 눈이 멀다

조선의 사신들은 일본의 경제력에 위축되기는 했지만 일본의 유학자들과 접촉하면서 차츰 문화적인 우월감을 느끼게 되었다. 17세기 일본에서는 임진왜란 때 일본에 억류되어 갔던 강항姜沆에게서 조선의 성리학을 배운 덕분에 유학儒學에 대한 관심이 증폭되고 있었다. 일본의 지식인들은 유학에 대한 관심과 문화적인 갈증으로 조선 사신들과 깊이 교류하기를 원했다. 조선 사신들의 서화를 구하려는 요청도 잇달았다. 이들이 그려준 서화는 일본에서 매우 귀한 물건으로 인정받았고 비싼 값으로 거래되었다. 조선 사신들은 17세기 일본을 대표하는 유학자 하야시 라잔林羅山을 면담하고 나서, 그의 유학 실력을 얕잡아 보며 그를 "외교문서를 관장하는 중僧" 정도로 평가 절하하기도 했다.[11]

1719년 통신사의 제술관 신유한申維翰은 문화적 우월감이 매우 심했는데, 《해유록海遊錄》이라는 사행록(사신 행차에 관한 기록)에 그런 내용을 많이 기록했다. 그는 오사카에서 현지 지도층 관리들을 만나고 나서, "일본에서는 과거 시험이 아닌 세습제도에 의해 관직을 받기 때문에 무식하고 품위가 없는 무사들이 중용된다"고 지적했다. 또한 "이들은 장군의 중신이라 하는데 일본의 관작은 세습이라 이렇게 도깨비 같은 무리가 직책에 앉아 있으니 가소롭다"고 기록했다. 어려운 과거를 통해 관직에 진출하는 조선에 비해, 유학 실력도 없으면서 세습으로 관직에 진출하는 일본 무사들을 얕잡아 본 것이다.[12]

상공업을 경시하고 도학정치만을 중시하는 성리학 이데올로기에 매몰된 조선 관료들은 도덕철학만을 내세우며 이를 근거로 한 학문적, 문화적 우월감에 빠져 있었다. 성리학을 공부한 조선 사신들은 성리학 지식이 자기보다 낮은 사람은 모두 열등하게 보면서, 상공업을 통한 경제의 발달도 성리학의 취지에서 벗어난 퇴보라고 저평가했다. 어쩌면 문화적 우월감이라기보다는 경제력 격차와 임진왜란으로 인한 피해의식 속에서, 그래도 조선의 학문과 문화는 일본보다 낫다는 데에서 위안을 찾은 것이 아니었을까? 그러나 백성을 배불리 먹이지 못하고 국가 안보도 보장하지 못하면서 철학과 시문 실력만 자랑하는 것을 올바른 관료의 자세로 볼 수 있을까?

불합리하고 실속 없는 학문적 우월감에만 매달리는 조선의 성리학자들과 사대부들은 일본에 다녀온 사신들로부터 배울 점을 찾으려는 노력도 하지 않았다. 국력이 약해서 왜적의 침략을 초래하고 그로 인해 국가와 백성이 엄청난 고초를 겪고 나서도, 조선의 사대부 성리학자들은 국가 경제력이 빈약하다는 문제를 절실하게 인식하지 못했다. 조선의 경제력을 증진할 결정적인 계기가 될 수 있는 현장을 목격하고도 이를 국내에 활용하자고 제안하지도 못했다. 이때는 일본에 대한 설욕을 위해서라도 경세론經世論(학문을 쌓아 그것으로 세상을 잘 다스리자는 이론)으로 전환해, 농업과 상공업 진흥을 통해 경제력을 확대하는 데 총력을 기울였어야 했다.

조선의 사대부들에게는 오히려 경제성장에서 파생되는 문제점, 특히 상공업 발달이 도리어 사치와 나태, 음란 풍조를 조장한다는 부정적인 측면만 보였다. 상공업 발달로 인한 일본 국력의 신장을 보고 감탄만 했을 뿐, 조선과 비교하며 무엇을 배울 것인가는 이들의 관심사가 아니었다. 오히려 적국 일본을 과도하게 우호적으로 평가한다고 다른 사대부들이 지적할 것을 두려워했다. 이들은 앞선 제도를 인식하지 못하고 결국 일본과의 경제력 격차가 더 벌어지도록 방치했다. 그리고 결국 조선이 일본의 식민지로 전락하게 만들었다. 이런 사람들이 조선 조정을 구성하는 주된 관료들이었다.

정치력과
경제력의 불일치

조선 왕조는 500년 이상을 존속했으나 경제력이 취약해 쇠퇴했다. 성리학을 기반으로 관료제, 신분제 등 양반 사대부 중심의 정치체제를 구축해 내우외환에도 불구하고 오랜 기간 나라를 유지했다. 그러나 경제력이 취약했고 외부로부터의 도전에 제대로 대응하지 못해 소멸하고 말았다. 즉 정치체제는 왕조를 500년 이상 유지할 정도의 저력을 갖고 있었지만 경제체제는 폐쇄적이고 착취적인 특성이 강해 경제를 성장시키지 못했다. 이것이 주변 국가와 조선의 국력 격차를 초래했고 결국 왕조의 쇠망을 불러왔다.

조선은 성리학을 숭상하고 도덕적 이상 국가를 지향해 경제에 대해서는 큰 관심을 갖지 않았다. '안빈낙도安貧樂道' 철학을 바탕으로 도덕적인 국가가 부유한 국가보다 더 낫다고 생각했다. 농업만을 본업으로 중시하고 상공업을 경시했다. 상인과 장인을 천시하고 영리추구를 멸시하는 의식과 가치관을 보급했으며 상업을 억제하는 제도를 시행했다. 그 결과 개개인의 자유로운 경제활동과 기술 개발 의욕이 저해되었고, 시장의 형성과 상공업의 발달이 지체되었다. 경제를 외면한 조선의 생산 능력은 극히 취약했다. 조선 후기에는 국민의 일상생활뿐만 아니라 재정, 국방, 행정을 유지하기에도 생산력이 현저히 부족한 실정이었다. 중농정책을 일관되게 시행했지만 재정이 취약해 저수지나 관개시설 등 농업기반시설에 투자하지 못했고, 농업 기술이 낙후해 중추 산업인 농업에서도 생산성이 매우 낮았다.

조선의 재정이 취약했던 것은 작은 정부를 지향했고 징세제도가 효과적이지 못해 세입이 미흡했던 영향이 컸다. 중국과 일본에 비해 조선의 시장 규모는 훨씬 작은 데다가, 큰 재정을 유지할 수 없을 정도로 경제력이 취약했다. 가장 중시했던 농업의 생산력이 이런 수준이니 아예 천시했던 상공업의 생산력은 더 말할 것이 없었다. 조선의 재정 상태로는 사회간접자본이나 국방력의 증강에 투자할 여력이 없었다.

조선이 성장할 수 없었던 이유

경제성장론에서는 한 나라의 경제가 성장하려면 자본과 노동, 기술과 지식이 필요하며 국가의 총 생산성을 높일 수 있는 제도 등의 요인이 갖춰져야 한다고 설명한다. 경제성장론을 바탕으로 조선 경제가 어느 정도의 성장가능성을 갖고 있었는지를 간단히 살펴보자.

조선은 건국 초기부터 작은 정부, 작은 재정 위주로 나라를 설계해 전국을 망라하는 도로, 교량, 운하, 관개시설 등 사회간접자본 확충에 노력하지 않았고 그럴 만한 재정의 여력도 없었다. 농민들은 벼를 모판에서 미리 길러 모내기하는 이앙법을 선호했는데, 논에 볍씨를 직접 뿌리는 직파법에 비해 생산성이 훨씬 높기 때문이었다. 그런데도 정부는 저수지와 관개시설이 부족하다며 이앙법을 금지하는 정책을 폈다. 관개시설이 안 된 상태에서 이앙법으로 농사짓다가 가뭄이 들면 쌀농사를 모두 망칠 우려가 있기 때문이었다. 농업의 생산력이 부진했기 때문에 임진왜란과 병자호란에서 조선 군대는 군량 부족으로 고통받았고, 자주 되풀이되던 흉년마다 수많은 아사자가 생겨났다. 주력 산업이라는 농업에서도 생산물이 충분하지 못하니 자본을 축적하지 못한 것이다. 양잠이나 목축정책도 물론 제대로 시행되지 못했다.

조선은 건국 초부터 시장 개설을 금지하고 상인에게 통행증을 발행하며 상업활동을 억제했다. 도로 등 경제활동의 기반이 되는 기간基幹시설이 열악해, 지역 간의 생산물 유통이 힘들고 거래비용이 많이 들어 시장이 발달되거나 산업활동이 촉진되기가 어려웠다. 이렇게 제도적으로 상공업이 억제되어 자본이 축적될 기회가 적었다. 사회적으로도 상인과 기술자를 천시하고 영리활동을 경시하는 문화 때문에 민간의 상공업이 활성화되지 못했다. 관리와 양반계층의 착취와 견제로 상인의 성장이나 자본축적을 기대하기는 더욱 어려웠다. 부를 축적했다고 소문이 날 경우, 자칫하면 재산을 뺏길 위험이 있다는 인식이 있어 백성들은 모험을 무릅쓰고 재산을 축적할 인센티브가 없었다.

식량 생산의 한계로 인구증가율도 높지 않았는데, 건국 초부터 인구의 30% 이상이 노비로 편제되었다. 이들은 세습되는 재산에 불과하여, 주인의식을 갖고 열심히 일할 의욕도 없었으므로 생산성이 높을 수 없었다. 신분 상승의 가능성이 막힌 폐쇄적 제도였던 엄격한 신분제가 사회의 활력과 통합, 생산력을 저해한 것이다. 18세기 들어 노비가 급격히 감소하기는 했지만 뿌리박힌 신분제의 폐해는 오래 지속되었다.

유학 교육을 강조하고 과거로 관리를 선발하는 제도도 교육열을 북돋우고 능력 중심의 관료제를 구현했다는 측면에서는 사회에 기여했다. 그러나 시험이 지나치게 관념적인 철학 위주였고, 중국 성리학(유학) 교육에만 집중해 실용적인 교육을 무시함으로써 인적자원이 낭비되는 결과를 초래했다. 결국 관직 부문에 과도한 인력이 집중되어 부문 간에 적절히 인력자원을 배분하는 데 실패했고, 상공업이나 기술의 발달을 자극하지도 못했다.

상공업을 천시하는 문화는 곧 기술자의 신분 저하, 생계 불안 등으로 연결되어 기술 개발을 기대하기 어려웠다. 기술자들은 중앙과 지방의 관청에 소속되어 최소한의 대가만을 받으면서 천대받았고 노동과 생산물을 착취당했다. 목표량을 충족하더라도 추가 생산해 내다 팔 시장과 유통망이 발달하지 않아 이들의 생산 의욕을 자극하지 못했다. 상품 경제가 활성화되지 못해 민간 부문에서 기술 개발이 일어나거나 그것을 촉진할 유인이 없었다.

지식도 양반 사대부들이 사실상 독점하고 있었기 때문에 민간에 유용한 지식이나 정보가 유통될 여지가 없었다. 인쇄와 출판은 사실상 국가가 독점해 통치 유지에 필요한 유학 서적, 법률 서적 등을 위주로 출판했다. 대량인쇄가 불가능해 서적 값이 너무 비쌌던 것도 책의 유통을 저해한 요인이었다. 또한 서적이 유통될 서점을 허가하지 않아 백성들은 서적을 구입하기 어려웠다. 그 결과 지식이 널리 유포되지 못했고, 기술도 개발되지 못했다.

조선은 민본정치를 표방해 정치와 사회의 안정에는 성공했으나 백성의 삶을 개선하는 데는 실패했다. 사농공상의 신분제, 양반 사대부들의 특권 독점, 권위적 지방 행정, 착취적 조세징수제도 등은 말할 것도 없고, 복지제도(환곡 등)와 병역제도까지 착취적으로 운영되는 경우가 많았다. 대외무역, 특히 해상무역을 엄격히 통제하고 국내 상업활동도 억제했으므로 이를 통한 생산과 소득 증대를 기대하기 어려웠다.

양반 관료의 정권 독점, 관념적인 위계질서를 강조하는 성리학 이데올로기는 정치, 경제, 사회, 문화 등 모든 영역을 지배하며 다른 사상을 억압했다. 조선은 사농공상의 계급적 이데올로기를 전 백성에 보급하고 의식화해 경제활동을 저해하고 활력을 떨어뜨렸다. 또한 성리학은 삼강오륜을 내세워 경제활동과 영리 행위를 천시하는 문화를 조성했다. 아무런 생산활동을 하지 않으며 고고하고 가난하게 사는 것을 자랑스럽게 여기는 풍조에서는 경제가 성장할 수 없었다. 오히려《주자가례朱子家禮》(관혼상제에 관한 사항을 담은 책)를 전 백성에게 보급하면서 비생산적인 허례허식이 만연했다.

이렇게 분석해보면 조선은 현대 경제성장론의 관점에서 보더라도 경제성장을 촉진하는 요소보다 저해하는 요소를 더 많이 갖고 있었다. 조선에는 경제를 침체시키고 성장하기 어렵게 만드는 요인이 집중되어 있었던 것이다.

놓을 수 없는 특권, 그 유혹의 굴레

성리학으로 무장한 조선의 지배층에게는 경제 마인드가 없었다. 일본의 높은 경제력은 애써 외면하고 일본이 조선보다 성리학이 미진하다는 점에서 우월감을 찾으려 했던 조선 통신사들이 지배층의 행태를 대표하는 부류들이었다. 이들은 경제를 성장시킬 필요성이나 방법에 대한 이해가 부족했다. 물론 당시는 농경 사회였고 기술도 정체되어 있어 급속한 경제성장을 생각하기는 어려운 시대였다. 그러나 근대적 의미의 경제성장책은 아니더라도 농업 생산력 확대를 위한 정책을 집중적으로 펼치거나 상공업을 진흥시켜 백성을 잘살게 하고 국가의 부를 증진하는 정책을 시행하는 것은 충분히 가능했다. 지배층이 널리 공부한 중국의 역사를 보더라도 주나라를 비롯해 한, 당, 송 등 많은 나라의 위정자들이 국부의 증진과 민생 안정을 위해 이러한 시책을 널리 활용함으로써 성과를 보았었다.

근대 이전의 사회는 동양이나 서양이나 대부분 착취적 체제였다. 조선만의 문제가 아니었다. 그래도 파이(경제력)를 키워가며 일부를 착취하는 사회는 발달했고, 파이를 키우는 데는 무관심하고 착취하는 데에만 관심을 가진 사회는 정체되거나 몰락했다. 불행하게도 경제 관념이 없었던 조선의 지배계층은 파이를 키우려는 노력은 하지 않고 자기 몫을 늘리는 데에만 관심을 가졌다. 새로운 부를 창출하지 않고 다른 사람의 몫을 빼앗아 자신의 몫을 늘리는 것은 경제학에서 말하는 착취적인 지대추구地代追求 행위이다. 조선 지배계층의 지대추구 행위는 그들에게만 부가 편중되게 했을 뿐, 세입을 감소시켰고 소득불균형을 심화시켰으며 경제활동을 저해했다.

조선은 건국 초기부터 성리학 이념에 따라 작은 정부를 유지하면서 백성의 부담을 최소화하는 국가를 지향했다. 조선은 작은 나라이므로 중국과의 조공체제라는 안보 우산 밑에 안주하며 도덕적인 국가를 만들면 그것이 더 유교 이념에 부합한다고 생각했다. 상공업이 발달하면 도덕적인 유교 사회의 질서를 위협할 것이라고 우려했다. 그러니 부국강병이란 정책은 유학 이념에 맞지 않는다고 배제해버린 것이다. 무력을 가진 무인 세력, 거부를 쌓을 부농과 상공업자 등 부국강병책을 시행할 경우 예상되는 새로운 세력의 성장은 문관 중심의 사대부 집단이나 임금의 입장에서 경계할 만한 사안이었다. 신분 질서를 위협하고 권력체제의 변경을 초래할 우려가 있었다. 유교 이념뿐만 아니라 계급적 이유에서도 부국강병책으로 생겨날 새로운 집단의 등장을 경계할 필요가 충분했던 셈이다.

조선에서는 권력의 분산이 이루어지지 않고 왕과 관료 지배계급에게 권력이 집중되어 있었다. 이들 지배계급은 당시의 여건에서도 충분히 많은 특권을 누리고 있어 불편한 것이 없었다. 상공업의 발달이나 기존 사회 질서의 변경, 제도를 바꿀 경우 예상되는 권력체제의 변화, 기득권의 상실 등 불확실성을 초래할 이유가 없었다.

상공업의 발달처럼 기존 체제를 변경하는 '창조적 파괴'*는 권력체제를 바꿀 수 있었다. 이에 대한 공포 때문에 임금부터 왕실, 양반 사대부 등은 현재의 제도를 바꾸는 데에 소극적이었다. 이들은 이른바 '조종의 법제'는 함부로 바꾸는 것이 아니라는 논리를 들며 줄기차게 변화에 반대했다. 백성들에게 새로운 변화의 가능성이나 그런 방향조차 보여주지 않으려 했고 이것이 시장의 형성이나 서점의 개설 등을 반대하는 모습으로 나타났다. 인쇄와 출판을 국가가 관리하며 지식과 정보를 독점했고, 서적의 보급과 지식의 확산도 통제했다. 읽고 쓰기 쉬운 한글(훈민정음)이 1443년에 창제되었는데도, 19세기 말까지 어려운 한자만을 공용어로 유지한 이유도 양반 사대부들이 지식과 정보를 독점하기 위해서였다. 평민층에게 유교 윤리 이외의 지식을 권장하는 것은 기존 질서에 대한 위협이 될 수 있었다.

---

*슘페터의 '창조적 파괴'에 대한 자세한 설명은 2장을 참조하라.

2장

제도가 만든
경제성장의
차이

왜 제도가
핵심인가

애덤 스미스Adam Smith 는 1776년《국부론The Wealth of Nations》에서 국부의
원천을 밝히면서, 개인이 노력해 얻은 성과를 스스로 향유하도록 보장
하는 법제가 다른 무엇보다도 국가의 경제성장에 중요하다고 강조했다.
"영국의 법률은 모든 사람이 자신의 노동의 성과를 향유할 수 있도록 보
장하고 있는데, 이것만으로도 온갖 불합리한 상업 규제들에도 불구하고
한 나라를 번영시키기에 충분한 것이다. (…) 모든 개인이 자신의 상태
를 개선하려는 자연스러운 노력이 자유롭고 안전하게 발휘될 수만 있다
면, 너무나 강력한 원동력이기 때문에, 다른 어떤 것의 도움 없이 그것
만으로도 사회에 부와 번영을 가져다줄 수 있을 뿐만 아니라 인류가 만
든 어리석은 법률이 개인의 자연스러운 노력에 가하는 수많은 부적절한
방해를 극복할 수 있다."[1] 이 이론은 매우 중요한 의미를 담고 있는데,
다음과 같이 네 가지 각도에서 분석할 수 있겠다.

1. 국부 증가에 가장 중요한 제도는 노동의 성과를 개인이 향유하도록 보장하는 제도이다.

2. 이러한 제도는 개인에게 너무도 강력한 인센티브이므로, 이것만으로 도 수많은 부적절한 방해를 극복하게 하는 원동력이 된다.

3. 이런 제도가 확실하게 법으로 보장된다면 다른 불합리한 상업 규제는 크게 문제가 되지 않는다.

4. 개인의 번영은 국가 경제의 성장으로 연결된다.

신제도학파 성장이론은 이런 애덤 스미스의 논리를 발전시킨 것이다. 미국의 경제학자 더글러스 노스Douglass C. North는 장기적인 경제성장에 는 제도가 가장 중요한 영향을 미친다는 이론을 발표했고, 이 이론으로 1993년에 노벨경제학상을 수상했다. 노스는 먼저 제도를 법과 제도 형 태로 구현된 '공식적 제도'와 의식, 관행, 문화 등 무형으로 존재하는 '비 공식적 제도'로 구분했다. 공식적 제도는 다시 정치제도와 경제제도로 나뉜다.

정치제도란 법령을 제정하고 집행하며 분쟁을 심판하는 기능, 이른바 입법, 행정, 사법 기능을 수행한다고 생각할 수 있다. 정치제도에서는 정치 조직이 대의기관으로 구성되어 민주적인가, 효율적인 법령 집행 조직과 정책 결정 조직을 구성해 운영하고 있는가, 사법 기능이 국민의 재산을 보호하도록 효율적으로 작동하는가 등이 주요 관심사가 된다.

경제제도에는 사유재산권, 경쟁 질서와 독과점 규제, 부와 소득에 대 한 조세, 계약 질서 등이 주요 내용으로 포함된다(더글러스 노스는 계약을 경제제도와 구분해 논의했으나 계약은 경제 질서의 주요 부분을 구성하므로 여기에서는 경제제도에 포함한다). 경제제도는 경제활동의 규칙으로서 경제활동에 가장 직접적인 영향을 미치므로 경제성장에 핵심적인 요인이다. 그런데 이 경제제도를 제정하고 운영하는 것이 정치제도이므로 우리는 정치제도에 주목하지 않을 수 없다.

제도는 게임의 규칙이다

그렇다면 근본적으로, 제도란 무엇인가? 제도는 사회 내 '게임의 규칙rules of the game'이며 사람 간의 상호작용을 구성하는 "인간이 만든 제약 조건humanly devised constraints"이라는 더글러스 노스의 정의가 유명하다. 제도는 생산에 사용되는 기술과 함께 총비용을 구성하는 거래비용과 변환(생산)비용을 결정한다. 따라서 개인과 기업의 거래비용을 줄이고 경제활동의 인센티브를 촉진하도록 제도가 제정되고 운영되어야 한다. 불합리한 법과 제도가 시행되는 나라(예를 들어 독재 국가)의 폐쇄적인 정치 체제에서는 독점과 특권이 득세하며 자유로운 경제활동을 보장하는 경제제도를 만들지 않는다. 이 경우 생산과 거래를 위한 절차와 시간이 많이 소요되고 거래비용이 많이 들며 사업의 성과에 대한 불확실성이 커지게 된다. 재산에 대한 보장도 불확실하므로 모험을 해서 경제활동을 추진하려는 유인이 생기지 않는다. 그래서는 경제가 성장하기 어렵다.

한편, 경제학자 존 파월슨John P. Powelson은 마찬가지로 제도의 중요성을 강조하되, 권력의 분산 여부에 초점을 맞추어 많은 나라들의 사례를 분석했다. 그 결과 경제성장에는 권력을 분산시키는 제도가 중요한 역할을 한다고 지적했다. 권력이 여러 계층에 분산되어야 성장에 필요한 효율적인 제도를 갖추게 된다는 것이다. 경제학자 로버트 홀Robert Hall과 찰스 존스Charles Jones는 제도와 정책을 "사회의 하부구조social infrastructure"라고 표현하며, 제도와 경제성장의 관계를 이론적으로 분석했다. 그들은 바람직한 제도가 지대추구 행위나 부정부패 등에 생산물이 전용되지 않도록 보장해서 생산적 행위를 장려하는 유인을 준다고 주장했다. 결국 적절한 제도가 경제성장을 촉진한다는 관점에서, 모두 제도의 중요성을 강조하는 이론이다.

더글러스 노스는 성문화된 법제로 구현되지 않은 사회의 의식, 가치관, 관행, 종교 등 주로 그 사회의 문화 영역이라 할 수 있는 것을 비공식적 제도라고 말하며 제도에 포함시켰다. 미국의 역사학자 데이비드 랜즈David S. Landes는 다시 이를 문화culture로 통칭하며 문화가 경제성장에 가장 중요한 요인이라고 주장했다. 이 책에서는 비공식적 제도라는 용어도 사용하지만, 때로는 비공식적 제도의 대표적인 개념으로 문화를 사용하겠다.

결국 개인의 생활과 경제활동은 공식적 제도와 비공식적 제도에 의해 규율된다. 그러나 가장 선진화된 경제에서도 공식적 제도는 경제활동을 규율하는 제약의 작은 부분(비록 매우 중요한 부분이지만)을 차지하고 있을 뿐이다. 그만큼 실제의 경제활동에는 비공식적 제도가 깊이 침투해 영향을 미치고 있다. 오히려 실제 개인 행동과 기업 활동에 있어서 개인 간의 관계를 규율하는 가장 중요한 지배구조는 명문화된 법령보다는 비공식적인 행위 규범이나 관행이라고 할 수 있다. 문화라는 비공식적 제도가 법제화되어 공식적 제도로 수용되기도 하고 법제가 의식이나 관행 등 비공식적 제도에도 영향을 미치지만, 일상적인 선택에서 공식적인 법제가 직접적이고 명백한 기준이 되는 일은 드물다. 그래서 법령으로 명문화되지 않은 비공식적 제도가 경제활동에 매우 중요한 영향을 미친다고 할 수 있다.[2]

조선에서는 비공식적 제도의 역할이 다른 어느 나라 경제에서보다 더 두드러졌다. 예를 들면 사농공상의 가치관으로 상공업을 농업보다 천시하고 이익추구 행위를 배척하며 양반은 굶더라도 상공업에 종사하지 말아야 한다는 것은 법령에 정해진 규제가 아니었다. 성리학의 명분론, 의리론, 삼강오륜, 관혼상제의 의례가 일상생활을 규율하는 규범이 되어 본연의 경제활동에 직접적으로 영향을 미쳤다. 바로 조선 사회의 가치관과 의식의 제약, 즉 비공식적 제도인 문화의 문제였다. 성리학의 배타적인 이데올로기는 조선의 제도에서 폐쇄적인 성향을 강화한 핵심 요인이며 이 문화가 상공업 발달을 저해했다. 그래서 성리학 이데올로기의 형성 과정을 경제성장에 중대한 영향을 미치는 비공식적 제도라는 관점에서도 깊게 검토할 필요가 있다.

제도의 성격에 주목하라

왜 조선에서는 경제성장을 통해 부국을 만들 수 있는 제도를 선택하고 운영하지 못했을까? 도대체 제도 중에서 어떤 제도가 중요한가?

애쓰모글루Daron Acemoglu 등 신제도학파 학자들은 제도가 중요하다는 것을 넘어서 그 제도의 성격을 더 중시해야 한다고 주장하며 논의를 발전시켰다. 이들은 제도가 착취적extractive인가 포용적inclusive인가 하는 판단 기준을 가지고 많은 나라들의 사례를 비교분석했다.

이들은 포용적 경제제도를 "사유재산이 확고히 보장되고 법제가 공평 무사하게 시행되며 누구나 교환 및 계약이 가능한, 공평한 경쟁 환경을 보장하는 공공서비스를 제공하는 제도"라고 정의했다. 포용적 경제제도는 또한 새로운 기업의 진입과 참여를 허용하고 개인에게 직업 선택의 자유를 보장하는 자유로운 제도이다. 반면, 포용적 경제제도와 정면으로 배치되는 제도를 착취적 경제제도라고 부른다. 여기에서 '착취적'이라고 하는 이유는 한 계층의 소득과 부를 착취해 다른 계층의 배를 불리기 위해 고안된 제도라고 보기 때문이다.[3]

한편 포용적 정치제도의 경우 "충분히 중앙집권적이고 다원적인 정치제도"로 정의된다. 두 조건 중 하나라도 충족되지 못한다면 그 체제는 포용적인 정치제도라고 말하기 어렵다는 것이다. 즉 정치권력이 사회 전반에 고루 분산되어 견제와 균형을 이루는 정치구조로, 소수의 엘리트 그룹이 독점적으로 권력을 행사하지 못하게 하는 체제이다. 여기에서 중앙집권적인 형태의 정부를 강조하는 것은 정부가 법질서를 유지하며 공공서비스를 제공함으로써 계약의 집행과 경제활동을 보장하는 행정력을 가져야 한다는 점을 강조하기 때문이다. 막스 베버Max Weber가 정의한 대로 "합법적인 폭력 사용을 독점"하는 정부의 역할을 제대로 담당해야 한다는 의미이다.[4] 자유주의 역사를 돌이켜 보면 포용적 경제제도는 애덤 스미스가 강조하는 경제적 자유주의 이념을 실현하는 제도이며, 포용적 정치제도는 존 로크의 정치적 자유주의 이념을 구현하는 제도라고 할 수 있다.

신제도학파 학자들이 일관되게 사용하는 '착취적' 또는 '포용적'이라는 용어는 개념을 너무 단순화해 의미 전달을 제한한다는 지적도 받는다.* 여기에서 '포용적'이라는 용어는 개방적이고 다원적이며 통합적인 성격을 아우르는 개념이고, '착취적'이라는 용어는 폐쇄적이고 수탈적이며 독점적인 성격을 아우르는 개념이라고 이해할 수 있다. 이 책에서는 어떤 제도가 폐쇄적, 착취적이라고 할 때, 이 단어들을 그 제도가 인센티브를 제약하고 거래비용을 높여 개인과 기업의 활동을 제약한다는 의미로 사용할 것이다. 어떤 제도가 개방적, 포용적이라고 하면 그 제도는 인센티브를 확대하고 거래비용을 줄여 개인과 기업의 자유로운 활동을 촉진한다는 의미가 될 것이다.

애쓰모글루, 로빈슨James A. Robinson은 포용적인 정부가 중앙집권제여야 한다고 강조한다. 그러나 나는 정부가 법치를 수행하며 공공서비스를 제공하는 등 정부의 기능을 제대로 수행하는지가 중요한 것이지, 정부 형태가 집권형인지 분권형인지는 직접 관계가 없다고 생각한다. 분권형 정부에서도 좋은 법제를 만들어 확실하게 실행할 수 있다면 충분히 포용적인 정부라 할 수 있다. 오히려 이러한 역할을 하는 국가는 프

---

*예컨대, 영국의 경제학자 존 윌리엄슨John Williamson은 자신의 블로그에서 이 용어들이 너무 포괄적인 개념으로 사용되어 적절하지 않다고 지적했다. 그는 포용적 개념은 정치제도에 적합하고 착취적 개념은 경제제도에 적합하므로 그렇게 나누어 사용하는 것이 좋겠다고 말했다. http://johnwilliamsonblogs.wordpress.com/2013/01/08

랜시스 후쿠야마Francis Fukuyama가 강조하는 '약한 국가'에 대비되며, 국가 건설이 잘되어 있는 '강한 국가'라는 개념에 부합할 것이다. 합리적인 법제를 만들지 못하거나, 정부가 허약해서 법제가 제대로 구현되도록 제 역할을 하지 못하면 경제성장이 어렵다. 그래서 법치를 제대로 구현하는 강한 국가가 훨씬 중요하다. 나는 이런 의미에서 포용적 정치제도에서 중앙집권제 정부형태를 강조하지 않고 오히려 강한 국가라는 개념을 사용해 분석하고자 한다.

권력 독점으로 훼손된 조선의 제도

존 파월슨은 제도를 이익집단 사이의 절충의 산물로 본다. 권력이 여러 집단에 분산되어야 경제성장을 촉진하는 제도를 형성할 수 있다. 그는 권력이 분산되어 균형을 이루지 않은 채 형성된 제도는 두 가지 관점에서 자원을 낭비하게 만든다고 주장한다. 첫째, 권력의 균형이 깨지면 우세한 집단이 권력을 유지하거나 향락하기 위해 과도하게 자원을 소비한다. 집단 이익을 지키기 위해 군사적 억압이나 인권 침해를 저지르기도 한다. 둘째, 권력의 균형을 반영하지 못하는 제도는 책임 회피를 초래할 뿐만 아니라 제도 자체가 제대로 지켜지지 않는다.[5]

또한 파월슨은 서유럽과 일본이 다른 나라에 앞서 근대적인 경제성장을 이룩한 것은 오랜 기간에 걸쳐 이익집단 간 권력의 분산이 이루어졌기 때문이라고 분석한다. 이들 나라에서는 농민과 지주, 제조업자와 상인 등 여러 이익집단 간의 흥정과 타협을 통해 시장 원칙, 법인 기업,

정부 관료제, 세제 등의 제도가 형성되어왔다. 이런 제도는 당사자 상호 간 또는 그들 집단과 정부 간의 협상으로 만들어졌다. 그 결과 자원이 효율적으로 사용되었는지 서로 책임을 물을 수 있는 방법을 체제 내에 구축했다. 이런 기초 위에서 경제성장은 모두에게 이익이 되는 거래의 형태를 띠게 되었다. 국가는 언제나 경제활동에 개입하려 했지만 대부분의 집단이 이를 거부했다. 그래서 이들 나라의 제도는 이익집단 사이의 권력 균형에 의해 유지되고 있으며, 이익집단들이 맞물려 돌아가는 연동 사회를 만들어왔다는 것이다.[6]

그러나 존 파월슨의 모델에 따르면 조선은 권력의 분산이 이루어지지 않아 경제성장에 바람직한 제도를 구축하지 못했다. 조선에서는 지배계층인 왕과 관료 간, 그리고 관료들 간의 견제와 균형 체제는 나름대로 갖춰져 있었다. 그러나 관료 집단을 제외한 상공업자나 농민 등 이익집단 간 권력의 분산이나 견제, 균형은 제대로 이루어지지 못했다. 인구의 대다수를 차지하는 농민과 상인, 천민을 제외한 지극히 소수의 양반 관료계급에게만 권력이 주어졌을 뿐이다. 양반 관료들은 중앙과 지방에서 독점적인 지배력을 행사했으며, 다른 어떤 계급과도 권력을 나누지 않았다. 당쟁으로 한 당파가 몰락하더라도 다른 사대부 당파가 돌아가며 정권을 독점했고 사대부 이외의 계급에게는 정권에의 참여, 권력의 분산 등을 전혀 허용하지 않았다. 임진왜란과 병자호란을 초래해 국가와 백성을 피폐하게 만든 지배층에게 책임을 추구하지 못한 것도 권력이 분산되지 않은 탓이다.

평민들은 정치권력에 참여할 길이 없었다. 상인계층이 성장했더라면 관료계급에 권력의 분할을 요구할 수 있었을 텐데, 상공업 억제시책 때문에 그럴 만한 상인계층이 형성되지 못했다. 유럽이나 일본에서는 부유해진 상인계층이 집권층에게 통치자금(전쟁 또는 사치 등에 사용)을 빌려주고 그러한 과정에서 자신들에게 유리한 제도를 하나하나 관철해나갔다. 그러나 조선의 임금과 사대부들은 상인의 성장이 정권 또는 기득권에 위협이 되거나 사회 질서를 어지럽힐 것이라고 두려워했고, 무인의 성장도 우려해 군사력의 확대를 회피했다.

이로 인해 권력의 분산 없이 양반 관료계급에게만 유리한 제도가 만들어진 것이다. 이들에게는 집단이익의 수호가 중요할 뿐 경제성장을 위한 제도는 관심의 대상이 아니었다. 이들은 그런 제도가 오히려 지배계층의 이익을 침해할지도 모른다고 우려했으므로 이를 선택할 이유가 없었다.

창조적 파괴의 공포

국가 경제가 발전할 수 있는 효율적인 제도가 있다면 지배층은 이를 당연히 수용할까? 이런 단순하고 명확한 질문에도 쉽게 답하기 어려운 것은 권력의 이해관계 때문이다. 이성적으로는 당연히 좋은 제도를 선택하겠지만 현실에서는 그렇지 않다. 오히려 정반대로 행동하는 경향이 있다. "가난한 나라가 가난한 것은 권력을 가진 자들이 빈곤을 조장하는 선택을 하기 때문이다. 지도자가 실수와 무지 때문에 잘못된 선택을 하는 것이 아니라, 의도적인 결과이다."[7]

그렇다면 이런 행태를 어떻게 설명해야 하는가? 애쓰모글루와 로빈슨은 슘페터Joseph Alois Schumpeter의 '창조적 파괴creative destruction'* 개념을 원용해 기득권 세력인 지배계층이 개혁에 반대하는 이유를 설명한다. 경제성장은 기존의 정치·경제 질서를 바꾸어 권력이 재배분되게 하고 새로운 승자와 패자를 만든다. 현재의 기득권자가 미래의 바뀐 질서에서는 계속 승자로 남지 못할 수 있으므로 불확실성이 커지는 셈이다. 사회의 기득권층은 새로운 기술이나 제도의 변화로 야기될 기존 질서의 파괴나 기득권의 상실을 우려해, 즉 창조적 파괴의 공포로 인해 제도 개혁에 반대하고 이를 방해하는 성향을 갖는다.

산업혁명 초기에 철도의 건설을 방해했던 당시 기득권층의 행태는 유명한 사례이다. 영국에 철도를 최초로 건설하려 할 때, 이미 내부 운하를 파서 범선을 운행하던 사업자들은 기득권을 잃을 것을 우려해 격렬히 반대했다. 유럽 대륙에서는 철도 건설을 추진하자 군주나 귀족들이 반대한 사례도 있다. 19세기 초에 오스트리아의 집권층이 "우리는 대다수 대중이 더 잘살거나 독립적으로 되는 것을 원하지 않는다. 그렇게 되면 우리가 어떻게 그들을 지배할 수 있겠는가?"라며 철도 건설에 반대했다는 유명한 일화도 있다.[8]

이들 기득권층은 기술 혁신이 가져올 국민의 편익 증대에는 관심이 없고 오히려 기존 질서의 파괴와 권력구조의 변화, 이로 인한 통치력과

---

*창조적 파괴란 새롭고 효율적인 방법이 개발되면 동시에 낡고 비효율적인 방법은 도태되는 일련의 변화 과정이다. 슘페터는 지속적인 경제 발전을 위해서는 끊임없이 창조적 파괴를 해야 한다고 주장했다.

기득권의 손실을 두려워했다. 기술 혁신이 국민의 일상생활이나 국가의 경제력을 향상시킬 것인지는 부차적인 관심사일 뿐이었다. 이해관계가 상충될 때 이들에게는 기득권 보호가 다른 무엇보다도 우선이었다.

조선의 사대부를 중심으로 한 양반계급은 강력한 특권을 가지고 있었으며, 그 기득권을 유지하기 위해 끊임없이 노력했다. 기득권을 잃을 우려가 있는 제도의 혁신은 조종의 법제이니 바꿀 수 없다거나 유학의 원리를 벗어난다고 하면서 강력히 거부했다. 창조적 파괴의 공포가 작동했던 것이다. 양반의 특권을 독점적으로 유지하기 위해, 고려 때부터 지방 관청에서 일해온 향리들을 중인계급으로 낮추어 양반과 차별화했다. 또한 양반과 천민의 결혼, 또는 정실이 아닌 첩과의 사이에서 출생한 서얼을 양반으로 인정하지 않음으로써 양반계급의 양적 확대를 견제하고 특권을 나눠 주는 것을 거부했다. 모두 양반 사대부들의 기득권 독점과 유지 전략으로 해석할 수 있는 것들이다.

특정 국가가 효과적인 제도를 만들지 못하는 이유에 대해 후쿠야마는 가산제patrimonialism 라는 개념을 사용해 분석한다. 여기에서 'patri-'는 아버지를 의미하는 단어로, 가산제는 아버지, 가장, 족장 중심의 체제, 즉 가장(족장)제도 또는 가부장제도patriarchy 의 연장선상에 있다.

가산제에서는 군주가 국가를 마치 자신에게 세습되는 자산과 같이 여기고 통치한다. 이러한 체제에서 군주는 모든 국사를 자신의 개인적인 업무로 생각한다. 관료들은 지배자의 가신이며 그의 독단적인 권력에 복종한다. 또한 지배자는 군사력도 마음대로 좌우한다. 가산제에서는 군주가 개인적 인정에 치우쳐 자기 가족과 친지들에게 특혜를 주려는 성향이 강하다. 이러한 성향은 워낙 내재적으로 강하기 때문에 이를 제어하는 강력한 유인이 없는 한 계속 확산된다. 가산제에서 특권을 가진 그룹은 군주뿐만 아니라 소수의 귀족, 관료 엘리트 등까지 확대될 수 있다. 이 그룹이 세습적으로 그 특권을 누린다면, 이들을 가산제 엘리트라 할 수 있다.

근대 이전의 왕권 국가에서는 왕실과 소수의 귀족에게 권한이 집중되는 경향이 있어 가산제 개념이 잘 부합된다. 조선은 성리학 원리로 정치, 경제, 사회, 문화 등의 영역을 지배하며 유교 국가 중 가장 강력한 가부장 사회를 형성했다. 과거를 통해 관료가 된 사대부들은 지배계층으로서 조선 사회를 통치했다. 관료를 중심으로 중앙과 지방에서 강력한 지배체제를 구축한 양반 사족들은 법적 근거도 없이 양반의 특권을 관료 자신뿐 아닌 가족 전체에 확대 적용했고 신분상의 우위를 포함한 각종 특권을 향유했다. 그러면서 중앙에서는 소모적인 당쟁에 매몰되어 제도 혁신을 반대하고 사회 통합을 외면해 국가를 쇠망의 위기로 몰아갔다. 조선의 왕실과 일부 사대부 가문들도 후쿠야마가 지적한 가산제 엘리트의 행태를 보인 계층이라고 볼 수 있다.

조선에 가산제이론을 적용해보는 것은 왜 조선의 엘리트들이 제도 혁신에 그렇게 소극적이었는가, 왜 신분제도와 조세제도 등을 그렇게 착취적으로 운영했는가를 구명究明해보려는 의도이다. 국가 발전을 위해서 효과적인 제도를 만들고 수시로 혁신할 필요가 있는데도 그렇게 하지 못한 이유를 가산제 원리에서 찾아보려는 시도인 것이다. 논란이 있을 수 있겠지만 왕실과 관료 집단이 자신들의 세력과 기득권을 지키는

데 급급했던 행태는 가산제이론의 타당성을 보여준다. 19세기 세도정권을 지배했던 몇몇 세도가문은 가산제 엘리트의 성격을 강하게 보여주는 사례가 아닐까?

지배층에게만 개방적인 폐쇄적 제도

실록을 보면 세종은 1427년(세종 9년) 9년 3월 16일 "다스림을 이루는 요체는 백성을 사랑하는 것보다 앞서는 것이 없다"고 했고, "백성을 사랑하는 시초란 오직 백성에게 취하는 제도가 있을 뿐이며 백성에게 취하는 것은 전제田制와 공부貢賦(공물과 세금)만큼 중한 것이 없다"고 지적했다. 정치에서 제도, 특히 경제제도의 중요성을 정확하게 이해하고 있었던 것이다.

조선 왕조는 정책 결정 과정에 양반, 관료와 성리학자들이 폭넓게 참여하고 왕권을 견제하는 정치체제를 가지고 있었다. 그러나 관료제나 신분제의 제약으로 인해 정책 결정 과정에 사실상 다른 계급은 배제되고 양반계급만이 참여할 수 있어 폐쇄적인 성격이 강했다. 조선에서 양반계급은 과거에 합격해 관료가 되어 직접 정책 결정에 참여하거나 상소를 내기도 하고, 향촌에서는 유향소 활동을 통해 자신의 정치적 의견을 개진하고 참여할 수 있었다. 그러나 양반이 아닌 일반 평민들은 어려운 한문을 배울 기회가 거의 없었고 정책에 참여하거나 정보를 획득할 기회도 사실상 봉쇄되어 있었다. 양반계급이 계급적 이해관계가 다른 평민계급, 즉 피지배계급을 대변할 유인이 없었다. 조선에는 다양한

계층의 의견을 반영하는 정치적 다원성이나 권력의 분산 면에서 상당한 제약이 있었음을 의미한다. 정치체제에서는 초기부터 중앙집권적 제도를 구축했으나 법치와 책임정치를 구현할 수 있는 강한 정부를 갖지 못했던 것이다.

요약하면 조선의 정치제도는 개방적인 정책 결정 과정이 운영되고 있었지만 그다지 포용적이었다고 하기는 어렵다. 양반 관료 중심의 폐쇄적인 통치체제와 신분제 속에서 다른 계층까지 대변할 포용력이나 다원성을 갖기는 어려웠다. 또한 중앙권력이 세금 징수 등 법과 제도를 시행하며 지방을 제대로 통제하지 못했고, 효율적인 법제 실행도 담보되지 않았다. 지방에서는 18세기 이후 재지사족(지방에 거주하는 사족. 18세기 이후의 향반)과 향리들이 농민에게 부담을 전가하고 농민의 재산을 착취했다. 이러한 정치제도에서 경제의 성장을 기대하기는 어려웠다.

스스로 묶은 발목

조선은 가지고 있는 자원과 노동력 등 생산요소를 충분히 동원해 성장을 추구하지 못했다. 국력이 취약해 국가의 존립이 위태로운 전란을 두 번이나 겪었으며 결국 19세기에 급격히 쇠퇴했다. 그 주된 요인을 무엇으로 설명할까? 제도적인 관점에서 보면 착취적이고 폐쇄적인 제도가 조선을 지배하면서 다른 긍정적인 요인들을 압도해 조선을 쇠퇴하게 만들었다고 생각할 수 있다. 어떤 폐쇄적, 착취적 제도가 있었는가를 구체적으로 규명하는 것이 이 책의 주된 목적이므로 여기에서는 왜 그런 제도가 형성되고 유지되었을까 하는 배경에 대해 먼저 생각해보자.

조선은 임금과 양반 관료가 지배하던 국가였고 중앙 관료와 군현의 수령, 향촌의 사족들이 함께 지배하던 체제라고 보아야 한다. 양반 사대부들은 자신들의 특권을 확대하기 위해 여러 제도적인 장치를 마련하고 기득권을 계속 확대해갔다. 법적인 근거도 없는 면세 혜택이나 병역의 면제, 신분상의 사회적 우위 등 양반의 특권을 확대했고 신분제를 강화하는 제도를 추진했다. 당파 싸움을 통한 정파 간의 정권 교체는 사대부 간의 권력 교체를 의미할 뿐 사대부계급과 다른 계급 간의 권력 분산이나 교체를 의미하는 것은 아니었다.

그간의 역사 기술에서는 조선이 왕조체제라는 것 때문에 임금의 역할과 리더십 실패에 지나치게 집중했던 감이 있다. 착취적 제도를 만들어 운영한 책임에서 임금의 몫도 크지만 관료의 몫이 훨씬 더 크다. 제도에 중점을 두면 제도를 만들고 운영하는 핵심 주체인 관료의 책임이 더 드러난다. 관료들은 제도의 문제와 개혁 방안에 대해서도 잘 알고 있었다. 임금을 설득해 개혁을 추진했어야 마땅했다. 그런데도 나라가 쇠퇴했다면 관료들의 책임이 더 크다. 사대부 관료들은 당쟁으로 한번 세력을 잃어도 언젠가는 권력에 복귀할 수 있다고 판단했다. 하지만 특권을 약화시키거나 기득권을 침해하는 제도 개혁, 예컨대 공물제나 노비제, 군역제의 변경에는 양반 사대부들이 강력하게 저항했다.

사대부 그룹에 특정한 주도 세력이 있는 것도 아니었다. 그런데도 이들은 조선 후기 내내 똑같은 이해관계로 결집되어 같은 방향으로 행동했다. 그 핵심 역할은 중앙에 있는 사대부들이 담당했지만 지방 수령들도 순환 인사를 통해 같은 이해관계에 있었다. 향촌에 있는 사족들은 지주로서 부를 축적하여 지방 수령과 향리들에게 영향력을 행사했다.

삼강오륜과 《주자가례》의 예절, 이를 내세운 향약을 향촌에 보급하기 위해 범국가적으로 그렇게 노력한 이유는 그것이 지배 이데올로기의 기반이며 확실한 제도적 장치였기 때문이다. 성리학 이데올로기로 정치, 경제, 사회, 문화, 교육제도를 지배하고 신분에 관계없이 일반 평민들까지 성리학 가치체제에 편입시킴으로써 양반 지배체제를 확고히 한 것이다. 조선은 양반 관료 지배계급이 성리학 이데올로기를 기반으로, 폐쇄적이고 착취적인 제도를 형성함으로써 성장할 기회를 스스로 제약했다.

중국, 조선, 일본의 성장 전략

중국, 조선, 일본의 아시아 3국은 같은 유교 문화권에 속하면서도 중세, 근대에 걸쳐 경제력에서 매우 큰 차이가 있었다. 유학, 성리학의 원조인 중국에서는 유학을 통치 원리에 반영하며 유교 정치를 펼쳤지만, 대체로 경제가 성장했고 세계와 다양한 교역을 했다. 조선은 성리학을 받아들여 원산지인 중국보다 더 몰입하며 상공업을 억압하는 제도를 고수했다. 일본은 조선에서 유학의 원리를 받아들였지만, 부국강병을 지향하는 제도 개혁과 더불어 봉건 영주 간 경쟁을 토대로 농업과 상공업이 발달하면서 경제를 성장시키는 데 성공했다. 조선은 중국이나 일본과 같은 수준으로 상공업의 번영을 이룩한 경험이 없다. 같은 유교권이지만 유독 조선의 경제력이 빈약했던 이유는 무엇일까?

중국의 전략, 거대한 시장과 실크로드

진시황秦始皇이 중국을 통일하고 나서 가장 먼저 착수한 일은 물류 유통을 위한 도로와 운하를 개설하고 수레와 도량형의 기준을 통일하는 것이었다. 이렇게 각 지역을 연결하고 사회간접자본을 구축해놓으면 통치에도 유리할 뿐만 아니라 다양하면서도 막대한 지역 생산물을 유통시켜 생산을 촉진하고 나라를 발전시킬 수 있을 것이라 믿었다.

수나라는 무리하게 대운하를 구축하다가 조기에 망했다. 그래도 후대 정권이 그 정책을 이어가 남북을 연결하는 대운하 망을 완성했다. 한나라 때 구축된 실크로드는 중국에서 아라비아를 거쳐 로마까지 연결하는 거대한 네트워크를 형성했다. 실크로드는 오랫동안 동서양 간 상업의 발달과 문화교류를 촉진하는 동맥으로서 중국의 경제성장에 기여했다.

운하와 도로를 건설하려는 정책은 현대 경제학에서 말하는 공공투자에 의한 성장견인정책과 같은 논리에 기반을 둔다. 당시 공공투자에 의한 도로와 운하의 건설 사업은 대개 인민을 차출하는 부역 형태로, 소득 살포 효과는 없었다. 그러나 거대한 공공투자는 자재 공급 등 관련 산업을 성장시켰고, 인력과 물자의 유통을 활발하게 했다. 진정한 경제적 효과는 공공투자가 완성된 후에 상공업 발달을 통해 나타났다.

명나라와 청나라 때에 대외무역을 금지하는 쇄국정책을 쓰기는 했지만, 당시 세계 최고 수준의 기술과 상품 생산 능력을 갖고 있던 중국으로서는 아쉬울 것이 없었다. 해외와의 통상 없이도 엄청난 규모의 내수에 힘입어 국내 물류 유통만으로도 상공업이 발달했고 국내 산업도 지속적으로 성장할 수 있었다. 중국은 사실상 지역적 특성을 달리하는 수십 개의 나라가 하나의 체제하에 교역하는 것과 마찬가지였다. 오늘날의 유럽공동체보다 훨씬 강력하게 통합된 공동체가 하나의 나라로 운영되고 있었던 셈이다. 더구나 폐쇄적인 정책을 견지하는 가운데서도 실크로드를 통한 교류뿐만 아니라 수십 개의 주변 국가들과 조공무역을 하며 제한적이나마 대외교류가 계속되었다. 이로써 폐쇄적인 성격을 상당 부분 보완하며 경제가 성장할 수 있었다.

경제성장에 좋은 체제는 잘 구축된 사회간접자본과 안정된 제도의 기반 위에서 국가의 경제활동 개입이 최소화된 체제이다. 중국 통치자들은 경제성장이론은 알지 못했으나 사실상 그런 체제로 중국을 경영한 셈이다. 강력한 중앙집권적 체제를 유지했지만 광대한 땅과 많은 인구를 가진 지역들을 중앙 정부 의도대로 일사불란하게 통치한다는 것은 애당초 불가능했다. 그러니 국가는 사회간접자본과 기본적인 제도(게임의 규칙)를 구축해놓고 나머지 구체적인 경제활동은 지역의 실정에 맡길 수밖에 없었다. 황제와 그 측근뿐만 아니라 지방 관리들의 착취와 부정이 많았지만, 이런 흐름을 제어할 수는 없었다.

조선의 전략, 중국 제도의 수용

반면 조선은 중국을 본받아 쇄국정책을 시행했는데, 이는 중국과 매우 다른 결과를 초래했다. 조선은 영토가 좁고 자원과 생산물도 다양하거나 풍부하지 않은 데다가 인구도 적어 국내 시장이 매우 한정되어 있었다. 더구나 산악지형이 많고 유통에 대한 인식이 부족해 도로와 운하를 개설하거나 수레를 이용하는 데 매우 소극적이었다. 좁은 국토에서도 국내 유통이 원활하지 못했다는 뜻이다. 기본적인 사회간접자본조차 매우 빈약해, 지역 간의 교류나 상업활동을 촉진하지 못했다. 국내의 천연자원과 인력을 효과적으로 활용할 수 있는 체제도 갖추지 못했다. 중국과는 근본적으로 차이가 있다는 것을 충분히 감안하지 못하고 중국식 제도와 정책을 피상적으로 수용해 유지한 것이 문제였다.

원래 한 나라의 제도를 다른 나라에 이식하는 것은 성공 가능성이 낮고 어려운 문제이다. 하물며 중국과 조선은 너무도 차이가 많았는데 제도 도입 과정에서 이런 부분이 제대로 감안되지 못했다. 중국에서 만들어진 제도의 본질을 제대로 파악하지 못하고 단순히 기본 제도만 이식함으로써, 문화가 다른 조선에서는 매우 다른 결과를 초래했다. 중국을 따른 쇄국정책은 좁은 국내 시장을 보완할 해외 시장의 활용 여지를 막아버렸다. 더구나 해외 국가들과의 문화적, 기술적 접촉 기회마저 봉쇄했다. 중국과는 지속적으로 교류를 했지만 이는 조공무역에 국한되어 있어서 교역 횟수, 참여 인원, 취급 물품 등에서 제한이 많았다. 조선이 주도하거나 결정할 수도 없었다. 중국은 쇄국정책 중에도 실크로드를 통해 서방 세계와 교류했고, 많은 국가와 조공무역체제를 유지했다. 그런데 조선은 중국을 통해 간접적으로라도 제3국과 교류하려는 노력이 없었고 그런 필요도 느끼지 못했다.

조선이 중국에서 사회간접자본의 건설, 도로 개설과 수레 활용, 도량형 통일 등의 제도를 도입하고 상공업과 무역을 진흥하는 정책과 제도를 시행했더라면 좁은 국내 시장, 부족한 자원의 한계를 극복하고 나라가 발전할 수 있었을 것이다. 수레 활용과 도량형 통일은 일부 시도했지만 성공하지 못했다. 관료 지배층이 성리학에만 매몰되어 경제에 대한 이해가 부족했기 때문에 상공업이 발달하지 못하고 전반적인 경제력의 저하가 초래된 것이다.

일본의 전략, 선택적 개방

일본은 의도하지는 않았지만 결과적으로 중국과 유사한 발전 전략을 택했다고 할 수 있다. 중세부터 대외적으로 쇄국정책을 취했지만 중국, 조선과의 교류를 지속했다. 또 네덜란드와는 상시 교류 채널을 유지했다. 1634년 에도 막부는 나가사키 해안에 데지마出島라는 인공 섬을 만들고 네덜란드 상인들이 상주하며 교역하게 했다. 결국 중국 수준의 대외교류는 가능했던 셈이다.

에도 막부가 쇄국정책을 시행하는 와중에도, 일본 내의 여러 번국藩國들은 서로 치열하게 경쟁하며 부국강병에 열중했다. 자기 영지의 경제력 확대가 번국의 위상과 생존에 직결되었기 때문이다. 더구나 다이묘 번주大名 藩主(지역의 봉건 영주)에게 세습이 허용되면서 지역 경제력의 향상은 쇼군將軍(막부의 통치자)이나 왕의 이익이 아닌 곧 자기의 이익으로 이어졌다. 그러니 지역 차원에서 백성들을 착취하는 제도를 운영할 필요가 없었고, 오히려 무사계급으로부터 농민과 상인을 잘 보호하는 것이 더 중요한 정책이었다.

일본은 병농兵農분리정책을 시행했는데, 이에 따라 무사는 농촌을 떠나 도시에 거주했다. 농민은 농촌에 거주하며 농사를 지어 세금을 납부했고 상당한 자치권을 가졌다. 무사와 상인, 직공 들이 영주의 성 아래에 함께 모여 살게 되면서 도시가 형성되었다. 각 번에 형성된 도시는 상공업자의 활동 무대가 되었다. 또한 막부가 시행한 참근교대參勤交代제도*를 통해 도로, 교량, 선박이 정비되었고 지역 간 유통이 촉진되었으며 관련 상업인 요식업, 숙박업 등이 발전했다. 지역 내 자치가 폭넓게 허용되어 권력이 분산되고 지역이 발전했다.

오늘날의 국가 발전 전략으로 보더라도 과거 중국의 전략은 유효했다. 개발도상국들은 전력, 도로, 항만, 공항, 운송수단 등 사회간접자본의 부족으로 급속한 성장이 불가능하다. 중국은 1990년대부터 가장 먼저 국가 주도로 사회간접자본 확충에 중점 투자해 성장을 견인하는 전략을 취했다. 과거에 이미 해봤던 전략을 다시 시도한 것이다.

---

*쇼군의 명에 따라 다이묘 번주의 가족은 에도에 거주하게 하고 번주는 영지와 에도를 1년마다 오가며 근무하게 한 제도. 일종의 인질제도였다.

3장

조선 초기의
제도

정권 안정 제일주의

고려 말 혁명을 주도한 세력들은 500년 가까이 이어진 고려 왕조가 제도의 문란으로 민심을 잃어 더 이상 존속할 수 없고, 이제는 새로운 왕조를 개창해야 한다고 생각했다. 조선의 건국자들은 성리학 이념에 따라 민본을 표방하며 정치와 사회 안정을 도모하는 체제를 구축했다. 고려 말에 단행된 전제 개혁(토지 개혁)에 이어, 신분제를 개혁해 노비를 축소하는 정책을 시행했다. 초기의 신분제는 천민을 제외한 나머지 양인계층이 동등하게 과거에 응시하여 차별 없이 관직에 오를 수 있는 권리와 병역 의무를 가지는 개방적이고 포용적인 성격이었다.

조선 왕조는 관료 국가로 평가될 만큼 관료가 실질적인 지배층이었다. 왕정인 조선에서 '군신공치君臣共治' 이념으로 통치체제를 편성해, 관료가 왕과 공동의 통치자로 인정될 정도의 위상을 가졌다. 과거제를 통해 유능한 인재가 관료로 발탁되고 이들이 임금과 더불어 통치를 담당하는 것이다. 조선 왕조가 500년 동안 유지될 수 있게 한 핵심 제도로 관료제를 지목할 수 있는 것도 바로 이 때문이다.

조선은 견고한 관료제로 중앙과 지방 정부를 통치했고, 신분제를 통해 사회를 장악했다. 성리학은 관료제와 신분제의 이론적 지주였고, 삼강오륜과 《주자가례》(17세기 이후)의 이념은 사회를 지배한 사상이며 규범이었다. 조선의 강점도 여기에 있고 조선의 약점도 여기에 있다. 관료들은 성리학을 기반으로 통치제도를 정립하고 신분제를 엮어 정치와 사회를 장악하고 군사력도 관장했다. 조선 왕조에서 제도를 수립하고(입법), 법을 시행하며(행정), 분쟁을 조정하고 심판하는(사법) 기능은 모두 관료에게 집중되어 있었다. 이들은 관료이자 학자로서 조선의 국교國教와 같은 역할을 한 유교(성리학)를 관장했다. 관료들은 성리학의 충효사상과 명분론, 의리론을 양반 관료 중심의 신분제를 고착시키는 토대로 활용했다.

성리학에 기반을 둔 초기 제도

건국자들은 초기부터 성리학을 통치 이념으로 채택하고 교육과 과거시험, 서적 출판 등을 성리학 일변도로 편성했다. 성리학은 정치, 경제, 사회, 문화 등 모든 영역을 지배하는 통치 이념이자 독점적 이데올로기였고 조선 사회를 하나로 묶는 강력한 철학이었다. 성리학은 정치·경제 제도에 반영되어 있었을 뿐만 아니라 종교, 가치관, 문화 등 거의 모든 것을 장악한 비공식적 제도였다. 성리학의 단일 이념으로 촘촘하게 형성된 정치, 경제, 사회제도와 윤리 문화는 조선 왕조가 500년 이상 존속하게 한 원동력이 되었다.

양반 사족들은 중앙과 향촌에서 강고한 지배체제를 구축해 농민, 상인, 천민 등 어떤 계급으로부터의 도전도 허용하지 않았다. 양반들이 향촌에 거주하는 토호 세력으로서 "민심을 유지해 변란이 생기지 못하게 함"으로써 정권을 안정시키는 데 기여하고 있음을 관료들이 스스로 언급하기도 했다(영조실록, 영조 26년 6월 22일). 정권 담당 세력의 교체는 양반 사대부계급 내의 분쟁이었을 뿐, 이 과정에 다른 계급의 도전이나 참여를 허용하지 않았다. 그리하여 관료지배체제는 내우외환에도 불구하고 장기간 유지되었다.

초기 건국자들은 농업을 본업으로 장려하면 상공업을 억제하더라도 충분히 국력을 신장시키고 민생을 안정시킬 수 있다고 생각했다. 초기에는 전제 개혁과 새 왕조의 농업 장려책에 따라 농업 생산량이 증가해 국가 재정이 튼튼해지고 상당한 비축미까지 축적할 정도였다. 그러다가 제도의 부작용이 나타나며 전란이 겹쳐, 17세기 전반까지 생산체제가 급격히 쇠퇴했다. 이렇게 바뀐 것은 상공업 억제제도와 착취적 수취제도, 그리고 반상제 등 사회 역동성을 떨어뜨리는 신분제도가 경제활동을 크게 저해했기 때문이었다. 17세기 후반 이래 대동법 등으로 제도가 개선되고 신분제가 와해되면서 경제가 다소 성장했으나, 세도정치와 쇄국정책 등의 영향으로 오래 지속되지 못했다.

종합하면, 조선은 성리학을 숭상하는 관료들이 성리학을 통치 이념으로 굳건한 관료제를 구축했다. 또한 양반 중심의 신분제를 기반으로 정치, 사회, 경제의 안정을 유지하는 제도를 구축했다. 조선은 성리학 이데올로기와 함께 관료제와 신분제가 견고하게 유지되면서 오랜 기간 정치와 사회를 장악하고 효과적으로 통치하는 데에는 성공했다. 그러나 경제적으로는 폐쇄적, 착취적 성격이 강한 제도와 외환外患의 영향으로 침체를 겪었다고 평가할 수 있다.

성리학 중심 제도의 왜곡

고려에서 조선으로의 왕조 개편은 신흥 성리학자들이 주도한 작품이었다. 특히 정도전의 사상과 역할이 중요했다. 조선 건국은 무인 이성계李成桂와 성리학자 정도전鄭道傳의 합작품이라고 할 수 있지만, 좀 더 강하게 표현하면 정도전이 이성계를 설득해 혁명을 일으키도록 촉구했다고 하는 것이 더 맞을 것 같다. 조선 건국은 정도전 등 성리학자들이 치밀하게 구상하고 준비한 혁명이었다. 혁명 직후 정도전 등은 그동안 구상했던 정치와 경제제도의 기본 틀을 이성계에게 제시하며 새 왕조의 핵심 제도로 채택하게 했다.

성리학의 경세론에 입각해 설계된 건국 초기의 제도는 새 왕조의 기운을 반영해 한동안 국가 발전에 기여했다. 그러나 100년이 지나지 않아 초기 제도가 쇠퇴하고 많은 문제를 유발했다. 제임스 팔레James B. Palais는 이것이 전제 개혁 등의 제도화 과정에서 유학의 고유한 이념이 제대로 반영되지 못했고, 과거제나 노비제 등을 도입할 때도 본래의 취지를 잘못 판단했기 때문이라고 지적했다.[1] 제도의 성격에 대한 논의가 이 책의 주제이기 때문에 이 문제는 뒤에 해당되는 부분에서 상세히 기술하겠으나, 우선 팔레가 지적한 대표적인 제도의 실패 사례를 몇 가지만 검토해보자.

유교적 이상은 능력 중심 사회를 건설하는 것이었고, 능력이 있는 사람이라면 신분에 관계없이 누구든지 선발해 관직에 등용하는 것이었다. 그런데 조선에서는 고려와 달리 지방의 향리들을 중인계급으로 분리해 중앙 관직에 들어오지 못하게 제도화하고, 향리에게는 녹봉도 지급하지 않았다. 과거제에 의한 관료선발제도는 주희를 비롯한 송나라 대의 학자들이 적절하지 못한 제도라고 비판했음에도 조선에서는 관료 등용의 중추 제도로 운용했다. 또한 능력에 관계없이 상인과 장인, 서얼에게는 응시 기회 자체를 제한했다. 이는 중국에서도 시행하지 않던 제도였고 개방적인 능력중심제도를 폐쇄적인 관료선발제도로 변질시킨 것이었다.

조선 초기에 성리학자들은 유교 고전과 성리학 사상에 따라 고려의 세습적 귀족정치를 청산하고 유교적 사회를 건설하려 시도했다. 그런데 점차 양반 사대부계급이 세습하며 권력을 독점한 것은 능력 중심 사회를 지향한 유교적 이상에 부합하지 않는다. 중국에서 사대부는 현직 관료 본인만을 의미하는 것이고, 그 지위도 세습되지 않았다. 그런데 조선에서는 15세기 후반부터 양반 사족의 범위가 확대되어 현직 관료 본인뿐만 아니라 친족, 조상과 후손까지 포괄하도록 관행이 형성되었고 이들이 모두 양반계급으로서 세습적인 권력을 누렸다. 이들은 노비를 재산의 일부로 세습했으며, 관직을 독점했고 토지를 겸병兼倂함으로써 부와 권력을 함께 향유했다. 그러나 조세의 납부나 부역의 부담 등은 회피했다. 팔레는 이렇게 제도가 바람직하지 않게 시행된 것은 유학을 내세우면서도 유학의 제도를 잘못 도입했거나, 그 취지에 맞지 않게 시행했기 때문이라고 보았다.[2]

정도전 등 초기의 성리학자들이 조선의 정치체제와 정부 운영 원리, 예법 등을 설정하는 데 주요 준거로 삼은 것은 《주례周禮》였다. 《주례》는 본래 주나라의 정부 조직과 관직, 각 직책의 직무와 소요 정원, 소속 관리의 직급체계, 예법 등을 구체적으로 정리한 책인데, 춘추 전국 시대 또는 한나라 시대에 뒤늦게 편집된 것으로 알려져 있다. 조선에서 정부 조직을 이吏, 호戶, 예禮, 병兵, 형刑, 공工의 여섯 개 관청체제로 편제한 것은 《주례》의 천天, 지地, 춘春, 하夏, 추秋, 동冬 편제에서 유래했다. 명칭이 바뀌었을 뿐 6관체제나 그 직무 등은 매우 유사하다. 당시 중국, 조선과 일본의 정부체제는 대개 이 편제를 따르고 있었다.

그런데 《주례》를 자세히 분석해보면 여기서 내세우는 정부 작동 원리는 신상필벌, 그리고 성과주의의 인센티브제도라는 것을 알 수 있다. 《주례》 곳곳에서 이 원리를 매우 강조하고 있는데, 당시 재상 격이었던 천관총재天官冢宰의 직무 중 몇 가지를 사례로 살펴보자.

· 매년 정월에는 각 통치 단위지역별로 치적을 발표하되, 성문이나 관청의 문에 10일 동안 내걸어 백성들이 그 실상을 알게 한다.
· 한 해를 마치면 모든 관서에 그해의 사업 결산서를 제출하게 한 후 검토해 왕에게 보고하되, 잘한 자는 계속 그 직책을 맡게 하고 미흡한 자

는 내쫓는다.
- 3년마다 모든 관리의 치적을 총결산해 견책할 것은 견책하고 포상할 것은 포상한다.
- 각 관서의 순서를 정한 후 공적에 따라 순서대로 그 직위를 맡게 한다.
- 정부의 재물과 비용을 결산해 재물을 낭비하거나 허위 서류를 작성한 자는 문책하고 재물을 늘리거나 절약한 자는 포상한다.

더 구체적인 사례를 들면, 의사醫師라는 관서는 약제와 의원에 관한 행정을 담당하는 관서인데, 한 해를 마치면 결산해서 성과에 따라 의원의 녹봉을 조정하라고 규정하고 있다. 열 명의 환자를 치료해 열 명을 다 낫게 하면 최상의 녹봉을 지급하고, 열 명의 환자를 치료하다 한 번의 실수가 있었다면 두 번째 등급의 녹봉을, 만약 열 명을 치료해 네 번의 실수가 있었을 때는 가장 낮은 녹봉을 지급하라고 예시하고 있다.

관리의 직책과 신상필벌에는 폐치廢置와 주상誅賞의 원칙을 적용했다. 실적이 나쁜 직책은 폐지하거나 담당 관리를 내쫓고, 실적이 좋은 직책은 존치하면서 담당 관리가 계속 그 직책을 맡게 하는 것이 폐치의 원리이다. 오래 재직하고도 공로가 없으면 그냥 내보내지 말고 반드시 죄를 물어 벌을 주어 내보내고, 재직 중 크게 공이 있으면 계속 그 일을 맡기되 반드시 포상을 하라는 것이 주상의 원리이다. 정부 운영에서 성과 평가와 그에 따른 신상필벌을 철저히 하라는 합리적 인센티브제도를 제시했던 것이다.

《주례》는 이상사회였다는 고대 주나라에서 성과에 입각한 신상필벌 원칙이 시행되었고, 이 원칙이 정부 조직의 기본 원리였다고 서술하고 있다. 《주례》를 기반으로 조선의 정치제도를 설계한 정도전은 관료의 고과제 등 이런 원칙을 일부 시도했으나 조정에서는 제대로 실현되지 못했다. 후대로 갈수록 성리학 명분론자들은 이런 원리를 의도적으로 무시했다.

배고픈 것은 참아도 배 아픈 것은 못 참는다는 전통적 '평준화 사고' 도 영향을 미쳤다고 생각한다. 당쟁이 심화되면 객관적 평가 결과와는 상관없이 관료의 인사에서 정파의 이익과 정실이 압도하게 된다. 이렇게 되면 어떤 기준을 내세워도 반대되는 정파에서는 승복하지 않고 평가 방법에 문제가 있다고 이의를 제기한다. 이런 현상 때문에 조선에서 관리들의 업무 능률이 점차 저하되었고, 결과에 승복하지 않는 문화가 정착되었다.

중앙집권적 체제의 맹점

정치제도란 법제를 결정하고 집행하는 과정이다. 여기에서 가장 중요한 부분은 제도 결정 권한을 한 사람 또는 한 계층이 독점하지 않고 여러 계층에 분산해주어 서로 견제하도록 하는 것이다. 정치권력이 다양한 계층의 의견을 대변하고 서로 견제하게 하는 다원적인 정치체제를 갖춰야 개방적이고 포용적인 정치제도를 가지게 된다. 포용적인 정치제도의 핵심은 제도 결정 과정에 다양한 사람들이 참여해 다원적인 의견이 반영될 수 있도록 보장하는 것이기 때문이다. 조선은 절대 군주인 왕의 권력을 관료들과 공유하게 하고, 왕을 견제하는 여러 제도를 갖춰 군신공치라는 바람직한 체제를 구축했다. 정책과 제도 결정 과정에서도 많은 관료들의 다양한 참여와 논의 과정을 제도화했다.

관료 국가에서는 관료의 역할이 중요하므로 관료로의 입문 기회를 개방하는 제도도 중요했다. 그런데 조선은 과거 응시에 제한을 두는 등 폐쇄적인 제도를 가지고 있어 다양한 계층에게 진입 기회를 주지 못했다. 이들이 관료로 참여해 다원적인 의견을 반영하도록 허용하지 않음으로써 제도적인 결함을 가지게 된 것이다. 과거 응시를 제한한 것은 폐쇄적인 관료제를 초래한 중요한 원인이었다.

한편 중앙과 지방 간의 권력 배분에서도 포용적인 배려가 부족했다. 조선은 중국에서 진나라와 한나라 이후 확립된 중앙집권제를 답습해, 중앙 정부에 권력을 집중했고 지방에 권력을 배분하지 않았다. 한반도에서는 고려 이전의 지방분권형 체제가 고려에서 중앙집권제로 전환되었는데, 조선 왕조는 이를 강화한 형태로 권력을 중앙에 더욱 집중했다. 고려의 정치제도를 대부분 이어가면서 중국 제도에 더 충실하려는 목적이 강했으며, 좁은 국토를 효율적으로 통치하려는 목적이 우선했기 때문으로 보인다.

일단 수립한 제도와 정책을 전국에 일관되고 지속적으로 시행하기 위해서는 중앙집권적인 정치체제가 더 효과적이다. 그러나 지방분권형 정치체제는 지방 정부가 지역민들의 의견을 대변하고 중앙과 경쟁하기 때문에 경제를 활성화하는 계기를 마련할 수 있는 정치제도이다. 당시 유럽과 일본에서는 지방분권형 체제를 채택해 중앙과 지방이 경쟁하며 부국강병을 이뤘다. 반면 조선은 초기부터 중앙집권형 체제를 채택했다. 조선에서의 중앙집권형 체제는 피상적인 사회 안정에는 기여했으나 경쟁을 촉발하지 못해 사회를 활성화시키지 못했다. 사회 전반적으로 상공업을 억제하는 제도가 지배하고 있는 상황에서, 특정 지방이 중앙 정부의 방침과 관계없이 자립적으로 상공업의 발달이나 경제성장을 추진할 수 있는 체제는 아니었다.

정도전은 어떤 철학으로 개혁을 주도했는가

정도전은 유학의 이념인 '백성을 근본으로 하는 정치'를 구현하기 위해 민본사상에 입각한 통치체제를 구상했다. 정도전이 지어 왕에게 올린 《조선경국전朝鮮經國典》 상권 중 〈부전賦典〉에 다음과 같은 글귀가 있다. "대저 임금은 나라에 의존하고 나라는 백성에 의존하는 것이니, 백성이란 나라의 근본이며 임금의 하늘인 것이다." 태조실록의 1395년(태조 4년) 10월 5일 기록에 따르면, 이에 따라 태조 이성계는 국정쇄신 교서에 백성이 오직 나라의 근본民惟邦本이라는 원칙을 통치 이념으로 천명했다.

정도전은 민본사상에 입각하여, 나라의 근본인 백성의 마음을 얻지 못한 임금은 더 이상 지위를 보전하지 못한다고 보았다. 정도전은 《경제문감별집經濟文鑑別集》 상권에 과거 중국의 역사상 민심을 얻지 못해 밀려났던 군주들의 사례를 자세하게 소개했다. 민심에서 이반된 고려 왕조를 교체하고 새로운 왕조를 세우려 했던 정도전의 이념은 명확하게 민본을 중심으로 하고 있었으며, 공동창업자인 이성계도 이에 합의한 것으로 보인다.

그렇다면 이렇게 훌륭한 통치 이념이 왕조 내내 유지되고 지배층이 이를 존중했을까? 민본정치는 백성을 위하고 백성의 생명과 재산을 지키는 정치를 하겠다는 이념이다. 그러나 조선은 총론 차원의 제도나 이념은 잘 갖추었지만, 세부 규정의 미비, 감독체제 미흡 등 제도적인 문제와 더불어 지배층의 법치의식이 부족해 당초의 목표를 이루지 못했다.

정도전은 과거 부세법賦稅法이 만들어진 이유는 통치자 자신을 봉양하기 위함이 아니라, 법으로 백성들을 다스려 다투는 자와 싸우는 자를 평화롭게 해줌으로써 민생을 편안하게 하기 위함이라고 주장했다. 그러나 이 일은 농사를 지으면서 병행할 수 없는 것이므로 백성들이 10분의 1을 조세로 바쳐 통치자를 봉양하는 것이라고 보았다. 통치자는 이런 명목으로 백성으로부터 조세를 수취하는 것이니 자기를 봉양해주는 백성에 대한 보답이 중요하다고 했다. 백성을 위한 정치를 하라는 의미였다.

조세제도는 백성들에게 가장 큰 부담이 되는 제도인데, 정도전의 부세법에 대한 인식은 근대 서양의 사회계약 원리에 부합할 만큼 놀랍도록 진취적이고 합리적이다. 사회에서 백성들 간에 서로 다투게 되면 '만인의 만인에 대한 투쟁'이 되어 개인의 생명과 재산 보호가 되지 않고 질서가 유지되지 않는다는 지적은 사회계약과 같은 문제 인식에 기반을 두고 있다.

재상과 관료·통치체제

정도전은 민본사상을 제대로 구현하기 위해 정책 결정권을 왕이 아닌 재상이 갖는 통치체제를 제안했다. 왕은 이념상으로 절대 권력자이지만 실질적인 통치권은 재상이 행사해야 한다는 주장이었다. 정도전은 재상이 정책 결정권을 갖게 하고 왕의 권한 행사를 견제하는 여러 제도를 마련하는 등 재상 중심의 독특한 통치체제를 만들려 했다. 재상 또는 총재는 《주례》에서 규정한 대로 관리를 통솔해 나라를 다스리는 관료 조직의 우두머리를 말한다.

정도전은 세습되는 군주인 임금의 능력이나 인품이 미흡한 경우가 충분히 있을 수 있기 때문에 당대의 가장 유능한 인재를 선발해서 재상으로 임명하고 국정을 맡기라고 제안했다. 중요한 사안의 경우 임금과 협의해 처리하되, 대부분의 업무는 재상이 독자적으로 처리할 권한이 있어야 한다는 것이었다. 이 재상에 해당하는 자리가 영의정이었을 텐데, 조선에는 중국의 제갈량, 독일의 비스마르크, 프랑스의 콜베르같이 절대 군주 아래에서 막강한 실권을 가지고 장기 재임했던 영의정이 없었다. 세종 때 황희 정승이 18년간 영의정으로 재직했으나 당시 그의 권한에는 한계가 많았다.

조선 정치제도 실패의 중요한 요인 중 하나는 재상제도를 제대로 활용하지 못한 것이다. 유능한 인재를 재상으로 발탁해 권한을 부여하고 오랜 기간 정치를 맡기는 이런 제도를 수용하지 못한 지배층의 인식이 문제였다고 생각한다. 정도전의 구상은 단순한 이상이 아니라 태조 이

성계의 동의를 얻은 제안이었으므로 매우 실현가능성이 높았다. 그런데 조선에서는 한 사람에게 권력을 몰아주는 것에 왕과 사대부들이 다 같이 반대했다. 오히려 평준화 의식이 강한 관료들끼리 권력을 나누어 공유하는 것을 훨씬 선호했다. 정도전이 구상했던 재상 행정의 효율성과 일관성은 권력의 공유 논리, 평준화 논리에 밀릴 수밖에 없었다.

정도전은 국가를 다스리는 핵심은 사람을 쓰는 것이라며 인재의 중요성을 명확하게 파악했다. 《삼봉집三峯集》에 쓴 "천하 국가를 다스리는 요체는 인재를 등용하는 데 있을 뿐이다"라는 표현이 그의 주장을 압축하고 있다. 그래서 평상시에 인재를 양성하고 인재를 선택하는 제도를 매우 정밀하게 구성하되 발탁한 인재는 오래 재임시켜야 한다고 주장했다. 관료제의 필요성을 정확하게 지적하고 있다. 재상과 관료 중심의 통치체제는 인재 중시의 철학에서 구체화되었다. 관료는 엄밀한 선발 과정을 거쳐 능력이 부족한 인물이 요행히 관리로 들어오는 일이 없게 하고, 능력 있는 인재가 오래 재임하며 역량을 발휘하게 해야 한다고 했다.

정도전은 부국강병을 통치의 기본 이념으로 삼았다. 그래서 내치를 잘해 민생을 향상시키는 것뿐만 아니라 국방력 강화도 매우 중시했다. 《삼봉집》에 실린 〈진법陣法〉에서는 구체적인 진법 요령, 훈련 방법, 장수의 자질, 공격과 방어 전술, 군대에서의 리더십 등을 규정하고 있다. 또한 실제 군대에서 사용할 군가까지 제정할 정도로 구체적이고 실질적이었다. 건국 초기에 '부국강병'은 구호가 아닌 실천 과제였다. 조선 왕조를 통틀어 정도전만큼 성리학자이면서도 문무의 이론과 전략을 두루 겸비한 관료를 찾기는 어려울 것이다. 부국강병책은 성리학 이념에서도 마땅히 채택할 수 있는 국가의 필수 정책이었음을 의미한다. 그런데 후대 사림파 학자들은 부국강병책은 '패술(덕이 아닌 힘으로 통치하는 것)'이라며 매도하고 배척했다.

정도전은 조선 왕조를 건립하고 나서 실제 이런 진법의 내용에 따라 군사훈련을 엄격히 시행했다. 관료들은 지위고하를 막론하고 정기적으로 군사훈련을 받도록 했고 이를 태만히 한 자는 엄정하게 징계했다. 여기에는 왕자 등 왕실 인척도 예외가 아니었다. 이렇게 잘 정리되었던 부국강병의 이념이 후대 사림정치에서는 갈수록 희미해졌고 글에만 집중해 국가가 나약해졌다. 문무백관이 모두 군대편성, 군사훈련 등을 소홀히 해 결국 임진왜란, 병자호란의 환란을 초래했다.

중농억상의 경제 정책

성리학자들은 농업이 가장 중요한 본업이고 상공업은 억제되어야 할 산업이라고 생각했다. 정도전도 농사와 양잠은 백성 의식衣食의 근본이므로 왕도정치의 우선이 되어야 한다고 보았다. 그래서 《조선경국전》에서도 농업 생산을 증대시키는 데 역점을 두고, 상공업을 억제해야 한다고 말했다. "백성들 가운데서 게으르고 놀기 좋아하는 자들이 모두 공工과 상商에 종사하였으므로 농사를 짓는 백성이 날로 줄어들었으며 말작이 발달하고 본실이 피폐했다."

이러한 우려에서 정도전은 공상을 억제하기 위해 '공상세'를 부과하자고 제안했다. 고려 말기에는 권세가의 토지 겸병과 국가의 부역 과다로 농민들이 살기가 매우 어려웠다. 농촌에서 추위와 굶주림으로 죽거나 이농하는 농민이 늘어나서 농촌 호구가 날로 줄었고, 생계를 위해 상공업에 종사하는 사람이 늘어났다. 농촌을 지키기 위해 상공업을 억제할 필요성을 주장했다고 이해할 수 있는 측면도 있다. 농민이 조세를 내니, 상인도 세금을 내는 것이 당연하다. 하지만 그 목적이 상공업을 억제하기 위한 규제적 세금이라는 데에 문제가 있었다.

상공업을 억제하는 제도를 시행해서, 상공업에 진출하지 못하고 농업에 남게 하겠다는 발상은 폐쇄적인 제도라 하지 않을 수 없다. 농민들이 농촌을 떠나는 것은 과도한 지대와 공물 부담, 지방 향리의 착취, 관개 시설이나 기타 농업 생산 여건의 미비 등 여러 요인으로 더 이상 농촌에 머물 수 없게 되었기 때문이었다. 농민이 갑자기 게을러지거나 농사가 싫어 떠나는 것이 아니었다. 농민에 대한 부담을 경감하는 등 농업을 계속하는 것이 더 유리하도록 제도를 보강하는 것이 적절한 방향이었다. 그런데 상공업에 공상세를 부과하고 여러 규제로 진입장벽을 강화한다거나, 농민의 선택권을 무시하고 계속 농촌에 있도록 강제하는 것은 생산 의욕을 떨어뜨리는 잘못된 정책이었다.

성리학자들의 산업별 차별의식과 함께 직업별 차별의식에도 주목해야 한다. 그들은 농사만을 생산적인 직업으로 생각해서 다른 직업, 예컨대 상인이나 장인 등을 생산은 하지 않고 남에게 의지해 먹고 사는 천한 직업으로 간주했다. 비슷한 의식에서 정도전도 《삼봉집》에서 황무지를 개간해 이들 '비생산적인 일'에 종사하는 사람들을 모두 농사에 종사시켜 식량 생산을 늘리고, 이렇게 늘어난 식량을 군량미로 쓰자고 제안한 것이다.

　다른 나라에서도 산업화 이전에는 직업적인 차별이 있었다. 또한 당시 상황에서 다른 정치적인 의도가 있었을 수도 있다. 그러나 이 점을 인정하더라도, 조선은 상공업 종사자를 '생산하지 않고 소비만 하는 천한 사람들'이라고 규정함으로써 상공업을 지나치게 억제했다. 《주례》에서는 백성들의 직업을 6직, 9직, 12직 등 필요에 따라 여러 가지로 분류하고 있는데, 그것은 다양한 직업 분류 방법을 제시하며 필요에 따라 전문 영역을 나누어 특화시키자는 의미이지 직업을 차별하자는 의미는 아니었다. 《주례》를 인용해 국가 편제를 설계하면서 정도전이 당시의 시대 상황과 성리학 이념에 따라 이 부분을 왜곡해서 적용한 것이 유감스럽다.

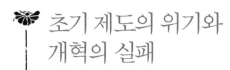

초기 제도의 위기와
개혁의 실패

성리학의 경세론에 기반을 둔 조선의 제도는 건국 초기 새 기풍을 조성하며 사회를 안정시키고 민생을 개선하는 데 기여했다. 그런데 초기 100년을 지나며 조선의 제도는 여러 부문에서 문제점을 노출하기 시작했다. 어떤 제도이든지 처음에는 완전하지 않기 때문에, 시행해가면서 미비점을 점검하고 보완하며 문제가 누적되면 과감하게 개혁을 해야 한다. 그래야 효율적으로 제도를 운영할 수 있다. 그런데 유학을 숭상한 조선은 제도 개혁에 유난히 수구적이고 폐쇄적이었다.

임진왜란 전의 국가개혁론

조선 최고의 성리학자 율곡 이이栗谷 李珥는 임진왜란이 발발하기 전에, 조선은 기강이 무너져 금방이라도 주저앉을 듯한 낡은 집이라고 비유하며 시급히 개혁해야 한다고 여러 차례 강조했다. 이이는 조정의 관료들이 기존 제도를 고수해야 한다고 내세우는 논리가 헛된 명분만 좇는 그릇된 이론이라고 신랄하게 비판했다. 이이가 1583년(선조 16년) 선조의 지시에 따라 작성해 올린 상소를 보면 그러한 내용이 절실하게 표현되어 있다.

이이는 임금(선조)이 백성들의 고통을 알고 있지만, "지금까지 정사의 한 가지 폐단이 고쳐지지 못하고 백성의 한 가지 괴로움도 해결되지 못한 것은, 전하께서 이전의 규정만 고수하시고 변통을 생각하시지 않는 까닭"이라고 규정했다. 임금부터 현행 제도를 고수하는 보수적인 자세가 문제라는 지적이었다. 그는 또한 "예로부터 제왕이 창업해 법을 제정하면, 비록 그 법이 처음에는 더할 나위 없이 훌륭하고 아름답지마는, 시간이 흐르고 일이 변하면 법이 오래되어 폐단이 생기므로 이를 잘 계승하고 잘 발전시키려는 임금은 반드시 때에 따라 적당하게 개혁해야 한다"고 강조했다. 개혁에 소극적이어서는 드러난 폐단을 시정할 수 없다는 점을 임금에게 명확하게 지적하며 설득했다.*

그는 아울러 태조 때부터 법제를 만들면서 "큰 강령은 비록 이루어졌으나 절목節目은 갖추어지지 못했다"고 조선의 고질적인 문제를 거론했다. 여기에서 절목이란 세부 시행 규정을 말한다. 또 연산군 대에서 조종의 법규가 대거 와해되었는데 중종이 반정反正한 뒤에는 새롭게 개혁할 수 있었으나 조정의 신하들 중에 시무를 아는 이가 적어서 그렇게 하

---

*전문은 이이의 시문집인 《율곡전서栗谷全書》 6권을 참고할 것.

지 못했음을 한탄했다. 이를 낡은 집에 비유해 표현한 구절은 후세에 두루 인용되며 유명해졌다. "어떤 집안의 자손이 조상의 큰 집을 지키고 있으면서 오랫동안 보수하지 않아서 들보와 기둥이 썩고 기와와 벽돌이 깨어졌으며, 괴고 떠받치는 것이 주밀하지 못해 넘어지고 무너지게 될 형세가 되었다면, 어찌 팔짱을 끼고 앉아서 보기만 하는 사람을 잘 지켜간다고 하고 반대로 기와를 고치고 재목을 바꾸는 사람을 잘 지켜나가지 못한다고 할 수 있겠습니까." 이이는 개혁해야 한다는 말을 올릴 때마다 임금이 매우 듣기 싫어하는 행태도 언급했다. 이이의 상소는 임진왜란이 일어나기 9년 전에 조선 제도의 여러 문제를 명확하게 지적했다.

- 개혁의 필요성: 제도가 오래되면 여러 폐단이 생기니 제때에 개혁해 보완해야 한다.
- 지도자의 결단 부족: 선조가 문제의 실상을 알고 있으면서도 결단을 내리지 못하고 있다.
- 각론 미비: 조선의 제도는 총론 위주로 큰 강령만 만들어졌고 세부 규정(절목)이 아직도 갖춰지지 않았다.

이이는 우리가 논의하고 있는 조선 제도의 폐쇄적인 실상을 그대로 묘사했다. 그는 조선이 오랫동안 보수하지 않아 곧 무너질 집과 같다며 시급히 전면 보수하자고 지적했으나, 선조를 비롯한 관료들은 필요한 개혁을 기피하고 귀중한 시간을 허비했다. 조선의 지배계층은 개혁의 필요성이나 방향을 몰랐던 것이 아니라 개혁할 의지나 역량이 없었다.

지배층은 개혁(창조적 파괴)이 가져올 변화를 두려워했다. 관료는 본래 보수적이지만 성리학에 매몰된 조선의 관료는 더욱 수구적이었다. 그래서 개혁을 기피하며 대비하지 못하다가, 임진왜란을 당해 나라가 초토화되도록 방치했다.

선조는 임진왜란이 일어나기 25년 전, 1567년에 15세의 나이로 즉위했다. 선조는 즉위 초에 오로지 학문에 정진하며 매일 경연을 열어 유학 경서와 정치를 토론하고 제자백가서 대부분을 섭렵했다. 그는 운이 좋아 조선 최고의 유학자 이황李滉과 이이를 나라의 스승으로 모시며 성학의 가르침을 받을 수 있었다. 선조는 스스로 유학 공부를 열심히 했을 뿐만 아니라 사림 명사들을 조정에 대거 발탁했다. 이때 조정에는 이원익李元翼, 유성룡柳成龍, 이항복李恒福, 이덕형李德馨 등 역사에 남은 훌륭한 대신들이 많이 있었다.

이렇게 성학을 제대로 공부한 선조가 기라성 같은 성리학자 관료들의 보좌를 받으면서도 제도 혁신을 통해 전란에 미리 대비하지 못하고, 전쟁에도 제대로 대처하지 못해 나라를 존망의 위기로 몰아넣은 것은 무엇 때문이었을까? 선조의 성격이나 리더십이 문제였을까, 성리학이 문제였을까, 성리학을 공부한 관료가 문제였을까, 아니면 성리학에 기반을 둔 제도가 문제였을까?

임진왜란, 반성과 책임

1555년(명종 10년)에 왜선 70여 척이 대거 침입해 전라도 강진, 진도,

영암, 장흥, 해남 등 서남해안 일대를 쑥대밭으로 만들고 약탈한 을묘왜변이 있었다. 기습 침입한 왜구에게 전라도 병마절도사와 장흥 부사가 전사했고, 한 달 이상 전라도 해안 일대가 유린당하며 막대한 피해를 입은 사건이었다. 사실상 곧 다가올 대재앙, 임진왜란의 징후를 미리 보여준 것이고 조선에 마지막으로 국방에 대한 경각심을 일깨워줄 수 있었을 사건이었다.

그런데 조정에서는 비변사備邊司를 설치한 것 이외에 일본의 무력 침입에 대한 뚜렷한 대비책이 없었다. 국방체제, 군사의 동원과 훈련, 무기 정비, 성곽 수축修築, 군량미 비축 등을 전면적으로 점검하며 대비하지 않았다. 실제 임진왜란이 일어나자 조선이 전혀 대비가 되어 있지 않았음이 분명히 드러났다. 또한 조선의 정치, 경제제도가 이런 전란에 대응하기에는 적합하지 않은 것으로 나타났다. 도대체 조선의 제도가 왜 제대로 작동하지 못했을까?

유성룡이 임진왜란 직후에 《징비록懲毖錄》을 쓴 것은, 나라의 중대한 책임을 맡았음에도 그 위기를 바로잡지 못했을 뿐만 아니라 기울어지는 기틀을 일으키지도 못했다는 반성에서 비롯되었다. 《징비록》은 잘못을 뉘우치고 경계해 나무라고, 훗날의 환난이 없도록 삼가고 조심하자는 의미를 담은 글이다. 유성룡의 핵심 주장은 우리 스스로 가다듬어 강해지자는 '자강自彊'의 이론이었다.

그럼에도 불구하고 조선의 다른 사대부 성리학자들은 임진왜란 이후에 이런 책을 쓰기는커녕, 유성룡의 《징비록》을 인쇄해 읽지도 않았다.[3] 사회학자 송복宋復은 조선 사대부들이 제갈량의 출사표를 읽고 눈물을 흘리면서도 정작 자기 나라의 선배 관료가 쓴《징비록》은 읽지 않았던 행태를 통렬하게 비판한 바 있다.[4]《조선왕조실록》속에서 제갈량의 출사표는 27번이나 논의되었는데《징비록》은 딱 4번 언급되었을 뿐이다. 심지어 임진왜란 후 선조 때 논의된 것은 유성룡의 죽음을 전하는 자리에서였다. 당시 사관들이 실록에 기록한 유성룡과《징비록》에 대한 평가는 매우 인색했다. "(유성룡은) 국량局量이 협소하고 지론持論이 넓지 못해 붕당에 대한 마음을 떨쳐버리지 못한 나머지, 조금이라도 자기와 의견이 다르면 조정에 용납하지 않았고 임금이 득실을 거론하면 또한 감히 대항해서 바른대로 고하지 못해 대신大臣다운 풍절風節이 없었다." 사관은 당대 학자들이 "유성룡이 저술한《징비록》이 자기만을 내세우고 남의 공은 덮어버렸다"고 비판했다고 기술했다(선조수정실록, 선조 40년 5월 1일 참조).

이것은 당쟁으로 치우친 관료들의 편협한 사고를 단적으로 드러낸 표현이다. 전란을 초래한 제도와 정부에 대한 반성, 책임 추궁, 혁신 방안의 모색보다는 당파적 비판이 우선했다.《징비록》은 현재 대한민국 국보 제132호로 지정되어 있는 소중한 역사적 기록이다.《징비록》에서 언급한 주요 제도의 붕괴 실태를 몇 가지 살펴보자.

1590년(선조 23년) 일본 사신이 와서 조총, 칼, 창과 공작 두 마리를 바쳤다. 선조는 조총을 비롯한 무기류는 군기시軍器寺(조선 시대에 병기나 군기, 갑옷 등의 제조를 맡아보던 관아)에 두게 하라는 어명을 내렸다. 이후 군기시에서 조총을 연구해 복제품 170자루를 제작하는 데 성공했으나 그다지 조정의 관심을 끌지 못했다.《징비록》에 따르면 우리나라에 조총이 들어온 것은 이때가 처음이었다. 당시 조선에서는 왜침 가능성이 계속 거론되고 있어 이를 확인하러 일본으로 통신사를 보내는 상황이었다. 그런데 이전에 전혀 보지 못한 신무기 조총을 적국으로부터 입수하고도 조정의 대응은 그렇게 한가로웠던 것이다. 사실 왜침 징후가 있기 몇 년 전부터 이미 왜국의 비상한 움직임이 포착되었는데도 조선 정부가 무사안일하게 대처한 것이 유례없는 환란을 초래했다. 나라와 국민의 안전을 지킨다는 국가의 가장 중요한 책무를 전혀 수행하지 못한 것이다.

그렇다면 일본에 총이 처음 들어왔을 때, 일본은 어떻게 대응했을까? 일본은 1543년 규슈 남쪽의 다네가 섬種子島에 폭풍으로 표류해 온 포르투갈 상인에게서 처음으로 총을 얻었다. 다네가 섬의 영주는 총을 두 자루 구입해, 한 자루는 가보로 보관하고 다른 한 자루는 장인에게 주어 분해해보고 구조를 철저히 분석하게 했다. 마침내 일본은 조총의 생산에 성공했고 1570년에 오다 노부나가織田信長는 전투에서 기마병을 상대로 이 신무기를 사용해 큰 승리를 거두었다. 임진왜란 때 사용되어 조선 군사에게 공포의 대상이 된 조총은 이렇게 만들어졌다.

1592년 봄, 조정에서는 당시 조선에서 제일 명성 높은 무장이었던 신립申砬 장군과 이일李鎰 장군을 각각 지방으로 보내 지방의 국토방위태세를 점검하게 했다. 각 지방 관청이 서류상으로만 무기와 군수물자를 갖춘 것으로 해두었을 뿐 실제 대비는 거의 없는 실정이라고 판단했기 때문이었다. 그러나 신립은 허세 부리고 대접받기만 좋아해서, 점검 기간에도 여러 민폐가 있었다. 점검을 다녀온 신립 장군을 유성룡이 따로 만나 지방의 방비태세를 물었다. 이때 신립 장군은 걱정할 필요가 없겠다고 간단하게 대답했다. 그러자 유성룡이 지금은 왜적들이 조총과 같은 우수한 병기를 지니고 있으니 가볍게 생각할 일이 아니라고 지적했다. 그런데 신립은, "비록 조총이 있다고는 하나 그 조총이라는 게 쏠 때마다 사람을 맞힐 수 있겠습니까!" 하고 전혀 반성하거나 문제의 심각성을 인식하지 않았다고 한다. 전란에 대비할 결정적인 시기를 이렇게 낭비한 것이다.

그로부터 몇 달도 지나지 않아 1592년 4월에 임진왜란이 터졌다. 신립 장군은 험한 조령의 지리적 이점을 포기한 채 어리석게도 평탄한 탄금대 강가에 배수진을 치고 싸우다 대패하고 본인도 전사했다. 병법의 기본과 여러 참모의 건의를 다 무시한 결과였다. 조령의 지형은 너무도 방어에 유리해서 여기에 도달한 왜군들은 당연히 매복이 있을 것으로 판단해 두세 번씩 정탐하고 나서야 통과했다고 한다. 그런데도 조선 제일의 장군이라는 신립은 아집에 사로잡혀 전혀 그런 대비를 하지 않고 무참히 패배했다.

한편 전란 중에 이일 장군은 한 군관에게 적진의 상황을 탐지하게 했다. 그런데 정탐을 맡은 군관은 병사 두 명에게 말고삐를 잡게 하고 천천히 나아갔다. 다리 밑에 숨어 있던 적군이 조총을 쏘아 군관을 말에서 떨어뜨리고 머리를 베어 달아났다. 전쟁 중 적진을 정탐하는 군 장교가 적군 앞에서 고삐 잡힌 채 천천히 걸어갔다니, 세상에 이런 군대도 있는가? 임진왜란 때 조선의 군 기강이 극도로 해이했고 군사훈련도 전혀 되어 있지 않았음을 보여주는 일화다.

조선은 무관을 경시하고 문관을 우위에 두는 제도와 정책을 시행해, 일선 군 사령관과 지휘관을 대부분 문관들이 담당했다. 문관들은 전투 훈련을 받지 않고 병법을 몰라 많은 시행착오를 겪었고 군사력을 약화 시켰다. 평소에 전혀 병법을 공부하지 않고 군대 지휘 경험도 없는 문관 사대부들이 갑자기 전투 지휘관을 맡게 되자 전술 판단을 잘못하고, 전 투가 시작되자마자 겁먹고 도주하거나 전투에서 어이없이 지는 경우가 빈발했다. 유성룡은 조선에 진정한 장수 하나만 있었어도 군사를 지휘 해 왜적을 격퇴할 수 있었을 텐데, 수만 군사를 지휘할 만한 장수가 하 나도 없었다고 한탄했다.

후쿠야마가 지적한 것처럼, 강한 국가의 핵심 요건은 법치주의와 책 임정부이다. 그런데 조선 정부는 왜란 이후에도 반성하지 않고 책임도 지지 않았다. 그래서 조선은 강한 국가가 되기는커녕, 30여 년 후에 다 시 병자호란을 맞고 말았다.

병자호란 전의 부국강병론

병자호란이 일어나기 직전인 1633년(인조 11년) 6월 13일 인조실록 을 보면, 위기에 처한 국가를 혁신해야 한다면서 사헌부의 박지계朴知誡 가 상세한 부국강병책을 상소했다. 박지계는 인조반정 후 산림학자 등 용정책으로 천거된 충청 지역의 대표적인 재야 학자였다. 그는 산림학 자로 조정에 들어와 보니 청나라의 세력이 날로 커지며 조선의 안전을 위협하고 전쟁의 위험이 목전에 와 있는데도, 관료들이 부국강병의 대책을 건의하지 않는다고 비판했다. 그는 "군병을 훈련시켜 강하게 하려면 먼저 국가를 부유하게 하는 것이 가장 중요하다"고 지적하며, "나라를 부유하게 하는 데는 백성들을 풍족하게 하는 것이 근본"이라고 말했다. 또한 백성들을 풍족하게 하는 근본대책은 "부역을 가볍게 해 백성들로 하여금 스스로 농사와 생업에 진력할 수 있게 하는 것"이라고 건의했다. 부역을 줄여야 백성이 자유롭게 생업(경제활동)에 매진할 여력이 생기고 그럴 유인이 생긴다는 것이었다. 그는 이것이 바로 부국의 근본이라고 주장했다.

이때는 이미 정묘호란(1627년)을 겪은 뒤였고 새로운 전쟁 가능성이 농후한 시기였다. 그런데 무책임한 정권은 이렇게 구체적이면서도 절절한 부국강병책을 외면하고 무의미한 정쟁을 벌이느라 귀중한 개혁 시기를 허비했다. 제도를 개혁하고 총력적으로 시행했다면 국가를 지켜낼 준비가 가능한 기간이었다.

그렇다면 당시 임금과 조정 관료들이 국가 안보보다 더 우선해 치열하게 싸운 정쟁의 쟁점은 도대체 무엇이었을까? 1626~1635년의 주된 쟁점은 반정으로 왕이 된 인조의 아버지를 생부인 정원군으로 봐야 하느냐, 아니면 할아버지인 선조를 아버지로 봐야 하느냐 하는 문제였다. 또한 인조의 생모가 죽었을 때 그 상을 3년상으로 하느냐, 1년상으로 하느냐의 문제 같은 명분과 예법에 관한 것이었다.[5] 이렇게 무능하고 무책임한 지도자 인조가 통치하던 조선은 국가 위기에 제대로 대비하지도 못하고 또다시 병자호란의 치욕을 당하고 말았다.

나라의 경제력을 증진하고 강한 군사를 유지하는 것은 국가의 지배층이 당연히 택해야 하는 정책인데, 왜 조선에서는 갈수록 이를 기피했는가? 《조선왕조실록》에서 '부국강병'을 검색하면 38건이 나온다. 주로 송나라 왕안석王安石의 신법新法개혁(부국강병책을 시행한 것)이나 진나라 상앙商鞅의 법가(엄정하고 가혹한 법치주의)와 연계해 왕도정치의 이념과는 맞지 않는다는 내용으로 기술되어 있다. 부국강병은 태조에서 성종 때까지 10회가 언급되고 중종 때 10회, 그리고 선조 이후에는 18회가 나온다. 부국강병을 위해 조종의 법제를 바꾸는 것은 안 된다는 취지의 매우 소극적인 논의가 대부분이다. 한마디로 부국강병은 조선의 이념과 맞지 않는다는 것이었다. 그러니 나라가 부강할 것을 애당초 기대할 수도 없었다.

1636년(인조 14년) 2월 10일, 대사간 윤황尹煌은 전란이 임박한 상황임에도 조세 개혁, 군대 혁신 등의 세부 시책을 담은 상소를 올린다. 인조가 마땅히 채택해 시행하겠다고 답은 했지만 이미 늦은 상황이었다. 윤황은 척화파로 알려져 있으나, 그의 주장은 분명한 논리를 갖추고 있었다. 비록 시기적으로 너무 늦기는 했지만 그러한 제안이 나온 것은 혁신의 주요 내용이 몇 년 전부터 논의되고 있었다는 것을 의미한다. 국가의 지배층이 총력 대비체제로 전환해 정책과 제도를 혁신했다면 병자호란에서 그처럼 처참하게 참패하지 않았을 것이다. 인조는 말만 앞세우고 리더십을 발휘하지 못했으며 전쟁에 대비하지 못해 국가를 파탄에 이르게 했다.

인조는 국가 세수 증대를 위해 왕실의 어염魚鹽 면세(왕실이 보유한 어장과 염장에는 세금을 부과하지 않던 제도)를 폐지하자는 상소를 단호히 기각했다. 외적의 침략 가능성이 매우 커 총력을 기울인 대비가 필요한 시기였다. 왕실의 어염 면세제도를 혁파해 국방 재정을 확충해야 한다고 여러 관료가 함께 건의해도 인조는 이를 기각했다. 인조는 선대로부터 이어져온 왕실의 특권(기득권)을 자기 대에 갑자기 폐지하는 것을 너무도 부담스러워했다. 인조실록의 1626년(인조 4년) 6월 20일 기록을 보면 이런 생각이 잘 드러난다. "그대들은 늘 존망과 안위가 달려 있는 일이라고 하면서 계속 간쟁하고 있는데, 나라를 다스리는 방법 중에 우려할 만한 점이 진정 많겠지만 이것 때문에 위망의 지경에 이르지 않을 것은 분명하다."

비상시 국가 최고 지도자의 문제의식이 이렇게도 안이할 수 있는가? 인조에게는 국가의 안위보다도 왕실의 특권 수호가 우선이었다. "그리고 지금 혁파한다 하더라도 그 이익이 관사官司에 모두 들어온다고 보장할 수 없을뿐더러, 끝내는 권세가에게로 흩어져 들어갈 텐데 국가에 무슨 이익이 있겠는가. 그대들이 항상 위의 뜻을 이해할 수 없다고 말하므로 이렇게 대략 나의 뜻을 말했다. 앞으로는 다시 번거롭게 하지 말라." 인조는 개혁을 거부하는 명분으로 개혁 효과를 부정하며 평가 절하하는 자세를 보였다. 국가를 자신의 사유재산처럼 생각하면서도 책임의식이 없는 가산제 지도자의 전형적인 모습을 보여준다.

무능한 임금 인조를 옹립한 인조반정은 조선 후기 최대의 사건이었다. 이것은 서인들이 주도하고, 남인들이 동조한 사건으로서 사실상 왕조체제를 부정하는 성격을 갖는 것으로 해석된다. 전란 극복에 총력을 기울여야 할 시점에 발생한 시대착오적 쿠데타이기도 했다. 쿠데타 세력은 자신들의 정당성을 확보하기 위해 숭명반청崇明反淸으로 급선회해 정묘호란과 병자호란을 초래했다. 그러나 인조와 그의 관료들은 두 번의 호란 이후에도 변화와 개방을 억압했다. 소중화小中華사상을 지배 이념으로 해, 더욱 보수 반동적인 성격을 강화하며 국가 이익을 지속적으로 저해했다.

4장

포용적
정치제도

개방적인
정책 결정 과정

포용적인 정치제도에서는 무엇보다도 다원적인 의사 결정 과정이 중요하다. 근대 이전의 왕정체제에서 다원적인 의견 수렴과 민주적인 정책 결정을 기대하기는 어렵지만, 조선은 정책 결정에서 다양한 의견 수렴을 위한 개방적인 제도를 가지고 있었다. 우선 조선은 왕정이지만 군신 공치의 이념을 바탕으로 왕과 관료가 공동으로 통치하는 방식으로 권력 구조가 설계되었다. 절대 군주인 왕이 모든 권력을 독단적으로 행사하도록 방치하지 않았고, 권력의 견제와 권력의 분산을 위한 여러 제도를 갖추었다. 그런 의미에서 왕과 주요 관료들의 정책 결정 기구는 실제로 중요한 역할을 했다.

임금은 매일 편전에 나가 의정부, 육조판서, 홍문관, 사간원, 사헌부, 예문관, 승정원 관료들과 만나 주요한 정책을 토의하고 결정했다.[1] 이 논의 기구를 상참常參이라 불렀다. 또 윤대輪對라는 회의는 매일 다섯 명

이내의 6품 이상 문관과 4품 이상 무관을 관청별로 교대로 만나 논의하는 기구였다. 차대次對는 매달 여섯 차례 의정부, 사헌부, 사간원, 홍문관의 고급 관원과 전직 관료들을 만나 정책 건의를 듣는 회의였다. 현직뿐만 아니라 전직 관료도 정책에 참여할 길이 있었던 것이다. 더구나 매일 개최되는 경연도 유교 경전을 공부하고 관련된 현안 정책을 논의하는 정례적인 토론의 장이었다. 국정의 최고 책임자들이 이렇게 다양한 채널로 정책 협의를 거듭하는 체제는 원활한 의사소통이 가능한, 매우 개방적이고 포용적인 정치제도였다.

조선은 법제나 국정의 주요 과제에 대해 임금이 주재하는 상시 어전회의에서 치열한 논의를 반복했다. 찬성하는 사람이나 반대하는 사람이나 최고 정책 결정자 앞에서 당당하게 자신의 논리를 제시하고 토론했다. 논의에 직접 참여하지 않은 사람들도 상소를 통해 자신의 주장을 상세하게 진술했고, 이것이 어전회의에서 논의되었다. 조선에서 작동된 개방적인 제도였다. 각자의 주장과 논의 과정을 사관이 상세히 기록하여 후대에 전한 것도 조선의 개방적이고 포용적인 제도였다.

예를 들면 17~18세기의 가장 중요한 제도 개혁이었던 대동법* 논의에는 당대의 학자와 관료들이 대부분 참여해 의견을 개진했다. 조선 관료와 성리학자들의 적극적인 국정 참여 자세와 책임감을 보여주는 사례였다. 공법이나 대동법과 같은 핵심 민생 과제에 대한 대부분의 논의는 정파적인 이해를 벗어나, 현실에 대한 판단과 정책의 우선순위에 대한

---

*대동법은 여러 공물을 쌀로 통일해 바치게 한 납세제도이다. 대동법에 관한 자세한 논의는 118쪽에 소개되어 있다.

각 관료의 철학 차이에서 비롯되었다는 점도 주목해야 한다. 소속 정파의 입장에 따라 개인의 소신과 관계없이 무조건 찬성, 반대하는 것이 아니라 자기 자신의 소신에 따라 당당하게 의견을 개진했다는 점이 눈에 띈다. 당시에도 당파 싸움이 있었으나 적어도 민생 과제인 대동법 시행 여부를 둘러싸고 자신과 다른 의견을 정치적 입장에서 매도하거나 반대파를 처벌하는 등의 행위는 하지 않았다. 향촌의 지도자인 양반 사족들이 공물제도 개혁에 관해 지역민들의 정서를 대변하고 포용적인 역할을 했다는 점도 인정해야 할 것이다.

또한 주무부서인 호조에서도 대동법을 전국적으로 실시하기 전에 두세 개 도에 먼저 시범실시를 해보고 나서 그 성과를 보아가며 확대하자는 융통성 있는 시행안을 건의했다. 세종 때 공법 논의에서 거쳤던 정책 결정 과정이 대동법에서도 반복되었다. 지방 수령들에게 현지 실정을 파악해 민심의 동향과 애로사항 등을 보고하도록 지시했고, 그 결과에 따라 시행 여부와 범위, 방법 등을 결정했다. 제도 변경에 있어서 실제 이를 시행할 지역의 민심과 현지의 실정을 중시했다는 점이 돋보이는 대목이다. 효종 초기, 충청도에 먼저 대동법을 시행하자 전라도 유생들이 전라도에도 확대해달라고 집단으로 상소를 올렸을 때 지방관들을 통해 시행 가능한지에 대한 의견을 수렴했던 결과가 실록에 기록되어 있다. 전라도 감사가 보고한 바에 의하면 전라도 53개 고을 중 34개 고을이 시행에 찬성했고, 반대한 고을이 13개소, 의견을 결정하지 못한 고을이 6개소라고 했다.

비록 대동법 결정 과정에 100년이 소요되었지만 다원적인 의견을 수렴하고 이견을 조정해가면서 단계적으로 정책을 결정하고 시행하는 메커니즘은 조선의 정치제도에서 단연 돋보이는 강점이었다. 작은 정부 조직이었으므로 제대로 운영될 때에는 정부 내의 의사소통이 잘 되고 정책이 효율적으로 결정될 수 있었다. 적어도 소통에 관한 한, 현대 정부보다는 훨씬 효율적인 기구를 갖춘 셈이다. 다만 참여 인사들이 성리학자 관료 일변도로 짜여 있어 다양한 시각을 대변하지 못하고 다원적인 대안을 논의할 수 없는 한계를 가지고 있었다. 그래서 후기로 갈수록 성리학의 경직성이 강화되면서 정책 논의의 유연성이 떨어졌고, 결국 개혁하지 못하고 조선이 쇠퇴한 것이다.

포용적 정치제도의 사례

경연經筵은 임금을 비롯한 국정의 최고 책임자들이 매일 소통하는 장으로서의 역할을 하는 매우 중요한 정치제도였다. 임금과 함께 참석한 학자와 관료 20여 명이 유교 경전을 함께 공부한 다음에 이와 관련된 주요 현안을 토론하는 형식으로 운영되었다. 매일 유교철학과 역사책을 함께 읽고 열린 토론을 통해 현안 정책 과제에 참고할 교훈을 찾는 노력은 조선의 독특한 정치제도였다. 경연제도는 한나라나 고려에도 있었지만 조선만큼 적극적으로 공부와 정책 토론의 장으로 활성화한 사례는 없었다. 경연은 하루에 세 번(조강朝講, 주강晝講, 석강夕講)으로 정형화되어 있었고, 경우에 따라 하루에 한 번으로 줄이기도 했다. 하지만 임진왜란 중에도 계속되었을 정도로 우선순위가 높은 제도였다.

경연제도는 조선의 성리학자 관료들이 왕도정치, 도학정치를 구현하기 위한 장치의 하나로 마련한 것이다. 왕도정치를 위해 무엇보다도 최고 리더인 임금을 공부시켜 성군으로 만드는 데에 가장 공을 들였다. 조선의 사대부들은 임금(군주) 자신부터 먼저 덕을 배양하고 이를 실천하면 백성들이 감복해 스스로 교화될 수 있다는, 이른바 '현철賢哲군주론'을 주장했다. 철학 국가다운 발상이었다. 경연에는 삼정승과 승지, 부제학을 비롯한 국가의 원로급 관료들이 참석했는데, 정1품부터 정5품까지의 경연관 16명과 이를 보좌하는 몇 명의 실무인력으로 구성되었다. 상당히 많은 핵심 관료가 참여하는 주요 행사였다고 볼 수 있다.

경연에서 사용된 주교재로는 사서四書와 오경五經(유학의 기본 경전) 및 역사책인 《자치통감資治通鑑》이 기본이었고 그밖에 《성리대전性理大全》, 《소학小學》, 《정관정요貞觀政要》, 《국조보감國朝寶鑑》 등도 사용되었다. 한 사람이 교재의 원문을 읽고 번역, 해설하고 나면 임금이 질문도 하고 다른 참석자들이 보충 설명하는 식으로 운영되었다. 다만 대부분 중국의 유교 경전과 중국의 역사 문헌(예외적으로 조선 역대 임금의 치적을 기록한 《국조보감》 같은 책을 다루기도 했다)에 편향되어 있었다는 한계가 있었다. 조선의 제도를 논의하면서도 유교경전 이외의 다른 이론과 실용 학문, 우리나라의 문화와 역사 등은 거의 다루어지지 않았던 것이다.

철저하고 사실적인 기록을 남기다

조선은 《조선왕조실록》과 《승정원일기承政院日記》 등을 통해 임금과 조정의 활동을 모두 기록했다. 사관이 임금이나 관료의 일거수일투족을 다 기록하는 제도는 그들을 신중하고 책임감 있게 처신하도록 압박했으며, 지배층의 언행을 감시하는 수단이었다. 《조선왕조실록》은 왕조 존속 기간 동안 중단 없이 날짜순으로 역사를 기록한 것이다. 마찬가지로 승정원에서는 임금의 활동을 매일 기록한 《승정원일기》도 작성했다. 500년 조선 왕조의 역사가 세계에서 유례없는 방대한 분량으로 보존되어 있다. 이들은 모두 국보로 지정되어 있으며, 임금의 일기인 《일성록日省錄》 등과 함께 유네스코 세계기록유산으로도 지정되어 있다.

《조선왕조실록》에 수록된 내용은 매우 다양하다. 인사발령, 외교나 군사 관계, 국정의 논의 과정, 천재지변 기록, 법령, 상소와 비답 등 많은 내용이 포함되어 있다. 실록은 사관을 제외하고는 누구도 볼 수 없다는 관행이 정착되어 사관이 소신을 가지고 객관적으로 기록할 수 있게 제도화되어 있었다.[2]

실록을 기록하는 사관은 하급 관리였지만 승진할 때에는 후임자를 자기가 천거하는 자천제를 시행했다. 그만큼 사관은 긍지가 있었고 책임감을 가졌다. 사관의 주요 임무는 임금의 행적 등을 빠짐없이 사실대로 기록하는 것이었지만 수시로 특정 사안에 대한 자신들의 주관적인 견해를 실록에 덧붙여두기도 했다. 실록에 "사신은 논한다史臣曰"라는 형식으로 임금과 관료들에 대한 비판 의견을 기록해 조선 사대부의 기백을 보여주고 있다.

아래에서부터의 소통

조선 왕조의 상소제도는 최고 통치자와 관료, 백성 간의 격의 없는 소통 채널이었다. 누구든지 상소를 올릴 수 있었고, 그러한 상소에 대해서는 관련된 관청에서 검토한 후에 답을 주도록 되어 있었다. 전·현직 관료나 백성들이 정책을 건의하거나 개인적으로 억울한 일이 있을 때 왕에게 직접 글을 올리는 것이 일반적이었다.

때로는 임금이 특정한 주제에 대해 전·현직 관료, 지방 수령, 일반 백성 등 누구에게나 정책을 제안하도록 촉구하는 제도로도 운영되었다. 이렇게 임금의 지시에 따라 상소하는 것을 응지상소應旨上疏라고 불렀다. 예를 들면 특출한 리더였던 정조는 1798년 "농사 행정을 권하고 농서를 구하는 윤음綸音(임금이 백성에게 내리는 말)"을 한글과 한문으로 전국에 반포했다. 이 지시에 따라 전국에서 많은 농서가 진상되었으나 정조가 곧 사망하여 농서가 실제로 발간되지는 못했다. 박제가朴齊家 는 정조의 지시에 대한 답으로 정조에게 《북학의北學議》를 올리기도 했다.

박제가는 《북학의》에서 이러한 임금의 노력만으로도 백성들은 춤을 추며 반가워했다고 평가했다. 정조가 농사를 장려하고 농서를 구한다는 지시를 내리자 박제가는 마을 사람들이 함께 정조의 윤음을 읽어보도록 했다. "그 가운데 글을 모르는 자들이 있어서 윤음의 뜻을 풀이해주자 서로들 기쁨에 차서 성상을 찬미하느라 손과 발이 저절로 움직여 덩실덩실 춤이 나오는 것조차 모를 지경이었습니다." 지도자의 관심과 행동은 그 자체만으로도 백성을 감동시킨다. 그렇게 행동하는 통치자가 조선에 많지 않았음이 문제였다.

상소제도 외에도 조선의 임금은 백성들과 직접 대화하기 위해 여러 수단을 고안해 운영했다. 신문고申聞鼓 는 대궐 앞에 북을 매달아 백성이 억울한 일이 있으면 이를 울려 신고하게 하는 제도로 운영되었다. 또한 격쟁擊錚은 임금이 행차할 때 억울한 백성이 나와서 징을 치며 직접 호소하는 제도였다.

이 외에도 주요 정책 사안에 대해 임금이 백성들과 직접 대화하는 일도 있었다. 1750년(영조 26년) 5월 19일, 영조는 군역 개혁에 대해 백성들과 직접 대화를 하고 나서 결단을 내려야겠다는 소신을 밝혔다. 조정에서 고위 관료들과 오래 논의한 것에 이어, 홍화문(창경궁의 정문)에 나아가 선비와 일반 상민 50여 명을 불러서 직접 의견을 청취했다. 영조는 "호포戶布(가구 기준으로 군포를 내는 것)와 결포結布(토지 기준으로 군포를 내는 것)에 대해 너희들의 소원 여부를 듣고자 한다. (…) 각자 소견을 말하라"고 하며 각자의 생각을 자유롭게 이야기하라고 지시했다. 이러한 행사가 백성을 위해 마련한 자리이니 나중에 후회하지 않도록 하고 싶은 말을 하라고 촉구했다. 그러자 모여든 백성과 병사 등 50여 명 중 대부분이 호포가 편하다고 말했고, 결포가 편하다고 말한 자는 몇 사람에 불과했다.

그런데 영조의 이런 거동에 대해 사관이 특이한 후기를 기록했다. 임금이 궐문에서 백성들의 생생한 의견을 들으려 했는데, 고위 관료가 미리 손을 써서 백성들의 의견을 왜곡시켰다는 지적이었다. 이날 호조판서 박문수朴文秀는 먼저 관리를 시켜 백성에게 당부하기를, "호포의 논의는 임금의 뜻이니, 자기 소견을 말하지 말고 호포로 대답하라. 그렇지 않으면 죄가 있으리라"는 명령을 내렸다.

이 제도 운영의 본래 취지가 임금이 백성의 의견을 직접 듣는 하의상

달식 의사소통을 위한 것임에도 불구하고, 담당 관료가 미리 엄포를 놓고 회유해 백성들의 의견 자체를 사전 조정하고 임금의 귀를 가리는 행위를 했다고 비판한 것이다. 아무리 좋은 제도라도 운영하는 관리들이 얼마든지 이를 왜곡시켜 본래의 취지를 훼손해버릴 수 있었다. 그러므로 제도 논의에서는 법적으로 마련되어 있는 제도가 아니라 실제로 구현되는 제도를 더 중시해야 한다. 그래야 제도의 효과를 제대로 파악할 수 있다.

교육 중심 문화가 남긴 유산

조선 초기의 유교 이념을 구현하기 위해서 조정에서는 법전을 편찬하고 교육기관을 건립하려고 노력했다. 우선 태조 대에 정도전은 《조선경국전》과 《경제문감》을 지었고 조준趙浚과 하륜河崙 등은 1397년 《경제육전經濟六典》을 편찬했다. 조선의 법전은 오랜 기간 발달된 유학의 이념을 수용하고 중국의 제도를 본받아 매우 체계화되어 있었다. 조선의 법제는 총론에 치우치고 각론이 약한 한계가 있었지만, 그래도 중국의 법제를 도입하여 14세기 기준으로는 매우 진전된 것이었다.

한편 조선은 교육을 중시해 국공립 교육기관으로 성균관과 향교를 건립하고 유학 중심의 학교 교육을 실시해 인재를 양성했다. 성균관은 고려의 국자감을 계승한 것이었지만 유학을 통치 이념으로 채택한 조선에서는 그 역할과 비중이 훨씬 커졌다. 한양에는 성균관 이외에 중, 동, 서, 남, 북의 5부학당이 건국 초부터 설치되었는데, 북학은 세종 때 폐지되어 4학만 남게 되었다.

《경국대전》에 의하면 조선은 향교를 부, 목, 군, 현에 하나씩 설치하고, 학생의 정원을 부와 목에서는 90명, 도호부는 70명, 군은 50명, 현은 30명으로 정했다. 향교에는 5결에서 7결의 학전學田을 지급해 그 수익으로 운영하게 했다. 그러나 중기에 향교는 마치 과거 준비 장소처럼 변질되어 제 기능을 발휘하지 못했고, 교육기관으로서는 오히려 서원이 발달했다. 이런 교육기관을 통해 조선은 성리학 이념과 생활규범을 체계적으로 백성들에게 전파했다.

유교와 성리학이 남긴 가장 중요한 성과는 학문과 교육을 중시하는 정책에 있다. 성리학은 중국에서 도입해 온 것이지만, 조선은 이이와 이황 같은 특출한 성리학자들을 배출하며 성리학을 독자적인 학문체계로 더 발전시켰다. 임진왜란 이후에 이황의 학문은 일본으로 전파되어 일본 성리학의 기반이 되기도 했다.

교육과 학문의 중심이 성리학에 편중되긴 했지만, 나라 전체에 학문과 교육을 중시하는 가치관과 의식이 생겨났다. 양반 자제들은 과거를 위해 어려서부터 오랜 기간 공부에 몰입해야 했고 공부하는 문화가 일반 백성에 이르기까지 사회 전반에 확산되었다. 그 결과 현대까지도 우리 민족은 교육을 중시하는 문화를 가지고 있다.

지식의 축적, 인적자원의 개발 등 경제성장에 결정적으로 중요한 부문에서 조선은 매우 앞서가는 체제를 가지고 있었다. 다만 학문과 교육이 형이상학적인 인문학에만 치중하고 수학, 기술 등 실용 부문을 배제해 상공업의 발달을 촉진하거나 경제성장에 직접적으로 기여하지는 못했다. 참으로 아쉬운 부분이 아닐 수 없다.

인재등용제도

조선에서는 초기부터 과거제 이외에 인재를 두루 추천하는 제도를 운영했다. 중국의 제도를 본떠 관료와 지방 수령 등이 인재를 추천하도록 권장하되 그 인재에 대해 추천하는 사람이 책임지게 하는 제도였다. 이 제도를 통해 이순신李舜臣도 추천되었다. 이순신은 조정에 천거해주는 사람이 없어 무과에 급제한 지 10여 년이 넘도록 발탁되지 못하고 한직만 맴돌고 있었다. 그런데 왜적이 침입한다는 소문이 돌자 선조가 군사와 군정을 다루는 부서에 장수가 될 만한 인재를 천거하라고 지시했다. 이때 유성룡의 천거로 이순신이 종6품 정읍 현감에서 정3품 전라도 좌수사로 발탁되었다.

순차를 따지지 않고 품계를 뛰어넘어 인재를 발탁해 쓰는 제도를 불차탁용不次擢用이라고 한다. 이런 개방적인 인재추천제도 덕분에 무명의 이순신이 파격적으로 발탁되어 나라를 구할 기회를 가지게 되었다. 이순신은 당시 우의정 이산해李山海가 추천한 7인과 병조판서 정언신鄭彦信이 추천한 9인에 모두 포함되어 있었다. 여기에 유성룡의 강력한 천거가 작용해 발탁된 것이었다. 그러나 이렇게 좋은 제도도 후기로 갈수록 정략적인 목적으로 오용되면서 본래의 기능을 다하지 못하게 되었다.

인재추천제도가 있었음에도 불구하고 이순신의 발탁에 대해 간관들은 너무 파격적인 인사라며 이순신의 경질을 계속 요구했다. 여기에는 남인 유성룡이 추천한 인사에 대한 반발이라는 정치적인 의미가 다분히 포함되어 있었다. 1591년(선조 24년) 2월 16일, 사간원이 비판했다. "전라 좌수사 이순신은 현감으로서 아직 군수에 부임하지도 않았는데 좌수사에 초수招授하시니, 그것이 인재가 모자란 탓이긴 하지만 관작의 남용이 이보다 심할 수 없습니다. 체차시키소서." 이에 선조는 답했다. "이순신의 일이 그러한 것은 나도 안다. 다만 지금은 상규에 구애될 수 없다. 인재가 모자라 그렇게 하지 않을 수 없었다. 그 사람이면 충분히 감당할 터이니 관작의 고하를 따질 필요가 없다. 다시 논해 그의 마음을 동요시키지 말라." 그런데도 이틀 후인 2월 18일, 사간원이 다시 이순신의 면직을 건의하며 한번 선례가 되면 폐단을 막기 어려워지니 해임하라고 재촉했다. 우유부단한 선조가 이 건의만은 단호하게 거부해 문제가 일단락되었다. 조선은 불행 중 다행히도 존망의 위기에 대처할 인물을 확보하게 되었다.

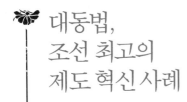

대동법,
조선 최고의
제도 혁신 사례

500년 조선 왕조가 이룩한 최대의 제도 혁신 사례는 1708년 완료된 대동법이다. 대동법은 백성이 부담하던 공물 납부 의무를 지역 특산물(현물)이 아닌 쌀로 납부하도록 변경한 제도이다. 지금 기준으로 보면 별로 어렵지 않은 제도 개혁인 것으로 보이나 대동법은 논의가 시작되어 완료되기까지 100년의 세월이 소요되었다. 그 과정에서 수많은 논쟁과 시행착오를 거쳤다. 의론이 분분하고 반대가 많았던 국가의 핵심 과제에 대해 조선 왕조가 어떻게 의견을 수렴하고 갈등을 조정했는지 살펴보는 것은 조선의 제도를 이해하는 데 매우 중요한 일이다. 많은 시일이 소요되었지만 후대에도 귀감이 될 모범적인 갈등 조정과 정책 결정 과정이었다. 조선이 가진 정치, 경제제도의 포용적 측면을 모두 보여준 사례이다.

대동법 개혁 성공에는 잠곡 김육潛谷 金堉이라는 특출한 관료의 역할이 결정적이었다. 그러나 이 큰 개혁을 혼자만의 업적으로 간주하기에는 너무도 많은 사람들이 오랜 세월에 걸쳐 기여했으며, 이를 가능케 한 것은 조선 왕조의 제도가 가진 포용적인 측면이었다. 조선 왕조에 대한 평가는 관점에 따라 다를 수 있겠지만 적어도 대동법 시행 과정에서 기능했던 의견 수렴과 정책 조정 시스템은 오늘날에도 본받을 수 있을 만큼 훌륭했다.

착취적 공물제도의 실태

조선의 조세체제는 중국식 조용조租庸調체계(당나라 때의 조세제도)로 편성되어 있었는데, 현물로 부과하는 공물제도가 실제 운영 과정에서 많은 문제를 드러내고 있었다.

첫째, 개별 가호당 얼마를 부과하느냐 하는 기준이 법령에 명시되지 않았고 지방관에게 위임되어 있었다. 지역별 공물의 할당량이 호조가 관리하는 공안貢案(공물부과대장)에 따라 군현에 부과되면, 주어진 목표량을 가지고 지방 관청에서 개별 가호로 분배하는 구조였다. 조정에서는 총량에만 관심을 가졌고, 구체적으로 지방 관청에서 어떻게 징수하는지는 관여하지 않았다. 총론만 정하고 각론을 무시하는 사례이다. 이런 제도 때문에 많은 문제가 파생되었다.

지역에서는 8결 윤회분정輪回分定이라는 제도가 관행적으로 운영되었다. 즉 토지 8결을 1부夫(속칭 주비)로 묶어놓고 그 안에 소속된 가구가 돌아가면서 차례로 배정된 공물을 납부했다. 그런데 문제는 1년에도 여러 차례 현물로 배정되는 공물의 종류가 다르고 그 가치가 다르기 때문에 매번 부담할 때마다 품목에 따라 부담 수준에서 격차가 생기는 것이었다. 자기 차례에 마침 구하기 어려운 공물을 할당받게 되면 억울해하며 불만이 누적되니 불공평하다는 생각을 하지 않을 수 없었다. 심지어 할당 과정에서 권세가나 그 비호를 받는 자의 가구를 제외해버리고 빠진 몫을 힘없는 농민에게 전가시키는 일도 있었다. 부담하는 절대 금액도 문제지만, 그보다도 지역 간, 또는 지역 내 가구 간 부담의 불공평성이 더 큰 문제였다. 부담하는 수준보다도 불공평한 부담이라는 감정이 납세자를 더 분노하게 했던 것이다.

둘째, 공물 부과 기준인 호조의 공안이 오랜 기간 수정되지 않았다. 지역 특산물의 생산량이 줄어들거나 더 이상 생산되지 않는 경우, 경지 면적에 변동이 생긴 경우에도 공안이 조정되지 않고 종전대로 부과되어 지역 간 불균형이 심화되었다. 인구나 토지 면적 등 고을의 규모에 관계없이 거의 균일하게 배정된 것도 문제였다.

셋째, 현물인 공물을 검수하는 하급 관리들이 품질을 시비하며 추가로 징수해 가거나 뇌물을 요구하는 등 온갖 횡포를 부려 수탈적으로 운영되었다. 관청에서 점검하러 아전이 집에 오면 술과 음식을 대접하고 물품을 상납하기도 하며, 또 공물의 품질 기준에 벗어났다고 퇴짜 맞을까 걱정해 뇌물을 쓰게 되었다. 이런 관행 때문에 공물 하나 납부하는 데 중간에 들어가는 비용이 바치는 물건값보다 많은 때도 있었다. 관리의 횡포로 인해 농민은 상인이나 전문업자에게 대신 조달해 납품하게 하는 편법인 '방납'에 의존하는 경향이 커졌다. 그러자 이제는 방납에 관련된 폐단이 급증했다.

방납의 가장 큰 문제는 농민 대신에 토산물을 구입해 납품하는 방납 전문업자(방납인)에게 관청이 실제 시세에 비해 다섯 배, 열 배 이상 공물 가격을 높게 책정해주어 폭리를 취하게 인정하는 것이었다. 공물 가격이 다섯 배 높게 책정되면 농민들의 부담은 종전보다 다섯 배가 늘어났다. 방납인들은 왕실이나 사대부 권세가와 결탁한 특권 상인들로서, 이들이 세력가들의 비호 하에 온갖 불법적인 방납 행위를 자행하고 있었다. 당대의 권력자들도 공물수취제도를 자신의 비리 수단으로 이용하면서 지방 수령들에게 방납을 강요했다. 국가의 공식 수취제도인 공납제가 일부 권력자와 특권 상인이 결탁해 이득을 착취하는 지대추구 수단으로 변질된 것이다. 공물 조달의 편의를 위해 도입된 방납제도는 최종 공물 납부자인 백성의 부담만 가중시키는 착취 수단이 되었다.

1623년(인조 즉위년)에 조익趙翼은 상소를 올려 방납의 문제점을 상세하게 지적했다. 그 내용이 그의 저서 《포저집浦渚集》에 기록되어 있다. 조익은 방납인이 아무 일도 하지 않은 채 앉아서 막대한 이익을 향유하고 있으며, 지역 내에서도 호기와 위세를 부리는 자들은 부담을 지지 않는 대신 힘없는 백성들은 자기의 부담 외에 그 사람들의 부담까지 대신 지는 등 공평하지 못하다고 말했다. 또한 도道 안에서도 큰 읍은 항상 부담이 가볍고 작은 읍은 항상 부담이 무거워 지역 간 균등하지 않다고 언급했다. 이렇게 당시 관료들도 이미 방납제도가 공평하지 못하고 착취적인 성격이 있다는 것을 명확하게 파악하고 있었고, 이에 따라 개선을 촉구한 관료들도 있었다.

공물제도 운영에는 경제학의 지대추구 행위rent-seeking 개념의 생생한 사례가 들어 있다. 원래 지대추구 행위는 부가가치, 즉 파이를 키우지 않고 다른 사람의 몫을 빼앗아 착취하는 행위를 말한다. 이 용어는 17~18세기 혁명 전까지 프랑스 정부가 조세징수권을 민간 채권자들에게 팔아먹은 제도인 '랑트rente'에서 비롯되었다. 당시 프랑스 정부는 재정적자에 시달리자 부자들에게서 막대한 자금을 차입했다. 그런데 적자가 누적되어 정부가 차입금을 상환할 능력이 없게 되자 상환 대신에 국민들로부터 조세를 징수하는 직위와 권한을 채권자에게 매각한 것이었다. 정부로부터 대부금 대신 조세징수권을 인계받은 채권자들은 그 권한을 행사해 몇 배의 조세를 거둬들였다. 공직과 징세권이 사유재산으로 전환되고 불공평과 부정부패를 초래한, 대표적으로 잘못된 제도였다. 프랑스 정부의 변칙적인 재정제도는 지대추구 행위를 합법화하고 조장했다. 공직과 징세권 매각으로 안정된 세입을 확보하게 되자 정부는 점점 매각할 공직을 확대해갔다.[3] 조선의 공물제도는 방납인(이들을 비호한 권세가들도 포함한다)과 지방 향리들의 지대추구 행위를 조장해 농민들을 착취한 대표적인 사례였다.

더불어 농업 국가인 조선에서는 토지세인 전조田租가 주된 조세여야 하는데, 부수적이어야 할 특산물 공납이 더 커지는 불균형이 심화되었다. 15세기까지는 전조 수입이 재정의 주된 재원이었으나 점차 공물의 비중이 커졌다. 토지 수확에 비례하는 전조는 조선 초기에도 통상 수확의 10%(논 1결에 현미 20두, 밭 1결에 잡곡 30두)로 그리 크지 않은 수준이었다. 그런데 전조의 부담은 점차 감소했으나 공물의 부담은 오히려 가중되었다. 방납으로 농민의 부담이 늘어나 세조 대인 1455~1468년에 이미 농민의 조세부담 중 공물이 60%를 차지해 조세체계가 왜곡되었다. 이이도 토지세인 전조 부담이 낮고 공물 부담은 너무 크다는 문제를 지적했다. 또한 방납의 폐단으로 농민의 부담은 가중되는데도 오히려 국가 재정은 궁핍해지고 이익은 서리와 방납업자만 차지하는 문제(방납의 폐단이 심한 곳은 1결에 쌀 50~100두 정도가 되었다)를 지적했다.

왜 이런 일이 생겼을까? 전조는 백성이 토지를 기준으로 국가에 내는 세금인 반면, 공물은 지방관이 군주에게 내는 예물의 성격을 가지므로 세금과는 달리 책정되었다. 즉 공물은 중앙 정부가 주와 현 단위까지만 분정하고 지방관이 관내에서 조달해 바치라는 취지였다. 그래서 관내에서 개별 민호에게 어떻게 분정할 것인가를 세부적으로 법에 규정하지 않았던 것이다. 조선의 지방 수령은 토지를 나눠 받은 봉건 제후가 아니고 임명직 관리로서 지방의 산물에 대한 처분권이 없는 체제였는데, 중국의 봉건 제후가 내는 공물제도를 조선에 그대로 적용하려니 이러한 모순이 생겼다. 조선의 현실과 맞지 않은 중국의 제도를 가져온데다가 더 왜곡시켜 운영하면서 많은 폐단을 야기한 것이다. 어쨌든 제도적인 미비는 관리들에게 권한의 남용, 비리, 횡포를 발휘할 최상의 여건을 만들어주었다.[4]

대동법 제도는 어떻게 결정되었나

대동법은 광해군 즉위년인 1608년 경기도에서 처음 실시되었다. 이후 1623년 강원도, 1651년 충청도, 1658년 전라도의 해읍海邑, 1662년 전라도의 산군山郡, 1666년 함경도, 1678년 경상도, 1708년 황해도의 순으로 다섯 명의 임금(광해군, 인조, 효종, 현종, 숙종)과 100년이라는 기간에 걸쳐 확대 실시되었다. 1894년(고종 31년)의 세제개혁 때 지세地稅로 통합되기까지 약 3세기 동안 주된 조세로 존속했다.

반정으로 정권을 잡은 인조는 민심을 수습하기 위해 관료들과 함께 정권 초기의 핵심 과제로 무슨 정책을 선택할 것인가에 대해 고심했다. 논의 끝에 전 정권의 폐정으로 도탄에 빠진 민생을 구하기 위한 안민대책을 우선 실시하기로 방침을 정하고, 대동법을 시행하기 위해 전라도, 충청도, 강원도에 대동청大同廳을 설치했다.

이 과정에서 제기된, 대동법 시행을 둘러싼 정책적인 쟁점과 이에 대한 논란은 1623년에 올린 조익의 상소에 잘 묘사되어 있다. 대동청 관리로 임명된 조익은 대동법 시행에 관련된 쟁점을 모아 장문의 보고서를 내며 인조의 결단을 촉구했다. 당시 대동법에 반대하는 논리로는, 여러 차례 나누어 징수하던 것을 바꾸어 한꺼번에 거두어들이면 과도한 부담이 된다, 토지가 많은 부자들도 한꺼번에 미곡을 준비해서 납부하기에는 어려움이 있다 등이 제기되었다.

조익은 갖가지 명목으로 개혁을 반대하는 논리를 조목조목 반박하며, 그런 주장이 근거 없음을 지적했다. 부자와 방납인 등의 기득권 수호 논리가 농민의 재물을 착취하는 것이라고도 비판했다. 그는 실로 논의의 핵심을 정확하게 파악해, 이러한 보고를 받은 임금과 다른 관료들이 쉽게 결단할 수 있도록 명쾌하게 정리했다. 또한 임금의 뜻을 확고하게 정하고 다시는 의심하거나 동요하지 말라고 간언했다. 그 내용이나 상소하는 자세 등에서 조익은 조선 관료의 우수성을 유감없이 보여주는 훌륭한 인재였다.

인조 대에는 명과 청이 대립하면서 조선이 그 사이에 끼게 되었다. 따라서 침략에 대비한 군비 확충 등으로 재정 수요가 급증했다. 조익 이외에도 김육을 비롯한 여러 관료가 대동법을 건의하고 군비 확충을 위한 구체적인 대책을 건의했다. 무능한 리더 인조는 왕실과 정부의 비용을 줄여 군비에 충당하거나, 공물제도를 개편해 재정을 강화하자는 개혁안을 수용하는 등 정책 조정을 통해 개혁을 추진할 역량을 갖추지 못했다. 오히려 자신의 편견과 조정 관료들의 논란에 휘둘리며 준비도 제대로 못 한 채 병자호란을 맞아 조선을 거의 패망 직전까지 몰고 갔다.

효종이 즉위하고 인조의 상이 끝나자마자 사헌부는 대대적인 개혁의 청사진을 만들어 반포하자고 제안했다. 사헌부 관료들이 작성해 임금에게 건의한 개혁안의 주요 내용은 다음과 같다.

근래에 온갖 폐단이, 안으로는 모든 행정 관청과 밖으로는 지방의 모든 지역에 고치기 어려운 병폐로 굳어졌다. 이제 즉위한 처음에 크게 개혁하고 폐습을 씻어내어 백성들의 기대를 충족시켜야 한다. 병폐의 원인을 자세히 알아야 그 구제책을 강구할 수 있으니, 각 관청별로 관리가 함께 모여 상의해 병폐를 진술하고 이를 구제할 수 있는 방책을 강구하게 하고, 지방에서는 고을마다 사람들을 모아 그 지역의 병폐를 진술하게 하고 이를 구제할 수 있는 방책까지 진술하게 한다. 그리고 이것을 세 권의 책으로 만들어 한 권은 의정부에서 잘 헤아려 변통하게 하고, 두 권은 사헌부와 사간원에 각각 한 권씩 보내어 병폐를 규명해 폐정을 개혁하는 데 활용하도록 해야 한다. 정권 초기에 이런 조치를 실행한다면 훌륭한 업적을 남길 수 있으리라.*

이것은 문제의 진단과 해결 방안까지 구체적으로 제시한 명쾌한 보고였다. 좋은 리더를 만날 경우 조선 관료제가 발휘할 수 있는 강점을 그대로 보여준 사례라고 할 수 있다.

효종은 즉위하면서 산림학자들을 대거 등용했다. 대동법은 대체로 당쟁을 초월해 추진되었으나 효종 초기의 논쟁에는 정국 주도권을 잡기 위한 당쟁의 성격도 강했다. 당시 김육을 중심으로 한 한당漢黨과 송시열을 중심으로 한 산당山黨 간의 정쟁은 우선적인 개혁 과제를 무엇으로 할 것인가에 대한 인식의 차이에서 출발했다. 산당은 김육을 집중적으로 비판했으나, 효종의 두터운 신임을 바탕으로 김육은 1651년에 충청도 대동법을 추진했다.

강력한 리더 효종의 신임이 있었지만, 그럼에도 불구하고 김육이 도덕적으로 조금의 하자라도 있었다면 당쟁 과정에서 대동법의 구현은커녕 자리조차 보존하기 어려웠을 것이다.[5] 효종 즉위년 11월 5일 효종실록에 따르면, 우의정 김육은 상소를 내어 대동법의 시행은 즉위한 초기에 시행해야지 흉년이 들거나 사정이 변하면 시행하기 어렵다고 임금의 결단을 촉구했다. 마침 풍년이 든 지금이 양호 지방(호남과 호서 지방)에

---

*효종실록, 효종 즉위년 6월 9일의 기록을 요약한 것이다.

시행하기에 적당한 시점이라고 지적했다. 정책 결정에 있어서 시기 선택의 중요성을 지적한 것이다.

김육의 상소와 이에 따른 조정 회의에서의 논의 과정은 국가 정책 결정의 진수를 보여주는 모범 사례였다. 효종은 비변사*에 이 상소에 대해 의논하게 했다. 비변사는 "일을 시행할 경우에는 반드시 미리 시험해보아야 할 것이니, 호서 지방의 한 도에 먼저 시험해보는 것이 마땅할 듯합니다. 제도를 고치는 일은 그 이익이 열 배가 되지 않으면 옛사람들이 경계하라 하였으니, 처음 하는 즈음에 충분히 살펴 처리하지 않을 수 없습니다"라고 하면서 한 도에 먼저 시범 실시해보자고 제안했다. 또한 중대한 개혁이므로 핵심 관료이며 경제 전문가인 김육이 참석하는 어전회의에서 논의해 결정하자고 진언했다.

이에 따라 효종은 다시 제안자 김육을 참석시킨 가운데 대동법의 이해관계를 여러 신하들에게 확인했다. 김육은, "국가에서 영令을 시행하는 데 있어서 마땅히 소민들의 바람을 따라야 합니다. 어찌 부호들을 꺼려서 백성들에게 편리한 법을 시행하지 않아서야 되겠습니까"라고 하며 소수의 부호가 아니라 수많은 백성들에게 유리한 제도를 시행해야 한다고 강력하게 주장했다. 일부 관료가 찬성하고 일부 관료는 반대하는 가운데, 효종은 "대동법을 시행하면 대호가 원망하고 시행하지 않으면 소민이 원망한다고 하는데, 원망하는 대소가 어떠한가?"라며 찬반 백성의

---

*비변사는 의정부와 육조판서 등 일반 관료가 겸임하는 합의제 기관으로서, 국방에 관한 문제만이 아니라 일반 행정의 주요 정책에도 간여해 그 권한이 의정부를 능가하기도 했다(한영우, 《다시 찾는 우리 역사》 2권, 153쪽).

규모나 찬반의 강도를 물었다. 이에 여러 신하들이 소민의 원망이 크다고 답변하자 드디어 효종은 다수가 강하게 원하는 정책을 채택하도록 결단을 내렸다.

효종의 의견은 다수인 백성이 원한다면 소수인 부자들이 반대하더라도 시행해야 한다는 것이었다. 정책 결정은 이렇게 어느 정책이 더 많은 국민에게 도움이 되는지, 국익에 더 기여하는지를 판단해 결단을 내리는 것이다. 힘이 센 일부 기득권층이 격렬히 반대한다고 결단을 내리지 못한다면 리더가 아니다. 포용적인 정치제도에서 다원주의를 강조하는 것은 바로 이같이 다양한 의견을 수렴하고 소수의 기득권층에 휘둘리지 않아야 한다는 의미이다. 권력이 분산되어야 다원적인 의사 결정이 보장된다. 권력이 분산되지 않았던 조선의 관료들은 나름의 방법으로 다양한 집단의 이익을 반영하려 노력했다. 17세기에 진행된 이때의 정책 결정과 의견 조정 메커니즘은 지금 되새겨보아도 매우 모범적이었다.

효종에게 이러한 결단을 내리도록 조언하고 그러한 여건을 조성해준 데는 김육의 역할이 결정적이었다. 이런 김육을 영의정에 임명한 것도 효종의 리더십이다. 김육에 대한 여러 반대 여론이 일어나도 이를 무시하고 신뢰해준 것도 효종의 탁월한 리더십이다. 이런 리더가 있을 때 나라가 발전할 수 있다.

대동법의 확대와 성과

호서 지방에서 대동법이 큰 부작용 없이 시행되며 성과를 보자 많은 관료와 유생들이 기존의 입장을 바꿔 대동법을 지지하게 되었다. 특히 호남의 유생들이 잇달아 상소를 내며 호남에도 대동법을 시행해달라고 요구했다. 향촌의 양반 유생들은 대부분 지주였지만, 이들은 호서 지방의 대동법 시행을 지켜보며 이 제도가 호남에도 확대되어야 한다고 판단했다.

이런 상황에서도 지방의 향리들은 여전히 반대하며 백성들의 의견을 조정에 잘 전달하지조차 않았다. 지방 관청에서 물품 출납을 담당하는 향리들이 반대하는 것은 대동법으로 투명하게 세금을 징수하면 자신들이 농민들에게 착취할 여지가 없어지기 때문이었다. 대동미가 명확하게 정해지면 향리들이 추가로 공물을 징수할 길이 없어지는 것이다. 대토지를 소유한 토호들도 중간 수탈할 여지가 줄어들어 반대했다. 이들은 대토지 안에 호주 대표를 세워 지역민들에게 공물을 징수하되 토호들의 부담까지 백성들에게 전가하는 방식으로 수탈해왔기 때문이다.

오랫동안 관행으로 중간착취하던 사람들은, 새로운 제도가 많은 백성에게 유리하더라도 자기의 기득권이 침해된다고 판단되면 갖가지 명분을 내어 집요하게 반대했다. 관행화된 지대추구 행위를 폐지하는 것은 혁명적인 개혁을 전제하지 않으면 어려운 일이었다. 자신이 누리던 기득권 침해에 저항하는 행태는 인간의 본성에 따르는 것으로서 동서고금을 막론하고 다르지 않다. 결국 대동법은 1708년 전국에 걸쳐 시행되면서 정치·경제적으로 막대한 영향을 미쳤다.

18세기 이래 대동법이 이룩한 성과는 다음과 같이 정리할 수 있겠다.

- 종전에는 호별로 부과하는 분명한 기준이 없었는데 대동법에서는 1결 당 쌀 12두라는 단순 명확한 과세기준을 설정했다.
- 대동세는 공물과 대부분의 진상을 흡수하고 요역과 대부분의 잡세를 포괄해 조세체계를 대폭 단순화했다.
- 대동법에 규정된 것 이외에는 공물과 요역을 징수하지 않게 되어 조세법정주의에 접근했다.
- 종전에는 지방 관청에서 지방 행정 경비로 충당하기 위해 공물의 징수에 여러 명목의 잡세를 부가해 징수했는데, 대동세의 상당 부분을 지방 재정에 충당하도록 허용해 지방 재정의 제도화를 촉진했다.
- 납세자 부담이 공평해졌고, 방납인과 관리에 의한 중간 수탈을 막을 수 있어 백성의 부담은 줄고 재정은 과거보다 더 충실해졌다.
- 토산물의 공납 대신에 물품 화폐와 금속 화폐로 징수하게 되자 향리의 자의적인 수탈을 막아 생산이 발전되고 시장이 확대되었다.[6]

대동법이 경제에 끼친 가장 중요한 영향은 이것으로 인해 시장경제가 어느 정도 활성화되고 상공업이 발달하는 계기가 되었다는 점이다. 다른 한편 대동법 결정 과정은 조선의 정치제도가 갖고 있는 장점을 잘 발휘해 갈등과 이견 조정에 성공한 사례였다. 시간이 걸려도 이렇게 설득하고 조정하며 제도를 만들어간 과정은 후대의 귀감이 된다.

5장

조선의
유교화

조선,
이상적 철학 국가를
지향하다

상인을 천시하고 이익추구가 부도덕하다고 생각하는 문화가 사회를 지배한다면 어떻게 될까? 이런 문화에서는 의욕 있고 똑똑한 사람은 상인이 되기를 기피할 것이다. 그런 문화는 당연히 법제에도 반영되기 마련이다. 상업에 높은 세금을 물리거나 허가 조건을 복잡하게 설정하고 행정 절차를 어렵게 만들 것이다. 그래서 거래시간과 거래비용이 많이 들게 된다. 또 상거래의 이익이 최소화되도록 여러 방법으로 통제하는 것도 그런 사회의식의 반영일 것이다.

법제란 사회에서 공감대를 이루거나 지배층이 중요한 기준이라고 생각한 것을 법령으로 체계화한 결과물이다. 이런 식으로 사회의 규범, 가치관, 문화가 법제에 반영된다. 문화란 매우 다원적인 개념이지만 사전에서 정의하듯이 우리 사회에서 형성된 행동양식이나 생활양식, 그리고 그에 따른 물질적 또는 정신적 산물로 이해하자. 그러면 의식주를 비롯해 언어, 풍습, 종교, 학문, 예술, 제도 등을 모두 포함하는 포괄적인 개념이 된다. 여기에서는 공식적인 법제 이외에 가치관, 행동규범 등을 포괄하는 개념으로 문화를 주로 사용하겠다.

조선을 지배한 성리학

막스 베버는 근면, 절약, 성실성 등을 강조하고 영리추구 행위를 조장하는 프로테스탄티즘의 윤리가 영국, 네덜란드 등의 서양에서 자본주의와 산업혁명을 초래한 근본 원인이라고 주장했다. 막스 베버의《프로테스탄티즘의 윤리와 자본주의 정신Die protestantische Ethik und der Geist des Kapitalismus》이라는 저서는 수많은 논쟁을 유발하며 20세기의 고전이 되었다. 만약 근면, 절약, 성실성 등의 가치만으로 자본주의가 발달할 수 있었다면 유학은 그 역할을 충분히 잘 수행했을 것이다. 그런데 유학은 영리추구 행위를 조장하지 않고 오히려 억제함으로써 기독교와의 차이를 만들었다. 사실 그것이 경제활동에는 더 근본적인 차이를 유발했다. 기독교라는 종교가 서양의 문화를 규정했듯이 조선에서는 유학이라는 학문이 준準 종교로서, 때로는 종교보다 더 강하게 조선을 규정했다. 조선에 끼친 유학의 영향력은 기독교가 서양에 끼친 영향력에 비해 결코 작지 않다고 생각한다.

조선은 성리학을 통치 이념으로 삼고 삼강오륜과《주자가례》의 예법으로 정치와 사회생활을 규율했다. 성리학은 학문으로서 교육과 과거시험의 핵심 과목이었고, 정치의 원리로서 모든 제도에 그 이념을 반영했다. 또한 사회생활과 가정생활에서도 행동의 기준이 되는 도덕이고 가치관이었으며 생활규범이었다. 성리학은 조선에서 정치와 경제제도의 기본 바탕이고 비공식적 제도이기도 했다. 그래서 성리학을 빼놓고 조선의 제도를 논하기는 불가능하다. 마치 기독교를 배제하고 서양 문화를 논하기 힘든 것과 마찬가지다.

성리학의 원조인 유학은 중국의 춘추전국 시대에 형성된 공자와 맹자의 경세經世사상(세상을 다스린다는 의미)이다. 유학은 처음부터 순수 이론보다 실천을 강조하는 학문으로 출발했다. 유학의 원리를 압축하면 '수기치인修己治人'으로 표현할 수 있는데, 나를 수양한다는 수기와 백성을 다스린다는 치인, 즉 경세의 두 이념을 핵심으로 한다. 공자가 말한 '수신제가치국평천하修身齊家治國平天下'에 이러한 이념이 다 포함되어 있다. 먼저 자기 수양을 다한 후에 집안을 다스리고 나서 백성을 다스리는 정치를 해야 한다는 이론이다. 이러한 이상을 구현한 정치 이념이 덕치德治이며 왕도정치이다. 그리고 이것을 성리학의 핵심 원리로 부각시킨 사람은 송나라의 주자朱子(주희)이다. 주자학에서는 특히 수기를 이룬 후의 치인이 강조된다.

공자는 정치가 "식량을 풍족하게 하는 것, 군비를 넉넉하게 하는 것, 백성들이 믿도록 하는 것"이라고 말했다. 즉, 정치는 부국강병의 실천철학이라는 관점이다. 맹자도 항산론恒産論을 주장하며 "백성이 살아가는 도는 일정하게 먹고살 방도가 있어야 떳떳한 마음이 있고 일정하게 먹고살 방도가 없으면 떳떳한 마음도 없는 법"이니, 백성에게 먹고살 것을 확보해주는 것이 중요함을 지적한 바 있다. 맹자의 왕도정치도 백성들이 편안히 먹고살 수 있게 해주는 것을 목표로 했다는 점을 주목해야 한다.* 물론 맹자가 영리 추구를 권장하지 않은 것은 사실이지만, 백성들이 잘 먹고 잘 살게 하는 정치의 길을 찾으려 한 것은 분명하다. 반면에 순자荀子는 영리를 추구하는 것도 수용해야 한다고 말했다. 이러한 유학이 성리학으로 재정립되어 고려, 조선에 전해졌고 특히 조선에서는 수기철학으로서의 성격이 강조되었다.

송나라의 주자는 불교와 도교의 영향을 받아 전통 유학에 철학을 보완해 유학이론을 재정립했다. 성리학은 성명性命과 이기理氣에 관한 학문으로서, 인간의 본성이 곧 하늘이라는 의미이다. 주자는 북쪽 이민족에 밀려 남쪽 중국의 일부로 축소되고 쇠퇴한 송나라의 재건을 위해 공자와 맹자의 사상을 재해석하고 현실 문제에 대한 해결 방안을 강구했다. 엄격한 자기 수양을 통해 도를 이해하려 노력하자는 이 원리는 12세기부터 중국 사대부의 생활규범이 되었다.

성리학에서는 "도덕이 근본本이고 재물은 말末"이라고 강조한다. 이러한 이념을 압축한 표현이 '무본억말務本抑末' 정책, 즉 본에 힘쓰고 말은 억제한다는 정책이다. 당시 산업의 근본이었던 농업을 본업으로 장려하고 영리를 추구하는 상업은 말업으로 억제해야 한다는 이념이 형성되었다. 도덕적으로 교화된 인간의 조화로운 생활을 이상으로 여겨 영리추

---

*맹자는 이렇게 말했다. "다섯 무畝(한 무는 서른 평)의 택지에 뽕나무를 심으면 오십이 넘는 사람들이 비단옷을 입을 수 있고, 닭과 개와 돼지를 때맞춰 잘 기르면 칠십이 넘는 사람들이 고기를 먹을 수 있으며, 백 무의 밭에 때맞춰 농사를 지으면 몇 식구의 집안이 굶주리지 않게 될 것이며, 학교에서 가르침을 삼가 효제의 의리를 거듭 편다면 머리가 희끗희끗한 사람들이 길 위에서 짐을 이거나 지지 않을 것입니다. 칠십이 넘는 사람들이 비단옷을 입고 고기를 먹으며 백성들이 굶주리거나 추위에 떨지 않는데, 그러고서도 왕이 되지 못한 사람은 없습니다."

구나 경제활동에 너무 치우치는 것을 경계했다. 조선의 건국 세력은 고려의 쇠퇴 원인을 불교의 타락에서 찾았고, 고려와 차별화하기 위한 정치적 선택에서 성리학을 통치 이념으로 채택했다.

안빈낙도라는 공허한 철학

공자는 《논어》에서, "선비는 가난한 생활을 하면서도 편안한 마음으로 도를 지키며 즐겨야 한다"고 했다. "거친 밥을 먹고 물을 마시며 팔을 굽혀 베개 삼고 누워도 즐거움은 또한 그 가운데에 있다. 의롭지 않으면서 부귀를 누리는 것은 나에게는 뜬구름과 같은 것이다." 안빈낙도, 근검과 청빈의 철학은 성리학을 공부한 조선 선비들의 굳건한 생활철학이되었다. 임금부터 사대부와 지방의 사족에 이르기까지 청빈과 근검의 철학을 실천하려 노력했고 결국 조선 선비 정신의 근간이 되었다.

그런데 위 논어의 구절은 1960년대에서 1970년대에 우리가 고등학교에서도 교과서를 통해 배웠다. 왜 사회 지도층은 20세기 고등학생들에게 그런 철학을 가르쳤을까? 조선 지배층이 백성을 의식화하고 백성의 생활 문화까지 바꾸려 했을 때 그 기준이 된 유교철학이, 후세에까지 영향을 미치고 남아 있다는 증거의 하나이다.

조선은 이상적 철학 국가를 꿈꾸었다. 이상적 철학 국가는 철학자, 성리학자나 위정자에게는 추구할 만한 가치가 있는 목표이겠으나 일반 백성들에게는 관심도 현실성도 없는 배고픈 목표였다. 공자는 안빈낙도의 철학을 설파했지만 정치의 도는 백성에게 풍족한 생활을 주는 것이라고

도 했다. 정치가나 사대부 등 지배층은 안빈낙도의 철학을 추구하며 그런 생활을 해도 좋을 것이다. 그렇다고 그런 생활 태도를 일반 백성에게까지 강요해서는 안 되었다. 근검과 청빈의 철학은 물질적 풍족함의 추구를 금기시해 상공업의 발달이나 경제활동의 촉진에 매우 부정적인 영향을 미쳤다. 모두가 근검절약하면 수요가 줄어 생산이 늘어날 수 없는 것이다.

공자가 정치란 백성에게 풍족한 생활을 주는 것이라 했을 때 공자의 의도는 정치가 백성들을 풍족하게 하되 정치가나 사대부는 청빈한 생활을 해야 한다는 의미였다. 정치가 백성들에게 풍족한 의식주를 보장해주지 않고 그냥 철학적으로 이상적인 삶을 살라고 하면 백성이 만족할 수 있겠는가? 그런데 조선의 성리학자 사대부들은 자신들이 이런 생활을 추구하면 일반 백성도 그렇게 해야 한다고 생각했다. 백성에게까지 억지로 이런 문화를 보급하려 했다. 조선은 일상의 생활규범과 관습 등 문화까지 성리학 이념으로 의식화하고 바꾸려 했다. 그것이 경제에도 막대한 영향을 미쳤기 때문에 제도를 연구하는 우리의 관점에서는 성리학 이데올로기가 중요해진다.

우리나라 속담에 사촌이 땅을 사면 배가 아프다는 말이 있는데, 이는 남이 잘되는 것을 기뻐해주지 않고 오히려 질투하고 시기하는 경우를 비유적으로 이르는 말이다. 사회에 자신의 노력으로 부를 축적하고 성공을 거둘 수 있는 제도가 없거나 지대추구 행위, 착취제도가 만연한 상태에서 누군가의 부가 증가하는 것은 존경이나 축하의 대상이 아니고 시기의 대상이 될 뿐이었다. 상공업을 천시하며 청빈한 생활을 강조하는 사회에서는 부를 새로 축적할 기회가 없으니 오로지 분배 문제에만 관심을 갖게 되고, 이런 평준화 요구가 커졌을 것이다.

정부의 인사 운영, 민간에 부과하는 조세, 부역, 공물, 군역 등이 공평하고 투명하게 시행되지 않으면 결과에 승복하거나 수용하는 문화가 만들어지지 못한다. 폐쇄적이고 인센티브가 없는 사회, 자신의 노력으로 신분상승할 기회를 주지 않는 사회에서는 정해진 파이에 집착하기 때문에 공평한지의 여부가 가장 중요한 가치판단의 기준이 된다.

분배 기준을 둘러싸고 서로 간의 반목과 시기, 대립을 초래하는 것이 인간 심리의 발현이다. 못살더라도 같이 못살면 불만이 적지만 누구는 잘살고 누구는 못살면 수용하지 못한다. 재산을 많이 가진 이웃을 끌어내리기보다는 개개인이 더 열심히 일해서 자기의 부를 늘릴 수 있도록 보장하고, 사회적으로도 그런 일을 장려하며 열심히 일하도록 인센티브를 부여하는 법제와 문화를 만들었어야 했는데 조선은 그렇게 하지 못했다.

사림의 등장과
왕도정치에의 몰입

16세기 김종직, 조광조 등의 사림파 등장을 계기로 성리학은 조선 초기의 대세였던 경세학에서 수기학으로 중점을 이동하게 되었다. '치인治人에서 '수기修己'로 강조점이 변경된 것이다. 이제 성리학은 왕도정치의 구현을 위해 왕과 사대부의 수양을 강조하는 '덕치'를 논하는 철학이 되었다. 바야흐로 조선은 이상적인 철학 국가를 지향하는 국가가 된 셈이다. 어떻게 나라를 부유하게 하느냐, 백성을 잘살게 하느냐가 주된 관심의 대상이 아니라, 어떻게 도덕적인 이상 국가를 만드느냐가 더 중요한 과제가 된 것이다. 대의명분을 내세우는 철학 국가는 하나의 이상일 뿐이었는데, 이때부터 조선의 사대부 집권층은 모두 여기에 집착했다.

대의명분이란 사람으로서 마땅히 지키고 행해야 할 명분과 의리, 도리와 본분을 말하는데, 공자가 《논어》의 12편인 〈안연〉에서 밝힌 정명론에 근거하고 있다. 즉, 군주는 군주답게, 신하는 신하답게, 아비는 아비답게, 자식은 자식답게 각각 제 역할을 다하는 것이 대의명분이다. 그런데 사람으로서 마땅히 지켜야 할 도리를 다하면 나라와 백성은 저절로 잘살게 되는가?

같은 성리학을 신봉했지만, 조선 전기와 후기에 학자들의 강조점은 크게 변했다. 즉 전기 성리학자들은 부국강병, 중앙집권의 경세론을 중시한 반면, 후기 사림파들은 대의명분의 관념철학을 더 맹신하며 부국강병론을 배격하고 향촌의 자율성을 강조했다. 도덕정치, 왕도정치에서 경제는 우선순위가 밀리는 이슈였다. 이것이 이미 활력을 잃어가고 있던 조선의 경제를 더욱 회복하기 어려운 상태로 몰고 간 근본 원인의 하나였다. 경제를 위해서는 매우 잘못된 선택이었다.

도대체 조선에서 추상적인 원리에 집착하고 구체적인 제도나 개혁을 소홀히 하게 된 이유가 무엇일까? 18세기 유학자 오광운吳光運은 《반계수록》의 서문에서 이렇게 설명했다. "형이상학적인 것은 도道(원리)라 하고 형이하학적인 것은 기器(방안)라 하는데 도는 추상적인 것이나 기는 구체적인 것이니, 즉 정치제도는 방안이다. 고대 중국의 하, 은, 주 때는 이 원리와 방안이 경전에 기재되어 구비되었지만, 주나라 말기에 이르러서는 이 원리와 방안이 함께 없어지기 시작했다. 그리하여 포악한 임금과 나쁜 관리들은 특히 이 구비된 방안을 질시해 무엇보다 여기에 관한 기록을 없애버렸고, 또 그로부터 100년이 지난 진나라 때에는 경전에 기재된 그 원리마저 불태워버렸다."*

---

*이것은 오광운이 작성한 서문 중 일부 자구를 정리한 것이다.

즉, 나라를 다스리는 기본 원리와 세부 방안은 함께 존재했던 것이다. 후대에 모두 없어졌던 것을 송나라 시대에 주자와 정자程子(정호와 정이 형제를 말한다)가 복원했는데, 이때 도의 원리만 서술하고 방안에 대해서는 서술하지 않았다고 한다. 즉 주자와 정자가 기술한 것은 왕도의 원리에 불과하며 그 구체적인 실천 방안은 다시 복원해야 했으나 그렇게 하지 못해 총론만 남았다는 의미이다. 오광운은 지금까지 학자들이 제대로 해내지 못했던 것을 드디어 반계 유형원이 마련하는 대업적을 남겼다고 해설했다.

이이를 비롯한 많은 학자와 관료들이 조선의 제도는 총론에만 치중해 각론에 취약했다고 지적했는데 그 근원을 위에서 찾을 수 있다. 학자나 관료가 모두 철학과 총론에만 일률적으로 편향된 셈이다. 성리학은 철학이지, 법률과 같이 구체적인 실무에는 적합한 학문이 아니었다. 요새 기준으로는 인문학이 중요하다고 모두 문, 사, 철(문학, 사학, 철학)의 인문학에만 매달리고 법학이나 경영학, 공학 등은 형이하학이라 해 모두 외면해버린 상황이었다. 그러니 각론, 실천 방안을 만들 이론이나 실무 능력을 갖추지 못했고 그런 문제의식도 별로 없었다. 조선의 관료들이 총론에 강하고 구체적인 각론에 약하다는 것을 알고 있었음에도 이를 보완하지 않은 것이 더 문제였다.

조선에서 성리학의 기조가 바뀐 것은 조선의 성쇠에 매우 큰 영향을 미쳤다. 나는 5장의 첫머리에서 성리학을 '비공식적 제도'라는 관점에서 볼 필요가 있다고 언급했다. 성리학 학풍의 기조 변화가 단순한 학문의 중점 변화에 그치지 않고 조선을 전기와 후기가 매우 다른 사회로 변모시켰기 때문이다. 성리학을 이데올로기로 숭상하는 근본주의자들은 지배계층의 수기가 잘 되면 경세는 저절로 된다고 보아 수기에 절대적인 의의를 부여했다.

조선 건국 초기, 정도전을 비롯한 성리학자들은 부국강병론을 중시했다. 고려 말에 끊임없이 외환에 시달린 경험을 살려 조선 초기에는 국방 강화에 비상한 관심을 기울이고, 군대를 늘리고 정예화하며 군사훈련을 게을리하지 않았다. 이들이 주도해 고려 말부터 전제 개혁 등을 통해 생산력 증대에 노력을 기울였으며 이런 기조는 조선 초기의 국력 신장에 기여했다. 물론 명나라에 대해서는 조공국으로서의 의무도 충실히 이행하면서 내치에서는 부국강병책을 폈다는 의미이다. 부국강병책과 조공국의 의무는 충분히 양립할 수 있는 정책이었다.

그런데 점차 사림파의 주도로 주자학의 영향력이 강화되면서 부국강병을 패도覇道로 보는 부정적 인식이 확산되었다. 이렇게 부국강병을 외면하는 방침이 조선 말기까지 유지되어 조선의 비극을 초래했다. 주변에 일본, 거란, 여진 등 변란을 초래할 외세가 몰려 있고 세력을 확대해 가고 있는데 외부로부터 나라를 지키고 백성의 생명과 재산을 보호할 국가의 책무는 어디로 갔는가?

조선은 민생 안정을 중시한다는 왕도정치의 이상을 구현하기 위해 처음부터 작은 재정, 낮은 세율을 기조로 삼았다. 이 영향으로 재정을 확충하기 위해 특권층의 면세 특혜를 축소하자거나, 조세 수입을 늘리려면 세원을 추가로 발굴해야 한다는 제안을 해도 지배층은 민생 안정을 해친다는 명분을 들어 반대했다. 그 결과 국가 재정은 취약해졌고 다른 한편 관리들의 중간착취, 조세의 불공평성, 사회기반시설 취약 등의 부작용을 낳았다. 게다가 조선은 조공국으로 중화 질서에 편입되어 안주하면서 국가의 핵심 기능인 국방 능력도 스스로 약화시켰다. 결국 경제력이 뒷받침되지 않아 민생 안정이라는 목표가 달성될 수 없는 상황이 되었다.

성리학은 조선 사회를 어떻게 변화시켰나

조선의 유교화 과정을 오랫동안 연구한 학자인 마르티나 도이힐러Martina Deuchler는 고려 귀족과 조선 양반계급의 기원이 동일하다는 점에 주목했다. 조선의 건국으로 사회에 새로운 계급이 형성된 것이 아니라 고려의 귀족계층이 조선의 지배계층으로 변신한 것이며, 특히 유학으로 무장한 전문 관료 집단이 지배계층이 되었다고 본 것이다. 조선의 지배계층이 고려에서부터 대를 이어 지배계층이 되었다는 데에 주목해본다면 이들이 왜 그렇게 지배계급의 이익과 기득권을 고수하기 위해 신분제와 관료제에 절대적으로 집착했는가를 이해할 수 있게 된다. 성리학은 이들 관료 집단, 즉 지배계급의 기득권을 지켜주면서도 초기 개혁을 추진하는 든든한 이론적 근거이자 수단이 되었다.

적장자 중심, 유교화된 조선 사회

주자는 정치와 사회 안정을 도모하기 위해서는 적장자嫡長子(본처가 낳은 큰아들) 중심의 승계를 제도화하는 것이 무엇보다 중요하다고 판단했다. 그래서 《주자가례》를 집필해 친족 집단의 계통을 확립하고 그것을 바탕으로 조상에 대한 제사를 제도화하려 시도했다. 주자의 가르침을 충실히 추종한 조선의 유학자들도 자녀균분의 전통이 오래 지배해오던 당시 사회에 적장자 중심의 수직적 위계 질서를 제도로 확립하려 노력했다. 결국 유학자들은 1471년 편찬한 《경국대전》에 오직 적장자만이 상속권을 갖도록 규정했다. 이어 1543년 《대전후속록大典後續錄》에 적장자의 법적인 상속권에 제사 지낼 권리를 결합해 장자의 권한을 확대하고 서자의 상속권을 부인했다. 이로써 주자가 이상적이라고 제안했던 적장자 중심의 친족제도가 중국이 아닌 조선에서 17세기 무렵부터 실현되었다.

본래 고려에서는 여성도 제사를 지낼 권리를 가졌고 재산도 남녀가 균등하게 상속받을 수 있었다. 그런데 17세기 이후 성리학의 영향으로 조선에서 여성은 출가외인出嫁外人으로 규정되고 제사, 상속 등에서 완전히 배제되었다. 더불어 첩과 서자의 지위도 더욱 차등화되었다. 17세기 후반에는 양자제도가 일반화되어 장자상속을 강화하면서, 아들이 없는 경우에는 양자를 들여서 상속하게 하고 딸은 아예 상속권에서 배제했다.

이러한 적장자 중심의 승계를 제도화하는 과정이 250여 년에 걸친 조선 유교화 과정의 핵심이라고 할 수 있다. 조선의 유교화 과정은 중국의 제도, 주자의 이론을 모델로 한 것인데, 정작 중국에서 완성되지 못한 것을 조선에서 완성했다. 그 결과 조선은 중국보다도 더 유교적인 사회로 변모했다. 17세기에 임진왜란, 병자호란, 명의 멸망과 청의 건국 등으로 조선의 지배층은 깊은 상처를 입었다. 이들은 이러한 난국을 극복하는 과정에서 부국강병을 위한 국가 혁신을 외면하고, 현실과 유리되고 관념적인 정통론, 의리론을 유난히 강조하며 조선의 유교화에 매달렸다. 결과적으로 조선의 성리학은 유연성을 상실하고 국가 쇠퇴를 초래하는 원인을 제공했다.

관혼상제는 우리의 생활 문화를 지배하는 것으로 매우 중요한 의례이다. 조선 지배층이 《주자가례》를 집요하게 민간에 보급한 결과 중국식 예법이 조선 고유의 예법을 대신해 우리의 생활규범으로 자리 잡게 되었다. 관례는 요즘에 별 의미가 없으나 혼례와 상례, 제례는 조선 시대에 형성된 예법이 지금까지도 큰 틀에서 사회를 지배하고 있다. 상례와 제례는 유학에서 매우 중시하는 예법으로서 대단히 복잡하고 상세한 절차가 《주자가례》에 규정되어 있다. 부모상을 당하면 3년상(26개월 이상)을 지내야 했다. 제사에서는 지방을 짓고 격식에 맞춰 음식을 배열해 제사상을 차리고 절을 올리는 등 매우 복잡한 의식이 규정되어 있었다.

《주자가례》의 예법은 공식적인 법제가 아니지만 법령과 다름없이 사대부들, 나아가 일반 백성들을 규율하는 사회규범으로 작용했다. 임진왜란 때와 같은 비상시국에도 임금의 최측근 도승지가 부모 장례를 이유로 사직을 신청한 사례도 있었다. 선조실록에 의하면 1592년(선조 25년) 6월 15일, 임금이 왜군에 쫓겨 평양에서 의주로 피난하던 중에 생긴 일이었다. 선조는 "도승지 김응남金應南이 어미의 부음을 듣고도 분상奔喪하지 못했으므로 관직을 맡아보기가 미안하다 해 사직소를 올리니, 아린 대로 하라"고 이를 허락했다.

도승지는 지금의 대통령 비서실장 격이다. 그런 중요한 직책에 있는 사대부가 전시 비상사태에서 모친상을 이유로 갑자기 사직해도 되는 것일까? 부모에 대한 효도와 임금 및 국가에 대한 충성, 어느 것이 더 중요할까? 성리학이 득세한 17세기 이후, 조선에서는 부모에 대한 효와 임금에 대한 충의 가치가 충돌할 경우에는 효가 충보다 우선시되었다. 1908년 조선 패망 직전 전국의 의병총대장 이인영李麟榮이 의병을 이끌고 한양으로 진격하다가 부친상을 전해 듣자 "하늘이 무너졌다"고 하면서 군대를 버리고 고향으로 가버린 사례도 있었다. 가족 질서를 가장 중시한 《주자가례》의 윤리체제에서는 가능한 일이었다. 《주자가례》의 예법을 맹목적으로 추종한 조선에서 문화가 갖는 사회적 파급력은 그렇게 강했다.

결혼도 중국식으로 하라

《주자가례》로 조선의 생활 문화를 바꾸고자 한 조선의 지배층은 혼례제도도 중국식으로 바꾸기 위해 건국 초부터 노력했다. 고구려 시대에는 남귀여가男歸女家 형식의 혼례제도가 관행화되어 있었다. 남녀 두 집안 간에 혼담이 성립되면, 신랑이 신부네 집 뒤에 '서옥婿屋'이라는 작은 집을 지었다. 해질 무렵에 사위가 집 밖에서 동거를 간청하면 신부 부모가 사위를 서옥으로 안내해 동거를 허용하는 형식이었다. 사위는 돈과 패물을 선물하고 신부 집에서 생활하다가, 자녀를 낳아 장성하면 비로소 처자를 데리고 본가로 갔다. 고려에서도 고구려의 관행을 이어갔으나 처가에 머무는 기간이 다소 짧아졌다.

조선 초기에도 신부 중심의 혼인제도가 유지되었다. 신랑이 저녁 무렵 신부 집에 도착해 바로 신부와 동숙했다. 그리고 셋째 날에 신부 집에서 혼인식을 치르고 나서, 넷째 날 술과 음식을 준비해 시부모에게 가서 인사를 드렸다. 혼인 후에도 신랑이 대개 처가에서 생활하거나 자기 집과 처가를 오가며 생활했다. 조선 전기의 여자들은 '며느리'보다는 '딸'이라는 의식이 강했다.

그러나 지배층은 조선 초기부터 우리의 전통적인 혼례가 《주자가례》와 맞지 않는 '후진적' 제도라고 판단해 중국식 친영례親迎禮를 도입하려 노력했다. 친영례는 송나라의 제도로, 신랑이 신부 집에 가서 신부를 맞이해 와 신랑 집에서 혼례를 치른 후 그대로 신랑 집에 머물러 살게 하는 제도이다. 우리나라의 전통적 혼인 풍속을 중국의 예법에 맞게 인위적으로 바꾸겠다는 시도는 일반 백성에게 통용되는 사회제도와 문화까지 자신들의 신념과 의도대로 변경하겠다는 지배적 발상이었다. 주자학을 신봉한다고 해서 생활 문화까지 주자가 정한 것, 중국의 것을 따르고 전통적인 예법까지 바꾸려는 것이었다. 성리학 이데올로기의 확산이자 조선 유교화 과정의 일환이었다.

1430년(세종 12년) 6월 1일, 조정에서는 친영례 시행에 관해 논의했다. 지금까지의 관행과 달리 친영례에 따라 신부가 신랑 집으로 바로 들어가게 하려면 노비, 의복, 가구 등을 신부 측에서 마련해야 하므로 가난한 집에는 너무 큰 부담이라 시행하기 어렵다는 반론이 있었다. 그래서 세종이 우선 왕실, 사대부부터 시행한 후 점차 이런 관행을 민간에 권장하자고 정리했다.

중종 때 지배층은 아직도 백성들 사이에서 친영례가 시행되지 않으니 잘못된 풍속이며 사람의 도리가 아니라고 지적했다. 1515년(중종 10년) 10월 23일, 중종은 "남자가 여자의 집으로 장가들러 가는 것은 천도 天道가 역행하는 것"이라며 백성들에게도 친영례를 보급하라고 지시했다. 조선 정부는 이렇게 초기부터 친영례를 보급하고자 노력했으나, 오랜 전통의 장벽으로 민간에 정착하는 데는 긴 세월이 소요되었다. 조선 후기에 친영례가 확산되고 장자상속제가 늘어나면서 제사를 모시는 장자의 몫이 점차 커지고 장자 이외의 아들과 딸 들의 몫은 감소했다.

《주자가례》는 원래 주자가 가정에서 지켜야 할 의례를 송나라의 예법에 맞게 정리했던 것인데, 주자학을 믿는 양반계층이나 따르면 되는 규범이다. 그러나 이것을 조선의 성리학자 사대부들이 그대로 조선 전체에 적용하려 하면서 많은 부작용을 낳았다. 사대부들은 중국의 성리학을 숭상하게 되자 학문뿐만 아니라 중국의 문화, 역사, 철학 등 모든 것을 우리의 것보다 더 우월한 것으로 존중하고 이를 그대로 본받으려 노력했다. 그리고 이를 일반 백성에게도 확산해 생활 문화를 중국식으로 바꾸려고 노력했다. 성리학으로 교육받은 지배층은 중국식 문화를 '선진적'인 것으로 여겼다. 우리 고유의 문화보다 유교 종주국의 것을 더 인정하는 사대적 사고는 차츰 사회 전반에 영향을 미쳤다. 사대부와 조정의 정책에 의해 우리 고유의 사회 풍속이 중국 문화에 뿌리를 둔 의례로 바뀌게 된 것이다. 《주자가례》의 예절을 지키는 것이 양반의 예법이며 그것이 마치 더 품격 있는 법도처럼 간주되는 문화가 조성되었다. 차츰 일반 백성들도 품위를 위해 《주자가례》의 예법을 모방하며 따르지 않을 수 없게 되었다.

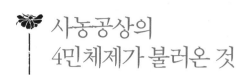

사농공상의
4민체제가 불러온 것

유학 질서에 기반을 둔 사농공상의 4민체제는 원래 백성을 그 직업에 따라 나누어 일을 맡기는 제도로 출발했다. 그런데 그것이 갈수록 신분제와 같이 운영되면서 사회를 경직시켰다. 사농공상의 4민체제에서 양반은 학문, 관직 등 선비 직업에만 종사하고 평민들은 농업과 상공업에 종사했는데, 그 직업이 바로 신분을 상징하는 신분제적 성격으로 변한 것이다. 선비 직업이 지배계급이고 다음이 농업, 그리고 상공업이 가장 천하다는 인식이 전제되어 있었다. 사농공상의 신분제적인 질서가 사회의 지배적인 가치관이 되자 양반은 농사짓는 것을 부끄러워하게 되었다. 하물며 농업보다 천시되는 상공업에 종사해서는 더욱 안 된다는 문화가 형성되었다.

양반이 농업이나 상공업에 종사하는 것을 법으로 금지하지는 않았다. 그러나 이것이 사회 전반의 가치관, 즉 관습으로 굳게 형성되었다. 양반이 농업이나 상공업에 종사하게 되면 교류와 혼삿길, 벼슬길이 막히고 아무도 상종하려 하지 않아 결국 사회적으로 금고禁錮상태에 이르게 되는 것이다. 이보다 더 심한 사회적 규제가 있었을까? 이것은 폐쇄적인 양반 문화가 초래한 제약이며, 법제화되지 않았으면서도 사회를 규율했던 비공식적 제도였다.

직업이 분화되어야 나라가 부강해진다

농암 유수원聾菴 柳壽垣은 이런 신분제 상의 문제를 가장 예리하게 비판한 인물이다. 유수원은 18세기 초반에 《우서迂書》를 집필해, 조선의 경제력이 쇠퇴한 근본 원인은 4민의 직업이 제대로 분별되지 못한 것이라고 지적했다. "조선 왕조 300년에 이르렀으나 4민이 제대로 나누어지지 않고 있으니, 나라가 허약하고 백성이 가난한 것이 오로지 이에서 빚어진 것이다."

유수원은 국가를 부강하게 하고 백성을 잘살게 하기 위해서는 신분이 아니라 각 개인의 적성과 능력에 따라 직업을 선택해 종사하게 해야 한다고 제안했다. 먼저 학교와 교육제도를 개편해 신분에 관계없이 누구든지 입학해 공부할 기회를 제공한다. 각 학교 단계별로 시험을 치러, 학업능력이 있는 자는 계속 공부할 기회를 제공해 나중에 관리가 될 수 있게 하고, 능력이 없는 자는 퇴학시키는 제도를 마련한다. 공부에 자질이 없는 자는 농, 공, 상의 적성에 맞는 직업에 종사하게 하자는 구상이었다. 결국 유수원의 분업론은 4민체제를 수정해 신분이 아닌 능력에 따라 직업별로 분업을 해야 한다는 제안이었다.

유수원은 조선에는 같은 직업 내에서도 분업이 되지 않아 모든 일, 모든 과정을 한 사람 한 사람이 똑같이 해야 하지만, 중국에서는 작업 과정이 나뉘어 있어 자기가 잘하는 한 가지 일에만 전념하면 되므로 기술 축적과 전문화가 가능하다고 지적했다. 예를 들어 조선의 농촌에서는 부녀자들이 농사지으면서 틈틈이 명주나 모시 등 옷감을 짜는 길쌈도 해야 했다. 시간이 부족하면 그해의 목화를 짜서 바로 무명을 만들지 못하는 경우도 생겼다. 이런 일들을 농사 중간에 틈틈이 부업으로 하므로 전문화되지 못했다. 그래서 대체로 조선 농가가 짠 무명이 거칠고, 품질도 균일하지 못하며 무엇보다도 생산량이 적다는 것이다.

유수원은 반면 중국에서는 이러한 일들이 모두 분화되어 면화 농사를 하는 사람은 면화 농사에만 전념하고 무명 짜는 것은 걱정하지 않는다고 말했다. 면화 가게에서는 농민들로부터 면화를 수집해 이를 솜 가게로 전달하고, 솜 가게에서는 솜을 타서 이를 실 뽑는 집으로 보낸다. 여기에서 실을 뽑으면 다시 베 짜는 집으로 이를 운반해 베를 짜고, 이것이 다시 무명 파는 가게로 집중된다는 것이다. 이렇게 분업한 결과 대량 생산하는 중국의 무명 값이 조선의 절반 수준으로 낮을 뿐 아니라 품질이 대체로 균일하고 질도 우수하다고 지적했다. 18세기 초에 유수원은 이미 분업과 전문화의 장점을 이렇게 정확하게 지적하고 있다.

19세기 중반에 출간된 《조선교회사 Historire De L'Eglise De Corée》를 쓴 프랑스의 달레 신부 Claude Charles Dallet도 조선에서 직업의 분화와 전문화가 되지 않아서 기술 축적이 되지 않는다는 문제점을 명확하게 지적했다.

"조선의 포목이 변변치 않은 것은 여기에는 이른바 공장工匠이 적어서라 기보다도, 오히려 모두가 공장이기 때문입니다." 농한기가 되면 농촌 여성들은 집집마다 모두 실을 잣고 베를 짜고 옷을 만드는 일을 한다. 평소에는 농사일에 바빠 아무도 이 일을 하지 못하고 농한기 때만 하게 된다. 그러니 대개가 숙달되지 못하고 기술이 발전하지 못한다. "오늘날이라 할지라도 옛날보다 더 진보되어 있는 건 없고, 모든 기술과 수공업이 다시 시작된 노아의 홍수 이튿날에 비해 더 진보되어 있는 것도 없습니다."[1] 유수원과 프랑스 신부의 지적이 공교롭게도 똑같다.

유수원이 《우서》에서 사례로 소개한 중국의 기와집 짓는 과정은 무척 인상적이다. 수십 간의 대저택을 중국에서는 한두 달 만에 분업과 전문화로 완성할 수 있다는 것이다. 집주인이 집의 설계도를 마련해 문 앞에 게시하면서, 원하는 공사 기간을 정해주고 각 분야 전문가들의 참여를 촉구한다. 그러면 골조, 지붕, 목재, 기와, 벽돌, 석재, 미장 등 각 분야 전문가와 일반 노동자들이 모두 분담해 자기 일을 한다. 집주인은 그 결과물을 보고 각각 보수를 지급하면 되므로 단기간 내에 대저택도 완공할 수 있다는 것이다.

또한 그는 중국에서 떡집도 분업화, 전문화되어 비용이 덜 들고 이익을 많이 내고 있음을 소개했다. 떡 만드는 모든 과정을 나누어 전문화하고, 자본주는 공임을 아끼지 않고 많은 고용인을 채용해 일을 분담하게 함으로써 대형화하고 큰 이익을 낸다는 것이다. 자본주가 큰 집을 확보해 떡을 찔 솥을 줄줄이 많이 설치한다. 다음에 이미 빻아서 가루로 만든 쌀을 쌀 가게에서 사 오고, 과일은 이미 씨를 빼고 껍질도 벗긴 것을 과일 가게에서 사 오는 등 분업한다. 종업원은 온종일 오로지 떡을 찌는 일만 하면 되므로 하루에 많은 양의 떡을 만들 수 있다. 이렇게 대형화되면 비용이 절감되고 이익이 커지며 소비자, 자본가, 종업원 모두에게 도움이 된다는 이론이었다. 그는 반면에 조선에서는 공임을 아끼고 노동을 나누려 하지 않는다고 했다. 모든 공정을 하나의 떡집에서 다 맡아 하게 되니 사업이 대형화하지 못하고 이익도 크지 않다는 것이다.

당시 중국을 직접 다녀온 사대부 관료들이 많았는데, 이들이 깨닫지 못했던 분업의 장점을 유수원은 중국에 가보지도 않고 문헌을 통해 꿰뚫고 있었다. 중국에서 당시 이런 분업 방식이 전면적으로 채택되었느냐 아니냐가 중요한 것이 아니라 이런 생산 방식이 문헌에 소개된 것을 보고 그 경제적 의미를 정확하게 포착했다는 데에 유수원의 혜안이 있었다. 유수원이 소개한 중국의 분업 방식은 조선에서도 의지만 있다면 얼마든지 도입해 활용할 수 있었던 기술이었다. 당시 중국에서 가능한 것이 조선에서는 왜 안 되었겠는가? 이것이 유수원이 제안한 조선 경제 부흥책의 핵심이었다.

유수원의 경제 원리를 다시 정리해보자. 그는 분업을 해야 전문화되고 물건값이 싸지고 교역이 활성화되며, 이익이 늘어 자본축적이 가능하다고 보았다. 상업도 대규모 자본으로 큰 상점을 운영해야 규모의 경제를 살릴 수 있어 경제력을 강화할 수 있다고 주장했다. 근대 경제학에서 나오는 경제의 핵심 원리를 유수원은 18세기 초에 이미 꿰뚫어보고 제시하고 있었다. 그러나 유수원의 혁신적인 이론은 경제관념이 없는 조선의 관료들에게 전혀 주목을 받지 못했다.

애덤 스미스와 유수원의 분업론

유수원이 분업을 주장한 《우서》를 쓴 것은 1728년에서 1736년(영조 5년에서 13년) 사이로 알려져 있다. 그리고 이 책이 영조에게 보고되어 영조가 일독하고 칭찬했다는 평가가 영조 13년의 《승정원일기》에 기록되어 있다. 영조는 유수원의 《우서》에 대해 다음과 같이 평가했다. "대체로 우리나라 사람들의 저술은 선유先儒(선대 유학자)의 말들을 뽑아 모아 공교로움만을 구하는 것에 지나지 않는데, 이 사람은 자기 마음속에서 우러나오는 것만을 기술하였으니 참으로 귀하다 하겠다." 또한 영조는 《우서》의 내용에 대해 높게 평가했으나, 다만 내용이 너무 혁신적이어서 임금인 자신도 시행하기 어렵다고 솔직하게 심정을 밝혔다. "임금은 일을 추진할 수 있는 자리에 있으면서도 시행되지 못할까 두려워 시도조차 못 하는데, 유수원은 말이 아닌 글로써 기술하였으니 이는 실로 나보다 훌륭하고도 뛰어나다."

영국에서 애덤 스미스가 분업의 장점을 기술한 《국부론》을 발간한 것은 1776년의 일이니 《우서》가 《국부론》보다 40년 이상 일찍 쓰인 것이다. 스미스는 분업이 숙련도 향상을 통해서 노동생산성을 최대로 증가시키는 동력이라고 지적했다. 또한 분업이 잘된 사회는 생산물이 크게 증가하기 때문에 부유한 사회가 된다고 했다. 스미스의 이러한 이론은 유수원의 생각과 일치한다.

유수원의 분업론은 개개인이 자신의 재능에 맞는 직업을 분담해야 한다는 것도 제안하고 있지만, 특정한 직업에서도 여러 작업을 분업해 추진하는 것이 훨씬 더 효율적이라는 점도 누누이 강조하고 있다. 예를 들면 위에서 살펴본 바와 같이 무명 생산과 집 짓는 작업, 대규모 상점을 세워 운영할 때의 자본, 경영, 종업원 채용과 배치 등 많은 분업 사례를 제시했다. 이 점에서도 스미스의 분업론과 같은 원리이다.

스미스는 국부론에서 노동자가 입고 있는 모직 상의가 양치기, 양모 선별공, 소모공, 염색공, 방적공, 직포공 등의 노동이 결합되어 나온 산물이라는 것을 지적했다. 이것도 유수원이 《우서》에서 무명 제조에 관해 예시한 것과 비슷하다. 그는 다음과 같이 썼다. "직업이 전문화되지 못했기 때문에 소득을 가지고 사람을 고용하고 물건을 사 쓰기에 부족한 것이다. 이 풍속이 일변하게 되면 저절로 부족한 걱정이 없게 될 것이다." 즉 분업해 전문화되면 생산력이 증가하고 소득이 증가해 상품에 대한 수요가 늘어날 것이라는 논리이다. 분업이 되지 않으면 전문화가 되지 않고 소득과 고용의 증가를 이루기 어렵다는 의미로 볼 수 있다. 유수원은 18세기 조선에서 경제학의 원리를 너무도 명확하게 인식하고 있었던 것이다.

성리학 이데올로기의 부작용

조선의 유학자들은 성리학을 높여 성인이 가르친 학문이라는 의미로 '성학'이라고 불렀다. 퇴계 이황이 선조를 훌륭한 임금으로 지도하기 위해 올린 글이 《성학십도聖學十圖》이고, 율곡 이이가 역시 선조에게 올린 글이 《성학집요聖學輯要》이다. 성학이란 성인이 되는 방법을 알려주는 학문, 또는 성군이 되는 길을 가르쳐주는 학문이라는 의미였다. 조선의 사대부들은 성리학을 최고의 학문으로 신봉하면서, 다른 학문에는 지극히 폐쇄적인 성향을 보였다. 양반 사대부들은 지배계급으로서 조선의 학문과 사상을 독점하며 정치, 경제, 사회, 문화 등 모든 영역에 성리학이라는 단일한 이데올로기를 널리 확산시켰다. 그들은 이렇게 조선을 점차 유교화했다.

성리학이라는 단일 이데올로기를 유지한 덕분에 조선의 성리학자 관료들은 오랜 기간 조선을 안정적으로 지배할 수 있었다. 조선에서는 유학, 특히 성리학이 마치 하나의 종교처럼 인식되며 사회 전반에 막대한 영향을 끼쳤다. 충효사상과 명분, 의리를 강조하고 학문과 교육을 중시하는 문화를 조성해 사회를 동질적으로 일체화한 것도 성리학의 공로이다. 학식과 인품을 모두 갖춘 선비가 향촌에서 근검절약하는 행실의 모범을 보임으로써 백성들에게도 건전한 생활 문화를 보급할 수 있었다. 이런 선비들은 고을의 어른으로서 지역 민심을 주도하고 향촌을 안정시키는 데도 기여했다.

그러나 성리학의 독점적 이데올로기는 많은 부작용을 초래했다. 성리학에 대한 숭상은 중국 문명에 대한 숭배로 이어졌다. 그러는 과정에서 대국의 문명을 과도하게 존중하고 우리 고유의 것을 열등하게 보는 사대의식도 형성되었다. 이것은 중국에서 이미 패망한 명나라를 조선에서 이념적으로 계승하겠다는 시대착오적 '소중화의식'으로 나아가, 청나라 중심으로 형성된 국제 질서를 거부함으로써 병자호란을 초래했다. 소중화 사상은 중국과 조선을 제외한 다른 나라를 오랑캐로 간주해 스스로 폐쇄적인 벽을 쌓는 것이었다. 이미 중국을 지배하고 있던 청나라를 오랑캐 나라로 간주해 거리를 두었고, 새로운 문물의 도입도 기피했다. 소중화의식에 따른 폐쇄적인 정책과 사상은 조선의 문화와 경제의 쇠퇴를 조장했다.

성리학자 관료들은 장자상속제, 호주제, 친영례 등 삼강오륜과 《주자가례》의 예법을 민간에까지 전파하고 확산했다. 한편 농본상말 의식을 가지고 상업 발달을 저해해 조선 경제를 침체하게 한 중요한 원인을 제공했다. 이들은 당파 싸움에 치중하고 수구적 자세를 견지해 내치와 외치, 개혁을 모두 소홀히 했다. 성리학자와 사대부들이 신분제와 상하관계를 강조하는 명분 중심의 관념적 이데올로기에 집착하고 이를 확산시키며 사회의 역동성과 다양성을 저해했다. 하지만 이 책은 조선의 '경제'에 미친 영향을 분석하는 것이 주목적이므로 논의의 중점을 경제에 두기로 한다.

18세기 말에 박제가는《북학의》에서 성리학에 매몰된 조선 사회를 공리공담空理空談하는 사회, 실질적인 논의를 전혀 하지 못하는 무능한 사회라고 규정했다. 그는 "다들 공리공담에는 유능하지만 실제 사무에는 무능하며, 목전에 닥친 일을 계획하는 것에는 온갖 수고를 하지만 큰 사업의 설계에는 어둡다"고 지적했다. 또한 중국과 일본을 다녀온 사람들은 많으나 "다른 나라의 훌륭한 법을 하나라도 배워 오는 자가 아예 없다"고 했다. 그러면서도 "왜놈이니 되놈이니 비웃기만 한다"고 그들의 행태를 비판했다.

또한 박제가는《북학의》를 통해 조선 선비의 식견을 다음과 같이 표현했다. "낮은 수준의 선비는 오곡을 보고서 중국에도 이런 것이 있더냐고 묻고, 중간 수준의 선비는 중국의 문장이 우리만 못하다고 생각하며, 높은 수준의 선비는 중국에는 성리학이 없다고 말한다."

조선 학자들은 중국의 문학, 역사, 철학을 줄곧 공부하고도 중국에 대한 인식은 이런 정도로 얕고 편협했다. 그 원인은 자기가 가지고 있는 제한된 서책만을 통해서 공부한 것을 도그마(논리적인 비판이 허용되지 않는 독단적 신념)같이 숭상하고, 다른 사상에는 귀를 닫는 폐쇄적인 학문 풍토에 있었다. 또 자기 사상과 다른 이론은 사문난적斯文亂賊으로 이단시해 전혀 용납하지 않는 조선 성리학자 사대부들의 독단적이고 폐쇄적인 문화에도 문제가 있었다. 이런 문화는 현대 사회에도 여전히 유산으로 남아 있다.

6장

❀

지식의
국가 독점

세계 최초로 금속활자를 발명한 나라

1999년, 미국 언론인 바워스Bowers 부부와 고트리브Gottlieb 부부는 "지난 1,000년 동안 인류 발전에 기여한 가장 위대한 인물이 누구인가"를 주제로 한 조사를 진행했다. 이들은 수년 동안 학자나 예술가 등 전문가를 대상으로 설문조사를 실시해, 1,000년 동안 주요한 업적을 남긴 1,000명의 순위를 매겨보았다. 그 결과 금속활자를 발명한 독일의 구텐베르크Johannes Gutenberg가 가장 위대한 인물로 선정되었다. 처음으로 책의 대량생산을 가능하게 한 공로가 인정되어 1위로 선정된 것이다. 그 뒤를 이어 아메리카 대륙을 발견한 콜럼버스, 독일의 종교개혁가 루터가 각각 2위와 3위에 올랐다. 또한 잡지 〈라이프Life〉가 같은 취지로 1998년 선정한 "지난 1,000년의 가장 주요한 기술 혁신 100가지" 중에도 구텐베르크가 발명한 금속활자는 1위를 차지했다. 금속활자의 발명은 이렇게 중요한 의미가 있었다.

그런데 우리가 다 알고 있듯이 금속활자는 구텐베르크보다 200년 이상 앞서 고려에서 발명되었다. 비록 실물이 발견되지는 않았지만 고려에서 금속활자를 주조해 1239년에 《남명천화상송증도가南明泉和尙頌證道歌》를, 1232~1241년에 《상정예문詳定禮文》을 인쇄했다는 기록이 있다. 또한 현존하는 세계 최고最古의 금속활자 인쇄본은 1337년 충청도 청주 흥덕사에서 인쇄된 《직지심체요절直指心體要節》이며 이러한 내용을 인정해 유네스코가 2001년에 이를 세계의 기록유산으로 등재한 바 있다.

이렇게 앞섰던 고려와 조선의 인쇄술은 왜 빛을 보지 못했을까? 고려에서 금속활자를 발명한 사람은 누구일까? 조선에서는 왜 인쇄혁명, 지식혁명이라고 할 만한 사태가 없었을까? 어쩌다가 지난 1,000년의 최고 기술 혁신, 최고 발명가라는 명예를 독일의 구텐베르크와 그의 금속활자에 빼앗겼을까?

지식의 보급과 인쇄 출판의 중요성

인쇄술은 지식의 보급에 대단히 중요한 도구로서 종교개혁, 과학혁명, 산업혁명에 결정적으로 기여했다는 평가를 받는다. 인터넷이나 전자통신이 없었던 과거에 대량의 지식과 정보를 값싸게 전달하는 데 인쇄만큼 효과적인 수단이 또 있었을까? 이렇게 중요한 인쇄술에서 고려와 조선은 세계 최초의 금속활자를 발명하고 세계 최고의 금속활자 인쇄물을 가지고 있는 등 인쇄의 강국이었다. 그런데도 인쇄술은 조선을 개화하거나 조선의 근대화를 견인하는 데 기여하지 못했다.

무엇이 문제였을까? 역설적으로 조선이 인쇄술을 너무도 중시해 애지중지 정부가 독점했다는 것이 문제였다. 유교 이념에 기반을 둔 철학적 도덕 국가를 지향했던 조선은 다른 어느 정부보다도 인쇄물과 서적을 중요하게 취급했고 그래서 정부가 직접 관리했다.

경제성장이론에서는 기술과 지식, 특히 지식은 광범위한 파급 효과를 가져 경제성장을 촉진한다고 설명한다. 여기에서 지식은 지적재산권 보호를 받을 수 있는 '특허를 가진 지식'이 아니라 그냥 일반적인 의미의 지식을 뜻한다. 특허로 보호받지 않는 지식은 경쟁자를 포함해 많은 사람이 동시에 이용할 수 있고, 여기에 다른 지식을 합쳐 새로운 지식을 낳을 수도 있다. 한 사람이 사용하면 다른 사람이 사용할 수 없는 자본이나 노동 등의 통상적인 생산 요소와 달리 지식은 많은 사람이 동시에 이용할 수 있는 '비경합성'을 갖는다. 바로 이런 지식의 성격으로 인해서 지식은 매우 광범위한 파급 효과를 가지며, 이것을 잘 활용하면 생산성 향상과 경제성장에 크게 기여할 수 있다.

지식의 역할과 그 비경합적 성격을 성장이론에 도입한 폴 로머Paul Romer는 '신新성장이론'을 정립하며 노벨상을 받을 만한 업적을 세운 것으로 평가받는다. 신성장이론에서는 혼자의 지식으로는 혁신을 이루기 어려운 기업이나 국가도, 폭넓은 지식을 자유롭게 활용해 혁신함으로써 국가 경제의 생산성을 높이고 경제성장을 견인할 수 있다고 말한다. 그런데 조선 정부는 인쇄 기술과 출판을 국가가 독점하고 서적의 유통을 제한함으로써 지식의 확산을 저해하는 폐쇄적 제도를 운영했다. 이는 당시에 의도하지 않았겠지만 지식을 통한 선진화나 경제성장의 기회를 스스로 차단해버린 중대한 실책이었다.

서양에서는 구텐베르크가 금속활자를 최초로 발명했다. 그보다 먼저, 고려에서 최초로 금속활자를 발명한 사람이 누구인지 우리는 모른다. 고려와 조선에서는 국가가 인쇄를 독점하며 인쇄 기술을 개발했고 직접 기여한 개인은 무시되었다. 그러니 실제 어떤 기술자가 금속활자를 발명했는지 알 수가 없다. 기술자를 우대하지도 않았고 기술 개발에 대한 특허제도가 없어 이들에게 어떤 특혜도 주어지지 않았다.

새로운 기술을 재산권으로 보호하는 특허제도를 성문법으로 만든 세계 최초의 나라는 영국인데, 1624년의 일이다. 이 특허법의 원래 명칭이 바로 '독점법The Statute of Monopolies'이었다. 법에 의해 특허증을 받은 사람은 그 사업에 대한 독점적인 권리를 갖는다는 의미이다. 영국이 특허제도를 발전시킨 것은 유럽의 다른 나라들에 비해 낙후된 경제와 산업의 발달을 촉진하기 위해서는 특정 산업에 대한 독점권을 부여할 필요가 있다고 판단했기 때문이었다.

1624년 독점법의 제정으로 특허권이 새로운 기술을 개발한 사람에게로 귀속되자, 수공업자나 기술자들은 특허를 얻기 위해 밤낮을 가리지 않고 열심히 노력할 충분한 인센티브를 얻었다. 영국이 산업혁명 시기에 다른 어느 나라보다 기술 면에서 압도적으로 앞서나갈 수 있었던 여건은 이러한 특허제도 덕분이었다. 그런데 조선에서는 1908년에서야 특허제도가 시행된다.

조선의 인쇄 출판과 통치

성리학을 통치 이념으로 채택한 조선에서 인쇄 출판은 통치 수단의 하나였다. 그래서 인쇄와 출판을 국립 인쇄소와 지방 관청 등 국가에서 사실상 독점했고, 책의 편찬뿐 아니라 판형, 활자, 보급 방법, 유통 등을 임금이 직접 관리하기도 했다. 중국에서 책을 구해 오는 일도 정부에서 파견한 사신의 중요한 임무였고, 책을 제대로 관리하지 못한 자는 나라의 돈을 잃어버린 죄로 다스리기도 했다. 성리학 원리를 구현하기 위해서 관료 선발을 위한 과거 시험에서는 시험 과목을 유학 경전 위주로 지정해 공부하게 하고, 민간에도 유학 서적을 보급했다. 학문의 대상, 출판의 대상이 유학 서적 위주로 편성된 것이 바로 정부가 의도했던 출판 독점정책의 결과였다. 이런 맥락에서 조선은 서적의 출판을 통치의 일환으로 생각했다.

조선과 비슷하게 지식과 사상을 통제하고 출판을 국가가 직접 관리하는 제도가 16세기에 스페인제국에서 시행된 바 있다. 가톨릭 이데올로기로 통치하면서 다른 종교를 일체 부정하고 이단시한 스페인제국에서는 당연한 결말로, 이교도를 추방하고 종교재판에 회부해 처형하는 공포정치를 시행했다. 1521년부터는 이단 서적을 출판하거나 읽는 것도 금지되었다. 또한 외국 서적의 수입을 통제했고 허가받은 책들만 인쇄할 수 있었다. 세르반테스Cervantes Saavedra의 《돈키호테Don Quixote》가 처음 인쇄된 것은 1605년의 일이다. 서문에는 이 책의 인쇄 출판을 허가하는 스페인 왕의 허가장이 수록되어 있다. 허가장에는 "이 책을 인쇄할 수 있는 허가와 자격을 세르반테스에게 준다. 스페인 왕실위원회가 이 책을 교정하고 가격을 정하기 전에는 출판해 배포할 수 없다. 이 책의 가격으로 290.5마라베디를 책정해 허가한다"는 내용이 기록되어 있다. 스페인 지배층은 사람들이 이교도 사상을 수용하지 않도록 가톨릭 국가 이외의 지역으로 유학하는 것도 금지했다.[1]

가톨릭 이데올로기에 의한 사상의 독재가 이루어지면서, 마녀사냥식 종교재판으로 이교도를 처벌했을 뿐만 아니라 가톨릭 주민들에 대한 지식의 확대와 보급까지 통제했다. 이로 인해 16세기에 해가 지지 않는 대제국을 건설했던 스페인은 당시 유럽에 확산된 계몽주의, 과학혁명의 혜택에서 소외되었고 산업혁명에서도 뒤처졌다.

오스만제국에서는 1485년 이슬람교도의 아랍어 인쇄를 금지하는 칙령을 반포했다. 이 칙령은 오래 유지되어 오스만제국은 필경사(손으로 직접 써서 책을 만드는 사람)에 의지해서 책을 만들었고, 1727년에야 비로소 인쇄기의 수입을 허용했다. 오스만제국의 술탄은 인민이 글을 읽고 지식을 습득하는 것이 권위적이고 착취적인 통치체제를 위협할 요인이라고 생각했기 때문이었다. 그 결과 중국의 제지기술자를 우대하고 제지공장을 세우며 중세에 찬란함을 발했던 이슬람 문명은 쇠퇴하고 말았다. 오스만제국의 문맹률은 유럽에 비해 매우 높았으며 경제도 오랜 기간 침체했다.[2]

조선 시대에 한꺼번에 가장 많은 부수를 인쇄한 책은 중종 때의 《삼강행실도三綱行實圖》였다. 유교의 핵심 도덕 윤리인 군신, 부자, 부부 간의 기본 강령인 삼강을 보급하기 위해 충신, 효자, 열녀 중 뛰어나게 본받을 만한 사람을 각 35명씩 모두 105명을 선정하고, 이들의 행실을 그림과 함께 묘사한 책이다. 이 책을 세종 대부터 인쇄해 보급하며 백성을 의식화했고, 이후 임금들도 계승해 보급하면서 국가의 중요한 대민정책이 되었다. 중종은 이 책을 더 대대적으로 보급하기 위해 1511년(중종 6년)에 국립출판소인 교서관校書館에 2,940질을 인쇄하라고 지시했다. 지방 관청에서 이를 받아 다시 발간해 민간에 대량 배포하였으므로 실제 배부된 부수는 이보다 훨씬 많았다.[3] 《삼강행실도》는 조선 후기까지 자주 간행되었고 조정에서 그 보급 상황과 준수 여부를 관심 있게 챙겼다. 바로 이런 책이 조선 정부가 목표로 했던 인쇄 출판의 대상이었다.

그런데 세계적인 금속활자를 가지고 있었던 조선에서 대량인쇄를 하려면, 역설적으로 목판 인쇄를 선택해야 했다. 실록의 기록에 따르면 1431년(세종 13년) 2월 28일, 세종은 "《좌전左傳》은 학자들이 마땅히 보아야 할 서적이다. 주자鑄字로 이를 인쇄한다면 널리 반포하지 못할 것이니 의당 목판에 새겨 널리 간행하도록 하라"고 지시했다.

금속활자는 본래 대량인쇄를 위한 목적으로 개발된 것이 아닐까? 그래서 서양에서는 세계 최초의 금속활자를 발명하고 이를 이용해 인쇄를 시작한 사건을 1,000년간의 최대 업적으로 평가한 것이다. 그러나 조선의 금속활자는 대량인쇄를 위해서 만들어진 것이 아니었다. 조선의 금속활자는 새로운 인쇄 수요가 생길 때 신속하게 소량의 책자를 인쇄하기 위한 목적에서 개발되었다. 미리 수십만 자의 활자를 주조해 보관하고 있다가, 인쇄할 자료가 생기면 바로 조판해 신속히 몇 부를 찍어 내려는 것이었다. 정부에서 필요로 하는 책 몇 부를 바로 인쇄하려면 그때부터 목판에 글자를 새기는 것보다 미리 준비된 활자를 이용해 인쇄하는 것이 훨씬 더 빨랐다. 인쇄 출판을 국가가 독점한 체제에서 금속활자를 주조하는 비용이나 투자의 효율성은 따질 필요가 없었다. 조선에서는 그저 신속히 다품종 소량인쇄해 통치에 활용하는 것이 원래 금속활자의 목적이었던 셈이다.[4]

목판 인쇄를 하려면 인쇄할 내용을 먼저 붓글씨로 종이에 쓰고 이를 뒤집어 목판에 붙인 후에 그 글자대로 목판을 새긴다. 그다음에 먹을 묻혀 찍어내면 인쇄가 된다. 번각翻刻 인쇄는 마찬가지로 목판 인쇄 방식인데, 이미 인쇄된 책의 낱장을 한 장씩 목판에 붙여 새기는 복제 방식이다. 어떻든 목판을 새겨놓기만 하면 그다음부터는 손쉽게 여러 부수의 책을 찍을 수 있었다.

조선 시대의 금속활자로는 하나의 인쇄판으로 대개 30장에서 40장을 인쇄할 수 있었다고 한다. 구리로 만든 활자를 고정시키기 위해 밀랍으로 활판을 만드는데, 이것이 고정되지 않고 움직이므로 몇십 장을 인쇄한 후에는 새로 판을 짜야 했기 때문이었다. 조선 후기로 가면서 활자를 고정시키는 기술이 발달하기는 하지만, 애초에 활자를 고정시키는 방법이 취약해 금속활자의 장점을 살리지 못했다. 원래 대량인쇄를 목적으로 했다면 그런 기술을 개발하지 못했을 리 없지마는 조선에서는 그럴 필요가 없었고, 그런 기술을 개발하지도 않았다.

구텐베르크의 인쇄술과 조선 인쇄술의 차이

독일의 구텐베르크가 활판 인쇄술을 개발해 인쇄를 시작한 것은 1450년으로 알려져 있다. 그는 본래 금속세공기술자였는데, 합금을 사용해 주형을 만들어 활자를 주조했다. 또 포도주 제조에 사용되는 프레스를 활용해 압착 인쇄기도 개발했다. 그가 발명한 활판 인쇄술은 값싸게 대량인쇄를 가능하게 한 획기적인 기술로, 큰 변화 없이 근대에까지 활용될 수 있었다. 이러한 특성을 갖는 대량인쇄 기술은 인쇄술이 앞섰던 중국이나 조선에도 없었다. 그는 1450년 고향에 인쇄소를 설치하고, 최초로 라틴어로 된 《구텐베르크 성서》를 인쇄했다. 다시 1453년경, 보다 작고 발전된 활자로 개량한 후 구약 성서를 인쇄했는데, 그는 이 책에서 우수한 인쇄 품질을 보여 호평을 받았으며 《구텐베르크 성서》는 유럽 전역에 전파되었다.

구텐베르크의 인쇄술이 고려나 조선의 인쇄술과 달리 본격적인 인쇄 혁명을 유도할 수 있었던 이유는 다음 몇 가지로 정리해볼 수 있다.

첫째, 알파벳 문자의 강점이다. 구텐베르크는 라틴어 알파벳 26자를 활자로 만들면 되었다. 26자를 대문자, 소문자, 특수문자 등 여러 종류로 만들고 여기에 숫자, 기호 등을 추가하더라도 290개의 활자로 충분했다. 같은 활자를 수백 벌씩 제조해두었다가 조판해 바로 인쇄에 쓸 수 있었다. 반면에 고려와 조선에서 만든 활자는 한자였기 때문에 알파벳처럼 조합할 수 없이 글자 하나하나를 따로 만들어야 하므로 활자를 30만 개 이상 제조해야 했다. 성종 때 주조한 갑진자甲辰字라는 활자는 30

만 개를 구리와 납으로 주조한 것이다.[5] 차이를 비교해보라! 금속으로 주조해야 할 활자 수에서 1,000배가량의 차이가 났다. 제작이 쉽다는 것, 시간과 비용이 절감된다는 것 등 그 차이는 엄청났다. 알파벳이 아닌 한자로는 인쇄혁명을 이루기가 애당초 어려웠다.

둘째, 인쇄술의 개발이 민간 상업활동의 일환으로 시도되었다는 점이다. 구텐베르크는 민간 세공기술자였는데 금속활자로 성서를 대량인쇄하는 기술을 개발하면 사업성이 매우 클 것이라고 확신했다. 구텐베르크는 요한 푸스트Johann Fust라는 사업가에게 자신의 인쇄소에 대한 투자를 요청했다. 푸스트는 구텐베르크의 사업이 매우 유망하다고 판단해, 인쇄기를 담보로 하고 당시로서는 거금인 800굴덴을 투자했다. 개발이 진척됨에 따라 푸스트는 추가로 800굴덴을 더 투자하고 사업파트너가 되었다. 마침내 이런 자본 투자를 발판으로 구텐베르크는 금속활자 발명과 활판 인쇄술 개발에 성공했다. 나중에 이 투자 때문에 두 사람 간에 법정 소송까지 벌어지기도 했다. 하지만 수익을 목표로 출판 사업을 추진했다는 점, 그리고 이러한 사업을 위해 민간에서 투자자를 확보할 수 있는 제도가 시행되고 있었다는 점에서 당시 독일은 조선과 확연히 다른 제도를 가지고 있었다.

이런 투자의 결과 성서 초판본 180부가 매진되며 성공을 거두자, 출판 사업이 민간 영역에서 활발하게 퍼져나갔다. 국가가 특정한 목적으로 지시한 것이 아니라 민간이 이익을 얻기 위해 자발적으로 투자하고 각고의 노력 끝에 성공하면 자신의 의지로 사업을 확대할 수 있는 제도가 작동하고 있었던 것이다. 이런 제도 면에서 당시 독일은 조선과 확연한 차이가 있었다. 고려와 조선에서 금속활자를 발명한 사람은 역사에 기록되지도 않았다. 기술자들을 제대로 대우해주지도 않았고 그들에게 어떤 특혜를 주지도 않았다.

셋째, 구텐베르크의 인쇄술은 값싼 대량인쇄를 가능하게 했다. 조선의 금속활자 인쇄는 본래 서적의 소량인쇄를 목표로 했을 뿐 대량인쇄가 목표가 아니었다. 대량인쇄는 비용이 워낙 많이 들고 가능하지도 않았다. 구텐베르크의 인쇄 방법은 금속활자를 많이 제조해두었다가 조판해 한꺼번에 대량의 인쇄를 가능하게 했으며, 책의 단가를 획기적으로 낮추었다. 이로써 성서 등의 인쇄물을 민간에 대량보급하는 데 결정적으로 유리했다.

구텐베르크 이전 유럽에서 500년대부터 1400년대까지 필사된 책의 총량은 대략 10만 권 정도로 추산되는데, 활판 인쇄술 발명 후 불과 50년 사이에 유럽 전역에서 1,500만에서 2,000만 권이나 되는 책이 생산되었다고 한다. 이전과는 비교가 안 될 정도로 책이 값싸게 대량으로 생산되자 종전에는 재력이 풍부한 귀족이나 수도원에서만 소유할 수 있었던 책들을 개인들도 손쉽게 소유하게 되었다. 그 결과 지식의 전파가 급속도로 빨라졌다. 개인이 철학, 과학을 연구하고 결과를 쉽게 출간할 수 있게 되면서 학자들 간에 토론과 정보 교류가 활발해지는 등 학문의 발달이 촉진되었다. 조선과 달리 값싸게 대량인쇄하여 출판할 수 있게 만든 인쇄혁명의 결과였다.

넷째, 구텐베르크는 대량인쇄를 위한 관련 기술을 한꺼번에 발명했다. 조선은 대량인쇄를 목적으로 하지 않아 대량인쇄를 위한 인쇄기나 식자기, 잉크 등을 발명할 필요성을 느끼지 않았으나 구텐베르크는 사정이 달랐다. 구텐베르크의 발명품은 금속활자를 주조하는 기계, 놋쇠 주조틀, 압착 프레스 인쇄기 등이다. 주물에 사용된 금속은 납, 주석, 안티몬, 구리와 철의 합금이며, 여러 화학 물질을 이용해 인쇄용 잉크도 개발했다. 구텐베르크는 검은 잉크, 테레빈과 린시드 유를 혼합해서 번지지 않는 잉크를 조합해 사용했다.

구텐베르크는 활자를 만들기 전에 마인츠의 조폐국에서 일했던 경험을 살려 금화, 은화의 초상화 도안을 찍어내는 펀치에다 글자를 거꾸로 새기고, 이것을 철판에다 찍어 형틀을 만들었다. 그 위에다 철로 만든 주조기를 덧씌우고 쇳물을 부어 주조하는 방식을 고안해냈다. 이 방식은 철로 만든 형틀 및 주조기를 쓴 덕분에 수천 번을 주조해도 모양과 크기가 일치했고, 형틀이 망가졌다 하더라도 펀치만 있으면 언제든지 형틀을 새로 만들 수 있었다.

또한 당시 유럽의 종이는 단단하고 두꺼워 잉크가 종이에 찍히게 하려면 강하게 압력을 가해야 했다. 구텐베르크는 포도주를 짜던 압착기를 이용해 위에서 아래 수직으로 압착하는 프레스를 활용해 반기계화된 인쇄기를 만들었다. 반면에 조선의 금속활자 인쇄는 일일이 사람 손으로 조판, 인쇄하는 수공업 방식이었다.

구텐베르크가 성서를 대량인쇄해 싼값으로 보급하자, 이제까지 성직자와 지식인들만 독점해 읽을 수 있었던 성서가 빠르게 대중화되었다. 당시 성서를 비롯한 대부분의 책들은 필사본이라 수량이 적고 가격이 매우 비쌌으며 구하기도 힘들었다. 그러나 활판 인쇄술이 등장하면서

책의 대량생산이 가능해졌고, 많은 사람들이 이전보다 훨씬 쉽게 책과 접할 수 있게 되었다. 그야말로 혁명적인 변화였다.

  루터의 종교개혁이 성공한 것은 구텐베르크가 발명한 활판 인쇄술이 결정적인 영향을 끼친 덕분이라고 한다. 종교개혁과 인쇄술이 어떻게 연관되는가? 1517년, 신학자 마르틴 루터는 가톨릭교회를 비판하는 95개 항의 질문과 요구조건이 담긴 대자보를 비텐베르크의 교회 정문에 붙였다. 막강한 교회의 권위에 도전하는 매우 위험천만한 시도였고 루터의 생명이 위협받을 수 있는 상황이었다. 그런데 루터의 친구들이 이를 복제해 사방에 배포했다. 이것은 구텐베르크가 개발한 활판 인쇄술에 의해 점차 대량으로 인쇄되어 2주 만에 독일 각 지방에 퍼졌고, 두 달 만에 유럽 전역에 퍼졌다. 전단지와 소책자 형태로 인쇄되더니 나중에는 그림까지 추가된 인쇄물이 순식간에 독일 전 지역에 배포되었고 국경을 넘어 다른 나라에까지 배포되었다. 루터의 주장이 유럽 전역에 널리 확산되자 이제 교황청이나 영주도 공개적으로 루터를 탄압하기가 어려워졌다. 인쇄혁명이 가져온, 의도하지 않은 결과였다.

조선 정부의
지식 독점과 통제

앞에서 논의된 것처럼, 조선은 대부분의 책을 중앙과 지방 관청에서 직접 발행하며 인쇄 출판을 국가가 사실상 독점했다. 인쇄 출판을 통치 이념 실현을 위한 가장 중요한 수단으로 판단했으므로, 정부는 인쇄에 필요한 인력과 물력을 주저 없이 징발했다.[6] 금속활자를 국가가 독점 소유했고 임금과 관료들에게 필요한 책을 선별해 매우 한정된 수량만 인쇄했다.

조선 정부가 금속활자와 인쇄술을 독점했다는 사실은 국가가 지식의 공급자였고, 이 지식을 오로지 소수의 지배층과 양반계급을 위해 활용할 목적이었다는 것을 의미한다. 서양에서 대량인쇄가 지식의 독점을 해소한 것과는 정반대 방향이었다.[7]

인쇄 출판의 독점

인쇄 출판의 국가 독점은 백성들에게 출판을 엄격하게 금지하면서 독점을 유지했다는 의미는 아니다. 오히려 다음과 같은 세 가지 측면에서 장벽을 쳐서 사실상 민간의 접근을 어렵게 하는 자연독점이었다는 의미이다.

첫째, 금속활자를 국가에서 독점해 소유하고 민간인에 의한 활자의 주조나 소유를 금지했다. 일반 백성이 책을 출판하기 위해서는 목판을 새기거나 필사하는 방법밖에 없었다. 목판을 새기는 것은 엄청나게 비용이 소요되므로 부자가 아니면 실행하기 어려웠다. 필사는 많은 시간과 노력을 필요로 하므로 제약이 많았고 또 한 번에 한 부밖에 베낄 수 없는 한계가 있었다.

둘째, 책을 유통하는 서점이 없어 책을 공개적으로 판매하거나 구하기가 어려웠다. 유통되는 책의 수량도 매우 한정되어 있었고 수요도 적어 유통 시장이 활성화되지 않았다. 민간 출판과 유통 시장이 취약하므로 정부의 공적인 서적 출판과 보급이 주도할 수밖에 없었다.

셋째, 한자라는 문자의 제약으로 책을 읽을 수 있는 백성의 접근성에서 한계가 있었다. 오랜 기간 공부하지 않은 평민들은 한자로 발간된 책이나 문서를 읽기 어려웠다. 이런 여러 요인들이 출판의 발달이나 서적과 지식의 보급에 큰 장애 요인이 되었고, 양반계층이 지식을 사실상 독점하는 여건을 조성했다.

위 세 가지 요인 외에도, 비싼 책값으로 인해 일반 백성들은 책을 구입할 수조차 없었다. 왜 이렇게 책값이 비쌌을까? 대량인쇄를 할 수 없으니 당연히 단가가 비싼 데다가 목판 각인 비용, 활자 제조비, 인쇄비, 종이 값 등 제조원가가 많이 들어 책값이 비쌀 수밖에 없었다. 더구나 유통망마저 없으니 수요를 유발하거나 책값을 낮출 요인이 없었다. 이런 요인들 때문에 조선에서는 인쇄 출판 시장이 형성되지 못했다.

조선이 금속활자를 활용해 서적을 대량인쇄해 보급했다면 어땠을까? 더구나 1443년에 이미 한글(훈민정음)을 창제해 배우기 쉽고 인쇄하기도 쉬운 문자를 갖게 되었으니 이를 대량인쇄에 활용했다면? 일반 백성들에게 여러 종류의 책을 읽게 하며 지식을 전파하고, 중국에서 다양한 책을 들여 와 값싸게 인쇄해 보급함으로써 조선은 그야말로 지식혁명을 주도할 수 있었을 것이다. 28자 자모를 가진 한글과 금속활자 등, 조선은 다른 어느 나라보다도 빨리 15세기에 이미 그렇게 할 수단을 가지고 있었다.

그런데도 사대부 지배층은 삼강오륜의 전파를 위한 《삼강행실도》 등 유학 서적의 출판과 보급 외에 일반적인 지식의 보급은 중시하지 않았다. 이들은 자신들만의 강력한 지배 도구, 즉 지식 독점권을 놓치고 싶지 않았을 것이다. 특히 엄격한 신분제에서 일반 백성들이 자신들과 같은 내용과 수준의 지식을 접하게 되는 것은 별로 바람직하지 않은 일이었다. 지배계층은 자신들의 권위에 대한 도전이 될 수도 있는 지식의 공유를 허용할 아무런 인센티브가 없었다. 오히려 그런 시도를 하지 말자는 공감대가 강했다고 할 것이다. 아무튼 조선은 15세기부터 지식혁명을 주도할 수 있었던 결정적인 기회를 낭비하고 있었다.

정부가 간행한 서적은 대부분 100부 이내로 제작되었는데 왕실, 각 관청 등에서 사용하고 지방에는 필요에 따라 보급했다. 이렇게 간행된 책은 공식 업무용으로만 사용되었기에 개인이 책을 구할 수 있는 길은 매우 제한되었다. 현직 관료, 때로는 책의 발간에 기여한 전직 관료 등에게도 왕이 책을 선물로 하사했다.

《경국대전》의 〈공전工典〉에는 금속활자 인쇄에 관계되는 교서관 소속의 장인과 인원수(15세기에 164명이었다)를 규정하였고,[8] 그 뒤에 나온 《대전후속록大典後續錄》에는 인쇄 관련 벌칙까지 마련되어 있었다. 이에 따르면 감인관監印官, 창준唱准, 수장守藏, 균자장均字匠 등 인쇄 담당자들은 한 권에 하나의 오자가 있으면 30대의 매를 맞았고, 한 자씩 더 오자가 나올 때마다 한 등급씩 더 벌을 받았다. 인출장印出匠은 한 권에 먹이 진하거나 희미한 글자가 한 자 있으면 30대의 매를 맞았고 한 자가 더해질 때마다 한 등급씩 벌도 더해졌다. 교서관은 다섯 자 이상 틀렸을 때는 파직되었고, 창준 이하의 장인들은 매를 맞은 뒤 50일의 근무일자를 깎는 벌칙이 적용되었다.[9]

이처럼 금속활자 인쇄에 엄한 벌칙이 마련되어 있었다는 것은 인쇄 출판이 왕조 통치 수단의 중요한 부분이었다는 것을 의미한다. 벌칙 때문에 조선 정부 활자본에는 오자나 탈자가 거의 없고 인쇄가 정교했다. 이것이 후대의 자랑거리로 남았다. 그러나 처벌을 두려워해 조심하는 것과 자기 이익을 극대화하기 위해 정성을 다하는 것은 매우 다르다. 조선에서 인쇄 장인들은 처벌을 받지 않기 위해 조심할 뿐 최고의 품질을 내거나 인쇄로 인한 수익을 늘리기 위해 노력할 유인은 없었다.[10]

《반계수록》의 사례로 보는 출판 독점의 실태

유형원의 《반계수록》은 임진왜란과 병자호란을 거치며 피폐해진 조선을 회생시키기 위해서는 토지 및 조세제도, 인재 선발과 교육제도, 노비제도, 군사 및 행정제도 등 정치 및 경제의 핵심적인 제도를 전면 개혁해 국가를 개조해야 한다는 혁신적인 정책 제안서였다. 반계 유형원은 혼자의 힘으로 과거의 중국과 고려, 조선의 제도를 연구하고 조선의 현실을 예리하게 분석한 후에 이를 개선하는 세밀한 프로그램을 제안했다. 미국의 한국사학자 제임스 팔레는 유형원의 《반계수록》이 당시까지 나온 경세론 저술 중에서 가장 위대한 저작이라고 평가했다.

그런데도 이런 위대한 정책 제안서가 실제 정책에는 제대로 반영되지 못했다. 학자와 관료들이 1694년(숙종 20년), 1741년(영조 17년), 1750년(영조 26년) 등 여러 차례에 걸쳐 상소를 올려《반계수록》을 간행하고 정책으로 채택할 것을 건의했다. 그러나 이런 건의는 조정에서 계속 무시되었다. 《반계수록》을 책으로 간행하는 데에는 많은 건의가 누적되면서 거의 100년이 소요되었다. 세계 최초로 금속활자를 발명한 인쇄강국이었던 조선에서 일어난 일이었다. 《반계수록》 같은 위대한 저작이 인쇄되기 위해서 어떤 과정을 거쳤는지를 살펴보는 것은 조선의 제도를 이해하는 데 좋은 사례가 될 것이다.

《반계수록》은 유형원 사후 5년이 지난 1678년(숙종 4년)에 한 유학자의 상소로 최고 정책 결정자인 왕에게 처음 전달된다. 그해 숙종실록의 6월 20일 기록을 인용해보자. "전 참봉 배상유裵尙瑜가 상소해 (…) 진사

유형원이 저술한《반계수록》속의 전제, 병제, 학제 등 7조목을 진달하며 차례로 시행하기를 청하므로, 묘당(의정부)에 내렸더니 묘당에서 그 말이 너무 오활迂闊하다고 해 내버려두었다." 오활하다는 것은 실제와 거리가 멀다는 의미이다.《반계수록》은 이론과 실무를 망라한 아주 구체적인 정책 제안서이며 세부 시행 지침까지 갖추고 있다. 이런 책에 대해 오활하다는 구실을 대는 것은 정책에 반영할 수 없다는 평계였다.

1694년(숙종 20년)에 유생 노사효盧思孝 등 선비 몇 사람이 상소를 내며 책 1질을 왕에게 올린다. 그들은 "옛날 선비들의 모든 방안이 모두 이 수록에 갖추어져 있으니 왕이 옆에 두시고 본받을 것을 취하는 동시에 현명한 사람을 표창해달라"고 건의했다. 이에 대해 숙종은 비답批答(임금이 상주문의 말미에 적는 가부의 대답)을 내려 "상소문을 보아 내용을 잘 알았으며 예조로 하여금 품의 처리하게 했다. 보낸 책자는 조용히 읽어보겠노라"고 했을 뿐, 달리 아무런 조치가 없었다.

1737년(영조 13년)에는 오광운이라는 학자가《반계수록》의 서문을 작성하며 이 책은 한 나라의 정치를 개혁할 이론과 실천 방안을 구비한 세계적 저작이라고 주장했다. 또한 1741년(영조 17년) 승지 양득중梁得中이 상소해《반계수록》을 구해 옥당에서 신하들이 모여 이를 깊이 연구하고 그대로 실행하게 해달라고 건의했다. 특히 "국가에서 만일 선정善政하려면 이것을 적용해 실행하기만 하면 될 것"이라는 자기 스승의 말을 인용했다. 영조의 비답은 다음과 같았다. "그대의 간곡한 성의를 인정하며 특별히 중요한 부분은 내가 유의하겠다."

뒤이어 1746년(영조 22년), 임금이 유신 홍계희洪啓禧에게 반계 유형원의 전기를 지으라고 명령했다. 이렇게 작성된 약전이 나중에 간행된 《반계수록》 인쇄본에 수록되어 있다. 1750년(영조 26년)에는 좌참찬 권적이 당시 논의가 진행 중이던 균역법 도입과 관련해 "《반계수록》은 삼대 이후에 제일가는 경국책"이라고 강조하며 이 책을 간행해 반포하기를 청했다. 군제개혁은 《반계수록》의 주요 항목이었다.

1769년(영조 45년) 11월, 드디어 영조가 《반계수록》의 간행을 지시했다. 영조는 유형원의 책을 간행하되 3부를 인쇄해 바치도록 명했다. 1부는 곧 남한산성에 보내어 판본을 새기게 하고, 인쇄해 다섯 군데 사고에 보관하게 했다. 그런데 실제 인쇄는 중앙 교서관이 아닌 경상도 감영에서 이루어졌다. 마침내 1770년(영조 46년)에 경상도 관찰사 이미李瀰가 목판본으로 《반계수록》 전편을 간행한다.

애덤 스미스의 《국부론》과 비교해보자. 《국부론》은 1776년에 초판이 영국에서 발간되며 많은 사람들의 관심과 논란을 불러일으켰다. 1784년 3판을 발간하며 많은 내용을 추가했고, 1790년 스미스가 사망하기 전까지 5판을 발간했다. 발간 8년 후인 1784년, 하원의원 찰스 폭스Charles J. Fox가 하원에서 정책 논의를 하면서 《국부론》을 인용했다. 《국부론》은 애덤 스미스 생전에 프랑스어, 독일어 등 유럽의 많은 언어로 번역 출판되었다. 애덤 스미스는 글래스고대학 교수를 그만두고 고향 스코틀랜드에 10년 동안 칩거하며 《국부론》을 썼다. 영국 사회에서 그의 위상은 대단했는데, 보수주의의 대표적 이론가인 에드먼드 버크Edmund Burke가 스미스를 만나러 에든버러를 직접 방문하기도 했다.

마침내 스미스는 글래스고대학의 명예총장으로 선출되었다. 이때의 일화 중 전해오는 것이 있다. 당시 영국 수상이었던 피트 2세^{William Pitt}가 참석한 어떤 모임 도중에 애덤 스미스가 걸어 들어오자 모든 참석자들이 자리에서 벌떡 일어섰다. 스미스가 모두 앉으라고 말하자, 피트 수상은 이렇게 대답했다고 한다. "아닙니다. 선생님께서 먼저 앉으실 때까지 우리는 모두 서 있겠습니다. 우리는 모두 당신의 제자입니다."[11]

애덤 스미스나 반계 유형원이나, 오랜 기간 농촌에 칩거하며 명저를 냈다는 점은 공통적이지만 위대한 사상가에 대한 영국과 조선의 사회적 대우는 이렇게 차이가 났다. 위대한 저서를 인쇄해 보급하는 시기와 방법에서도 차이가 났다. 그런 차이를 초래한 제도와 문화가 양국 국력의 차이, 번영과 쇠퇴를 설명해준다. 왜 이런 차이가 초래되었을까? 우리는 이 책을 통해 그 제도적인 배경을 밝혀볼 것이다.

서점 개설은 결코 허락할 수 없다

조선은 책을 대량인쇄하거나 이를 민간에 널리 유통할 의지가 없었다. 중종 때 일어난 서점(당시 용어로는 서사書肆) 개설 문제에 대한 조정의 논의에서 이런 사실을 파악할 수 있다. 이때의 논의를 살펴보자.

1519년(중종 14년) 7월 3일의 경연에서 시독관 이희민李希閔이 "지방의 유생들이 비록 글을 읽으려고 해도 서책이 매우 적으니, 널리 배포하도록 조치해달라"고 제안했다. 이에 중종이 "서책을 널리 배포하는 일은 조치하지 않을 수 없다"고 했다. 중종은 서점 설립에 굳이 반대할 이유가 없다는 찬성 자세를 보였다. 서점 설치 문제를 중종이 승인한 것처럼 보였지만, 실제로는 아무런 조치도 이루어지지 않았다.

　그로부터 10년이 지난 1529년(중종 24년) 5월 25일, 어득강魚得江이 앞서 서점 설치를 건의했다가 다른 관료들로부터 필요하지도 않은 일을 제안했다고 비판받았음을 언급하고, 이어서 "외방의 유생 중에는 비록 학문에 뜻이 있지만 서책이 없기 때문에 독서하지 못하는 사람도 많다"고 하며 다시 서점을 설립하자고 건의했다. "궁색한 사람은 값을 마련하지 못해 책을 구하지 못하고, 더러 값을 마련하려는 사람이 있어도,《대학》이나《중용》같은 책은 상면포 3~4필을 주어야 사므로, 값이 비싸서 못 사게 됩니다." 그는 책값이 매우 비싸다는 현실을 지적했다. 이에 대해 중종이, 전에도 논의했었는데 반대가 많아 시행하지 못했음을 지적하며 말했다. "내 생각에도 서점을 설립하는 것이 좋다고 여겨진다. 다만 전에 없던 일이라서 실행해야 할지 안 해야 할지 모르겠다." 중종이 결단을 못 내리고 주저함으로써 보수적인 관료들은 아무도 서점 설립을 추진하지 않아 또 흐지부지되고 있었다.

　다음 날인 5월 26일, 조정에서 삼정승이 함께 서점 설치가 불가함을 강변했다. "서점을 설치하는 일은 명목이 글을 숭상하는 것 같아 좋기는 하지만, 우리나라의 풍속에 일찍이 없었던 일입니다. 또 가령 과부들 중에 더러 서책을 팔 사람이 있다 해도 사사로이 매매하지, 서점에다 내놓지는 않을 것 같습니다. 서책을 가져다 놓지는 않고 서점만 설치한다면, 법이 어떻게 시행되겠습니까? 대저 시행될 수 있는 법은 세워야 하겠지만 시행될 수 없는 법을 세우면, 비단 유익함이 없을 뿐만 아니라 도리어 해가 됩니다. 신들은 서점을 세우는 것이 부당하다고 여겨집니다."

이들은 반대를 위해 매우 특이한 사례까지 인용하며 논의를 왜곡시켰다. 당시의 삼정승을 비롯한 고위 관료들은 우리나라 풍속에 없던 일이라는 핑계를 대며 반대했다. 또 중국과 달라 백성이 본래 가난하기 때문에 책판과 종이를 사적으로 마련하기 어려워 서점을 설립해도 책을 유통하기 어려울 것이라고 고집했다. 이후 후임 성균관 대사성, 좌의정, 영의정 등이 여러 차례 서점 설립을 건의해도 성사되지 못했다. 1551년(명종 6년)에 조정에서 공식적으로 서점 문제를 또다시 논의했지만 결국 결론을 내지 못했다. 300여 년이 지나 1830년대에 비로소 서점이 설립되었으나 곧 문을 닫았다고 한다.

서점 설치가 사회에 얼마나 대단한 영향을 미친다고 국가의 최고 정책 결정자들이 이렇게 오랜 세월 논의를 하면서도 결론을 내지 못하고 주저했을까? 임금이 서점 설립을 지시해도 다수의 고위 관료들은 왜 그리 집요하게 논리에도 안 맞는 이유를 내세우며 반대했을까?

중국에서는 송나라 대에 이미 민간 출판업자와 서적상이 등장했고[12] 청나라의 수도였던 베이징의 유리창琉璃廠 거리에는 많은 서점이 성황을 이루고 있었다. 가장 번화했던 건륭제 집권 시기에는 여기에 100여 곳의 서점이 있었다. 조선의 사신들이 가면 필수적으로 들러 많은 책을 구입하는 곳이었다. 그래서 조선 사신의 연행기燕行記(사신이 베이징에 다녀와서 쓴 기록)에 대개 유리창 거리가 언급되어 있다.[13]

그렇다면 중국도 책 수요가 많아 서점이 번창하고 있으므로 여건이 비슷한 조선에도 충분한 수요가 있을 것으로 판단되지 않았을까? 아울러 중국까지 가더라도 중국의 통제로 전문서적을 구하기가 쉽지 않은 상황이었으므로 국내에서 이를 복제해 유통할 서점의 필요성은 훨씬 더 컸다. 그런데도 집권층이 이렇게 오랜 세월에 걸쳐 집요하게 서점 설립을 반대한 이유가 무엇이었을까?

제도나 관습 등 중국 것을 앞다투어 본뜨려던 지배층이 이 문제에서는 중국을 따르지 않았다. 책에 대한 수요가 적었다기보다는 책을 통해 지식을 독점하려던 지배층이 책이 널리 보급되는 것을 꺼렸기 때문이라고 보는 편이 옳을 것이다.[14] 고위 관료인 사대부들은 서점을 통해서 책을 구입하지 않더라도 국립출판소에서 인쇄한 서적을 무상으로 하사받는 특권을 누리고 있었다. 출판이 국가의 직영 사업으로 운영되고 있어 국비로 출판한 서적을 현직 고위 관료들에게는 임금이 무상으로 하사하는 관행이 있었기 때문이다. 이들은 서점을 통해 책을 구입해야 할 필요성을 느끼지 못했다. 폐쇄적인 인쇄 출판과 서적 유통, 그리고 그로 인한 지식과 정보의 독점은 조선의 사대부 지배층이 갖는 특권이었다. 다수의 사대부들은 그 특권을 다른 평민들과 함께 나누고 싶어 하지 않았다는 관점에서 보아야 이해할 수 있다.

사대부들은 책을 어떻게 구했을까

조선의 사대부들이 책을 구하는 방법에는 중국에 가는 사절단에게 부탁해 구입하는 것, 교서관이나 지방 관청에서 인쇄한 것을 얻는 것, 임금에게 하사받는 것, 책을 소장한 사람에게 빌려 필사하는 것 등이 있었다. 모두 거래비용이 많이 들고, 평민은 통상 그런 기회를 얻기도 어렵고, 노력이 많이 소요되는 방법이었다. 고위 관료와 평민 간에는 책을 구할 수 있는 기회에서 많은 차이가 있었다. 사대부 유희춘柳希春은 3,500여 권 이상을 확보해 조선에서 당대 제일의 장서가로 알려졌던 것을 보아도 그렇다.[15]

중국과 조선이 친밀한 관계에 있었음에도 불구하고 중국은 천문, 병법, 역법 등의 서책이 조선으로 반출되는 것을 금지했다. 중국은 중요 서책의 반출을 금지하기 위해 접경인 산하이관山海關에서 사신 일행에게 엄격한 소지품 검사를 했다. 중국은 책을 통한 지식과 정보 유통의 중요성을 진작 인식하고 있었기에 제후국인 조선에 대해서까지 완전히 개방하지 않고 제한된 서적만을 반출할 수 있도록 규제했다. 한편 일본에서 조선으로 온 사신들은 대장경판 등 조선의 인쇄물을 얻기 위해 백방으로 노력했다.

그러나 일반 유생이나 평민들에게는 책을 구한다는 것이 지극히 어려운 일이었다. 책의 공급이 적고 유통이 어려워 조선 시대 책값은 매우 비쌀 수밖에 없었다. 중종실록에 언급된 책값을 보면 《대학》이나 《중용》이 면포 3~4필이었고, 《논어》가 면포 1필 반이었다고 한다. 이때의 면포 1필 값은 쌀 7두 이상이어서 책값으로는 매우 비싼 것이었다.[16] 유희춘은 1574년에 구입한 《성리대전》의 값으로 무명베 6필을 지불했다고 자신의 일기에 기록했다.

일반 유생이나 평민들은 판본을 가지고 있는 교서관이나 감영에 가서 종이와 제작비용을 바치고 책을 인쇄하기도 했지만 주로 필사해 책을 확보했다.[17] 개별 인쇄나 필사에는 많은 시간과 노력이 필요했고 종이 값도 비쌌기 때문에 개인이 책을 구해 개인 자산으로 소장하는 것은 비용과 노력이 많이 소요되는 일이었다. 국가가 장려해 대량 유통하는 《삼강행실도》 등을 제외한 서적을 개인이 구하기는 쉽지 않았다. 이런 여건이 조선에서 지식의 보급을 너무도 제한했다.

　신진 사림들도 책을 구할 수 있는 기회가 상대적으로 적어 서점 등 책을 구할 채널이 필요했다. 서점 설립을 주장하고 이를 뒷받침한 것은 이들 신진 사림들과 그 입장을 동조하는 관료들이었다. 과거 시험을 준비하고 성리학을 공부하려면 책이 있어야 하는데, 조선에서 책은 비싸기도 하고 사람들조차 구하기가 쉬운 일이 아니었다. 그러니 일반 평민들이 어떻게 책을 구해서 공부할 수 있었겠는가? 학문과 지식을 독점하는 사회에서는 인쇄 출판과 서적 유통을 제한하는 것이 기득권의 이익에 부합했다. 이것이 중국이나 일본에서도 활발했던 서적의 인쇄 출판과 유통, 서점의 개설이 조선에서는 그렇게 오랜 기간 제약이 많았던 것을 설명해준다. 폐쇄적이고 착취적인 제도의 영향과 기득권 세력의 특권 보호 본능을 조선 사회의 곳곳에서 느낄 수 있다.

　서적 이외에 지식을 전파할 다른 매체가 없는 상황에서 서적의 독점, 그리고 그 결과로 얻는 지식의 독점은 지배층에게 매우 중요한 자산이자 특권이었다. 이 특권을 다른 계층에게 나누어 줄 이유가 없었다. 오히려 그것이 기존 질서의 변화를 초래할지도 모르는 일이었다. 지배계층은 자신들이 독점하는 지식을 다른 계층과 공유하는 혁신(서점 설립 등)을 적극 추진할 유인이 없었다.

　조선 시대에 민간의 지식 정보에 대한 욕구와 수요가 얼마나 컸는가를 보여주는 대표적인 사건이 1577년 선조 때 발생한, 이른바 '조보朝報 인출 사건'이었다. 조보란 승정원에서 발간하는 관보를 말하는데 임금의 동정, 조정의 대소사나 핵심 안건 등을 소상하게 수록해 날마다 발행했다. 중앙과 지방의 각급 관청뿐만 아니라 양반 사대부들도 조정의 정보에 대한 수요가 매우 커서 날마다 승정원 앞마당에 수많은 아전들이 한꺼번에 몰려와 조보를 베끼느라고 일대 소란을 빚었다고 한다.

이러한 수요를 바탕으로 한성의 일부 상인들이 의정부와 사헌부의 허가를 받아 조보를 활자로 인쇄해 지방 관청에서 파견된 경저리京邸吏(중앙과 지방 관아 사이의 연락을 담당하던 관리)와 사대부 등에게 판매했다. 수요에 따른 정보의 보급이었으므로 누구에게나 환영을 받았다. 그런데 우연히 인쇄된 조보를 발견한 선조는 조보의 출판이 국가기밀을 인쇄해 외국에 유출되는 통로를 만든 것이라며 진노했다. 선조는 이 사건 관련자 30여 명을 처벌했을 뿐 아니라 더 나아가 앞으로 책을 인쇄할 때에는 일일이 모두 임금에게 보고한 후에 승인을 받아 인쇄해야 하며 그렇지 않은 경우에는 엄벌한다고 지시했다.[18]

이 사례는 조선에서의 인쇄 출판이 얼마나 폐쇄적인 사고와 제도 하에 시행되었는지를 잘 보여준다. 조선 초기(1432년, 세종 14년)에 세종도 지방에서 책을 함부로 간행해 낭비가 심하다고 지적하며 "지금부터 반드시 보고하고 간행하게 하라"는 지시를 내린 적이 있었다. 조선에서 출판은 통치 행위의 일부였고 백성을 위한 제도는 아니었다.

일반 서적에 대한 성리학자들의 편견

《삼국지三國志》는 조선 시대에도 두루 읽힌 인기 서적이었다. 그런데 이에 대한 성리학자들의 시각은 그다지 좋지 않았다. 1569년(선조 2년) 6월 20일, 경연에서 관료들이《삼국지》등의 역사책에 대해 논의했다. 당대의 대학자 기대승奇大升이 "《전등신화剪燈新話》는 놀라우리만큼 저속하고 외설적인 책인데도 교서관이 재료를 사사로이 지급해 각판刻板하기까지 했다"고 지적했다. 그는 일반 여염에서는 다투어 서로 필사해 읽고 있는데 그 내용이 남녀의 음행과 상도에서 벗어나는 괴상한 것이 많다고 우려했다. 또한《삼국지연의三國志演義》는 "괴상하고 탄망한데도 인출하기까지 하였으니, 사람들이 어찌 이리 무식한가"라고 비판했다.

《전등신화》는 명나라 초에 등장한 애정소설로, 남녀 간의 재미있고 신비한 애정 관계를 모은 이야기책이다. 전등신화라는 이름 자체가 등불의 심지를 잘라 불을 밝혀가며 밤새워 읽는 이야기라는 의미였고 중국에서도 인기 있는 소설이었다. 이런 애정소설이 조선에서도 인기 있는 것은 당연한 일이었다. 김시습이 이를 본떠 조선 남녀들의 애정소설을 지은 책이《금오신화金鰲新話》이다. 그러나 백성들에게 인기 있다고 해서 외설적인 소설을 인쇄하는 것은 근엄한 주자학자의 눈에 인쇄 재료의 낭비이며 윤리적 타락으로 매우 잘못된 사례일 뿐이었다.《삼국지연의》가 괴상하고 거짓된, 터무니없는 이야기라고 폄하하는 것은 너무 편협한 사고가 아닐까? 아무튼 조선에서는 백성들이 읽을 이런 책들을 쉽게 인쇄할 경제적 여유가 없었고 도덕적으로도 제약이 많았다.

국문학자 안대회는 조선 시대의 대중적인 베스트셀러로 이중환의 《택리지擇里志》, 홍만종의 《소화시평小華詩評》과 〈춘향전春香傳〉을 선정했다. 이 책들은 교양과 취미라는 관점에서 꾸준한 인기를 누렸다. 이렇게 인기 있는 책들도 조선에서는 공식적으로 출판된 바가 없었다. 조선 인쇄 출판의 현실이 어떠했는지를 여실히 보여주는 사례이다. 대중의 인기가 있다고 해도 과다한 출판비, 비싼 책값, 제한적인 유통 경로 등 폐쇄적인 제도가 출판과 보급을 제약했다. 그래서 대중들은 다른 사람의 책을 빌려 필사해 읽어볼 수밖에 없었고 필사하는 과정에서 내용이 가감, 첨삭되어 조금씩 다른 수많은 판본을 남겼다. 동일한 작품이지만 내용이 다른 여러 판본이 존재하는 이유이다. 인기 많았던 〈춘향전〉은 120종이 넘는 판본이 있다고 한다.[19]

1515년(중종 10년) 11월 2일 사대부 김근사金謹思 등이 중국을 통해 서적을 널리 구하고 많이 인쇄해 보급하자는 상소를 올렸다. 그는 조선에 서적이 드물고 소장되지 않은 책도 많다고 지적했다. 《주문공집朱文公集》, 《자치통감》, 《삼국지》, 《원사元史》 등의 책은 다 본관에만 한 권씩 있을 뿐이라는 현실을 밝혔다. 그러니 이런 책들을 다시 인쇄해 중외에 널리 반포하자고 건의했다. 아울러 귀한 책은 각 감영에서 목판으로 새겨두었다가 필요한 사람이 인쇄해 가져가도록 하자고 제안했다.

이 무렵 유럽에서는 인쇄 출판이 비약적으로 성장하고 있었다. 그런데 바로 같은 시기 조선에서는 읽을 책이 드물다, 중요한 책 몇 가지를 정부에서 인쇄하자는 수준의 논의를 하고 있었다. 당시 서적의 공급은 대부분 중국에 의존했는데, 중국에서 사신을 통해 들여오는 서적은 종류나 수량이 제한적이었다. 이를 조선에서 다시 인쇄해 보급하려 해도 막대한 비용이 들고 수량도 제한적이었다. 결국 일반 평민들이 책을 구할 수 있는 길은 거의 막혀 있었다.

이 상소에 대해 중종은 김근사 등이 제시한 책들을 사들이고 인쇄하라고 지시했다. 그러나 국립출판소인 교서관을 시켜 인쇄하게 하면 또 종전과 같을 것이니 이를 전담할 관청을 따로 설치해 반포하라고 지적했다. 상소에 대한 정책 판단은 적절했지만 임금의 일회성 지시만으로 문제를 근원적으로 해결하기에는 힘들었다. 많이 인쇄하라고 지시했으나 목판 인쇄로 할 수 있는 수량이 제한적인데다가 비용 자체가 많이 들어 수량을 크게 늘리기 어려웠다. 근원적인 해결을 위해서는 상업적인 인쇄 출판과 서적 유통 시장의 형성, 종이 제조업 등 관련 분야에 관한 제도적인 혁신이 필요한 과제였다.

철저히 경시된
한글과 우리의 역사

한글은 우리 민족의 위대한 유산이고 세계 최고 수준의 문자로 꼽힌다. 1443년(세종 25년) 12월에 '훈민정음'이라는 이름으로 한글이 만들어졌고 1446년 9월에는 한문으로 훈민정음 해설서가 발간되었다. 훈민정음이 가장 먼저 활용된 사례는 조선 건국을 찬양하기 위해 편찬된 〈용비어천가龍飛御天歌〉의 가사를 표기한 것이었다. 또한 《천자문千字文》과 같은 아동용 한자 입문서에서도 훈민정음으로 새김과 음을 표기했다. 《삼강행실도》가 세종 때부터 성종 때(1481년경)에 걸쳐 한글로 번역, 간행되었다. 또한 유교 경전의 번역에도 사용되어 《동국신속삼강행실도東國新續三綱行實圖》, 《동몽선습童蒙先習》 등이 번역, 간행되었다. 불경 번역에도 이용되었다. 1447년에는 방대한 분량으로 간행된 《석보상절釋譜詳節》의 표기에 훈민정음이 이용되었고, 같은 해 《월인천강지곡月印千江之曲》에서는 석가의 공덕을 찬양한 노래 500여 곡을 훈민정음으로 표기했다.

그런데 글자 창제에도 불구하고 조선 왕조의 공용 문자는 여전히 한자였다. 훈민정음이 정부의 공용 문자로 채택된 것은 19세기 말 대한제국에서의 일이다. 1894년 11월 21일 조선 정부 칙령 제1호로 '법률 명령은 다 국문으로 본本을 삼고, 한역漢譯을 부하며, 혹 국한문을 혼용함'이라는 한글 전용 대원칙에 관한 법령이 공포됨으로써 한글이 비로소 우리나라의 문자로 공인된 것이다.

우리 문자 창제에 반대한 성리학자들

훈민정음이 창제된 다음 해인 1444년, 최만리崔萬理 등 집현전 학사들은 상소를 내어 한글 창제에 적극 반대했다. 집현전 학사들은 "언문諺文을 제작하신 것이 지극히 신묘하여 만물을 창조하시고 지혜를 운전하심이 천고에 뛰어나시나, 신 등의 구구한 좁은 소견으로는 오히려 의심되는 것이 있어 감히 간곡한 정성을 펴서 삼가 뒤에 열거하오니 엎드려 성재聖裁하시기를 바랍니다"라며 의문을 제기했다. 그들이 '의심'한 부분은 다음의 여섯 가지였다.

1. 조선은 조종 때부터 지성스럽게 대국을 섬겨 한결같이 중화의 제도를 따랐는데, 이제 언문을 만든 것을 중국에서 알면 대국을 섬기고 중화를 사모하는 데 부끄럽다.
2. 몽골, 서하, 여진, 일본 등은 각기 글자가 있지만 오랑캐니 말할 것이 없다. 지금 언문을 만든 것은 중국을 버리고 스스로 오랑캐와 같아지

려는 행위이다.

3. 문자 생활은 이두로도 불편하지 않다. 언문을 사용해 그것으로 출세
   할 수 있게 되면 고생해 성리학을 공부하지 않으려고 할 것이다.

4. 형옥刑獄(형벌과 옥사)을 공평하게 하려는 목적이라지만 그것은 문자가
   아니라 옥리의 자질에 달려 있다.

5. 중요한 일을 성급히 추진해서는 안 된다.

6. 동궁이 성학에 마음 쓸 때인데 언문에 신경 쓰는 것은 옳지 않다.

즉 1과 2는 사대주의에 저촉된다는 우려이고, 3과 4는 현실에서도 필요치 않다는 지적이며, 5와 6은 일반적인 반대 논리였다. 집현전 학자들이 임금에게 내세운 논리는 우리가 꼭 되새겨볼 필요가 있다. 당시 조선의 최고 지식인이자 핵심 관료들의 인식이 얼마나 폐쇄적이고 편협하였는지를 생생하게 보여주고 있기 때문이다. 중국과 중국 문화에 대해 사대주의적으로 숭배하고 우리 문화를 너무도 얕잡아 보는 풍조가 형성되어 있었다.

집현전 학사들은 한글을 "야비하고 상스러운 무익한 글자"라고 폄하하면서 "지금 이 언문은 새롭고 기이한 하나의 기예에 지나지 않아 학문을 손상시키고 정치에 이로움이 없으니 거듭 생각해도 옳지 않다"고 강하게 비판했다. 이에 대해 세종도 강경하게 반박하고 질책했다. "지금의 언문은 백성을 편리하게 하려는 것이다. 너희들이 설총은 옳다고 하면서 임금이 하는 일은 그르다는 것은 무엇 때문인가? 또 너희가 운서韻書를 아는가? 사성 칠음四聲七音에 자모字母가 몇 개나 있는가? 내가 그 운

서를 바로잡지 않으면 누가 바로잡겠는가?"

조선 정부는 한자를 공식 문자로 채택하고 토지대장과 호적 등 공문서를 한자와 이두 문자로 작성했다. 조선 사대부 학자들의 한자 숭배와 한글 경시 풍조는 조선 시대를 지배하고 있었다. 관료들이 한글을 경시함으로써 한글이 널리 보급되지 못하게 한 것은 백성들이 쉽게 글을 익힐 수 있는 기회를 제한한 폐쇄적인 정책이었다. 한자를 모르는 백성은 공문서나 공공정보에의 접근이 차단되었다. 대다수 백성들은 글자를 해득해 지식을 넓힐 기회 자체가 제한되었으므로 문맹 상태로 있을 수밖에 없었다. 성리학의 높은 교육열도 어려운 한문을 오랜 기간 공부할 여력이 있는 양반계급에게 지식을 더욱 집중시켰을 뿐이었다. 문자의 해득은 지식의 보급에 결정적으로 중요한 역할을 한다. 전 국민에 대한 문자 교육은 일제강점기에 보통학교 교육제도가 도입된 후에야 가능해졌다.

프랑스어 보급정책

프랑스어는 한때 프랑스를 넘어 유럽뿐만 아니라 국제적으로 널리 통용되었던, 프랑스인들의 자부심과도 같은 언어이다. 중세 프랑스에서는 브르타뉴어, 독일어, 스페인어 등 여러 언어가 함께 사용되었고 18세기 말까지도 프랑스인의 4분의 1은 프랑스어로 대화조차 하지 못했다. 프랑스어가 공용어로 채택되어 프랑스의 자부심으로 정립되는 데는 탁월한 정치적 리더십과 제도의 역할이 컸다. 이를 사례로 살펴보자.

10세기 무렵까지 유럽에서는 라틴어가 문서에 쓰이는 유일한 언어였다. 프랑스어는 라틴어에 기원을 두고 있는 프랑크족의 언어로서 프랑스 일부 지방의 농민과 수공업자들이 쓰는 대중 언어에 불과했다. 그러다가 13세기 무렵에 프랑크왕국에서 프랑스어를 공용어로 사용하자, 프랑스어로 표현된 프랑스 문학이 등장하게 되었다.

마침내 프랑수아 1세가 1539년 모든 법적인 공문서에 프랑스어의 사용을 의무화하고 라틴어의 사용을 금지하는 빌레르코트레^{Villers-Cotterêts} 법령을 반포했다. 당시 공문서에 쓰이는 라틴어와 대중이 쓰는 프랑스어(다른 언어들도 포함하여) 사이의 소통이 원활하지 못해 생기는 불확실성과 모호함을 제거하기 위함이었다. 이 법제와 함께, 15세기 말부터 프랑스에 민간 인쇄소가 대거 등장해 값싼 서적을 대량 유통시킨 것도 프랑스어의 보급과 확산에 기여했다. 16세기 전반에 파리는 이미 유럽 최고의 출판업 중심지로 성장해 있었다. 조선과는 전혀 다른 대응과 발전 과정을 보인 것이다.[20]

우리 역사에 대한 폐쇄적 문화

발해는 언제부터 우리의 역사였을까? 발해는 한민족이 세운 국가인가? 유득공柳得恭은 1785년 《발해고渤海考》라는 역사적인 서적을 저술했다. 이 책은 발해를 한민족 역사의 일부라고 입증한, 그야말로 역사적인 작품이었다. 고구려, 백제, 신라의 3국이 멸망한 후에 그 땅에는 남북국 시대가 698년부터 926년까지 지속되었다. 북쪽에는 고구려의 후손 걸걸중상과 그의 아들 대조영이 건국한 발해가 있었고 남쪽에는 왕건이 창건한 고려가 양립했다. 그런데 발해가 멸망한 후에도 고려는 신라의 옛 영토만 차지했을 뿐이었다. 고려가 고구려의 옛 영토는 돌아보지 않고 방치함으로써 이 땅이 결국 여진족과 거란족에게 귀속되고 말았다.

18세기의 실학자 유득공은 《발해고》의 서문에서 고려가 이 역사를 제대로 기록하지 않고 이를 회복하려는 노력을 하지 않아 결국 발해의 영토를 잃어버렸다고 통탄했다. 발해의 세자 등 유민 10만여 명이 고려로 망명했기 때문에 이때 자료를 수집하고 증언을 기록해 발해사를 편찬했더라면 고구려의 옛 영토를 회복할 수 있었다는 것이다. 그는 뒤늦게 수백 년이 지나서 발해사를 저술하려니 자료가 없다고 한탄했다.

유득공의 한탄은 발해와 고려의 행태에만 국한된 것이 아니었다. 조선 시대에도 우리 역사를 경시하는 폐쇄적인 풍조는 지속되었다. 성리학을 신봉하는 양반 사대부들은 성리학 경전에서 다루는 중국의 문학, 역사, 철학을 암송하고 논의할 뿐 정작 우리 한민족의 문학, 역사, 철학에는 관심을 갖지 않았다. 그들에게 문학과 역사란 중국의 문학과 역사를 의미하는 것이었다. 조선의 문헌이나 일상 대화에서 논의하는 문학과 역사는 중국의 것이었으며 우리의 문학과 역사는 지식인들 사이에 관심의 대상이 되지 않았다. 나는 그것이 중국 문헌 위주로 공부하고 서적 보급을 제한한 폐쇄적인 문화와 폐쇄적인 제도의 결과라고 본다.

조선이 폐쇄적인 대외정책을 고수하는 동안 쇄국정책의 원조였던 중국에는 서양 문물이 끊임없이 전달되어 들어갔다. 중국 정부가 공식적으로 쇄국정책을 유지하고 있었을 뿐 민간 차원에서는 도도히 흘러들어

오는 서양 문물과 해외 무역의 요구, 이에 따르는 막대한 이익을 외면하기 어려웠다. 한편 일본은 공식적으로 쇄국정책을 유지하면서도 예외적으로 네덜란드와는 요코하마에 별도의 무역 지역을 설정하는 방법으로 서방과의 대외관계를 꾸준하게 유지했다. 일본 막부는 네덜란드 창구를 통해서 서양 문물을 들여올 수 있어 동양 3국 중 가장 개방적인 상태에 있었다. 미국 군함 페리호에 의해 강제로 교역을 하게 되자마자 급속히 외국 문물을 수용할 수 있게 된 것도 이러한 준비가 있었기 때문이다.

일본에서는 에도 막부 말기에 서양의 문물을 수입하는 책들이 크게 유행했는데, 그중에서도 후쿠자와 유키치福沢諭吉의 《서양사정西洋事情》과 휘턴Henry Wheaton의 《만국공법萬國公法, The Elements of International Law》이 베스트셀러였다고 한다. 후쿠자와의 《서양사정》은 후쿠자와 본인이 1862년 미국과 유럽 여러 나라를 방문한 후 저술한 것으로, 1866년부터 1870년까지 여러 권으로 나뉘어 출간되었다. 미국과 영국의 제도, 역사, 민주주의 등을 기술한 책이었다. 초판이 15만 부 이상 판매되어 당시 지식인들에게 막대한 영향을 미쳤다. 휘튼의 《만국공법》은 원본을 윌리엄 마틴William A. P. Martin이 중국어로 번역해 중국에서 발간했는데 1865년 일본에서 한문판을 출판하고 1868년 일본어판을 출판할 정도로 인기가 있었다. 또한 후쿠자와 유키치가 1872년 일본의 낡은 제도와 사상을 청산해야 한다는 내용으로 《학문의 권유学問のすすめ》라는 책을 출판하자 초판이 20만 부나 판매되었다.

당시 일본에서는 서양 문헌에 대한 번역 붐이 일어나 수많은 책자들이 일본어로 번역되어 출판되었다. 일본의 정부와 지식인층이 얼마나 서양의 문물에 관심을 기울이고 이를 배우기 위해 노력했는지를 여실히 알 수 있다. 서양의 문헌이 주로 일본을 통해 번역되고 전파되었으므로 동양 3국에는 일본식 용어가 많이 통용되었다. 동양에서 가장 진취적으로 서양 문물을 도입하려 애쓴 일본은 가장 빨리 산업화에 성공했다.

조선은 어떠했을까? 오랜 쇄국정책의 영향과 성리학의 폐쇄적 성격, 소중화 사상으로 조선 지식인들은 서양 문물에 대한 관심도 적었고 마땅히 참고할 만한 책자도 구하기 어려웠다. 18세기부터 실학자들이 청나라를 통해서라도 서양 문물을 배우자고 역설했으나 서양 관련 문헌을 출판한 것도 드물고 수요도 없었으며 수십만 부가 팔리는 것은 꿈도 꾸기 어려운 상황이었다. 19세기 중반에도 조선에는 인쇄 출판이 활성화되지 못했고 출판 시장이 형성되지도 못했다. 후쿠자와의 《서양사정》을 본받아 유길준俞吉濬이 《서유견문西遊見聞》이라는 책을 저술했는데, 그는 이 책을 국내에서는 출판하지도 못하고 1895년에 어렵사리 일본에서 출판했다. 그러나 이 책이 일본에서 관심을 끌거나 많이 보급되기는 어려웠다.

종이 생산을 제약한 착취적 제도

도대체 조선에서는 종이가 왜 그렇게 비쌌을까? 가장 큰 이유는 종이의 공급이 수요에 비해 턱없이 부족했기 때문이었다. 종이의 수요가 많았는데 왜 공급을 늘리지 못했을까? 그것이 바로 착취적 제도의 산물이었다. 우선 종이의 제조 과정을 보자. 조선 시대에는 종이를 제조하는 큰 공장이 없었다. 중앙에는 조지서造紙署라는 기관을 두어 중앙 정부의 수요를 충당하려 했으나 수요에 비해 생산량이 크게 부족했다. 따라서 지역별로 할당해 백성들에게서 종이를 공물로 차출해야 했다.

민간에도 대규모 종이 생산시설이 없었고 유통 시장이 형성되지 못했다. 《임원경제지林園經濟志》에 기록된 전국 312개 장시 중 지물이 상품으로 거래되는 곳은 44개 정도에 불과했다. 지역에서는 관청 또는 사찰에서 직접 생산하거나 민가에서 공물로 차출했다. 종이는 인쇄에 사용될뿐더러 필기 용지, 포장, 교환수단 등 필요한 곳이 많아 매년 급속히 수요가 증가하고 있었다. 항상 공급이 부족한 재화였다. 종이가 항상 부족해 이면지를 활용하거나 편지의 여백에 다시 쓰는 관행이 유행했다. 그런데도 시장이 형성되지 못한 것은 조선이 종이 공급량을 늘릴 생산체제를 만들지 못했고 대응하는 제도를 갖추지 못했기 때문이었다.

조선 초기에는 중앙에서 필요로 하는 종이를 전주나 남원 등지에서 공물의 형태로 거둬들였다. 그러다가 중앙에 종이 생산을 전담하는 조직으로 1415년에 국립 제지공장인 조지서를 설립했다. 여기에서 과거 시험지, 외교문서 용지 등 정부에 필요한 종이를 제조했다. 점차 정부가 직접 운영하지 않고 지장紙匠에게 맡겨 운영했는데, 특권층과 관리의 인정 등 중간착취가 과다해 지장들이 견디다 못해 대거 이탈했다. 특권층과 관리의 인정이란 특권층과 관리들이 권한을 악용해 지장에게서 종이를 대가도 없이 그냥 가져가는 것을 말한다. 공공연한 탈취 행위였다. 결국 관영 생산체제를 포기하고 민영 생산체제로 전환되었다. 18세기 중엽 이후에는 민간 수공업자인 지장의 상품 생산에 의존하게 되었다. 상품 생산이 확대되면서 조지서는 종이 판매를 전담하는 시전상인인 지전紙廛의 지배를 받게 되었다.[21]

일단 종이의 원료가 되는 닥나무의 공급부터 현저히 부족했다. 닥나무를 재배하면 국가가 무상으로 공출해 가져가니 백성들이 이를 성의껏 재배할 이유가 없는 것이었다. 오히려 닥나무를 많이 재배하면 관리들의 출입이 잦고 공출량이 매년 늘어나 백성의 부담이 더 가중되었다.

조선 초기 1410년(태종 10년) 10월 29일, 사간원 대부 유백순柳伯淳이 상소를 올렸다. 당시에도 종이는 수요가 많아서 공사 서류와 지폐, 상장

喪葬에 이르기까지 쓰이지 않는 데가 없을 정도였다. 그런데 종이의 원료가 되는 닥나무밭이 있는 자는 백에 하나 둘도 없는 실정이었다. 또한 "간혹 있는 자도 소재지의 관사官司에 빼앗기어, 이익은 자기에게 미치지 않고 도리어 해가 따릅니다. 그러므로 심지 않을 뿐만 아니라 혹 베어버리는 자가 있으니, 이것이 한탄할 일입니다"라고 지적하며 건의했다. "각 도로 하여금 대호는 200주株를, 중호는 100주를, 소호는 50주를 내년 2월까지 모두 심게 하고, 감사로 하여금 사람을 보내어 고찰해, 만약 법대로 하지 않는 자가 있으면 저화楮貨(닥나무 껍질로 만든 지폐)로 수속收贖하고 수령을 죄주되, 일찍이 닥나무밭이 있는 자는 이 한계에 들지 않게 하소서."

　　그다지 시행이 어렵지 않은 정책이었다. 백성들에게 닥나무를 재배하게 권장하고 이를 적정한 가격으로 국가가 매입했다면 닥나무 재배나 종이 생산량이 비약적으로 증가했을 것이다. 조선 초기부터 조선의 지배층들은 적절한 인센티브제도를 시행하면 종이의 원료인 닥나무의 재배가 증가하고 종이 생산도 크게 늘릴 수 있다는 것을 잘 알고 있었다. 당시의 공물제도로는 백성들이 닥나무를 재배할 인센티브가 없을 뿐 아니라 오히려 관리들의 횡포로 해가 된다고 판단해 닥나무를 베어버리거나 재배를 기피하는 현실도 잘 이해하고 있었다. 즉 인센티브 메커니즘이나 경제적 효과를 몰랐기 때문에 생산의 증대를 이루지 못한 것은 결코 아니었다. 어려운 기술도 아니고 자원이 없는 것도 아니어서 그런 제도를 갖추어 일관되게 추진했다면 충분히 달성할 수 있는 일이었다. 하지만 조선은 이런 정책조차 본격 시행하지 못했다.

조선이 종이 생산을 촉진할 인센티브를 제도화하지 못한 것은 그만큼 조선의 정치제도가 개방적이거나 포용적이지 못했다는 것을 의미한다. 국가 경제의 성장, 산업의 발달, 백성의 생활 향상이나 고통의 절감 방안 등을 추진하는 것은 정부와 관료들의 당연한 책무였다. 3장에서 논의했듯이 신상필벌과 성과보상의 원리가 조선 정부에서 제대로 작동했다면 관료들이 이러한 문제를 적극적으로 수용해 해결할 방안을 강구했을 것이다. 그런데 조선의 관료들에게는 그렇게 애써 일할 유인이 없었다. 다른 계급의 의견을 수용하지 않는 폐쇄적인 제도에서는 관료들에게 그렇게 요구할 수 있는 다른 집단이나 세력도 없었다.

종이 생산의 증가는 국민의 소득과 농가의 부가 증가함을 의미한다. 식견 있는 관료뿐 아니라 반계 유형원, 농암 유수원, 다산 정약용茶山 丁若鏞 등 부국을 위한 정책을 제안한 실학자들은 모두 나무 심기를 권장했다. 종이 수요가 많으면 닥나무 재배를 장려하고 종이 생산을 촉구해 이를 토대로 소득을 올리도록 하면 백성도 부유해지고 나라도 부강해질 것이었다. 그런데 조선의 사대부들은 이를 적극 실천할 의지도, 이런 대책에 대한 관심도 없었다. 탄탄한 관료제를 가지고 있으면서도 관료들의 의식과 문화가 폐쇄적이어서 그 장점을 살릴 수 없었다. 문제를 알면서도 해결방안을 찾아 실천하지 못하는 조선의 정치제도가 초래한 결과였다.

유럽의 종이 생산

종이의 원산지는 2세기경 중국 한나라로 알려져 있다. 초기에는 재질이 거칠어 포장이나 속을 채워 넣는 패딩 등의 용도로 한정되어 있었으나 3세기부터 필기용으로 사용되었다. 종이가 중국에서 이슬람으로 전파되고 나중에 유럽에 전파되어 대량 생산이 가능하게 된 것은 수력을 이용한 제지공장이 설립된 덕분이었다. 1282년에 스페인 아라곤왕국에서 왕의 명령으로 수력을 이용한 제지공장이 설립되었다는 자료가 이를 입증한다. 이러한 제조 방식은 13세기부터 이탈리아로 확산되었다. 이어 14세기 말에 독일의 뉘른베르크 등에도 제지공장이 설립되는 등, 14세기 중반 이후로 유럽의 종이 제조업은 급속히 발전했다. 이러한 종이의 대량 생산으로 종이 값이 종전 양피지 가격의 6분의 1 이하로 떨어졌고 인쇄업 발달의 기반이 마련되었다.

751년 7월, 중앙아시아 톈산 산맥의 탈라스 강 인근에서 당나라 군대와 이슬람 압바시아 왕조의 대군이 전투를 벌였으나 당나라가 패배했다. 압바시아 왕조는 이 전투에서의 승리로 중앙아시아와 그 너머로 당나라가 진출하는 것을 봉쇄했을 뿐 아니라 그보다 더 큰 문화적, 경제적 성과를 거두게 되었다. 탈라스 전투는 종이의 역사에서 획기적인 사건으로 기록되고 있다. 이 전투의 승리로 이슬람 국가는 실크로드를 장악했을 뿐 아니라 당나라 군사 2만 명을 포로로 잡았다. 압바시아 왕조는 기술자를 특별히 우대하는 개방적인 제도를 가지고 있었다. 이들은 곧 포로로 잡힌 당나라 군사 중에서 제지기술자를 선별해냈다.

당시 종이 제조 기술은 중국이 국가적 기밀로 보호하고 있었다. 일부 지역의 승려 등 제한된 인력만이 그 기술을 가지고 있어 외국에서 중국의 기술을 파악하기 어려웠다. 그런데 제지기술자를 전쟁 포로로 생포하면서 상황은 전혀 달라졌다. 그때까지 이슬람은 이집트에서 생산되는 파피루스를 사용하다가 양피지를 사용하는 단계에 있었다. 이에 비해 중국산 종이는 가볍고 질기며 무엇보다도 대량생산이 용이하고 원가가 저렴해 폭발적인 인기를 누렸다.

　압바시아 왕조는 중국의 기술자들을 특별 대우해, 드디어 자체 종이 제조를 시작하게 되었다. 794년에는 수도 바그다드에 대규모 제지공장이 건설되었다. 이로써 이슬람권에서 종이 사용이 확산되어 문화의 융성기를 맞았고, 이슬람에는 수백만 권의 문헌을 남겼다. 이슬람에서 시작된 종이 산업은 900년경에 아프리카를 거쳐 이슬람의 지배하에 있던 스페인의 톨레도, 발렌시아 등 유럽에까지 점차 확산되었다.

　이것은 기술자들을 보호하고 대우하는 포용적인 제도가 종이의 생산과 산업, 문화의 발달을 촉진한 사례이다. 임진왜란 중에 조선에서 포로로 잡혀간 도자기기술자, 인쇄기술자 들을 일본 정부에서 특히 우대해 일본의 도자기 산업과 인쇄 출판을 도약시킨 것도 그러한 제도의 성과였다. 그러나 조선에서는 기술자들을 천시했을 뿐 우대하는 제도는 없었다.

7장

통치의 기반,
관료제와 양반

양반계급의 형성

조선 시대의 대표적인 지식인을 우리는 '선비'라 부른다. 우리에게 선비는 꼿꼿한 지조, 목에 칼이 들어와도 바른말을 하는 강인한 기개, 옳은 일을 위해서는 사약도 불사하는 불굴의 의지, 단정하고 청렴한 생활 태도 등의 이미지로 각인되어 있다. 선비는 단순히 학식만 갖춘 사람이 아니라 의리와 지조를 중시하고 예의범절과 인격을 갖춘 사람을 의미했다. 어원적으로 선비는 어질고 지식이 있는 사람을 뜻하는 말에서 왔다고 한다.

조선의 핵심 지배계층이 선비이고 조선의 정신이 선비 정신이다. 양반 사대부가 모두 선비로 인정되는 것은 아니었고 양반 중에서 학식과 의리, 예의범절 등을 갖춘 인격 있는 사람을 선비로 지칭했다. 바로 여기에서 선비 정신이 나왔다. 선비는 재물을 탐하지 않고 학문을 연마하면서 관직에 오르거나 재야 산림에서 후학을 양성했다.

그런데 개인으로서의 선비는 존경할 만한 반면, 집단으로서의 양반과 사대부 관료 집단은 특권계급이었고 평민들 위에 군림했으며 평민들을 착취하는 모습을 보였다. 이것이 조선의 실상이었다.

양반은 어떤 사람들인가

양반이라는 용어는 두 가지 개념으로 사용되었다. 하나는 관제상의 개념이고, 다른 하나는 지배 신분층을 지칭하는 개념이다. 지배 신분층으로서의 양반은 사대부나 사족土族으로 불리기도 했다. 원래 양반은 문관인 동반과 무관인 서반을 함께 부르는 용어로, 현직 관료인 문관과 무관을 통칭하는 용어였다. 이 경우의 양반은 중앙 관료와 같은 개념이다. 그러던 것이 조선 중기 이후 현직 관료뿐만 아니라 퇴직 관료와 그 후손까지 포함하는 하나의 신분계급을 포괄하는 용어로 변질되어 통용되었다. 조선이 관료제를 기반으로 했기 때문에 관료계층인 양반이 생겼고 관료제가 강할수록 양반들의 지위가 탄탄하게 되는 구조였다.

중국의 사대부는 고위 관료를 지칭하는 대부大夫와 하위 관료를 가리키는 사土 계급을 합해 부르는 용어인데, 현직 관료를 의미하는 용어로 사용되었다. 중국에서 사대부는 현직 관료에게만 적용되며 퇴직자나 그 가족에게는 해당되지 않는 신분이라는 것을 유의해야 한다. 조선에서도 공식적으로는 문관 관료로서 4품 이상을 대부, 5품 이하를 사로 불렀다. 그러나 사대부는 때로는 문관 관료뿐 아니라 문무 관료 전체를 포괄하는 명칭으로도 쓰였다.

조선은 관료 국가이고 국가의 가장 중추적 기구가 관료제였다. 관료제는 경쟁을 통해 능력 있는 관리를 선발해서 권한을 주고 국정을 맡기는 체제이다. 관리가 되기 위해서는 오랜 교육 기간에 걸쳐 학습을 하고 어려운 공개경쟁시험(과거)에 합격해야 했다. 관리는 임용되고 나서 여러 보직을 두루 거치고 단계별로 승진하며 능력을 개발한다. 이들이 전문가로서 국정을 책임지는 체제가 관료제의 장점이다. 관료제는 임무수행에 관한 한 아주 능률적이고 합리적인 체제라고 할 수 있다. 능력 중심으로 선발된 전문 관료가 장기 재직하며 국가의 제도를 관리하고 운영함으로써 국가 기능이 효과적으로 수행될 수 있었다. 이러한 관료제가 조선 왕조를 오랜 기간 지탱하게 한 핵심 제도였다.

본래 중국에서 관료제를 개발한 목적은 전쟁 수행을 위한 군수지원 업무를 능률적으로 수행하는 것이었다.[1] 관료제에서는 관리 선발 기준이 폐쇄적인 연고나 정실이 아닌 능력 중심으로, 출신이나 신분에 관계없이 누구나 능력 있는 사람은 관리로 발탁되었다. 더구나 재직 중에 선배와 동료에게서 경험과 지혜를 전수받고 여러 직책을 맡으면서 계속 능력을 신장시킬 수 있었다. 역대 중국 왕조가 광대한 영토와 수많은 인구를 통치하며 강력한 제국을 유지할 수 있었던 것도 관료 덕분이었다. 관료제가 제대로 작동하는 동안에 조선은 정치가 안정될 수 있었다.

그러나 관료의 숫자가 한정되어 있고 막강한 권한을 행사하는 데다가 이들에 대한 통제 수단이나 견제 세력이 없었기 때문에 이들은 점차 특권의식을 갖게 되었다. 이런 지배체제에서는 관료가 백성을 신민臣民으로 취급하고, 백성을 통치한다는 의식이 강해진다. 관료는 통치자로서 백성의 일상 구석구석까지 간섭했다. 사농공상의 신분 질서와 연계되어 관존민비官尊民卑의 문화가 만들어졌다.

관료제의 대표적인 역기능은 변화에 대한 저항, 즉 보수적 자세를 들 수 있다. 법령 규정에 지나치게 집착해 조직이 변화에 신속히 적응하는 능력이 떨어진다. 더구나 보수적 성향인 성리학을 공부한 관료는 더욱 그럴 수밖에 없었다.

조선의 지배계급 관료에게는 경쟁자가 되는 집단이 없었다. 임금은 사상과 의식 등에서 관료와 연장선상에 있었다. 인사권으로 특정 관료를 배척하고 다른 관료를 임명해도 그들 역시 같은 관료였다. 권력이 분산되지 않은 탓이었다. 관료들은 다른 집단의 견제 없이 자기 집단의 이익을 위해 행동했다. 중국에서는 외척과 환관, 군부가 관료의 경쟁자였다. 조선에서는 외척과 환관은 정치에 관여할 수 없게 제도화했고 군부도 문관 관료의 통제 하에 두었다. 민간에서 상인과 농민이 세력 집단으로 성장할 수도 있었지만 조선에서는 그나마도 어려웠다. 18~19세기 보부상이나 도고의 조직이 결성되었으나 정치 세력으로 성장하지는 못했다. 농민은 조직화되지 못하고 향촌 사족들의 통제 하에 있었다.

여기에서 통치자인 임금과 왕족도 결국은 성리학을 공부한 양반계급의 연장선상에 있었다는 것을 다시 강조하고 싶다. 한마디로 이들은 철학과 문화를 공유한다고 할 수 있으니 비슷한 의식을 가졌을 것으로 짐작할 수 있다. 임금 주변에 있는 사람들은 온통 양반 사대부들뿐이었다. 임금은 관료들에게서 편향된 정보를 얻고 조언을 받으며 이들과 논의하여 정책을 결정하는 구조였다.

임금은 정책과 제도 관련 이슈가 발생하면 결국 양반 사대부계급을 지지할 성향을 가지고 있었다. 조선의 왕들이 양반과 상민, 노비 등의 계급적 이해가 대립되는 문제에 직면했을 때 대부분 양반계급을 편드는 방향으로, 그래서 기득권을 유지하는 쪽으로 결정을 내린 이유가 여기에 있다. 최고 통치자 임금과 왕실이 양반계급을 편드는 상황에서 양반들의 기득권, 특권을 축소하는 개혁은 애당초 어려운 상황이었다.*

양반 관료 집단이 신분적인 특권을 만들어가는 과정은 '법적으로 허용된 정치력de jure political power'이 아니라 사후에 '현실적으로 행사된 정치력de facto political power'에 의한 것이었다. 양인과 천인의 대립구도인 양천제를 반상제로 바꾸고, 양반과 중인을 제외한 모든 계층을 법에도 없는 상민으로 묶어 양반과 상민의 대립구도로 전환한 것이 그 사례이다. 또 법에 규정된 군역 의무를 향촌에서 면제받을 수 있는 관행을 만든 것도 양반들의 집단적인 정치력의 산물이었다. 이런 이유에서 제도를 논의할 때는 법에 규정된 제도가 아니라 집단적인 정치력에 영향을 받아 실질적으로 실현된 제도를 중시해야 한다고 앞에서 언급한 바 있다. 집단적인 정치력으로 사후에 실현된 제도는 평민계급에 비해 양반들의 특권을 강화하며 지대추구 행위를 확대하는 것들이었다. 법제를 바꾸지 않더라도 양반들의 집단적인 정치력으로 정치와 경제제도의 운영과 관행에서 착취적인 성격이 강화되었다는 의미이다.

---

*팔레는 균역제의 도입과 관련된 논의에서 영조가 최종적으로 양반의 입장을 보호하는 결정을 내린 배경으로 이런 측면을 지적했다. '참고문헌'에 기재된 팔레의 책 《유교적 경세론과 조선의 제도들》 14장을 참조하라.

신분제도에 대한 객관적 평가가 어려운 것은 대부분의 역사와 문헌을 양반계급이 기록했고, 양반계급의 시각에서 보고 자신들에게 우호적으로 평가했기 때문이다. 사대부들은 백성의 애환에 관심을 갖기는 했지만 지배계급의 시각에서 보면 신분제의 문제나 평민들의 애환이 절실하게 드러나지 않는다. 그런 의미에서, 조선 사회를 처음 접해보는 외국 사람들의 평가가 계급적 편견이 없는 시각을 보여줄 수도 있을 것이다.

18세기에서 19세기 조선에서 활동하던 프랑스 신부들은 "조선 귀족계급(양반)은 세계에서 가장 강력하고 가장 오만하다"고 지적했다.[2] 달레 신부는 조선 양반의 특징을 상세히 기술했는데, 압축하면 다음과 같다. 예리하며 정곡을 찌른 지적이다.[3]

조선 양반은 수가 많고, 양반계급 내부의 투쟁에도 불구하고 그들의 계급적 특권, 기득권을 보존하고 확대하기 위해 단결하므로 서민이나 임금마저도 그들의 권력에 대해 싸우지 못한다. 다른 나라에서는 사법관이나 여러 단체가 귀족계급을 견제해 그 권력과의 균형을 맞춘다. 그런데 조선의 사대부 귀족들은 도처에서 지배자와 폭군처럼 행동한다. 돈이 필요하면 하인을 보내 상인이나 농민을 잡아 와 가두고 때리며 돈을 요구한다. 정직한 양반은 강탈하기보다는 차용을 가장해 돈을 요구하되 결코 반환하지 않는다. 이러한 특권을 유지하기 위해 그들의 계급 이익을 지키는 데는 모두 하나로 일치되어 있다. 그러니 조선의 양반 사대부들이 세계에서 다른 어느 귀족계급보다 강력하다.

조선의 사대부들도 양반이 노비를 거느리는 신분제가 조선 통치체제 안정의 핵심적인 역할을 한다고 인정했다. 향촌에 분산해 거주하는 양반 사족들이 다수의 노비와 토지를 소유하고 지배 세력을 형성함으로써 다른 계급들이 그 틈을 비집고 들어오거나 저항할 여지를 주지 못한다는 논리였다. 1467년(세조 13년) 8월 6일의 세조실록을 참조하면, 대사헌 양성지梁誠之는 상소에서 "우리나라에서는 대가 세족大家世族들이 중외에 포열하였으므로, 비록 간사한 영웅이 그 사이에서 넘겨다 볼 수가 없었던 것입니다. 대저 대가 세족이 다시 대가 세족이 되는 것은 그 노비를 소유하였기 때문입니다"라고 밝혔다.

양반들은 향촌에 거주하며 토지와 노비를 활용해 향촌 지배체제를 구축했다. 그들은 "이로써 내외상하의 분수가 있고, 예의와 염치가 길러지며 기력이 이루어지고 명망이 나타나는 것"이라고 주장했다. 다른 나라의 지배층이 주로 도시에 거주하는 것과 달리 조선에서는 향촌에 거주함으로써 지역 백성들을 효율적으로 통제하며 관리할 수 있었다. 양반들은 노비를 통해 재산을 축적하고 권위를 유지했다. 사실상 노비는 양반들의 재산일 뿐 아니라 양반계급과 그에 근거한 조선 통치체제를 유지하는 힘의 물리적 근거를 이뤘다. 그래서 신분제의 변화는 기득권층의 강력한 저항을 불러올 핵심 사안이었다.

관료에의 진입 통로, 과거제

고려 광종 때 도입된 과거제는 성리학을 공부한 유능한 선비들을 선발해 관료로 등용시키려는 수단이었다. 본래 공개경쟁시험을 통해서 유능한 사람이 신분에 관계없이 참여하고 능력에 따라 발탁될 수 있는 열린 인재선발제도였다. 능력 중심의 개방적인 제도로 출발한 셈이다. 그런데 시험 과목이 한문으로 인쇄된 유학 서적 위주로 편성되어 있기 때문에 과거에 급제하기 위해서는 참으로 오랜 기간 유학을 공부해야 했다. 오랜 준비 기간과 한양으로 오가며 시험 보는 비용을 감당할 수 있는 부유한 가문에서만 실제로 응시가 가능한 것이었다. 과거에 급제한 사람들은 관료가 되었고, 이들이 정치 권력과 함께 토지를 소유하며 경제 권력까지 장악하게 되면서 사회의 기득권층이자 핵심 계급이 되었다.

조선에 들어와서도 과거제를 통해 성리학을 공부한 신흥 사대부들이 신 왕조의 관료, 즉 지배계급이 되었다. 우리가 주목할 대상은 양반 관료 중에서도 문관들이다. 이들이 다른 모든 계급들을 누르고 조선 왕조의 실질적인 지배계급으로 행세했다. 문관 관료들은 무관이나 환관 등 다른 경쟁자들을 제압하고 조선 왕조 내내 유일한 지배계급이었다. 양반 관료들은 관직을 독점해 중앙의 정치를 장악했을 뿐 아니라 지방에서도 지배체제를 유지하는 여러 제도를 운용했다. 유향소, 향약, 향안, 서원 등이 발달한 것도 양반들의 향촌 지배 전략의 일환이었다.

성리학을 공부한 관료들은 중국의 철학, 역사, 문학 등 형이상학적 총론에만 강했고 법제의 실무적인 내용이나 실용적인 기술 등 각론에는 지식이 부족했으며 관심도 적었다. 실용적인 지식에 접근할 수 있는 기회가 한정되어 있으면서도 이들은 마치 철학, 제도와 역사를 통달한 것처럼 자신들의 지식에 의존해 조선을 지배하려 했다. 오늘날 관리 선발과 교육은 실무지식 중심으로 편성된다. 관리들이 맡아야 할 업무가 대부분 법의 입안과 집행이기 때문이다. 그런데 조선에서는 법에 대한 중요성을 인식하지 못했다. 형이상학적 철학인 성리학 교육에만 매몰된 영향이다.

중국에서는 관료제의 핵심 인재선발제도인 '과거'를 천민을 제외한 모든 남자에게 개방했다. 조선도 법제로는 천민이 아닌 양인은 누구나 과거에 응시할 자격이 있었다. 그러나 서얼, 이서, 상인은 문과 응시에 제한을 받았고 평민은 경제적 이유 등으로 사실상 문과에의 접근이 봉쇄되어 있었다. 조선 후기로 갈수록 문과 급제의 요건으로 문벌이 중시되어 좋은 가문 출신들에게 유리해졌다. 명나라와 청나라의 과거제보다 더 폐쇄적으로 운영된 것이었다. 양인에게도 법적으로는 개방되어 있었으나 사실상 양반만 응시 가능하게 하는 현실적인 제약이 작동하고 있었다. 비싼 수험 서적을 구입하고 배울 선생을 확보하는 문제, 공부하는 기간 중 생활비를 확보하는 문제 등 제약이 많았다.

설사 과거에 합격하더라도, 양반 가문이 아니면 서경署經제도(관리를 등용할 때 관료의 출신 등을 조사하여 확인하는 제도)를 통해 신분이 낮은 계층은 걸러졌고 보직에서도 차별이 많았다. 중국에서는 상인들에게 과거 응시가 허용되어 부유한 상인의 자제들이 과거에 합격해 관료가 되는 사례가 많았는데, 조선에서는 상인들에게 이런 기회가 허용되지 않았다. 관료 지배 국가인 조선에서 관료 진입에 매우 폐쇄적인 장벽을 설정한 것은 폐쇄적인 정치제도를 초래한 주된 요인이 되었다. 상인을 포함한 평민계층에게 사실상 과거 응시나 신분 상승 기회를 제한함으로써 사회적 통합과 다원성, 활력을 크게 제한했다.

중국의 사대부나 신사들은 세습적인 계급이 아니었고 뚜렷한 신분이라고도 할 수 없었다. 대부분 현직 관리만 사대부로 인정받았고 퇴직한 관리가 있는 가문은 특별한 대접을 받은 것은 아니었다. 조선의 사대부도 세습적인 신분계급이 아니었는데도 그들은 사회의 관행으로 이를 세습적인 신분처럼 만들었다. 또한 현직 관리뿐만 아니라 한 사람이라도 관리를 배출한 가문의 자손은 대대로 양반 신분으로 대우받는 관행을 만들었다.

또한 중국의 신사, 향신鄕紳들은 과거나 진사 시험에 합격한 후에 관직에 임용되지 못하더라도 지주로서 농장 경영 이외에 지역에서 관청이 위임한 업무를 처리하거나 징세 중개인, 복지기관 관리자 등 다양한 경제활동에 직접 종사하면서 향촌에 대한 지배력을 행사했다. 즉 자신들이 경제활동을 직접 영위하고 주도해 영향력을 확대하고 부를 증대시켰다. 중앙 정부가 폐쇄적인 대외정책을 시행해도 향신들은 지역에서 자신의 부를 증대시키며 지역경제를 발전시킬 수 있었다.

그러나 조선의 향촌 사족들은 상업활동이나 징세 중개인 등의 업무는 맡지 않고 굶더라도 그런 업무는 해서는 안 되는 것이라고 고집했다. 양반 사족들은 지주로서 농업을 경영하는 것 이외에는 자신들이 생산활동에 직접 참여하는 것을 극력 기피했다. 양반들은 매일같이 중국의 학문과 역사를 공부하고 논의하면서도 경제활동에 대한 인식에서는 중국의 신사계층과 이렇게 다른 행태를 보였다. 경제적인 부를 새로 창출하는 활동에는 관심을 갖지 않고 특권을 활용한 지대추구 행위로 자신들의 몫을 더 키우는 데 주력했다. 기본적으로 조선의 양반 관료들은 중국과 달리 굳건한 신분계급을 형성했고, 이들은 자기의 신분에 정치적, 경제적 특혜를 추가했으므로 굳이 직접 경제활동에 참여할 필요를 느끼지 못했다. 또 이런 측면에서 일반 평민들과 차별화되는 계급이 되기를 원했고 이러한 기득권을 유지하기 위해 많은 노력을 기울였다.

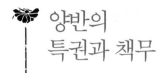

양반의
특권과 책무

조선의 양반계급이 갖는 특권은 다음과 같이 정리할 수 있겠다.

- 경제적으로는 지주로서 양인과 천인 계층으로 구성된 농민을 지배하며, 정치적으로는 관료로서 중인계급을 지휘해 양반 관료 국가를 운영했다. 양반은 지주로서 양인과 천인계층 작인을 두어 경작하게 하고 생산량의 절반을 챙기는 병작반수를 행했으며 국가에 약간의 전세田稅만 납부하면 되는 지배층으로서의 특권을 가지고 있었다.
- 원칙적으로는 군역을 부담하게 되어 있었으나 17세기 이후에는 면제받았다.
- 교육과 과거에서도 법적으로는 양반뿐 아니라 양인 신분까지 참여의 기회가 인정되었지만, 실질적으로는 과거 응시와 교육의 기회를 규제해 양반들만이 교육과 과거를 거의 독점하다시피 했다.

- 관계官階와 관직에서도 신분 간의 명확한 구별이 있어서, 양반과 그 이외의 신분은 신분에 따라 한품限品을 다르게 하고 직종職種도 다르게 했다.
- 형벌에서도 특권을 보장받는 계층으로서, 죄를 범하더라도 가능하면 속전贖錢을 받거나 가노家奴가 대신 처벌받게 했다. 또한 그들이 소유하는 노비에게 사형私刑을 가하는 것이 합법화되어 있었다.[4]

양반과 상민은 복장에서도 분명히 구분되는 차별이 있었다. 양반은 갓과 도포를 썼고, 술띠를 맸으며 행전에 가죽신을 신었다. 상민은 벙거지를 썼고 저고리와 통이 좁은 바지를 입었고 짚신을 신었다. 상민은 비단옷을 입거나 비단 띠를 착용할 수 없었다.[5] 통상 상민은 길을 가다가 도포를 입고 갓을 쓴 양반을 만나면 길옆으로 비켜서서 몸을 굽히고 예의를 표해야 했다. 박지원의 《연암집》에 수록된 〈양반전〉에는 평민이 "양반을 보면 움츠러들어 숨도 제대로 못 쉬고 뜰아래 엎드려 절해야 하며, 코를 땅에 박고 무릎으로 기어가야 한다"고 풍자하고 있다.

이런 특권들이 일부는 법제로 명시되어 있었지만 대개는 향촌에서 양반 사족들이 자신들의 정치력을 행사해 만들어내고 그것이 사회적 관행으로 정착된 것이었다. 그런데 양반의 의무는 규정된 바가 없었다.

노블레스 오블리주의 부재

이러한 조선 양반의 행태는 노블레스 오블리주의 정신으로 솔선수범한 로마 귀족과 극명히 대조된다. 로마제국이 1,000년 동안 지속될 수 있었던 데는 여러 요인이 있겠지만 특히 주목할 만한 요인으로 로마인들의 포용력과 노블레스 오블리주를 들 수 있다. 로마인들이 가장 중시한 미덕은 명예였다고 한다. 귀족들의 노블레스 오블리주, 포용, 양보 등의 행태도 명예에 기반을 둔 것이었다.

로마 귀족의 가장 중요한 책무는 병역의 의무를 지고 전투에 앞장서는 것이었다. 그들은 전쟁이 일어나면 바로 군인으로 복귀해 군대의 맨 앞에서 지휘를 맡았다. 병역 의무를 돈으로 대체하는 것은 법으로 허용되지 않았다고 하기보다는 불명예스러운 행위로 간주되었기 때문에 모두가 기피했다.

신분이 높고 재산이 많은 귀족계급이 특권을 누리는 대신 병역 의무에서는 더 무거운 부담을 졌으므로 시민들의 불만이 없었고 로마 군대의 사기가 높았다. 로마 시민이 되어 투표권을 행사하는 권리를 갖게 되면 그 권리에 수반되는 병역 의무를 반드시 부담해야 한다는 것이 로마 시민이 모두 동의하는 공통된 시민의식이었다.

로마인들이 보였던 명예의식, 가치관, 노블레스 오블리주는 더글러스 노스가 규정한 '비공식적 제도'에 해당한다. 이러한 포용적 문화가 한 나라를 부강하게 하고 사회통합을 이루며 오래 존속하게 하는 데 영향을 미쳤다.

조선의 양반도 개인으로서는 선비로서, 학자로서, 향촌의 어른으로서 생활의 모범이 되었고, 임진왜란 등 국난이 발생한 때에는 의병을 모아 향토와 국가 수호에 기여하기도 했다. 조선 시대에 백성들의 존경을 받으며 올바른 선비의 길을 간 양반들은 대단히 많았다. 그래서 우리는 조선의 지식인이라고 하면 올곧은 선비의 모습을 쉽게 떠올린다. 양반이 갖는 개인적인 명예의식은 매우 높았다.

그러나 집단으로서 양반들의 행태는 달랐다. 양반 사족들에게는 이런 노블레스 오블리주나 포용력이 없었다. 양반들이 다른 계급에게 어떤 배려를 했을까? 양반은 사회의 지도층으로서 특권을 누리며 다른 계급으로부터 존중을 받았고 대접을 받았는데, 이들의 사회적 책무는 무엇이었을까?

양반들은 다른 계급을 배려했는가? 그들은 향촌의 지도층이라는 지위를 활용해 수령이나 향리들과 결탁해 법에도 없는 갖가지 특권을 만들어내고 향유했다. 반면에 자신들이 사회의 지배계급으로서 지켜야 할 의무는 지지 않으려 했다. 이런 행태는 계급 간에 권력이 분산되지 않고 양반계급에게만 집중되어 있어 견제 세력이 없었기 때문에 가능했다.

로마의 귀족계급이 부담했던 가장 큰 의무인 병역을, 조선 양반들은 갖가지 명분으로 회피했다. 조선 초기에는 양반들도 병역에 참가했으나, 양반들은 갈수록 현직 관직에 있지 않아도 '공부 중(유학)'이라는 명분을 만들어 병역을 회피했다. 심지어 부역에서도 빠지고 여러 공물 부담까지 최소화하며 이를 평민들에게 전가하는 방안을 찾는 데 몰두했다. 명분론을 왜곡해 양반들은 천한 일, 힘든 일은 절대로 하지 않아야 한다는 잘못된 관행을 만들어냈다.

양반과 상민의 현저한 힘의 격차로 상민들은 이의를 제기하거나 이를 거부할 수 없는 구조였으니 향촌의 실력자인 양반들이 향약, 동계 등으로 관행을 만들어 지키라고 강요하면 지키지 않을 수 없는 규범이 되었다. 이런 착취적 관행이 개개인의 행위가 아닌 양반 사대부들의 집단적인 계급 논리로 만들어졌다는 특징이 있었다.

고려의 태조 왕건은 부인을 29명이나 두었는데, 그것은 정치적으로 여러 세력을 포용하려는 포석이었다. 신라는 8세기 말부터 왕권이 약화되어 신라 왕조는 경주 일대를 통치하는 데 그치고 기타 지역은 지방의 호족들이 다스리는 상황이었다. 왕건은 후삼국을 통일하면서 건국에 협력한 지방 호족의 딸들과 결혼해 이들을 포용하기 위해 노력했다. 왕건의 부인들은 정주, 나주, 충주, 황주, 경주 등 과거의 신라, 백제, 고구려 지역 등을 포함한 여러 지역 출신들이었다. 왕건은 건국 후 각 지역의 유력인사에게 해당 지역을 본관으로 하는 성씨를 부여하고 그 지역에 대한 지배권을 인정했다. 우리 성씨제도의 근간을 이루는 본관제本貫制는 이런 포용과 통합정책의 산물로 만들어졌다.

고려는 건국 초부터 여러 면에서 다양성과 포용성을 강조했다. 이런 정신은 태조 왕건이 국가 경영 이념으로 제시한 《훈요십조訓要十條》에 직접 규정되어 후대 임금들의 정치 이념이 되도록 했다.* 태조 왕건은 불교를 숭상하되 도선道詵의 풍수지리 사상과 유교의 경전을 아울러 읽으라는 개방적이고 포용적인 자세를 제시했다. 한편 중국의 제도와 문화를 수용하더라도 우리의 풍토와 인성이 다르므로 모두 따를 필요는 없다는 한계도 분명히 설정했다.

---

*《훈요십조》는 태조 왕건이 제정한 것이 아니라 고려 후기에 제정했다는 이론도 있으나, 그렇더라도 고려의 특성을 반영하는 데에서는 변함이 없다고 생각한다.

고려는 이러한 개방성과 포용력을 바탕으로 대외무역을 장려하고 찬란한 문화를 이루었다. 개방성과 다양성을 기반으로 하는 문화(비공식적 제도)는 인간의 창의성을 발휘하게 하고 적극적인 활동을 촉진하는 원동력이다. 이 시기 중국의 송나라는 중국 역사상 가장 창의적이고 다원적인 문화를 꽃피운 시기로 평가된다. 같은 시기에 고려도 송나라와 같은 개방성과 다양성을 발휘해 번영했다. 그런데 조선의 성리학자 사대부들은 이러한 포용력을 발휘하지 못하고 개방적인 문화까지 잃어버린 것이다.

고려의 다원성, 통합적인 사고는 무신 독재체제에서도 이어졌다. 미국인 학자로서 고려 무신 시대를 연구한 에드워드 슐츠Edward J. Shultz는 무신정권 시대에 무신들이 모든 요직을 독점하며 독단적으로 정책을 시행했다는 통설을 반박한다. 무신들이 정권의 정통성 확보나 정책의 효율적인 시행을 위해서는 전문가 그룹인 문신들의 협조와 참여가 절실하다고 판단해 문신들을 대거 참여시켰다는 사실을 규명한 것이다.

가장 강력한 무신 독재자였던 최충헌崔忠獻 집권기(1196~1219년)에 핵심 관료들을 출신성분별로 분류해보면 출처가 확인된 관료의 54% 이상이 문신 출신이고 무신 출신은 20% 정도에 지나지 않았다. 무신들만이 요직과 권력을 독점하는 것이 아니라 능력과 경험을 가진 문신들을 두루 등용해 균형을 유지하면서 정책의 효율성을 높이고자 했던 것이다. 아울러 최충헌은 문신의 등용문인 과거를 중시해 집권 3개월 후에 바로 과거를 실시했고 고려 왕조에서 가장 많은 인원인 37명을 합격시켜 관료로 선발했다. 그는 자신에 대한 비판과 반대를 자극하지 않으려고 천천히 신중하게 행동하면서 반대파를 차근차근 설득하는 자세를 유지했다. 이런 노력 덕분에 무신 독재 시대에 고려의 국력이 발달해 문화가 성장하고 불교도 융성했다. 그 힘이 몽고와의 42년 항쟁을 이어간 저력이었다.

그런데 성리학을 독점적 지배 이념으로 채택한 조선에서는 포용이나 통합의 정치가 거의 실종되었다. 신분제가 강화되어 양반계급이 특권을 독점하면서 평민들에게는 부담만을 지울 뿐이었다. 양반들 사이에도 정당이나 이념이 다른 자들은 모두 적으로 돌리어 사문난적으로 매도했다. 이러한 풍토에서 포용이나 통합의 가치는 성립하기 어려웠다.

중국의 학문과 제도를 받아들이더라도 우리의 풍토와 인성이 다르므로 모두 그대로 따를 필요가 없다는, 고려 태조 왕건의 융통성 있는 시행 지침도 조선에서는 찾기 어려웠다. 오히려 중국의 철학을 더 맹목적으로 수용하고, 조선을 더 중국화하지 못함을 안타까워했다. 조선의 임금, 학자, 관료 들은 그것이 성리학 원리에 충실한 것이라고 생각했다. 조선 성리학자 사대부들의 폐쇄적인 성향은 고려에서 전해진 포용력과 개방성까지 배척하는 결과를 초래했다.

신분처럼 고착화된 양반 관료계급

조선에서는 적어도 4조(부父, 조祖, 외조外祖, 증조曾祖) 안에 현직 관료가 배출된 경우에만 그 자손을 사회적으로 양반으로 인정해주었다.[6] 조선 후기에는 학덕이 높은 산림처사山林處士(벼슬은 없고 산골에 파묻혀 학문을 하는 선비)가 배출되면 그 가문을 양반으로 대접했지만, 기본적인 기준은 현직 관료가 나와야 한다는 것이었다. 양반들은 자신들의 기득권을 지키기 위해서 지배층이 더 이상 늘어나는 것을 막으려고 다양한 조치를 강구했다. 문무 양반의 관직을 받은 자들만 사족으로 인정했고, 양반 중에 죄를 지은 자는 천민의 역을 부과해 양반의 지위를 박탈했다. 첩의 자식은 서얼이라 부르며 차별했고, 정부에서도 이들의 관직 진출을 제한했다. 모두 양반들의 기득권을 지키기 위한 폐쇄적이고 착취적인 제도였다.

양반계급은 점차 세습 신분이 되었고, 조상 중에 관료 경력자가 있는 후손은 누구라도 양반으로서의 지위를 인정받았다. 이런 신분 특권은 법이 아닌 관행이었다. 사회에서 어느 한 계층에게 특권이 집중되면 다른 계층은 상대적으로 피해를 보게 된다. 조선에서 양반들의 특권 강화도 다른 계층의 지위 하락과 부담 증가로 연결되었다. 그래서 지대추구 행위이자 착취 구조가 된 것이었다.

평민 출신이라도 과거에 급제해 관리가 되면 사대부계급에 편입되었고, 사대부계급의 기득권을 지키는 데 참여하지 않을 수 없었다. 과거에 급제해 새로운 평민이 양반이 되고 종전의 양반이 쇠락해 평민으로 전락하는 신분 변동 사례도 많았다. 그러나 신분이 바뀐 다음에는 바뀐 신분으로 양반계급과 상민계급이 다시 대립하게 되었다. 누가 새로 양반이 되고 누가 새로 상민으로 추가되었는가 하는 문제는 그다지 대세에 영향을 주지 않았다.

향촌에서 양반들은 유력 양반들의 명단인 향안을 만들어 지역 사회에서 그들의 기득권을 지키고 영향력을 유지했다. 특정인이 향안에 등재되려면 지역의 유력 양반들이 합의해야 가능했으므로 매우 폐쇄적이었다. 특권을 많이 가진 집단은 회원관리제를 폐쇄적으로 운영하기 마련이다. 반면 중국에서는 중앙 정부가 지방 세력을 견제하기 위해 지방 사대부(향신)들이 향안 같은 조직을 결성하는 것을 허용하지 않았다. 양반관료 국가 조선에서는 이런 폐쇄적 관행을 제지하지 않았다. 양반 자신들의 문제라고 생각했다. 과거제와 신분제는 중국에서 들어왔지만 조선에서는 중국과 달리 더욱 폐쇄적인 형태로 변형되어 운영되었다.

조선의 착취적 신분제도는 중국보다 더 경제에 악영향을 미쳤다. 중국은 황제에게 절대권한이 집중되어 황제를 제외한 나머지 문관, 무관, 환관과 평민들이 서로 황제의 신임을 얻기 위해 경쟁하는 구도였다. 횡적으로는 신분 관계가 옅을 수밖에 없었다. 평민에 대해서는 현직 관료나 환관들의 권한이 크고 착취적인 구조였지만, 이들의 특권도 대개 현직에 있는 기간으로 한정되었다. 반면에 조선은 황제의 절대적 권력에 비해 왕권이 약한 대신 사대부 관료들의 세력이 강했고, 이들이 집단적인 이익을 내세워 다른 계급을 착취하는 폐습이 오래 지속되었다. 사대부들 간에는 당쟁을 통해 서로 경쟁 관계가 형성되었지만 이것이 다른 계급과의 경쟁으로 확산되는 경우는 없었다. 그만큼 사대부들 간의 계급적인 결집은 다른 계급이 파고들기 어려울 정도로 강고했던 셈이다.

또한 중국 황제들은 다양한 신분에서 배출되었다. 송나라의 건국자 조광윤은 장군 출신이지만 명나라의 건국자 주원장은 천민 출신이었다. 반면 고려나 조선의 건국자는 거상, 호족, 또는 장군 출신으로 이미 사회의 상층부에 있던 사람들이었다. 중국과 같이 사회의 최하층 천민이 갑자기 지배자로 등장하는 경우는 없었다. 신분 질서가 근본적으로 뒤흔들릴 일이 없었던 것이다. 이러한 경우 통치자와 지배계급은 변화 없이 여전히 지배계급이고, 피지배계급은 큰 변화 없이 여전히 피지배계급이 되었다. 지배계급은 다른 신분이라는 인식을 가지고 피지배계급에 대해 뿌리 깊은 우월감 내지는 지배의식을 느끼는 것이 일반이었다. 그래서 신분제가 중국보다 조선에서 더 위력을 발휘했고 그만큼 사회통합과 경제성장을 저해했던 것으로 보인다.

관료의
녹봉과 선물 문화

조선 초기에 관료들에게는 과전법科田法에 따라 봉급의 명목으로 경기
도의 전답을 배분해 경작자에게서 일정한 수조를 받게 했다. 그러다 나
중에 과전법이 직전법職田法으로 바뀌었고, 그나마 그것도 토지가 부족
해 1556년(명종 11년)에 폐지되면서 관료들은 토지 대신에 녹봉을 지급
받게 되었다.《경국대전》의 규정에 따라 녹은 1년에 네 차례(사계절의 첫
달마다) 지급되었고 봉은 월 단위로 지급되었다. 즉, 근무일수가 녹을
받을 수 있는 3개월이 채워지지 않은 경우에는 봉을 지급했던 것이다.
그러다가 나중에는 매월 지급하는 월봉체제로 바뀌었다. 녹봉은 관료들
을 1품부터 9품까지 18등급으로 나누어 쌀, 보리, 포 등 현물로 광흥창
에서 지급했다.[7]

　조선 관료로는 가장 상세한 일기를 남긴 유희춘의《미암일기眉巖日記》
와 이문건李文楗의《묵재일기默齋日記》를 통해서 실제 녹봉을 어떻게 지급

받았는지 살펴보자. 유희춘은 1568년부터 1575년까지 7년 동안 총 17회의 녹과 1회의 봉을 받았다. 대략 10회분 정도의 녹을 받지 못한 것이다. 녹봉을 수령했을 때에도 유희춘이 법령에 규정된 양을 제대로 수령한 경우는 6회에 불과하고 더 많은 경우에 실제 규정량보다 녹봉을 적게 받았다. 흉년이 들거나 중국 사신 접대에 비용이 많이 드는 등 사정이 생기면 국가의 재정이 부족하다면서 실제보다 적게 지급했다. 이문건은 재직 기간이 짧아 녹봉을 받은 회수는 3회에 불과했다. 당시 이문건은 정3품 승문원 판교직에 있었으나 실제로는 이보다 낮은 등급의 녹봉을 받았다.

위의 사례에서 보듯이 조선 정부는 국가의 재정 상황에 따라 중앙 정부의 관료들에게도 녹봉을 제때에 지급하지 않거나 정해진 양보다 적게 지급하는 경우가 많았다. 그렇다고 부족한 만큼을 나중에 메워주는 것도 아니었다. 이렇게 조선의 재정 운영은 법대로 집행되지 않는 경우가 많았다. 국가가 법령에 규정되어 있는 것도 무시하고 기간 인력인 관리들에게 제대로 봉급을 지급하지 않으면 어떻게 되는가? 정말 봉급도 제대로 주지 못할 정도로 조선 정부의 재정이 취약했던 것일까? 국가도 법을 제대로 지키지 않는데 사대부 관리들이 어떻게 스스로 법령을 존중하고 준수할까?

제도적으로 관료들은 녹봉에만 의지해서는 안정된 생활을 할 수 없는 형편이었다. 중국이나 일본에 비해 조선 관리들의 봉급 수준이 낮았는데, 조선 정부는 그것도 제대로 지급하지 못할 정도로 경제력이나 재정이 빈약했다. 국가의 핵심 제도인 법령을 경시한 조선 제도의 성격을 여실히 보여주는 사례였다. 심각한 문제였지만 조선에서는 중요하게 취급하지도 않았다. 법령의 경시 풍조가 착취제도와 지대추구 행위를 조장한 것이다.

유희춘의 일기에 의하면 1568년(선조 원년) 1년간 그가 받은 녹봉은 백미 32석, 콩 14석, 보리 6석, 명주 4필, 포 12필이었다. 반면 이 기간에 납공노비로부터 거두어들인 것이 대략 26석, 지방 관리와 친인척들로부터 받은 선물이 쌀로 환산해 186석, 자신이 소유한 토지에서의 수확량이 83석이었다. 이로부터 알 수 있듯이 녹봉은 관리의 주된 수입원이 아니었다.

정부에서 법령대로 녹봉을 지급하지 않으면, 관료들이 희생을 감수하는 것으로 끝나는 것이 아니라 부정부패 등 다른 생활 방도를 찾게 된다. 그 폐해는 그대로 지방 아전과 백성에게 전파되었다. 특히 지방 관리들로부터 선물 형식의 금품을 받는 관행이 만들어졌는데, 유희춘은 10년간 총 2,855회(월 평균 42회)에 걸쳐 선물을 받았다고 기록했다. 선물을 준 사람들은 지방 관리, 동료 관리, 친인척, 제자, 지인 등이었다. 선물에는 곡물, 면포, 의류, 생활용품, 문방구, 꿩, 닭, 어패류, 견과, 약재 등 온갖 것들이 포함되어 있었다. 특히 선물의 종류가 다양할뿐더러 그 양도 상당히 많아 이것만으로 생활을 영위할 정도였고, 남은 부분을 재산 증식에 쓰기도 했다.

한편 오희문吳希文은《쇄미록瑣尾錄》이라는 일기를 남겼는데 심지어 임진왜란 중 피난생활에서도 선물 거래가 있었음을 기록해두었다. 그는 충청도 임천에서 1593년 6월부터 1594년 4월까지 체재하는 동안 134

회의 선물을 받았다. 강원도 평강에서는 1597년 4월부터 1598년 3월까지 총 357회의 선물을 받았다. 임천에는 특별한 연고도 없이 머물렀으나 평강에 체재할 때는 당시 오희문의 아들이 평강 현감으로 재직하고 있었다. 평강에서 훨씬 더 많은 선물을 받은 연유를 이해할 수 있다. 오희문이 선물로 받은 곡물의 규모는 임천 피난기에 62석, 평강 피난 기간에는 64석으로 나타났다. 당시 그의 경작지에서 나오는 소출이 64석 정도였다는 것, 전쟁 중이었다는 것, 그가 현직에 있지 않고 피난 중이었다는 것 등을 감안한다면 상당히 큰 규모였다. 관료와 그 일족들은 사실상 선물로 먹고살았다.

선물을 보내는 사람은 지방관, 친인척, 지인 들이었다. 지방관은 관찰사, 병사, 첨사, 수령 등을 말하는데, 이들이 보낸 선물이 절반 이상이었다. 지방관들이 보낸 선물은 규모도 상당하고 종류도 다양했던 반면, 친인척이나 지인들이 보내는 선물은 단순한 예물인 경우가 많았다. 지방관들은 선물을 자신의 자산으로 조달하는 것이 아니라, 관청의 자금으로 구입하거나 향리들에게 조달하라고 지시했다. 때문에 이러한 선물을 받더라도 유희춘은 뇌물이라고 생각하지 않고 대체로 흔쾌히 받았다고 일기에 기록했다. 당시의 관료 중심 사회에서 이러한 선물이 상례적이었고 비용처리에서도 공사 구분이 애매했다는 점을 잘 보여준다. 오히려 필요로 하는 물자를 선물로 요구하기도 할 정도로 선물 관행이 공공연하게 이루어졌다.

유희춘의 경우 자기가 다른 사람에게 선물을 주어야 하는 경우에 인근의 지방관에게 부탁해 선물을 대신 보내도록 하는 경우도 있었다. 지방관들이 제공하는 선물, 특히 다른 관료에게 보내는 선물은 지방 관청의 재원으로 충당하는 것이었다. 이런 일들이 조선 관직 사회의 보편적인 관행으로 빈번하게 행해지고 있어 관료들이 선물 부탁에 부담을 가지지도 않았다.

8장

지방의 실질적 지배자, 사족과 향리

지방 통치자, 수령

단원 김홍도의 작품 중에 평양 감사* 부임 축하잔치 광경을 묘사한 세 폭짜리 그림이 있다. 이 그림은 〈연광정연회도練光亭宴會圖〉, 〈부벽루연회도浮碧樓宴會圖〉, 〈월야선유도月夜船遊圖〉의 세 폭으로 구성되어 있다. 〈월야선유도〉는 대동강에 수십 척의 배를 띄워놓고 신임 감사가 배 위에서 수많은 하객들과 기생, 악단 들을 거느리고 음주가무를 즐기는 장면이다. 수백 명의 백성들이 강변과 성벽을 따라서 도열해 횃불을 밝혀 들고, 한편으로는 연회하는 배들을 밝히고 다른 한편으로는 평소에 볼 수 없는 연회 장면을 신기하게 구경하고 있다.

여기에 소요된 막대한 재원은 백성들이 낸 세금으로 충당되었다. 평안도를 관할하는 일개 감사가 어떻게 임금의 행사와 비슷한 부임 축하

---

*정확한 명칭은 평안도 감사이지만 통례에 따라 평양 감사로 쓴다.

연을 할 수 있었을까? 평안도는 중국 사신 행렬이 지나가는 행로에 있어 사신 접대비용에 충당하라고 지방에서 거둔 세금을 중앙에 납부하지 않고 평양 감영에 남겨두고 있었다. 다른 말로 하면 감사가 쓸 수 있는 재원이 다른 도에 비해 월등하게 많았던 셈이다. 그래서 조선에서는 평양 감사 자리가 제일이라는 속설도 생겼다. 평양 감사가 아니더라도 지방 수령은 하나의 관직이 아니라 지방의 통치자로 군림했다.

수령이 부임할 때

1779년 8월 23일 황윤석이라는 양반이 충청도 목천 현감으로 임명을 받았다. 새로운 현감을 영접하기 위해 목천현에서 이방 이하 향리 17명이 한양으로 대거 올라왔다. 황윤석黃胤錫의 일기《이재난고頤齋亂藁》에 이름과 직책이 기록된 인원만 17명이며 그 밖에 부임 행차 중간에 영접하러 나오거나 현의 경계로 나온 인원을 모두 합하면 당시 목천현 향리 총 147명의 27% 정도가 신임 현감의 부임을 환영하기 위해 동원되었다. 당시 3,336가구에 인구 1만 6,000명이 살고 있던 목천현에서 이 영접단의 숫자는 아무리 생각해봐도 과도하게 많은 인원이다. 이들은 한양에 보름 가까이 머무르며 신임 수령을 보좌해 부임 절차를 준비하고 지원했다. 실제 부임 행차가 현의 경계에 이르면 더 많은 현의 향리들이 마중 나와서 영접했다.

자기 관할 지역의 경계부터는 화려한 부임 행차를 치렀다. 단원 김홍도의 〈안릉신영도安陵新迎圖〉는 1785년 요산헌樂山軒의 부친이 황해도 안

릉의 신임 현감으로 부임하는 광경을 담은 행렬도이다. 이때 요산헌이
그 행렬의 광경이 매우 성대한 것을 보고, 다음 해인 1786년에 김홍도
에게 부탁해서 이를 그리게 했다는 기록이 있다. 행렬의 내용을 살펴보
면 각종 기를 든 기수 48명이 앞장을 서고 있다. 그 뒤를 이어 중군이 따
르고 북과 악대, 아전과 기생, 가마 등이 따른다. 일개 현감의 부임 행사
도 이런 정도였다.

왕도정치와 민본정치를 표방한 조선의 각 지방에서 반복되는 일이었
다. 이렇게 현감 같은 작은 지방의 수령도 모두 지방의 통치자라는 인식
을 가지고 부임했다. 수령을 목민관牧民官이라 하는 것도 백성을 다스려
기른다는 권위적인 의미의 용어였다. 임금을 대리해 지방과 백성을 맡
아 통치한다는 인식에서 나온 발상이었다.

지방 수령 임명장을 받게 되면 의정부, 이조, 병조, 대간 등 중앙의 핵
심 관료들을 두루 찾아다니며 지방 수령으로 발령받도록 도와준 데 대
해 감사의 인사를 했다. 그런데 여러 기관을 찾아 인사할 때 빈손으로
가지 못하고 반드시 일정한 예물을 내야 했다. 해유채解由債, 참알가參謁
價, 행하行下 등 여러 이름이 붙어 있는 이런저런 인사비로 황윤석은 26
냥 5전을 사용했다. 참알가란 신임 수령이 떠나기 전에 인사차 상관을
찾아갈 때 예물로 바쳤던 공식 비용이고 포진가鋪陳價는 연회비 또는 회
식비로 주는 것을 말했다. 이조의 실무 관리들에게도 10냥 5전, 왕실의
문지기 관리들에게도 6냥을 지출했다. 지방 수령으로 부임하기도 전에
이미 많은 비용을 지출하며 임지로 가는 것이었다.[1]

그런데 더 큰 문제는 이렇게 거창하게 부임한 수령이 대부분 임지에

서 1년도 근무하지 못하고 교체된다는 사실이었다. 다른 사람이 신임 수령으로 임명받으면 비용과 시간이 많이 소요되는 이런 절차가 처음부터 되풀이되는 것은 물론이다. 신관과 구관 수령이 부임하고 이임할 때 쓰는 말 비용으로 국가에서 인정하는 금액은 주와 부에서는 26필, 군과 현에서는 21필이었다. 이 정도면 처자 등 가족을 모두 거느리고 부임해도 충분할 정도인데 고을에서는 그 비용을 명목으로 백성들에게 또다시 추가로 징수했다. 지방관의 임명과 관련해 공식화된 연쇄적 착취제도였다. 중앙의 관리는 지방의 수령에게서 착취하고 지방 수령들은 아전과 백성들로부터 착취하는 구조였다. 오랜 관행으로 인해 비공식적으로 제도화된 셈이었다.

정약용의 《목민심서牧民心書》 1권은 바로 지방 수령의 부임에 관련된 비리를 줄이기 위한 제도 개선안이다. 부임하는 수령이 임금에게 부임 인사를 하러 가면 대전별감, 정원사령 등에게 궐내행하闕內行下라는 사례비, 일종의 예물을 내게 되는데 그 금액이 너무 적으면 대놓고 욕을 하거나 옷소매를 끌어당기며 불평하는 등 곤욕을 치른다는 것이었다. 그래서 정조는 이 사례비의 금액을 정해두고 더하거나 줄이지 못하게 했는데, 개혁적인 정조의 권위로도 사대부들의 관행화된 폐습을 혁파하기는 어려웠던 것이다.

《목민심서》는 1821년에 쓰인 책인데, 50년 전에 황윤석이 부임하던 시기와 비교해도 인사에 관련된 적폐가 전혀 바뀌지 않았음을 보여준다. 오히려 금액이 대폭 뛰어 궐내행하로 많으면 수백 냥, 적어도 수십 냥을 지출해야 했다. 정약용은 비용을 절감하고 주민에 대한 부담을 줄이기 위해 신임 수령이 먼저 명령을 내려 통인과 사령을 합해 11명만 오도록 하자고 제안했다. 지금 볼 때는 정약용이 축소 제안한 인원도 매우 많다. 하지만 당시 사회 분위기상 지방 수령의 의미가 크기 때문에 이런 정도의 영접단이 올라오는 것은 인정해야 한다는 절충안이었다. 수령의 부임 관련 잡부금에 대한 폐단이 심해지자 조선 정부는 19세기에 가서야 이를 양성화해 규정을 만들고 공식적인 관청 비용으로 처리할 수 있는 근거를 마련했다. 1893년 고종 30년에 제정한 《각사행하례목신정절목各司行下禮木新定節目》이 그러한 규정이다.

지방 수령을 견제하는 세력

조선은 8도와 350개 군현을 두고 각각의 수령을 중앙에서 임명해 배치했다. 지방 수령은 임금의 임명을 받고 지방에서 국왕을 대리해 행정, 사법, 군사권을 장악했다. 지방에서의 세금 징수, 농업 진흥, 치안 유지와 소송, 향토 방위, 국토 관리 등 종합적인 행정을 담당하는 권한을 가졌다. 관찰사와 수령이 담당하는 지방 행정은 중앙의 육조와 같은 육방六房에서 분담했다. 지방 수령의 임무는 '수령 7사'로 《경국대전》에 규정되어 있었다. 농상農桑을 성하게 할 것, 호구(인구)를 늘릴 것, 학교를 진흥시킬 것, 군정軍政을 닦을 것, 부역의 부과를 균등하게 할 것, 소송을 간명하게 할 것, 교활하고 간사한 습속을 바로잡을 것 등의 일곱 가지다. 수령 7사를 토대로 지방 수령의 성과를 평가하는 고과법을 시행했다.

그런데 운영 실태를 보면 이러한 수령의 임무는 법전에만 있었고, 현실에서는 그냥 지방의 통치자로 군림하는 자리였다. 거창한 행차로 부임하고 나면 이들은 짧은 재임 기간 동안 관내 부세의 징수, 재판 등 현안 업무를 처리하면서 통치자로서의 지위를 향유하는 데 더 몰두했다. 농상의 발전이나 민생의 안정을 위해 노력할 시간적, 정신적 여유가 없었다. 조선에서 이런 권농제도가 구체적으로 정립되지 않은 것은 그만큼 중앙이나 지방의 관리들에게 농상을 증대시켜야 한다는 절실한 의지가 없었기 때문이었다. 지방 수령에게 농민은 통치의 대상일 뿐 자신이 봉사해야 할 대상은 아니었다.

이들은 지방에서 국왕의 권한을 대리하는 통치자로서, 정치학과 경제학 이론의 이른바 '주인-대리인 문제Principal-Agent Problem'를 갖고 있었다. 즉 대리인인 지방 수령들이 임금(주인)이 부여한 임무를 충실히 하지 않고 자기 자신(대리인)의 이익을 위해 행동할 위험이 매우 컸다는 의미이다. 이렇게 되면 당초의 취지를 벗어나 공공 이익을 극대화하지 못하고 사적 이익의 추구나 특정 기득권 계층을 옹호해 불공정한 행정을 할 여지가 컸는데, 조선에서 바로 그런 행태가 많이 드러났다.

조선 시대에는 교통과 통신수단이 발달하지 못해 정보의 비대칭이 매우 심했다. 임금이 지방 수령들의 행태를 상세히 파악하기가 불가능했다. 따라서 지방 수령은 재임 기간에 권한을 전횡하고 부정으로 축재할 유혹에 많이 노출되어 있었다고 볼 수 있다. 조선은 지방에 암행어사를 파견해 비정기적으로 감시할 뿐 지방 수령의 비리에 비교적 관대했고, 근본적으로 시정할 의지도 없었다. 공직에 선물 문화가 만연했듯이 합법과 불법의 한계도 명확하지 않았다.

재판과 법 집행을 담당하는 지방 수령들은 정작 법률을 공부할 기회가 거의 없었다. 교육 과정이나 과거 시험 과목은 사서오경에 나오는 중국의 철학과 역사에 관한 것이 중심이었고 법률 과목이 포함되지 않았다. 중세 유럽의 대학이 철학과 법률 중심으로 발달한 것에 비해 조선에서 법률 과목은 교육과 연구의 대상이 아니었다. 그런데 지방 수령의 가장 중요한 현안 업무가 재판에 관련된 업무였다. 임금을 대리해 지방을 통치하는 수령들이 정작 지방 행정의 주된 임무는 잘 몰랐다는 의미이다. 수령들이 개별적으로 법률과 제도 실무를 따로 공부하지 않으면 수령으로서의 임무 수행이 어렵고 아전들의 농간에 휘둘리기 쉬웠다. 짧은 기간 체재하다가 떠나는 수령들이 제 역할을 다하기 어려웠던 것도 법 실무에 대한 전문성 부족에서 상당 부분 기인했다. 임금이 아무리 민본정치를 하려 해도 지방에서 백성을 위한 법치가 실제 구현되기에는 제도적인 한계가 있었다.

　　이러한 문제를 지원하기 위해 저술된 법률 책이 《사송유취詞訟類聚》다. 김백간金伯幹이 지방 수령으로 재직할 당시 《대명률大明律》, 《경국대전》, 《대전속록大典續錄》 등 여러 법전에서 사송에 필요한 조문을 뽑아서 분류해 한 권의 책으로 만들었다. 그 뒤 그의 아들이 전라감사로 재직하던 1585년(선조 18년)에 전주에서 목판본으로 이 책을 간행했다. 이 책은 재판을 할 때에 적용할 조문을 번거롭게 찾아야 하는 불편을 덜어주어 지방에서 쉽게 활용할 수 있었다. 《사송유취》가 실무에 유용하다는 소문이 나면서, 조선 중기 이후 여러 곳에서 이 책이 자주 출판되거나 필사되어 수령과 아전들의 지침서로 활용되었다. 그런데 이런 책이야말로 중앙 정부에서 편찬하고 대량인쇄해 지방에 배포했어야 할 책이었다. 개개인이 필사해 쓸 일이 아니었다. 조선 관료들은 이런 실용적인 일에는 관심이 없었다.

지방 수령들은 법률 지식이나 실무 경험이 없었고 일선에서 구체적인 소송을 맡았을 때 전문성을 발휘하기도 어려웠다. 현대의 법관이나 변호사가 그 직무를 수행하기 위해서는 오랜 기간 법률을 공부하고 실무 연수를 받아야 한다. 그런 교육체제가 없고 업무편람 등 자료도 부족한 조선의 관리들은 실무적인 애로가 많을 수밖에 없었다. 실제 재판에서는 수령이 형방아전의 도움을 받아야 했다. 아전들도 전문가는 아니었지만 오랜 경험을 토대로 재판을 유도했으며, 그 과정에서 농간을 부리거나 비리 등 불법을 저지르는 경우가 많았다.

수령들에 대한 1차 감독은 상급 부서인 도의 감사(관찰사)가 맡고 다음으로는 중앙에서 수시로 파견하는 암행어사가 2차 감독을 담당하는 이중 구조로 되어 있었다. 감사는 정기적으로 관할 하에 있는 군현 수령들의 업무실적을 평가하고 잘못이 있으면 이를 시정하는 역할을 했다. 그런데 감사가 현지 실정을 잘 모르기 때문에 감영에 있는 향리(또는 영리)들의 보좌를 받아 일을 처리했는데, 이 과정에서 많은 비리가 나올 수밖에 없었다.

영리들은 군현의 향리를 역임한 후에 파견되는 경우도 많았는데 이들은 자연스럽게 지방의 사족들과 깊이 연관되어 있었다. 경상도 일부 감영의 경우에는 특정한 성씨 가문이 막강한 영향력을 행사해 오랜 기간 영리 파견을 독점하기도 했다. 지방 사족들이 영리와 군현의 향리 인사에 관여하는 것은 사족들의 영향력 행사에 그들이 중요한 역할을 담당하기 때문이었다. 사족들의 영향력은 향리, 영리와 수령들을 통해 발휘되어 지방에 대한 지배체제를 유지했다.

황윤석의 경우에는 목천현과 전의현 두 지역에서 현감으로 재직했는데, 그 기간이 다 합해 2년이 되지 않았고 두 번 모두 임기 중에 파직되었다. 18세기에 수령이 임기를 채운 경우는 드물었고 교체되는 원인도 자신의 의사와 달리 '파직'인 비율이 절반 가까이 될 정도로 많았다.[2] 황윤석이 현감직에서 파직된 사유는 다음과 같았다.

· 관내 유력 사족들 간에 특정인을 향안에 등재할 것이냐에 대한 논쟁
· 향임鄕任(향소의 일을 맡아보던 사람) 선출권을 누가 행사할 것이며 또 누구를 선출할 것인가에 대한 분쟁
· 비리를 저지른 향리들의 조치
· 향리들의 인사 관련 불만

위와 같은 분쟁이 있을 때 재지사족이나 향리 등이 감사와 중앙 감독기관에 투서를 했다. 문제가 확대되자 결국 외지인인 황윤석이 파직되었다. 전의현에서는 암행어사의 감찰을 받았는데, 황윤석이 암행어사를 수행하는 비장과 관계가 원만하지 못해 억울하게 파직되었다. 백성에게는 막강한 권한을 행사하는 수령도 중앙 정부에 뒤를 받쳐주는 강력한 후원자가 없을 경우 재지사족이나 향리들에게 쉽게 휘둘릴 수 있었음을 보여준다.

지방 수령들이 산업을 진흥하거나 민생 안정을 위해 일하기에는 재임 기간이 너무나 짧았고 관청에서 일할 여건도 제대로 갖춰지지 않았다. 제도적으로 주어진 역할을 다하기 어려운 구조였으므로, 수령들은 잠시 머무는 기간에 막강한 권한을 행사하며 통치자로서 권한을 누리는 데만 안주했다.

향촌의 지배자, 재지사족

향촌에서 양반들이 거주하게 된 것은 주로 15세기 이후의 일이었다. 고려 말에 개경에 거주하던 고려의 국인國人, 즉 관료와 중앙군은 농촌으로 내려가 거주하며 기반을 잡기 시작했다. 그들은 노비를 활용해 농장을 개척하며 지역 사회의 중추적 세력인 사족을 형성했다. 이들은 경제력을 바탕으로 학문을 연마하고 과거에 급제해 벼슬길에 나가 관료로 출세하기도 하고 실제 벼슬을 하지 않아도 향촌에서 유력자로서 행세했다. 사족들은 유향소를 활용해 토지와 노비에 대한 지배력을 강화했고 이들이 농촌의 실제 중심 세력이 되었다.

조선에서 사족의 범위에 대해서는 명확하게 정의되어 있지 않았다. 통상 친가나 외가 한쪽이라도 조상 4대 안에 문무반 정직 6품 이상에 진출한 관료를 배출했던 가문의 후손, 그리고 생원과 진사의 가문을 사족으로 규정했다. 중요한 것은 지역 내에서 특정 가문을 사족으로 공공연히 인정해주느냐의 여부였는데, 사족들이 이 문제를 폐쇄적으로 운영하는 경향이 있었다.

임진왜란 이후 향촌 사회에서는 지방에 거주하는 사족들이 전란의 피해를 복구하고 지배체제를 복원하기 위해 노력했다. 양전과 개간 사업을 주도해 농업 기반을 회복하고자 했고 향약 등을 통해 향촌 사회를 안정시키려 노력했다. 재지사족들은 많은 경우에 막대한 토지와 재산을 보유했다.

권위와 폐쇄의 상징, 유향소와 향안

조선은 지방자치를 구현하는 하나의 수단으로 군현에 유향소留鄕所(후기에는 향청)를 두었다. 유향소에는 좌수, 별감 등의 향임 직위를 두었다. 여기에 지방의 유력인사들이 모여 향회를 개최해, 자율적으로 규약(향약)을 만들고 여론을 수렴하는 기능을 담당했다. 유향소는 원래 수령을 보좌하는 자문 기구였다. 수령의 자문에 응하고 풍속을 단속하며 향리를 규찰하는 기능을 했다. 별감이라는 직위는 문자 그대로 환곡과 대동미 수납, 창고 출납, 군역 등에 대해 향리들의 부정을 감시하는 일이었다.

긍정적으로 보면 유향소는 지방 의회와 같은 역할을 하도록 마련된, 나름 합리적인 제도였다. 향임은 중앙 정부에 소속된 관리가 아니라 지방 유지로서 학식과 지역에서의 영향력을 바탕으로 해 지방 행정에 도움을 주는 기능을 담당했다. 유향소의 제도가 가장 발달했고 또 권위를 가지고 있었던 곳은 영남 지방이었다. 그중에서도 특히 안동이 유명했다. 이곳에는 중앙의 고관을 역임한 사람도 향임을 맡았다고 한다.

그런데 실상은 이 유향소 조직이 매우 폐쇄적인 진입장벽을 가지고 있었다. 재지사족들은 사실상 지방의 향교와 유향소를 기반으로 해 자신들만의 특권을 유지하며 지방을 지배했다. 향안 또는 향적鄕籍은 그 고을에 사는 유력한 양반의 명단을 말하는데, 고을에서 규모가 큰 성씨 가문을 망라하는 권위의 상징이었다. 또한 사족들이 향촌을 지배하는 체제에서 중추적인 역할을 했다. 당시에는 지방의 양반 사족 중에서 나이 많고 덕망 높은 사람을 좌수로, 그다음 사람을 별감으로 선출해 수령이 임명하도록 되어 있었다. 향안은 사실상 그 후보자 명단이었다.

이 향안은 매우 폐쇄적으로 운영되어, 기존 회원의 추천을 받아야만 후보자가 될 수 있었고 회원들의 투표에서 일정한 비율 이상의 동의를 얻어야 향안에 오를 수 있었다. 기본적으로 향안에 오르는 것은 일정한 자격을 갖춘 유력한 양반이라야만 가능했다. 엄격한 진입장벽은 오직 회원들만의 이익을 대변하겠다는 폐쇄적 제도의 상징이었다.

17세기 전라도 담양의 향안에는 부, 모, 처족이 모두 향안에 올라 있는 사족만이 새로 향안에 오를 수 있었다. 〈면앙정가俛仰亭歌〉로 유명한 송순宋純이 바로 전라도 담양 출신이었다. 그가 향안에 등록되는 과정을 보면 이 조직이 얼마나 폐쇄적으로 운영되었는지 알 수 있다. 송순은 담양 출신으로서, 과거에도 급제해 당시 고위 관직에 있었는데 그의 외가가 남원(즉 담양이 아닌 외지)이고 외가에 현직 관료가 없다는 이유로 신청이 거부되었다. 그 후 송순이 현직 대사헌으로 재직할 때 고향에 성묘차 내려와 유력자들을 초청해 성대히 주연을 베풀었다. 그러고 나서야 그가 비로소 향안에 오를 수 있었다. 입회 후 처음 향회에 참석했을 때 현직 대사헌인 그의 좌석 배치 순서가 지역에서 훈장을 역임한 원로 다음이었다.

이 정도로 유향소는 보수적이고 폐쇄적인 조직이었다. 담양에서는 부모와 처가 양반이어야 했고 서얼이나 향리, 상민과 혼인한 사람은 본인은 물론 그 자손까지도 향안에 들어갈 수 없었다. 신분상 하자가 있는 자는 아무리 학식이 뛰어나고 과거에 합격해 관직을 역임해도 향안에 수록될 수 없었다.[3]

사족들은 이렇게 지극히 폐쇄적인 진입장벽을 쌓고 사족 가문끼리 혼인하며 지역공동체의 핵심 주도권을 장악했다. 이들이 향촌의 여론과 문화, 교육 등을 장악하며 사회적 영향력을 행사했다. 그러니 특권을 지키기 위해서도 입회 자격을 엄격히 유지할 필요가 있었다. 16세기 이후에 향약을 비롯한 향촌 자치가 뿌리를 내리면서 종전까지 이어지던 관-민의 지배종속 관계가 차츰 사-민의 지배종속 관계로 바뀌게 된다.

18세기에는 향촌에서 지방 양반 세력들 간의 다툼, 이른바 향전鄕戰이 치열했다.[4] 기존의 전통 세력에 추가해 신향新鄕으로 불리는 신흥 세력이 등장해 유향소 참여와 향안 등록을 요구하며 대립했다. 그 결과, 18세기 후반이 되면 대부분의 지방에서 신향이 유향소의 지배권을 장악한 상황이 된다. 유향소는 향청으로 명칭이 바뀌며 수령의 하부 기구로서 조세 징수 업무도 일부 수행하는 등 역할과 지위가 변질되었다. 향청의 좌수와 별감도 수령이 신향에서 차출하는 식으로 운영되었다.

향청이 향반들의 이익을 옹호하는 데 중점을 두면서, 본래의 취지인 수령을 보좌하고 향리의 부정을 감시하는 일은 소홀해졌다. 좋은 취지로 만든 제도가 실제로는 폐쇄적으로 운영됨으로써 본연의 역할을 다하지 못한 셈이다.

백성까지 억압한 향약과 동약

향약은 향안에 참여한 사람들이 마을의 기강과 질서를 유지하기 위해 만들어 운영했던 자치규약이었다. 원래 향약은 양반들 사이의 약속이며 규율이었다. 그런데 임진왜란 이후에는 양반들이 주도해 일반 백성들도 향약에 참여시켜 그 규범을 준수하게 했다. 사족들은 양반을 위한 약조와, 양반이 아닌 하인下人을 위한 약조를 따로 만들어 운영했다. 양반을 위한 향약에는 부모에 대한 효도, 형제 간의 우애, 부부 간의 법도, 고을 어른에 대한 예의, 남이 어려울 때 구원하지 않는 행위를 규제하는 내용이 다수 포함되어 있었다.

한편 하인을 위한 약조도 주요 내용은 비슷하지만 신분 질서의 유지를 위한 항목들이 추가된 것이었다. 즉 양반을 욕보이는 자, 양반과 나란히 말을 타는 자, 생산에 힘쓰지 않고 농사일을 게을리하며 노는 자 등을 마을에서 단속하는 규범을 만들어 운영했다. 양반이 만든 규약을 지역 백성들은 그대로 따라야 했다.

향약은 비록 자치규약이었지만 이 향약을 지키지 않거나 윤리적으로 물의를 일으킨 사람은 마을의 공론으로 처벌하기도 했다. 이를 향벌鄕罰

이라고 했는데, 향촌 사회에서는 이를 상당히 중시했다. 양반과 상민을 막론하고 최고의 향벌은 '출향黜鄕'과 '수화불통水火不通'이었다. 출향은 집을 부수거나 마을에서 쫓아내는 등 같은 마을의 주민으로 인정하지 않는 벌을 의미했다. 수화불통은 물과 불이 섞이지 않는다는 의미로 마을에서 고립시키고 배제하는 것이었다. 이른바 '왕따'를 시키는 것이었다. 양반들에 대한 처벌은 주로 향원 자격을 박탈하거나 정지하는 등 명예에 손상을 주는 것이었으나 양반이 아닌 상민들에 대한 처벌은 일관되게 신체적인 것이었다. 가벼운 처벌은 회초리로 20~30대, 좀 더 무거운 처벌은 70~80대를 때리는 수준이었다.[5]

이렇게 자치규약인 향약을 위반하는 경우에는 향회에서 엄벌을 결정할 수 있었다. 향약은 원래 양반들에게만 적용되던 것인데 이를 일반 백성들에게까지 억지로 확장해 적용했고, 지키지 않으면 양반들의 결정으로 처벌했다. 이런 식으로 사족들이 유향소, 향약 등의 향촌 지배체제를 갖추고 《주자가례》의 윤리와 양반 사족의 신분체제를 주민들도 따르도록 압박했다.

재지사족들의 향촌 지배체제는 현직 관리도 아닌 계층들이 공식적인 법제가 아닌 자치규약으로 백성들의 생활을 규율했다는 데 중요한 의미가 있다. 이렇게 조선에서 공식적인 제도 이외에 비공식적인 제도가 수행한 역할에도 주목해야 한다. 조선의 비공식적 제도에서는 폐쇄적이고 착취적인 성격이 더욱 돋보인다.

18세기 이후에는 향약이 쇠퇴하고 동계洞契와 동약洞約이 발달했다. 계契는 다수의 사람들이 특정한 목적을 위해 규약을 만들고 공동재산을 조성해 활동하는 결사체이다. 1675년 반포된 《5가통절목五家統節目》에 따라 다섯 집을 1통으로 묶었고, 통 위에 리가 만들어졌다. 리에는 리정里正과 유사를 두어 인구조사와 치안유지 등의 행정을 맡게 했다. 17세기 이후에 발달한 동과 리 단위에 만들어진 결사체를 통상 동계라고 했고, 그 규약이 동약이었다.

동계는 통상 상계와 하계로 구성되는데, 상계는 양반 신분의 규약이고, 하계는 상민 신분의 규약이다. 동계는 동리를 지배하기 위한 양반 신분의 결사체 역할을 했다. 모내기나 제초 작업을 위해 상계의 양반들이 하계의 상민 노동력을 강제 동원해 활용하는 체제로 운영되었다. 양반계층의 상민계층에 대한 노동력 착취체제로 작동한 셈이다. 동계에서 농촌 노동력을 동원하고 운영하는 관례와 문화는 통상 '두레'로 불리며 농촌의 공동체 문화를 상징하는 민속으로 알려져 있다. 하지만 그 배경은 양반의 상민 노동력 동원체제에서 비롯된 것이었다.[6]

전라남도 영암군 군서면에 구림동이라는 마을이 있었다. 여기에서 조직한 구림대동계鳩林大同契는 1565년에서 1580년 사이에 함양 박씨인 박규정朴奎精 등 지역의 유력한 양반들이 주축이 되어 설립한 것이다. 구림대동계는 임진왜란으로 한때 침체되었다가 1641~1646년 사이에 복원되었고 향약적 성격을 명시한 설립 초기의 동계 문서가 보존되어 있다. 《영암 구림대동계 문서》는 총 3종 81책으로 구성되어 있는데, 동계 창건의 과정을 밝히는 내용과 함께 1609년에서 1743년까지의 동헌 규약이 잘 보존되어 있다.

재지사족들의 부정과 횡포

조선 후기 들어 지주인 토호들은 중앙보다는 주로 향촌에 기반을 두고 있었다. 이들이 바로 향반으로 불리는 계층이다. 17세기 이후 농업 생산력의 발달과 더불어 곡물 시장을 비롯한 유통경제가 성장하면서 지주들에 의한 토지 집적 사례가 늘어나고 있었다. 지주들은 온갖 편법, 불법을 동원해 토지를 겸병했고 대부분의 농민들은 영세농, 작인, 심지어 유리민流離民으로 전락하는 등 농민층이 분화되고 있었다.[7]

1709년(숙종 35년) 7월 5일, 사간원에서는 이런 사례들을 모아 조정에 보고서를 제출했다. 부유한 토호들이 고리대로 돈과 곡식을 가난한 사람들에게 나누어 주고 토지 문서를 저당 잡았다가, 이자가 불어나 갚을 수 없게 되면 그 저당 잡은 것을 그대로 매매한 것으로 만들어 토지를 빼앗아버린다는 것이었다. 또 지방에서 세력이 있는 토호는 유랑민들을 모집해 이모저모로 비호해주며 각종 부역을 포탈하게 해놓고 사사로이 부렸다. 이들을 이하인籬下人(남의 집 울타리 밑에 사는 사람) 또는 협호挾戶(남의 집 협채에 얹혀사는 사람)로 불렀다. 협호는 인격적, 경제적으로 모두 양반 주인집에 종속되며 호적에서 누락되고 군역에서도 빠졌다. 이런 협호의 비중이 전국 농가의 3할 정도로 추정되고 있었다. 사간원에서는 이런 각종 비리가 만연하니 각 도 감사에게 시달해 적발해서 죄를 다스리게 하라고 건의했다.

심지어 토호들은 소유권이 분명한 토지도 자기의 오랜 토지라거나 선대가 공훈으로 나라에서 받은 사패지賜牌地라는 등의 명목을 붙여 빼앗기도 했다. 이들은 토지뿐만 아니라 산지나 하천, 늪지대 등을 온갖 방법으로 사유화했다. 또한 인근의 궁방전宮房田이나 관둔전官屯田의 작인이 되어 경작하다가 시간이 경과되면 여러 방법으로 이를 자기의 소유물로 사유화했다.[8]

한편 지방에서 올라온 상소에서는 공공연하게 각종 부역에서 빠져나가는 편법들을 지적하며 개선을 촉구하고 있다. 백성들 중 양반 집 울타리 안으로 피신해 양반의 묘지기, 사랑아범이라는 명목으로 부역에서 면제받는 자들이 속출했다. 아전들과 결탁해 금품을 바치고 각 관청의 계방契房을 조직해 부역에서 빠지거나, 가짜 족보를 만들어 양반으로 위장하는 자들도 있었다. 양반들은 유학, 유생, 교생, 원생 등 각급 학교에 다니거나 공부하고 있다는 핑계를 대어 부역을 피하고 있었는데, 이를 악용하는 자가 많았다. 재지사족들이 협호를 자신들의 묘지기라 해 보호하면 향리들이 감히 데려가지 못했으므로, 모두가 이렇게 부역을 면제받고 나면 결국 그 피해는 힘없는 백성들에게 돌아갔다.[9]

지방 토호들은 양전(토지조사)도 격렬히 반대했다. 그 이유는 자신의 비위를 감추고 이익을 보호하기 위한 것이었다. 우선 토호들은 자신의 비옥한 토지를 낮은 품질의 토지로 평가받아 가벼운 전세를 부담하고 있었는데, 토지조사를 새로이 하게 되면 등급이 올라 전세 부담이 늘어날 것을 우려했다. 또한 이미 경작하고 있는 토지도 황무지로 속여 토지대장에 누락시켜 전세를 납부하지 않고 있었는데, 토지조사를 하게 되면 이것이 모두 드러날 것을 염려했다. 한편 향리들도 양전을 반대했다. 이들이 뇌물을 받고 토지대장에서 누락시킨 땅이 적발될 것이 두려웠기 때문이었다. 이렇게 조세 행정의 핵심 기반인 토지대장이 부실하게 운영되고 있었다.

심지어 재지사족의 권력에 굴복해 자신의 딸까지 바치는 사례가 19세기 후반에도 일어나고 있었다. 1872년 어떤 지방 생원 집의 노비가 한 농민의 집에 놀러 간다고 나갔다가 갑자기 도망가는 사건이 발생했다. 그러자 집주인 농민이 그 노비의 도주를 막지 못한 책임을 지고 사죄하며 자기 딸을 노비 대신 바쳐 양반 집에서 일하게 했다. 이에 양반에게 30냥을 받고 딸을 아예 영영 바친다는 뜻으로 매매문서를 작성해 후일 논란이 없게 하였다. 재지사족이 지역 주민에게 군림하며 형성한 착취적인 문화이니 가능했던 사건이다.[10]

재지사족들이 자행하는 대부분의 횡포는 법치를 문란하게 하는 지대 추구 행위였다. 이러한 부정행위는 법을 악용해 사족들의 지위와 물리적 힘을 토대로 자행되었다는 특징이 있다. 재지사족들은 현직 관리도 아니면서 수령과 향리를 압도하는 집단적인 권력을 행사한 사례가 많았다. 권력이 양반 사족들에게만 집중되고 다른 계층에는 분산되지 않았기 때문에 이런 횡포가 가능했다. 재지사족들의 횡포로, 지방 관청은 법에 보장된 지역 주민들의 재산과 권리도 제대로 지켜주지 못했다. 제도론에서는 법에 규정된 사전적인 제도보다도 사후에 실제로 실현된 제도를 더 중시해야 한다고 주장하는데, 재지사족들의 이러한 횡포는 이 주장의 근거가 되는 생생한 사례라고 볼 수 있다.

실무 집행자, 향리

지방 관청은 중앙 관제와 같이 업무를 6방으로 나누고, 사무는 이속吏屬(각 관아에 둔 구실아치)들로 하여금 맡게 했다. 6방 중에도 이방, 호방, 형방이 중심이었기 때문에 그 세 직책을 3공형三公兄이라고도 했다. 지방 관청의 향리나 이속을 아전衙前이라고 불렀는데 지방 수령이 근무하는 관아의 앞에 그들이 근무하는 사무실이 있었기 때문이었다. 이러한 이속 이외에 군관이나 포교 등 경찰 업무에 종사하던 이속들도 있었다.[11]

아전들은 지방 말단의 행정 실무를 담당하면서 여러 가지 부정을 자행했다. 그러나 아전들이 부정을 저지른 것에는 국가에서 그들에게 봉급을 지급해주지 않은 데에도 원인이 있었다. 고려에서는 향리들이 읍리전邑吏田을 받아 생활했으나, 조선에서는 기존의 읍리전도 폐지했다. 조선은 향리들을 군현의 행정 실무를 담당하는 하급 지배층으로 본 것이 아니라, 국가의 국역체제에 편입된 피지배층으로 보았다. 그래서 향

리들은 양인들과 같이 국역의 의무를 수행해야 한다고 규정해 봉급을 줄 필요를 느끼지 않았다.[12]

향리의 업무는 향역鄕役이라 했는데 우선 호장은 군현의 민을 대표해 국가의 경조사에 참여하거나 중앙에서 오는 관리들을 접대했다. 또 관속을 감독하고 관아의 소요 물품을 관리하는 일을 했다. 또한 군현의 재정 출납에 관한 업무, 공사의 제사나 학교 운영, 병무와 군역, 관내 치안 등의 업무를 담당했다.

조선 시대에는 모든 공문서를 한자로 작성했는데, 이를 해득할 수 있는 계층은 매우 제한적이었다. 향리 집단은 오랜 경험으로 공문서의 작성에 한자뿐만 아니라 이두 문자를 빈번하게 사용할 수 있었으므로, 결국 그들이 지방 행정을 마음대로 휘두르게 되었다. 향리들이 백성을 착취할 수 있는 유력한 근거가 여기에도 있었다. 모든 문서를 한자로 작성했으니 일반 백성들은 문서를 제대로 읽거나 이해하기도 힘들었다. 그래서 재산권이나 부세 정보를 향리들에게 의존할 수밖에 없었다. 정보의 현저한 비대칭이 있었던 것이다.

수령은 손님에 불과했다

지방 수령이 막강한 권한을 갖고 있기는 했지만 이들도 실제로는 결국 향리들을 통해 권한을 행사할 수밖에 없었다. 오히려 1년 남짓한 기간만 머물다가 떠나가는 지방 수령들은 손님에 불과했으며 실권은 향리 집단이 행사하는 경우도 많았다. 많은 지방 수령들이 임기를 채우지 못했던 것도, 향리와 영리들이 담합해 자신들과 맞지 않는 수령의 인사고과를 좋지 않게 매기도록 감사에게 영향을 미쳤기 때문이었다. 집안 대대로 향촌에 거주하며 부와 세력을 형성해온 향리 집단은 실질적으로 지방을 지배하는 권력 집단이었다. 향리들 중에는 영리나 중앙의 세도가들과 통하는 사람도 적지 않았다. 이들의 영향력을 지방 수령이 무시할 수는 없었다.

수령이 함께 일할 향리들에 대한 인사권을 마음대로 행사하기 어려운 경우도 있었다. 많은 지방에서 전임 수령이 떠나기 전에 신임 이방을 미리 결정했다. 수령이 교체되면 지역 내 주요 향리 가문들이 서로 협의해 새 이서 팀을 구성한 뒤 이를 지방 수령에게 제안했다. 그러면 대체로 수령이 그대로 임명할 수밖에 없었다고 한다. 물론 법제가 아닌 관행이었다. 한번은, 안동에 신임 수령이 부임하면서 새로운 이방이 마음에 들지 않는다고 바로 교체해버린 일이 있었다. 수령의 정당한 권한 행사였다. 그러자 향리들이 집단 반발해 일어났고 경상도 감영까지 동원하면서 결국 자신들의 뜻대로 인사를 관철시켰다.[13]

인사권을 비롯해 향리들을 완전하게 장악하지 못하는 수령들이 중앙 정부의 법령이나 업무 명령을 제대로 수행하기는 어려웠다. 짧은 기간 체재하는 수령이 향리들의 부정부패를 막기도 어려운 구조였다. 제도 집행에서 실행력이 취약했던 것은 지방 관청의 이러한 세력 관계에서 비롯된 측면이 많았다.

유향소와 경재소가 양반 신분층을 중심으로 운영되었다면, 다른 한편 향리 신분층이 운영하는 연락기관으로 한양에 경저리, 혹은 경주인이라는 것이 있었다. 또한, 각 지방 관청과 감사가 근무하는 감영을 연결하는 영저리, 혹은 영주인도 있었다. 영저리는 군현에서 관찰사의 감영에 파견되어 행정 실무, 출신 군현과의 연락 업무 등을 맡았다. 이들은 관찰사에게 고을 수령에 대한 정보를 제공하면서 횡포를 부리기도 했다.

겹겹이 싸인 향리들의 부정부패

향리들이 저지르는 부정 비리를 포흠逋欠이라고 불렀다. 주로 관청의 아전들이 세금으로 거둔 곡물을 훔쳐내거나 중간에서 가로채는 것을 의미했다. 한번은 목천 현감 황윤석이 집안에 상을 당해 휴가 중일 때, 목천현의 호장 등 향리와 관노비 40여 명이 좌수와 별감을 끼고 창고의 곡식 250석을 횡령하는 대형 비리 사건이 발생했다. 목천현의 수령을 제외한 핵심 간부들이 대거 가담한 공공연한 부정행위였다. 현감이 보름 남짓 휴가를 간 기간에 향리들이 대규모로 나서서 조직적으로 횡령한 것으로, 처음 있는 일도 아니었다. 황윤석은 부임하면서 목천현 향리들이 과거에도 여러 차례 비리를 저질렀음을 들은 바 있었다. 다른 지역에서도 그런 부정 사례는 많았다.

황윤석은 관련자들을 횡령한 양에 따라 차등해 옥에 가두고 처벌했는데, 법전에 규정된 형량보다는 약하게 처벌했다. 목천현 내에서 수령을 보좌해 사건 처리를 도와주는 향청의 좌수와 별감 또한 사건에 연루되어 있었다. 외지인인 수령을 제외한 대부분이 관련자인 셈이었다. 범죄 관련자들은 곧 곡식을 반납하겠다고 약속하며 선처를 요청했다.

사실 향촌의 사족과 향리를 포함해 지역의 주요 인사가 대거 관련된 조직적인 범죄를 외지에서 온 현감 혼자서 원칙대로 처벌하는 것은 현실적으로 불가능했다. 또 이러한 대형 사건이 외부에 알려지면 현감 자신의 업무 평가에도 좋지 않은 영향을 끼칠 것이었다. 그래서 그는 관찰사나 형조 등 상부기관에 보고하지 않고 자체적으로 이 일을 해결하려 했다. 그런데 이것이 결국 중대 실책이었다. 나중에 이 사건이 드러나면서 업무 평가에서 '하' 등급을 받아 파직되고 만 것이다.[14]

그들을 어떻게 단속할 것인가

《경국대전》에는 부정을 저지른 관리를 장리贓吏라고 규정해 엄벌하도록 했다. 뇌물이나 횡령 등 부패한 관리의 명단을 따로 기록해 그 아들들은 원칙적으로 과거에 응시할 수 없게 규정했다. 취득한 장물이 40관 이상이면 참형하기도 했다.

《경국대전》 중 〈형전〉의 '원오향리元惡鄕吏(사악한 향리)' 항목에는 지방 아전들의 부정부패에 대한 처벌 조항이 있다. 고을 수령을 조종해 마음대로 권세를 부린 자, 몰래 뇌물을 먹고 부역을 면해준 자, 세금을 받을 때 수고비 등을 받은 자, 불법으로 양민을 부역시킨 자, 관청을 빙자해 백성을 괴롭히는 자, 양인의 딸이나 관청 여종을 첩으로 삼은 자 등을 원오향리로 부르고 엄한 형벌을 가했다.

그러나 이것은 공식적으로 공포된 법제에 불과했고 실제로 일선 지방에서는 제대로 시행되지 못한 경우가 많았다. 목천현의 사례가 그 예이다. 지금까지 반복적으로 이야기한 것처럼, 경제활동에 영향을 미치는 제도는 법령에 규정된 제도 자체보다도 실제로 구현되는 사후적인 제도이다. 제도를 잘 만들어두어도 일선에서 제대로 시행되지 않으면 무슨 소용인가? 안동에서는 향리들의 부정부패 사례를 현지 사족들이 적발해 수령에게 처리하도록 요구한 사례도 있었다. 이 사건이 어떻게 처리되었는지 살펴보자.

"권덕인은 군사기밀을 담당하는 향리로서 조총 마련에 드는 비용을 크게 조작해 거두어들인 후 (…) 매득했다. 권응수는 이호장으로서 새롭게 관노를 뽑을 때 중간에서 다수의 소와 말을 받았다. 권득균은 전세를 담당하는 향리로서 부정한 방법으로 다수의 전답을 매득했다. 권인신은 쌀을 거두는 향리였는데 2년 치 세금을 한 몫에 거두고 1년 치 분으로 전답과 집을 다수 매득했다. 이 네 사람을 1623년 연말에 완악한 향리라고 수령에게 보고했다. 그런데 권덕인만이 잡혀갔다가 얼마 지나지 않아 풀려났다."[15]

죄를 저지른 대부분의 향리들이 잡혀가지도 않았고, 한 명만이 잡혀갔다가 바로 풀려나 업무에 복귀했다는 것이다. 지역에 토착한 향리들의 부정부패는 처리하기가 이렇게 어려웠다. 더구나 향리들이 그 지역 실세 문중의 일원이라면 더욱 그랬다. 향촌의 사족들은 향리에 대한 견제와 감시를 소홀히 하지 않았다. 그러나 수령은 사족들의 도움도 필요로 하지만 직계 손발인 향리들의 도움 없이는 행정을 제대로 수행하기 어려웠다. 또 부임할 때부터 이미 향리들의 도움을 받아 그들과 유착되고 얽혀 있기도 했다. 향리들을 너무 엄정하게 처리하려다 그들의 원망을 사면 자신의 신상이나 고과에 좋지 않은 영향을 줄 수 있다는 것도 감안해야 했다. 결국 수령이 죄지은 향리들을 법대로만 처리하기는 어려웠던 것이다.

16세기 중반, 경상도 성주로 유배된 이문건이 쓴 《묵재일기》에는 그가 향촌에서 경험한 향리와 사족들의 관계가 자세히 기술되어 있다. 양반 사족이었던 이문건은 유배되어 있던 중에도 관으로부터 수세권收稅權을 일부 위탁받았고, 때에 따라 백성들을 대신해 관아에 공물을 납부해 중간이득을 취하기도 했다.

또한 수령, 사족, 향리들과 지속적으로 좋은 관계를 유지하며 여러 민원을 전달하고 해결을 촉구했다. "김세소가 와서 보았는데 처남인 박모를 여수로 의망하고 싶으니 모름지기 판관에게 아뢰어 병방에게 명령을 내려달라고 했다."[16] 내용인즉 사족인 김세소가 이문건을 통해 처남의 인사 건을 부탁하자, 이문건은 판관을 통해 병방에게 압력을 행사했다는 것이다. 사족들이 향촌에서 바람직하지 않은 영향력을 행사한 사례로 볼 수 있다.

정약용도 《경세유표》에서 향리의 조세횡령 사례를 생생하게 소개했다. 토지대장에서 누락한 토지에 대해 고을 아전은 수확이 끝나면 농민에게서 조세를 거두어 탕진해버린다. 그러다가 산속으로 잠적해버린다. 관부에서 비리를 조사하지만 결국 죄 없는 농민에게 다시 납부하게 하고, 농민은 억울해도 결국 국세를 재차 납부하고 만다. 국세가 납부되면 문제의 아전이 산에서 내려와 수령이 총애하는 기생에게 뇌물을 바치고 결국 사건이 유야무야 처리된다. 이런 일이 해마다 되풀이된다고 정약용은 강조했다.

아무리 법에 규정되어 있어도 엄격한 시행과 감독체제가 갖춰지지 않으면 비리를 예방하기 어렵다. 또 현장에서 제대로 시행되지 못하면 올바른 제도라고 말하기도 힘들다. 재지사족의 영향력은 향리들의 부정을 억제하기도 했지만 부정을 유발하기도 했다. 향리들이 부정을 자행하는 제도적 장치를 사족들이 마련해준 측면도 있었다.

어디서부터 잘못된 것인가

조선의 전면적인 제도 혁신을 주창한 반계 유형원이 가장 중요하게 지적한 것 중의 하나가 바로 향리들에게 봉급을 주지 않는 문제와 지방 관서의 운영비를 책정하지 않는 문제였다. 《반계수록》에 밝힌 유형원의 추계에 의하면, 모든 관리들에게 적절한 봉급을 지급하고 지방 행정기관과 군부대에 운영 예산을 지급하더라도 조선 정부에 큰 부담이 되지는 않을 것이라고 했다. 관리들에 대한 봉급 등 꼭 필요한 비용은 반드시 지급하되, 제대로 관리되지 않아 낭비되는 세원을 찾아내서 보충하면 된다는 것이다.

조선은 작은 정부를 지향해 조직과 관리의 수를 적게 편성했으며 관료들에 대한 인건비, 행정 예산 등을 적게 책정함으로써 형식적으로는 국민에 대한 부담을 줄이려 했다. 그러나 이것은 이상에 불과했을 뿐 실제 운영 과정에서는 오히려 관리, 향리들이 백성에게 착취적으로 지대를 추구할 기회와 명분을 제공했다. 사후적으로 수탈을 더욱 조장하는 결과를 초래한 셈이다. 재지사족들도 자신들의 이익을 지키기 위해 향리들과 부정에 연루되는 사례가 많았다.

향리들의 부정부패를 적발하고 이를 수령에게 고발하며 인사 쇄신을 요구하는 것은 유향소의 주요한 역할이었다. 향촌에 거주하며 부세의 납부, 요역의 배정, 진상품의 조달 등 여러 업무를 통해 아전들의 비리를 소상하게 파악하게 되므로 이를 향회의 논의를 거쳐 수령에게 통보하곤 했다. 이들이 직접적인 인사권을 행사하는 것은 아니지만 향리들에 대한 강력한 영향력을 행사했다. 이런 관계가 향리들이 유력한 재지사족들의 이익에 거슬리는 행동을 할 수 없게 만든 근거였다. 결국 향리들은 농민보다는 사족과 향리 자신들의 이익을 위해 움직일 수밖에 없었다.

조선의 관리들은 관존민비 사상에 젖어 백성들에게 군림하며 온갖 횡포를 부려도 큰 탈이 없다고 생각했다. 정약용이 직접 목격해 《경세유표》에 기록한 향리들의 횡포를 보자. 아전과 포교들이 고을을 돌아다니면서, 받을 수 없는 자의 전세는 마을 사람과 이웃에게 대신 징수했고, 송아지나 돼지를 빼앗아가거나 방을 수색하고 목을 달아매고 결박하기도 했다. 이들이 지나가면 농민들이 앞다투어 도주해 열 집에 아홉은 비게 되며, 추녀와 벽이 무너졌다. 정약용은 이렇게 악착같이 빼앗아간 것도 아전들이 사사로이 챙길 뿐, 관청에는 한 톨도 들어가지 않는다고 지적했다.

이렇게 백성과 직접 대면하는 향리들이 부정과 비리를 남발하고 강도처럼 백성을 착취하는데, 대체 무엇으로 이를 견제해야 하는가? 지역의 견제기관이 제 역할을 못하고 중앙의 감독기관도 감시 기능에 한계를 보인다면, 이것은 어디서부터 잘못되었는가? 결국 이런 체제를 갖추지 못하고 기관이 제 역할을 하도록 압박하지 못한 '제도'에 그 책임이 있는 것이 아닐까?

9장

착취적
신분제의
대명사,
노비제도

노비제도의
실상

조선의 제도 중 가장 착취적이고 폐쇄적인 제도이면서 정치, 경제, 사회에 많은 영향을 미친 것이 신분제였다. 조선은 건국 초기부터 모든 백성의 신분을 양인과 노비로 구분하는 양천제를 시행했는데, 15세기 이후 조선 후기에는 전체 인구의 3할 이상이 노비였다. 조선 후기로 들어오면서 양천제가 무너지고 양반과 상민으로 구분하는 반상제가 정착되었다.

16세기 이후 농업에서 병작제가 보편화되면서 기존 양반에 추가해 양인 중 토지를 소유한 사람들도 양반으로 신분이 상승했다. 동시에 작인의 처지에 있는 계층은 양인이나 노비 모두 평민으로 불리게 되었다. 또한 왜란과 호란을 거치며 노비의 속오군 편성과 납속, 도주 등으로 노비가 줄어들며 양천제가 급속히 붕괴되고 반상제가 정착되었다.

사회구조의 기반을 이루는 신분제가 양천제에서 반상제로 전환된 것은 그만큼 조선 사회에서 폐쇄적인 성격이 더 강화되었다는 것을 의미한다. 조선이 폐쇄적인 제도를 형성한 가장 중요한 요인이 신분제이므로 조선 제도의 성격을 이해하는 데 있어 신분제, 특히 노비제의 형성과 변천 과정을 논의할 필요가 있다.

자신의 능력이나 과실 여부에 관계없이 태어나면서 신분이 정해지고 그것을 바꿀 수 없는 사회에서는 사회의 활력이 떨어지고 개개인이 열심히 일할 의욕을 가지기 어려워진다. 대표적으로 인도의 카스트제도는 가장 완고하고 착취적인 신분제도의 대명사로 통한다. 태생적으로 신분이 정해져 있고 가져야 할 직업도 정해져 있어 개인이 그것을 바꿀 수 없다. 아무리 노력해도 지위 상승을 기대할 수 없고 계층 이동이 불가능하다면 누가 열심히 일하겠는가? 이런 신분제도는 경제성장을 저해하며 사회통합을 해친다. 조선도 전체 인구의 3~4할을 노비로 규정하고 세습하며 제약했던 사회였다.

조선의 노비제도는 다른 어느 나라와도 다른 특징을 가지고 있었다. 노예제도는 매우 오랜 역사를 가지고 있고 세계적으로 활용되었던 제도이다. 대부분의 경우에 중범죄자나 전쟁포로를 노예로 했는데 그것도 대개 본인에 한정되었으며 자손에게 세습되는 경우는 드물었다. 그런데 조선에서는 전쟁포로나 외국인이 아니고 범죄자도 아닌 백성이 세습에 의해서 노비로 규정되었다는 데에 가장 큰 특징이 있다. 자손들은 아무 죄도 없이 부모가 노비라는 이유로 태어나면서 노비가 되었다. 조선의 노비들은 전쟁포로나 다른 민족이 아니라 국내에서 제도에 의해서 형성된 '신분'이라는 것을 의미한다. 결국 노비 신분을 규정하는 것은 다른 것이 아니라 제도였다.

세습되는 재산, 노비의 유래

노비는 재산의 일부로서 매매와 상속의 대상이 되었는데 이는 대부분의 노예제도가 갖는 성격이었다. 조선 최고의 법전인 《경국대전》의 〈형전〉에는 매매할 경우에 적용할 노비의 가격을 규정했다. 나이 16세 이상에서 50세 이하의 장년 노비 1인의 가격은 저화 4,000장이며, 나이 15세 이하이거나 51세 이상인 경우 3,000장이라고 되어 있다. 노비의 소유주는 노비를 죽일 수도 있는 법적 권한이 있었다. 소유주는 노비에게 마음대로 형벌을 내릴 수 있으나 죽일 때에는 관청에 신고해 허가를 받도록 규정되어 있었다. 노비는 결국 인격이 거의 인정되지 않는 재산의 일부였다.

조선의 노비제도가 다른 나라의 것과 또 다른 점은, 노비가 법적으로 토지를 소유할 수도 있었고 심지어 다른 노비를 소유할 수도 있었다는 것이다. 노비에도 여러 종류가 있고 각각 신분상 구속되는 정도가 다르고 생활여건이 달랐다. 대부분 신분상 세습되며 매우 엄격하게 통제되고 있었음에도 불구하고 노비의 재산 소유권은 인정하고 있었다. 이것은 조선의 노비가 매매와 상속의 대상이었지만 유럽이나 아메리카의 노예와도 다른 존재였음을 의미한다.

도대체 어떤 사람들이 언제부터 노비가 되었을까? 언제부터 세습되었을까? 노비의 기원에 대해서 논란은 있지만 통상 기자조선箕子朝鮮*에

---

*중국 은나라 말기에 기자箕子라는 사람이 조선에 와서, 단군조선에 이어 건국했다고 전하는 나라. 기자조선에 대해서는 학계의 의견이 다양하다. 조선에서는 기자조선을 인정했다.

서 8조 금법을 제정하면서 다른 사람의 재물을 훔친 자는 노비로 만든다는 법령에서 비롯되었다고 인용된다. 삼국 시대를 거치며 잦은 전쟁에서 생겨난 포로들이 노비가 되었으나 대체로 세습 노비제도는 고려에서 유래했다고 본다. 고려 태조가 왕조를 건설하는 과정에서 경쟁자들을 토벌하고 사로잡은 포로들을 공신들에게 노비로 나눠 주었고 관청에도 배치했다. 노비의 주된 소유자는 공신들이었다.

공신 귀족들이 소유한 노비는 재산의 일부였을 뿐 아니라 귀족들이 가진 물리적인 힘의 기반이었다. 귀족들은 자신의 집안 또는 인근에 수십 수백 명의 노비를 거느리고 있으면서 주변의 누구도 감히 넘볼 수 없는 강력한 힘을 가졌다. 광종은 귀족들이 양인을 핍박해 불법적으로 노비로 편입시킨 사례가 많다고 지적하며 956년 '노비안검법奴婢按檢法'을 실시했다. 이로써 원래 양인이었지만 불법으로 노비로 편입된 농민들의 신분을 회복해주었다. 이 법은 공신 귀족들의 강력한 반발을 불러일으켰다.

고려의 유학자이며 관리인 최승로崔承老는 귀족들에게 노비가 갖는 재산으로서의 의미가 어떤지를 잘 대변했다. 조선 전기에 편찬된 고려 역사서인《고려사절요高麗史節要》를 보면, 최승로는 귀족들의 노비 소유권을 제한하려 한 광종의 조치를 강력히 비판했다. "광종 대에 이르러 비로소 노비를 안험按驗해 그 옳고 그름을 판별하도록 명령하셨으니, 이에 공신들은 탄식하고 원망하지 않는 자가 없었으나 (…) 광종께서는 듣지 않았습니다."[1]

광종 사후 고려는 귀족층의 압력에 밀려 결국 987년 노비안검법을 폐지했고, 해방되었던 노비들을 다시 노비 신분으로 환원시키는 반개혁

조치를 취했다. 최승로는 태조 왕건이 전쟁 이후 공신들에게 노비들을 나누어 주었다가, 나중에는 그 노비들을 해방시켜 양인으로 삼으려 했지만 공신들의 동요와 반발을 염려해 귀족들의 노비 재산권을 보호했다고 밝히면서, 광종이 그 취지를 저버리고 노비를 감축하여 귀족들의 재산권을 침해하고 사회 안정을 저해했다고 비난했다. 최승로 등 관리들은 아무리 왕이라도 귀족계층의 노비 소유권에 과도하게 간섭하는 것을 수용할 수 없었다. 귀족들에게 노비는 결코 양보할 수 없는 강력한 기득권이고 세력의 기반이었다.

노비제도는 어떻게 변화해왔는가

고려는 노비와 양인의 혼인인 양천교혼良賤交婚을 법적으로 금지하며, 부모 중 어느 한 명이라도 천민이면 자식은 천민이라는 원칙(일천즉천一賤則賤의 원칙)을 유지했다. 그런데 불법으로 금지해도 양천교혼이 실제로 일어나니, 그 자식들의 소속은 어떻게 해야 할까? 1039년(정종 5년), 고려는 후대에 오래 영향을 미친 '천자수모법賤子隨母法'을 제정했다. 천자수모법은 노비의 자식은 어미의 소유주에게 귀속된다는 법이다. 이는 양인 아비와 노비 어미의 경우에도 적용되었다. 부모 어느 한쪽이라도 노비이면 일천즉천의 원리에 따라 자식이 모두 노비가 되지만, 천자수모법은 그 자식의 소유권을 어미인 노비의 소유주로 정해준 것이다.

조선 전기에도 일천즉천의 원칙이 유지되고 있었다. 《경국대전》의 〈형전〉에 노비는 어미의 역을 세습한다고 규정했다. 노비와 양인이 결혼하면 자녀는 모두 노비가 되므로 노비 인구가 증가되고 국역 의무자는 감소했다. 국가의 재정에는 매우 부담이 되었다. 그러나 양반 노비 소유자에게는 재산이 늘어나 유리한 것이었으므로 국가와 양반계층의 이익이 상충되는 제도였다. 일천즉천의 원칙은 노비를 소유한 양반들이 자신의 이익을 위해서 노비계급을 착취하고 국가의 재정과 국역체제까지 손실을 끼치는 일방적인 지대추구 행위였다. 이 제도의 존속을 위해 고려의 귀족뿐 아니라 조선의 양반 관료계급이 집요한 노력을 기울인 것은 그만큼 그들의 경제적 지대가 컸다는 반증이었다.

그러다 노비 증가와 양인 감소로 군역 부담자가 줄어들자 1414년(태종 14년) 종부법을 시행했다. 이에 따라 양인 아비와 노비 어미 사이의 자식은 일정 기간 보충군에서 근무하는 조건으로 아비의 신분에 따라 양인이 되는 길이 열렸다. 관료들은 이 종부법이 노비 인구를 감소시키고 인륜 질서를 어지럽힌다는 등의 문제 제기를 했고, 이로써 세종 연간에 대논쟁을 하게 되었다. 1429년(세종 11년)에서 1432년(세종 14년)까지, 양천교혼의 경우에 아비의 신분을 따르게 하는 것이 옳은지 어미의 신분을 따르게 하는 것이 옳은지에 대한 논쟁이 끊임없이 되풀이되었다. 이 논의를 주도한 것은 세종과 맹사성이었는데, 그들의 논의를 통해 당시 지배층이 노비에 대해 어떤 인식을 가졌는지를 살펴보자.

우의정 맹사성은 종부법이 이미 시행되고 있는데, 여종이 양민인 남자와 혼인한 경우 파생되는 문제를 지적했다. "이 때문에 공사公私의 계집종들이 자기의 아들을 양민으로 만들고자 하면, 다 자기의 간부奸夫로서 양민인 자를 가리키며 말하기를, '이 사람이 실은 이 아이의 아버지입니다'라고 해, 남의 아비를 제 아비로 만들고 남의 아들을 제 아들로 만들게 되어, 명실名實이 서로 달라 어지럽혀지고 떳떳한 윤리가 파괴된다'고 우려했다. 여종은 양반 남자들의 노리개에 불과했는데도 지배층은 마치 여종이 남자를 이리저리 선택해 인륜 질서를 저해하는 것처럼 노비에게 책임을 전가하고 있다.

이렇게 되면 유교의 가족 윤리가 파괴될뿐더러 10년 이내에 공사노비가 모두 다 양민이 되고 남는 자가 없게 될 것을 걱정했다. 세종실록에 의하면(세종 11년 11월 25일), 맹사성은 이렇게 말했다. "그러나 공천公賤은 없을 수 없사옵니다. 만약 모두 천인의 신분을 면하고 양민이 된다면 반드시 다시 양민을 찾아다가 부릴 수밖에 없을 것이니, 장래의 폐단을 생각하지 않을 수 있겠습니까?' 맹사성은 양반에게 시중드는 노비가 꼭 필요하고 그래서 일정한 수의 노비가 없으면 부작용이 클 것이라고 경고했다. 양반 관료들은 이런 정도의 선민사상을 가지고 있었다.

결국 1432년, 오랜 논쟁을 거쳐 종부법의 적용 대상을 관료와 노비(여종) 사이에 태어난 자식으로 제한했다. 종부법이 사실상 유명무실화된 것이다. 또한 사실상 양천교혼을 묵인하는 것으로 결론을 내렸다. 이로서 관료가 아닌 일반 양인과 노비 사이의 자식은 천자수모법에 따라 어미의 신분을 따르게 되었다. 이는 노비 인구가 크게 늘어나게 되는 제도적 후퇴였다. 지배층은 노비가 과도하게 늘어나 양인이 줄어드는 것을 우려하기도 했지만, 노비가 줄어들면 부릴 수 있는 일손이 줄어드는 것을 더 걱정해 제도를 자주 변경했다.

기자조선의 8조 금법의 내용에 대해서는 조선 관료들의 오해가 있었다. 8조 금법에 도둑질한 자는 노비로 삼는다는 조항이 있는 것은 확실하다.[2] 그러나 그 노비 지위를 세습하게 했다는 것은 자료를 잘못 해석한 것으로 보인다. 8조 금법에서는 "도둑질한 자의 경우 남자는 노예, 여자는 노비가 되는데 속전을 내고 죄를 면하고자 하는 자는 50만을 내야 한다. 속전을 내고 죄를 면해 일반 백성이 되었다 하더라도 그것을 부끄럽게 여겨 결혼 대상으로 삼아주지 않았다"고 기록하고 있다.[3] 노비 신분이 자녀에게까지 세습된다는 규정은 아예 없고 속전을 내면 노비 지위도 면할 수 있었다고 해, 사회적 벌칙일 뿐이었고 범죄 예방을 목표로 했다는 것을 알 수 있다. 그 결과로 기자조선에서는 도적이 없어 문을 닫지 않아도 되었다고 한다.

《고려사高麗史》는 조선 건국자인 성리학자 관료들의 역사관을 반영한 기록이다. 여기에서는 이례적으로 고려의 노비제도를 매우 긍정적으로 평가했다. "대체로 우리나라에 노비가 있는 것은 풍속의 교화에 크게 도움이 있었으니, 내외를 엄격히 하고 귀천을 구별하고, 예의를 실천하는 것이 이로부터 말미암지 않은 것이 없기 때문이다." 노비 소유자인 양반의 관점에서 본 기록이었다. 그래서 고려의 노비를 처리하는 법에 취할 만한 것이 많기 때문에 '형법지刑法志' 항목에 함께 첨부해둔다고 그 취지를 밝히고 있다.

종모종량법을 통한 개혁

조선의 노비제도가 강고하게 유지되고 번성한 것을 통해, 노비 소유주가 핵심적 재산이고 노동력이었던 노비로부터의 경제적 인센티브에 특히 강하게 집착했다는 것을 알 수 있다. 1551년(명종 6년) 9월 28일, 참찬관 남응운南應雲이라는 관료가 국익에 부합되는 논리를 임금에게 진언했다. 그는 노비의 소생은 어미 신분을 따르게 한 조선의 제도로 인해 노비가 날로 많아지고 양민은 날로 줄어든다고 지적했다. "이는 실로 고려 말엽에 정권을 잡은 권신들이 국가를 병들게 하고 사가私家를 살찌우기 위해 시행한 폐단이었습니다." 그래서 "한시적으로 노비와 양인의 여자가 혼인한 경우에 어미의 신분을 따르게 한다면 수십 년이 못가서 양인 장정이 늘어나 군사 자원이 줄어드는 문제를 해결할 수 있다"고 주장했다.

이때 관료 남응운은 기득권층의 반발을 정확하게 예측하며 절묘한 해결책을 제시했다. 종모법과 같은 정책은 국가에는 유리하나 사대부들의 개별적인 이익에는 반해 반대가 많을 것이니 임금이 혼자서 결단하라고 건의한 것이다. "대체로 국가에 대사가 있으면 그 계책을 경사와 모의하는 것이 옳은 일이나, 이것은 공에 유리하고 사에 해로우니, 상께서 결단해 시행하셔야지 정신廷臣들에게 널리 의논할 필요는 없습니다." 국가의 리더는 때로 혼자 결단해야 할 때가 있는 법이다. 주변의 관료들이 기득권에 얽매여 반대하는 사안을 통상적인 정책 결정 과정에 따라 기득권층과 상의해서 결정하는 것은 현명한 리더가 할 일이 아니다.

일천즉천제의 영향으로 17세기까지 노비가 계속 증가하다가 18세기에 노비가 감소하게 된 결정적인 제도의 변경이 바로 '종모종량법從母從良法'의 시행이었다. 어머니가 양인이면 자녀에게 양인 신분을 인정하는 종모종량법(종모법)은 1669년부터 시행과 중단을 반복하며 갈등을 겪다가 드디어 1731년 영조의 결단으로 확정되었다. 영조 자신이 천한 무수리의 아들이었기 때문이었다. 영조와 정조는 종모법 이외에도 노비살해 행위를 처벌하고 노비의 신공(부역 대신 납부하던 세금)을 줄이거나 폐지하며 노비의 추쇄(도망한 노비를 붙잡아 본래의 주인에게 돌려보내는 것)를 금지하는 등 노비제도를 혁신했다. 영조와 정조 대에 실시된 노비제도 혁신 정책은 18세기 노비 인구 감소를 가져온 제도상의 중요한 변화였다.

종모법으로 노비 인구가 감소했고, 군역제도의 변화로 군대에 편성된 노비들에게 면천의 기회가 주어졌다. 가장 많은 면천의 방법은 그냥 도망쳐서 노비 문서에서 빠지는 것이었다. 추쇄제도가 있어도 다시 잡아들이기는 쉽지가 않았다. 노비 추쇄 제한 조치는 노비들이 도망해 노비 신분으로부터 벗어날 수 있는 길을 열어주었다.

노비에는 공노비와 사노비가 있었다. 관청에 소속된 노비를 공노비라 하는데 그중에서도 관청에서 잡역에 종사하는 노비를 입역노비라고 했다. 관노비 중 외부에 거주하면서 농사를 짓는 노비는 납공노비라고 했다. 납공노비는 관청 소유 토지에서 농사를 지어 매년 50%의 병작료를 냈고, 이에 추가해 남자는 무명 1필과 저화 20장, 여자는 무명 1필과 저화 10장을 납공으로 냈다. 한편 기술자들은 선상노비라고 해 일정 기간 관청에 나가 관수품을 제조했다. 공노비는 하급 기술직에도 진출할 수 있었다. 이들은 교서관, 조지서, 사용원 등에서 종이 제조, 인쇄, 무기 제조, 바느질 등 기술 업무를 담당했다.

개인이 소유하는 사노비에는 주인집에서 거주하는 솔거노비와 외부에 거주하는 외거노비가 있었다. 외거노비는 주인집 바깥에 거주하며 주인의 토지를 대신 경작하고 일부 토지를 사경지로 받아 자신의 생산물을 가질 수 있었다. 외거노비는 솔거노비에 비해 비교적 자유롭고 재산을 축적할 기회도 있었다. 외거노비들은 노비 신분이면서도 납공을 납부하는 한 그다지 제한을 받지 않았다. 이들은 반자치적 작인이었고 양인으로 신분을 전환하는 것도 인정되었다. 그 대신 흉년에는 자기 책임으로 대처해야 하므로 위험에 항상 노출되어 있었다. 솔거노비는 주인집의 행랑채에 살면서 주인집의 식사 준비, 세탁, 농사, 옷감 짜기 등 온갖 잡일을 담당했다. 솔거노비는 자유가 제약되었지만 경제적 위험과 책임은 없었다. 민화, 소설 등 조선의 사회생활을 묘사한 작품에 등장하는 노비가 주로 양반 집에 기거하는 솔거노비이다.

노비제도의
폐해

임진왜란이 일어난 1592년, 왜적의 침략으로 임금이 한양을 떠나자마
자 노비들이 장예원掌隷院과 형조를 장악해 노비 문서를 모두 불태워버
렸다. 착취적 신분제에 대한 노비들의 한을 보여주는 사건이었다.

　노비에게는 일반 백성에게 부과되는 부역이 면제되었다. 따라서 노비
가 늘어날수록 양반의 재산은 늘어나는 대신 조세를 부담할 계층은 줄
어들었다. 그 결과 일정한 세수 확보를 위해 일반 백성이 부담해야 할
부세는 점차 늘어났다. 조선 후기 들어 백성에게 부과되는 부역의 부담
때문에 스스로 노비가 되는 사람도 급격히 늘어났다. 국가의 근간을 이
루는 일반 백성은 급감하고 부역에서 면제되는 노비가 급증하는 것은
국가 생산력의 기반이 흔들리는 중대한 문제였다.

　그런데도 노비의 수혜자인 당시 지배층은 자신들의 경제적 근거이며
또한 신분제의 기반인 노비제도를 개편하는 것에 찬성하기는 어려웠다.

노비는 양반의 주요한 재산이고 노동력이었으며, 노비제도는 지배층인 양반계급이 피지배층인 상민들을 통제하는 중요한 기제의 하나였다. 노비는 양반계급의 힘의 원천이었다. 사회 전반에 엄격한 신분제도가 작동하고 있는데 그 핵심 축의 하나인 노비제도를 혁파한다는 것은 양반계급이 결코 양보할 수 없는 문제였다. 인의를 존중하는 유학을 공부한 양반계급이지만 자신들의 기득권을 지키는 문제는 그것이 반인륜적인 행위라 하더라도 결코 양보할 수 없는 강력한 인센티브였다.

애덤 스미스는 노예 노동이 공짜가 아니라 사실은 모든 노동 가운데 가장 비싼 것이라는 경제적 관점을 부각시켰다. 노예에게는 임금을 주지 않으므로 노예를 사용해 일을 시키면 외관상 그들의 생활비만 드는 것처럼 보이지만 결국 따져보면 가장 비싸다고 했다. "아무런 재산도 획득할 수 없는 사람은 가능한 한 많이 먹고 가능한 한 적게 노동하는 것 외에는 관심을 가지지 않는다." 노예제도는 인권의 문제 이전에 경제의 생산력에서도 매우 비효율적인 제도라는 의미이다.

그런데 조선에서도 애덤 스미스보다 약간 먼저, 노비는 자기의 일이 아닌 남의 일을 하기 때문에 생산성이 낮다는 원리를 지적한 성리학자가 있었다. 성호 이익星湖 李瀷은 《성호사설星湖僿說》에서 중국의 고사를 인용하면서, 사람은 누구나 자기 일에는 부지런하고 남의 일에는 게으르니 노비가 자기 것이 아닌 남의 일에 최선을 다하지 않는 것은 인간의 본성으로 당연하다고 했다. 성리학자 중에서도 선각자들은 '경제적 인센티브'를 이해하고 있었던 것이다. 아무리 자질 있는 사람이라도 주인의식을 가질 수 없도록 하면 어떤 일을 잘하기를 기대할 수 없다는 의미이다. 인구의 3할에서 4할까지 노비로 묶였던 조선은 이로 인해 생산력에서 많은 손실을 입지 않을 수 없었다.

노비가 혼인을 한다면

인격적으로 대우받지 못하는 노비의 혼인은 양반들에게 중요한 재산상의 관심 사항이었다. 그것은 누구와 혼인하느냐에 따라 양반의 재산에 영향을 미치는 중대한 문제였기 때문이었다. 양반집 소유 노비가 양인과 혼인해 자식을 낳으면 양반의 재산인 노비가 늘어난다. 그러니 노비의 혼인에 지배층이 지대한 관심을 가지며 관련 제도를 관장했던 것이다.

한 연구에 의하면 1609년 울산 지역에서 입역노의 37.4%가 혼인했고 여종(비婢)의 65.3%가 혼인했다.[4] 노비 소유주가 여종의 혼인에는 적극적이었지만 남종(노奴)의 혼인에는 소극적이었다는 것을 의미한다. 입역노비에 대해 남종의 배우자로는 양인 여자가 압도적으로 많았고 여종의 배우자로는 남종이나 정병, 수군 등으로 다양하게 나타났다. 그것은 자기 여종의 혼인 상대가 누구건 그 자녀는 자기 재산이 되므로, 다양한 배우자와의 혼인을 허용했다는 의미이다. 노비의 호구단자에 자녀의 아버지가 누구인지 모른다는 '부부지父不知'라는 표현이 많이 나오는 것도 여종이 사생아를 낳도록 주인이 묵인했음을 보여주는 것이다.

고려 시대에는 양인과 천인의 혼인을 엄격히 금지했으나 조선 시대에는 사실상 허용하는 방임정책을 취했다. 허용보다는 방조하는 성격이 더 컸다. 여기에는 양반계층의 분명한 이해관계가 내재되어 있었다. 오히려 양반들이 노비끼리의 혼인을 제한하고 양인과 혼인하도록 조장했다. 주인집의 입장에서는 자신의 남종이 다른 집의 여종과 혼인해 자식을 낳으면 그 자식이 어미인 여종의 주인 재산이 되므로 이는 매우 불리한 사례였다. 지금 당장 재산 손실은 아니지만 장차 재산이 될 수도 있었을 재산이 감소하는 것, 즉 기대이익의 손실을 의미했다. 이 경우에 손해를 끼친 남종 노가 주인에게 용서를 빌며 자신의 재산 일부를 주인에게 헌납해 주인의 재산 손실에 사죄했다는 기록도 있다. 1637년 전라도 해남 윤씨 가문의 노비 노계룡이 자신의 논 14두락, 밭 9.6두락, 암소 한 마리 등을 주인에게 바치는 문서를 작성했다. 노비가 주인에게 많은 재산을 바친 이유는 그가 다른 집안의 비와 혼인해 자손을 다산함으로써 윤씨 가문에 그만큼 잠재적인 재산상의 손실을 끼친 것에 대해 보상한 것이었다.[5]

조선 중기에는 노비의 절반 정도가 양인 신분의 배우자와 혼인한 것으로 나타나, 노비 인구가 급증하는 원인이 되었다. 그러다가 1731년(영조 7년)에 종모법이 시행되면서 노비가 감소했다. 홍길동은 양반의 자식이지만 여종이 낳은 자식이므로 다른 양반 자식과 같이 아버지를 아버지라고 부르지 못하는 신세를 한탄했다. 그리고 이런 세상을 뒤엎어야겠다고 반란을 결심한다. 양반이 여종을 첩으로 데리고 사는 경우는 비일비재했고 여기서 난 자식은 법적으로는 노비가 되었다. 양반의 생전에 그 자식을 노비로 취급하지는 않겠지만 그 양반의 사후에는 전혀 다른 문제가 일어났다. 여종에게서 태어난 자식은 법적으로 노비이므로 양반의 다른 재산과 함께 양반 자식에게 상속되었다. 그 결과 여종의 자식은 양반의 다른 자식, 즉 배다른 형제의 노비가 되는 비극이 일어나는 것이었다. 아버지는 같고 어머니가 다를 뿐이지만 한 자식은 주인이고 다른 자식은 노비로서 주종관계가 되는 지극히 반인륜적인 일이 유교 국가인 조선에서는 흔하게 일어났다.

도덕 국가 조선 정부는 이런 문제를 어떻게 처리했을까? 1554년(명종 9년), 법대로 엄격히 집행해 노비의 자식은 형제 관계라도 종으로 부려야 한다는 법령이 시달되었다. 기존 신분 질서를 고수하려는 기득권층의 신념이 냉혹한 법령으로 구체화된 사례이다. "골육지간은 서로 부려먹을 수 없다는 규정은 법전에 실려 있지 않거늘, 습속에 정해져 법이 있는 것으로 여기고 재판할 때마다 국가에 귀속시키니 매우 부당하다. 노비와 주인의 사이는 매우 엄격한데도 형제나 사촌을 부리는 것이 인륜을 가로막는 것이기 때문에 당사자가 이미 천적에 있더라도 형제나 사촌이라서 사환되지 못하고 얼마 뒤 면천한다. 하지만 《대전속록》, 《대전후속록大典後續錄》, 《대명률》에는 그런 말이 한마디도 없다. (…) 골육지간에 대한 제한은 본래 법전에 없다는 취지를 한양과 지방에 잘 알려 이제부터는 영원히 금지하도록 한다."6

노비제도의 동요 ❀

노비제의 해체는 조선 후기 종모법의 시행 등 제도의 변화뿐만 아니라 시장경제의 성장, 인구 증가, 양반들이 보유한 경지 면적의 축소 등 다양한 변화에서 비롯되었다. 왜란과 호란을 겪고 나서 조선 사회는 신분 질서의 해이, 천민층의 양인화, 양반 사대부의 권위 상실 등 대변혁 과정을 겪게 되었다.

신분 상승에 대한 욕구는 17세기 후반부터 족보의 편찬을 늘렸고, 아울러 평민들이 족보를 위조하거나 변조하고 관직을 사려는 경향도 증폭시켰다. 족보는 자기 조상들이 훌륭한 관직을 역임했다는 것을 자랑하려는 의도가 있었기 때문에 온통 고위 관직을 역임한 조상을 찾아 그 휘하에 후손들을 배치하는 방식으로 편찬되었다. 중국이나 일본은 같은 족보를 편찬하더라도 관직 위주가 아니라 조상 중 성공한 사람을 모두 열거했는데, 조선은 달랐다.

신분제가 와해되다

족보뿐 아니라 신분의 근거가 되는 호적을 변조하려는 시도도 많았다. 부정한 방법으로 호적을 바꾸거나 족보를 위조했다. 이런 사례가 많아 조상의 신분을 위조하는 것을 '환부역조換父易祖'라 부르고, 자신의 직업을 유학이라고 사칭하는 사람을 '모칭유학冒稱幼學'이라 부르는 등의 용어도 유행했다. 19세기에 전체 주민의 과반수가 양반으로 호적에 기재된 것은 이러한 과정을 거쳐서 된 것이다. 대구 지방에서 양반 직역職役(국가가 백성들에게 특정한 직職을 역役으로 부과한 것)을 가진 호구의 비율이 1690년 9%에서 1858년에는 70%로 급증했다. 양반으로 분류되는 직역층인 관직, 유학, 업유 등의 증가는 양반과 상민 사이에 위치한 이른바 신향, 향반, 중서층으로 부르는 계층의 성장을 의미했다. 17세기에서 18세기에는 농업 생산의 증가와 시장의 성장으로 재산을 늘린 평민들 사이에서 신분 상승 욕구가 늘어났다. 이로 인해 양반 직함을 돈으로 사는 사람이 늘었고, 자녀의 과거 응시를 장려함으로써 과거 응시자가 증가했다.[7]

18세기 후반에 이르러서는 신분제의 변화로 양반층의 비율이 급증했고, 평민과 노비계층의 비율이 감소하는 등 뚜렷한 인구구조 변화가 초래되었다. 이러한 변화를 초래한 원인에 대해 여러 견해가 있다. 우선 평민과 노비계층이 신분 위조, 납속 등의 방법으로 신분과 직역이 상승했으며 이로 인해 양반층 인구의 증가율이 다른 계층에 비해 높았기 때문이라는 견해가 있다. 한편 호적 기록에서 평민과 노비계층의 누락이 매우 많다는 것도 한 원인으로 지적되었다. 평민과 노비계층이 과도한 부역, 식량 결핍 등의 사정으로 거주지에서 무단으로 도망하는 사례가 급증해 이들이 호적에서 누락되었던 것이다.

호적에서 누락된 호수가 많다는 지적은 실록에도 자주 등장한다. 호적에 등재된 인구는 실제 인구의 50%에도 미치지 못했다는 연구 결과도 있었다. 양반들은 호적에서 누락되면 과거 응시나 소송 등에서 불리하므로 거의 누락이 없었다. 평민계층은 오히려 부역 부담에서 벗어나기 위해서라도 호적에서 누락되는 길을 선호했다. 인구증가율에서도 양반에 비해 평민과 노비는 항상 식량이 부족하고 의약의 혜택을 누리기 어려워 경제사정이 좋은 양반보다 높을 수 없었다.[8]

한편 조선의 호적 기록이 특히 신분이나 직역의 기재사항 등에서 신뢰도가 낮고, 양반층 비율의 과다추정, 평민과 노비계층의 과소추정 등의 문제가 있어 양반계층이 급증했다는 주장에 신중해야 한다는 지적도 있다. 양반 인구가 크게 늘어난 것은 군역에서 면제되어 양반으로 간주되는 인구가 크게 늘어난 요인도 컸다. 결국 여러 요인들이 복합적으로 작용해 18~19세기에 신분제는 급격한 변화를 겪었으며, 19세기에는 양반 비율이 전체 인구의 반수를 넘었고 노비 인구는 급속도로 감소했다. 사실상 노비제의 해체라고 할 수 있다.

병자호란 이후 조정은 북벌을 추진하면서 자원 확보를 위해 17세기 중반부터 강력한 호구조사를 실시했다. 호구조사는 숙종과 영조 대까지 이어져, 호적에 등재되는 전국의 호구와 인구를 배가시키는 데 기여했다. 주인집의 문전에 움집을 짓고 살던 노비까지 독립 가구로 등록했다. 독립된 가구로 등록하면 속오군束伍軍(양인과 천민으로 편성한 군대)과 같은 군역이 부과되었고 노비에 대한 주인의 지배체제에도 변화가 생겼다. 여러 요인으로 이미 노비 가격이 종전의 100냥 수준에서 10~20냥 수준으로 폭락했고 이제 노비들은 약간의 재산을 주인에게 헌납하고 속량贖良(몸값을 받고 노비의 신분을 풀어주는 일)되는 길이 열렸다. 이후 1801년(순조 1년)에는 일부 공노비를 제외한 6만 6,000여 명의 공노비를 해방해 양인으로 편입시켰다. 1894년 갑오경장 때, 드디어 노비제도를 전면 폐지해 법적으로 신분 세습제가 완전히 사라졌다.

노비 신분을 벗기까지

노비들은 신분의 굴레에서 벗어나기 위해 처절한 노력을 했다. 생생한 사례를 통해 신분제 와해 과정을 추적해보자. 1678년, 경상도 단성현 호적에 노비로 등재되었던 김수봉과 그 후손은 양반가의 사노비였다. 그런데 재산을 쌓아 오랜 기간의 신분세탁 끝에 평민, 중인 등의 신분으로 차례차례 상승하는 데 성공했다. 이 과정을 사학자 권내현이 《노비에서 양반으로. 그 머나먼 여정》에서 자세히 밝히고 있다. 권내현은 오랜 기간에 걸쳐 호적대장을 확인해 이들의 직역과 신분이 어떻게 변화하며 기재되어왔는지를 조사했다. 그 결과 노비에서 평민 신분으로 바뀌고 전에 없었던 직역이 새로 기재되는 등, 여러 부분에서 호적이 변경되는 것을 확인했다. 그는 이것이 이들의 노력에 의한 신분탈색 과정이라고 판단했다.

당시 호적을 새로 작성할 때 실수로 잘못 기재하거나 나이, 이름을 바꾸어 쓰는 경우가 많았다. '개똥이'처럼 순수 한글로 된 이름을 호적에 표기할 때는 기재하는 향리에 따라 다른 한자어를 쓰기도 해, 호적에서 마치 이름이 변경된 것처럼 보였다. 또 과거의 행적을 감추거나, 더 행운을 가져다주는 이름을 선호하고 좋지 않은 이름을 기피하는 등 여러 원인으로 의도적으로 이름을 바꾸는 경우도 많았다. 향리와 결탁하면 호적을 변조하는 것이 얼마든지 가능하다는 증표였다.

이런 혼란의 시기에 김수봉 집안은 납속해 양인 신분이 된 것으로 보인다. 대기근 등의 재난을 당할 때면 재정이 취약한 조선 정부에서 노비를 면천해주는 면천첩을 팔거나 관직을 주는 공명첩을 팔아 진휼에 필요한 재정을 확보했다. 숙종실록에 "통정첩通政帖을 더 주어 벼슬을 팔아서 곡식을 모아 진구賑救하게 했다"라고 기재된 내용이 있다(숙종 22년 2월 10일). 재정이 취약하고 다른 방도를 갖지 못한 정부가 관직과 신분을 공개적으로 팔아 재정 부족을 메우려 했는데 그 실상을 실록에 그대로 기재해둔 것이다. 지배층은 근본적인 노비제도 개혁보다 이러한 편법에 의해 하나하나 개별적으로 처리하는 쪽을 선택했고 그것이 기득권 수호에 더 유리한 방법이라고 판단했다.

경제력이 있는 노비들은 자신들도 노비를 소유하는 사례가 있었고, 토지를 경작하거나 상업, 수공업에 종사하면서 재산을 불려갔다. 주인에게는 제때에 전조를 바치면 되었다. 김수봉 후손들은 평민으로의 신분 상승에 성공하자 이제는 평민이 부담하는 군역 등에서 벗어나는 방법을 모색했다. 부담을 줄이기 위해 김수봉의 한 후손은 자신의 아들을 도천서원에 원생으로 입학시켰다. 향교나 서원의 원생이라는 직역을 받으면 군역을 회피할 수 있었기 때문이다.

김수봉의 손자와 증손자들은 보다 근본적으로 군역을 회피하기 위해 양반과 평민의 중간에 해당하는 직역을 확보하기 위해 노력했다. '업유業儒' 또는 '업무業武'라는 직역은 원래 유학이나 무학을 닦는 양반 자제에게 부여되는 직역으로서, 군역 부담에서 예외로 인정되었다. 그런데 사회적 신분의 변화와 함께 업유나 업무의 직역이 점차 양반의 서자에게도 부여되는 직역으로 확대되었다. 양반 서자들도 적자들에게만 인정되었던 '유학'이라는 직역을 비로소 얻을 수 있게 되었다. 그러자 향촌에서는 양반의 서자가 아닌 자들도 향리와 결탁하면 업유나 업무의 직역을 획득해 군역 부담을 피해 가는 길이 생겼다. 김수봉 후손들은 바로 이런 식으로 업무 직역을 확보해 군역 부담에서 빠져나간 것이다.

김수봉의 후손 중 일부는 지역 내에서의 영향력을 발휘해 1780년 마침내 호적에 유학이라는 직역을 획득하는 데에 성공했다. 이러한 직역 상승으로 이들이 지역에서 곧바로 양반으로 대우받지는 않았으나 조금씩 호적상의 신분 상승을 이루어가고 있었던 셈이다. 19세기 중반부터는 김수봉의 후손들은 대부분 유학으로 호칭하며 지역 내의 향리 가문과 혼인을 하는 등 신분 상승에 성공했다.

10장

※

폐쇄적
정치제도

개혁을 거부한 조선 조정

16세기까지 핵심 과학 기술의 진보를 이끌며 세계 최대의 강대국으로 군림했던 중국이 어쩌다가 '잠자는 사자'로 전락했을까? 세계적인 중국학자 에티엔 발라주Etienne Balazs는 "중국의 기술적 진보를 막은 것은 바로 국가였다"고 규정했다.[1]

중국인들은 비단, 종이, 인쇄술 등 인류 발전에 기여한 획기적인 기술들을 개발했고 실크로드를 개척하며 동서양의 교역을 주도했다. 그런데 이런 기술을 발명할 정도로 창조적 역량이 있는 중국인들의 의욕을 떨어뜨리고 이를 통한 국가의 지속적인 발달을 저해한 것이 바로 국가라고 지적한 것이다. 국가가 운영하는 폐쇄적이고 착취적인 제도가 중국인을 열심히 일하게 하는 인센티브를 빼앗아서 창의적인 경제활동과 기술 발달을 억제했고, 나아가 경제성장을 저해하는 역할을 했다. 그런데 그런 중국보다도 조선이 훨씬 더 폐쇄적인 제도를 운영한 국가였다.

제도의 폐쇄적 운영

조선 건국 후 100년이 지나지 않은 1475년(성종 6년) 7월 4일, 호조에서 백성들의 사역 문제에 관해 임금에게 건의했다. 호조는 국가에서는 백성들의 부담을 최소한으로 부과하고 있는데 일선 수령들이 부정하게 운영해 백성들의 원성이 크다고 지적했다.

즉, 수령들이 왕실, 관리 등 권세가의 노비들까지 비호해주고 세력이 없는 농민인 잔호殘戶는 별도로 뽑아 장부에 기록해, 그들이 한 차례 (순번을) 돌고 난 후에도 다시 사역하게 전가한 것이다. 또 영세민이 경작하는 전지 1결에다 권세가가 경작하는 전지 7결까지 합쳐서 1인의 역군을 내게 되니, 그 권세가의 종(노비)은 주인의 세력을 믿고서 상시 요역에 나오지도 않는다. 결국 요역의 부담은 힘없는 백성의 차지였다.

그러나 수령들은 권세가의 세력을 두려워해 이를 통제하지 못하고 향리들은 그 틈을 타서 잔꾀를 부리니, "국가의 좋은 법과 좋은 뜻이 한갓 겉치레만 될 뿐"이라고 지적했다. 힘없는 농민은 전지 1결을 가지고 권세가의 7결의 요역까지 합쳐서 요역에 동원되다 보니, 농사철에 본업인 농업을 폐지할 정도가 되어 가을에는 수확도 할 수 없는 지경에 이른다고 했다. 그래서 결국에는 부유하고 세력 있는 집에 붙어서 얻어먹으며 고용살이를 감수하다가 마침내 노비가 되는 상황에 이르게 된다는 당시의 실태를 자세히 지적하고 있다. 앞의 대동법 논의에서 상세히 살펴본 바와 같이 8결 주비 단위 공물수취제도가 실제로 매우 불공평하게 착취적으로 운영되고 있었다.

그 원인에 대해 호조에서는 "국가에서 백성을 사역하는 제도가 강령만 있고 조목은 없으므로 수령들이 이를 받들어 시행하지 않으며, 감사는 비록 살펴서 시행하려 해도 또 알 수가 없다"고 진단했다. 그러니 이러한 부조리를 해결하기 위해서는 고을마다 전결대장과 역부대장을 비치해 수령이 직접 장부를 들고 이미 요역에 나간 사람과 요역에 나가지 않은 사람을 가려서 명백히 이를 기록해야 한다고 했다. 한 차례 돌고 난 후에 다시 시작하게 한다면 백성의 원망도 없어지고 부역도 공평하게 될 것이라고 제안했다. 이 대장을 기준으로 해 호조와 관찰사가 순행하며 점검하고, 만약 받들어 시행하지 않는 사람이 있으면 엄격하게 죄를 물어야 한다고 건의했다. 이 건의에는 조선의 제도에 관한 매우 중요한 시사점이 많이 포함되어 있다.

1. 조선의 부역제도가 공평하지 않게 운영되고 있으며 힘없는 백성에게 부담이 전가된다.
2. 그것이 권세가의 횡포와 지방 관리들의 비호에서 주로 비롯된다.
3. 부세 법령을 대강만 정해놓고 세부 시행 규칙을 상세하게 규정하지 않아 문제를 많이 일으킨다.
4. 시행 과정에서 관리 감독의 미비와 임금의 대리인인 지방 수령의 직무 자세, 비리, 횡포가 더 문제다.
5. 조선 제도의 폐쇄적이고 착취적인 성격을 이미 표출하고 있다.

제도가 본래 취지대로 잘 시행되고 있는지, 제도 시행 과정에서 백성의 애로를 잘 배려하고 있는지, 제도가 공평하고 원활하게 운영되고 있는지 등을 항상 점검하고 잘못된 제도를 시정하는 것이 정부와 관료들의 책무이다. 개방적이고 포용적인 정부라면 관료들의 역량을 결집해 이런 문제를 점검하고 근본적인 보완책을 강구했을 것이다. 그런데 조선의 제도를 검토해보면 대강만 정해놓고 세부적인 규정은 미비해 지방 수령과 향리들에게 과도한 재량의 여지를 남겨두었다는 것, 그래서 시행 과정에서 관리들의 부정 비리 소지가 많고 불공평하게 운영된다는 것, 시행에 대한 체계적인 관리 감독이 부실하다는 것 등이 공통적으로 지적된다.

또한 구체적인 제도 시행 과정에서 예상치 못한 미비점이나 부작용이 나타나도 조선 관료들은 이를 시정하는 데 매우 소극적이었다. 이때는 이미 건국 80년이 지나 새 왕조의 권위로《경국대전》에 기록된 것과 같은 제도가 확립되고 본격적으로 시행되면서 기능을 발휘하던 시기였다. 문제가 지적되었을 때에 세부 조목을 꼼꼼히 마련했더라면 조세제도가 공평과세를 실현하면서 국가세입도 증대되도록 제대로 보완할 수 있었을 것이다. 그런데 세부 조목을 구체적으로 만드는 과제는 도외시하고 역부대장을 만들어 수령이 확인하자거나 호조와 관찰사의 점검을 강화하자는 등 미봉책으로 그치고 말았다. 결국 조선 왕조 내내 세부 조목이 없어 지방 수령과 향리들에게 과도한 재량을 허용하고 부정부패를 유발하면서 백성들을 착취하는 구조적인 문제가 잔존하게 되었다. 관료들의 의지와 역량을 결집하지 못하는 조선 제도의 문제였다.

임금의 대리인인 지방 수령이 본연의 직무를 제대로 이행하게 하려면 세부적인 직무규정과 엄정한 평가체제, 관리감독제도를 갖춰야 한다. 지방 수령은 중앙에서 멀리 떨어져 자기 권한으로 막강한 권력을 행사하므로 국익보다는 자신의 이해관계에 더 좌우될 가능성이 크다. 군현의 수령을 감독할 도의 감사(관찰사)는 마찬가지로 주인-대리인의 문제를 가지고 있었다. 조선은 수령의 직무(수령 7사)를 정해두고 정기적으로 고과평가를 했다. 수시로 암행어사를 보내 근무 상황을 감독했으나 이런 부정을 방지하기는 어려웠다. 그런 대리인 문제를 여실하게 드러낸 것이 호조의 상소였다.

조종의 법제

수구적 지배계층이 조선에서 제도를 개혁하자는 주장에 대해 저항할 때, 그들의 일관된 논리가 '조종의 법제'를 함부로 바꿀 수 없다는 것이었다. 조종의 법제란 역대 임금이 만든 제도를 말한다. 이것은 임금도 함부로 바꾸어서는 안 되므로 현행 제도를 고수해야 한다는 주장이다. 중종이 경연에서 조종의 법제를 고치는 일에 대해 논의했다.

중종은 1518년(중종 13년) 2월 25일, "당 현종이 당 태종의 법을 무너뜨린 후부터 환관 등이 안팎을 장악하고 번진과 연관을 맺어 환란을 일으켰다"고 말하며 당나라가 이 때문에 망했다고 지적했다. 그러니 조종의 법제를 함부로 바꾸지 말아야 한다고 강조했다. 그러자 관료들이 "조종의 옛 법은 함부로 변경할 수 없는 것"이라거나 "조종의 옛 법을 준수하되 사시四時가 어김없듯이 하고, 금석과 같이 굳게 해야 한다"는 등 잇

달아 동조 발언을 했다.

당 현종은 40년 이상을 통치하며 국력을 신장시키고 인구도 늘려 개원의 치*라는 전성기를 구가했던 황제이다. 그는 말년에 양귀비의 미모에 빠져 정사를 환관과 외척에게 일임함으로써 안녹산安祿山의 난을 초래했다. 이를 계기로 번영을 누리던 당나라는 쇠퇴의 길로 들어섰다. 그런데 조선 조정에서는 옛 법을 바꾸었다는 데서 그 원인을 찾았다.

조종의 법은 역대 임금의 법이며 결국 현행 법제를 의미하는 것이다. 그런데 보수적인 유학을 숭상하는 조선의 조정에서는 이것을 성역으로 떠받들고 결코 바꾸어서는 안 되는 경전같이 생각했다. 기존의 사회 질서체제나 기득권의 침해를 야기할 수 있는 제도 변경에는 저항하는 데 앞장서며, 정치 경제의 발전이나 백성의 생명과 재산을 보호하는 것은 관심 밖이었다. 기본적으로 유학은 현재보다는 과거를, 혁신보다는 기존 권위를 더 존중하는 보수적인 사상이었다. 성리학의 보수적인 성향에도 불구하고 조선에는 이이, 김육 등 개혁적인 성리학자 관료도 많았다. 이런 관료들이 현행 제도에 대한 문제점을 계속 제기했지만 개혁안이 채택되고 시행되는 경우가 드물었다. 조선 임금과 관료들의 생각을 이렇게 폐쇄적이고 편협하게 만든 것이 바로 조선 성리학이고 관료 문화였다.

궁즉변窮則變, 변즉통變則通, 통즉구通則久. 이는 막히면 변하고, 변하면 통하고, 통하면 오래 간다는 뜻으로,《주역》의 핵심 철학이다. 그런데

---

* '개원의 치'는 당 현종이 통치했던 기간 중 문화, 경제 등 다양한 측면에서 번성했던 713~741년을 일컫는 말이다.

성리학을 신봉하는 조선의 사대부들은 막히면 개혁해야 오래 존속한다
는 유학 이론은 못 들은 척 외면하고 개혁을 반대하는 논리만 찾아내어
이에 집착했다.

　정치학이나 경제사학에서는 '경로의존성path dependency'이라는 개념을
사용해 법제나 관습 등이 쉽게 바뀌지 않음을 설명한다. 법제나 관습 등
은 사회에서 한번 형성되고 나면 초기의 환경이나 조건이 변경되어도
종래의 제도나 관습이 그대로 존속되는 경향이 있다. 이와 같이 과거의
제도 등이 관성 때문에 쉽게 변화되지 않는 현상이 경로의존성이다. 조
선에서는 이러한 경로의존성이 특히 심했다. 지배계급에게는 나라의
발전보다 지배계급이 옳다고 신봉하는 이데올로기와 지금까지 누려왔
던 기득권 보호가 더 중요했기 때문이다. 기존 질서의 변경은 새로운
권력 관계를 가져오므로 기득권자들이 변화를 두려워한다. 여기에 조
종의 법제라는 명분과 유학의 보수적인 태도가 가세해 이론적인 근거
를 제공했다.

세부 시행 규정과
감독체제의 미비

조선의 수취제도나 환곡제도는 기본 틀, 총론에서는 잘 되어 있다고 할수 있다. 그럼에도 불구하고 경제력이 취약하고 민생이 크게 개선되지않은 것은 제도가 본래의 취지대로 시행되지 못하고 지역 일선에서 불공평하고 부당하게 운영되거나 개인들의 경제활동을 촉진하는 방향으로 작동되지 못했음을 의미한다. 즉, 이 장의 첫 부분에서 논의한 것과같이 제도가 제대로 작동되도록 치밀한 시행 규정을 마련하고, 또한 엄정하게 집행되는지 점검하고 감독하는 체제가 매우 취약했다.

예컨대 공물 수취 방식의 세부적인 결정을 지방 수령에게 일임한 것이 대표적인 실책이다. 중앙 정부는 지방 수령에게 총 할당량만을 배정하고 관할 지역 내에서 마을 단위, 가구 단위로 배정하고 징수했다. 이방법은 지방 수령에게 폭넓은 재량권을 주었다. 결국 향리나 아전들이횡포를 부리게 방치함으로써 수많은 부정부패와 불공정의 여지를 제도적으로 허용한 셈이었다. 국가의 가장 기본적인 세금인 전세보다 훨씬 더 무거워진 공물 수취에서의 제도적 미비점이 민생에 엄청난 부담을 지웠다.

예를 들면 위의 공물분정 시행 과정의 문제나 성종 6년의 부역제도의 세부 지침 보완 문제 등을 해결하기 위해서는 여러 관청의 관료들로 대책단을 만들어 다음과 같이 체계적으로 대처할 필요가 있었다.

1. 우선 호조판서가 단장이 되어, 관련된 관청에서 유능한 관료 10여 명을 차출해 실무대책단을 만든다.

2. 각 관찰사에게 지시해 도내에서 조세 집행과 관련해 제기된 문제, 부정사례 등을 수집하게 하고 이를 방지하기 위한 실무대책도 함께 건의하게 한다.

3. 각 도에서 올라온 보고서를 종합해 호조 내의 대책단에서 집중적으로 논의하고, 예상되는 사례별로 세부 시행 지침안을 만든다.

4. 이 지침안을 다시 관찰사들에게 보내 시행 가능한지, 더 보완할 사항은 없는지 등을 논의하고 의견을 제시하게 한다.

5. 이렇게 의견이 수렴되고 정리되면 임금이 주재하는 조정회의에서 논의해 세부 법령으로 확정한다.

6. 시행 후 여러 단계에 걸쳐 암행어사나 호조의 전문가들을 점검단으로 지방에 보내 시행 상황을 점검하게 한다. 지속적으로 이런 점검을 반복하면서 추가로 발견되는 미비점을 보완하면 원활하게 시행되며 부정사례가 없어질 것이다.

이런 절차는 현대적인 행정 절차를 감안해 정리해본 것이지만, 조선시대라고 해서 이런 방법을 추진하지 못할 이유는 없었다. 현대와 같이 통신이나 행정체제가 발달하지 못해 훨씬 시간이 더 소요되었을 것이나 대동법 시행 과정에 비춰 짐작하면 당시의 사정으로도 충분히 가능했다. 그러나 총론 중심의 관념적인 성리학에 몰입된 관료들이 과연 이런 대응방식을 채택했을까?

명나라의 주원장은 관리들의 부정부패를 척결하기 위해 '대고십조大誥十條'라는 법령을 반포하면서 《대고삼편大誥三編》이라는 사례집을 발간했다. 이 사례집은 그동안 일어났거나 일어날 가능성이 있는 범죄 유형을 수집해 세세한 유형을 모두 제시한 것이었다. 예를 들면 능지, 효시, 멸족의 형에 해당하는 범죄 유형이 1,100가지, 참수 이하의 형에 해당하는 범죄 유형이 1만 가지가 넘는 방대한 규정이었다고 한다. 이러한 세부적인 시행 규정을 행정 관청에 배포해 범죄 행위를 철저하게 단속했다.[2] 이렇게 세부 규정을 명확히 보급해야 비리가 감소하고 법령이 확실하게 시행될 수 있는 것이다.

총론에 강하고 각론에 약한 제도

17세기 영조 때의 성균관 대사성 홍계희洪啓禧가 조선에서 추상적인 원리에 집착하고 구체적인 제도나 개혁 방안을 소홀히 하게 된 이유를 명확하게 정리했다. 그는 영조의 명을 받아 유형원의 전기를 저술한 인물이다. 홍계희는 일부 유학자들이 "유형원의 저술이 거대하나 적당하지 않으며 너무 꼼꼼해 현실에 적합하지 않다"고 하고, 더러는 "국가를 다스리는 방안은 대체만을 논해야 할 것인데 어찌 그렇게도 사소한 절목까지 논할 것이 있는가?"라고 비판한 것을 아래와 같이 지적했다.

"세상의 소위 선비라는 자로 하여금 대체를 말하라 하면 모두 환하게 알고 있지마는, 만일 그 사람에게 그 사업을 시켜놓고 보면 처음부터 막연하게 있지 않은 자가 적으며 나중에 실행한다는 것도 옛날의 틀린 전례를 그대로 되풀이하는 데에 불과하니, 이것이 그들이 대체만을 대략 알고 그를 실행할 세목들을 알지 못한 과오에서 오는 까닭입니다."

요새의 기준으로 보자면 조선은 총론에만 치중해 각론에 취약했는데, 그것이 성리학 위주의 학문체계에서 비롯되었다고 할 수 있겠다. 이 책에서 여러 차례 강조하지만 조선 제도의 가장 큰 문제 중 하나가 총론만 있고 각론이 없다는 것이다. 성리학은 우주와 인간의 근본 문제를 탐구하는 철학이다. 모든 관료들이 한결같이 거창한 형이상학적인 철학으로 무장하고 있으니 제도의 실무적인 내용, 사례, 운용 방법 등에 대해서는 잘 알지도 못하고 크게 관심을 갖지도 않았다. 그러니 세부 각론에는 취약할 수밖에 없었다.

위에서는 조선 관리들이 형이상학적 철학인 성리학 위주로 무장해서 생기는 문제를 지적했다. 그런데 또 지적해야 하는 것은 조선 정치제도는 계급적인 차원에서도 문제가 있다는 것이다. 양반 신분인 관료들이 서민 백성들의 입장까지 아우르며 근본적인 해결방안을 강구하지 못하고 미봉책만을 거듭하는 것은 정치제도의 계급적 한계에서 비롯되었다고 볼 수 있다.

양반 특권층에서 태어나 특권계급으로 성장한 양반 관료가 어떻게 농민과 노비의 애환을 제대로 이해할 수 있겠는가? 특권층이 역지사지의 마음가짐으로 상민의 처지에 서보지 않는 한 이들의 사정을 이해하는 것은 어려운 일이었고, 그런 시도도 없었다고 생각한다. 향촌에 거주하지 않고 부역 의무도 없는 사대부계급이 시골 농민들의 세심한 애로를 제대로 파악하고 대처하기는 애당초 어려웠다. 이미 사대부 특권을 향유하는 양반 관료들에게 일반 백성들의 문제는 중요하기는 하지만 그렇게 절실하게 와 닿거나 동료 관료들의 반대를 무릅쓰고 추진해야 할 이슈는 아니었다. 관료들은 시행상의 문제나 비리를 인지하고 나서도 그것은 일부의 문제이고 수령이나 향리 개인의 부정이라고 생각했다.

제도를 논의하는 과정에 여러 계층을 참여시키는 다원적이고 포용적인 정치제도가 아닌, 양반 단일 계급만의 폐쇄적인 정치제도가 갖는 한계가 바로 여기에 있었다. 법률 등 실용 학문을 외면하고 성리학이라는 단일 사상만을 수용한 배타적인 학문체제가 초래한 문제였다.

조선에는 일반 양인과 천민, 즉 상민(평민)이 자신들의 의견을 제도에 직접 반영할 수 있는 채널이 없었다. 향촌에 거주하는 평민들은 향청을 통하거나 군현의 수령을 통해 의견을 전달할 수 있었다. 그러나 그들도 양반 사족들이니 계급적 이해가 다른 평민의 의견을 여과 없이 중앙에 전달할 이유가 없었다. 평민이 상소를 올릴 수도 있지만 어려운 한문으로 상소문을 작성해 한양에 보내는 것은 너무도 비용이 많이 들고 어려운 일이었다. 결국 이러한 실질적인 장애물로 의견 전달의 길이 막혀 있었던 셈이다.

허점이 많은 감독체제

조선은 일선 지방 행정에서 법령대로 집행이 안 되거나 부조리가 일어나도 이를 감독하고 적발, 시정하는 제도가 매우 미흡했다. 중앙집권형 체제를 건설하면서 왜 지방 행정에 대한 감독체제를 소홀하게 마련했을까? 아마 조선 제도의 설계자들은 탁상공론식으로 제도를 입안했기 때문에 이런 세부 집행 규정의 중요성을 소홀히 했고 또 실무적인 작동 과정을 잘 몰랐을 것이다. 정책 결정은 중앙에 있는 관료들이 담당하는데 이들은 일선 실무경험이 적었고, 있다고 하더라도 지방 수령으로 근무하면서 겪은 간접 경험밖에 없었을 것이다. 그렇지 않았다면 이 책에서 논의하는 수많은 제도적 허점들을 왜 그렇게 방치했는지 이해하기 어렵다.

농상農桑은 수령 7사의 첫째 임무였다. 그러면 수령들이 이를 준수했을까? 실제로는 그렇지 못했다. 조선에서 농사의 성과는 별도로 논의하기로 하고, 양잠은 제대로 시행된 사례가 적었다. 지방 수령은 곡식농사만 권장할 것이 아니라 원예나 목축, 양잠, 길쌈 등의 생산도 장려했어야 마땅했다. 농사는 식생활의 근본이고 양잠은 의생활의 기본이므로 뽕나무 심기를 권장하는 것은 목민관의 중요한 임무였다. 정약용은 《목민심서》에서 이원익이 안주 목사로 있을 때 뽕나무 재배를 권장해 몇 해 지나지 않아 뽕나무 숲을 이룰 정도로 성공했다는 이례적인 사례를 소개했다. 목민관이 노력하면 얼마든지 성과를 낼 수 있었는데 대부분의 수령들이 그렇게 하지 않았고, 그래서 개인의 문제가 아니라 제도의 문제로 보아야 한다는 것이었다.

또한 정약용은 지방 수령이 수행해야 할 권농의 역할을 구체적으로 제시했다. 그는 먼저, 조선에서는 농사를 백성에게 일임해 백성들이 제멋대로 농사를 지었을 뿐 나라에서 가르침을 받지 못했음을 지적했다. 수령 7사의 첫째 임무가 이행되지 않았다는 것이었다. 반면에 중국에서는 지방 수령이 농사짓는 방법을 가르치고, 농업과 양잠을 권장하며 수로 개척과 개간에 힘썼다고 소개했다. 또한 전통적인 권농 원리에 따라 농사를 권장하되, 권장에는 반드시 상벌이 따라야 한다고 주장했다. 즉 권장할 때 잘한 자에게 반드시 상을 주고, 징계할 때 못한 자에게 반드시 벌을 내려야 한다는 것(《주례》에 기록된 주상의 원칙)이다. 아울러 한 현의 성과를 다른 현에도 권장해 성공 사례를 여러 군현이 서로 권장하고 본받게 하자고 제안했다. 이렇게 효과적으로 권농을 해야 농업 생산이 늘어나고 백성들의 재산이 늘어나며 국력이 부유해진다는 원리였다. 즉 우리가 끊임없이 강조하는, 포용적인 인센티브제도를 만들어 시행하자는 주장이었다.

농업을 진흥시키려고 했다면, 수령에게 권농하라고 지시만 하지 말고 구체적으로 권농하는 방법과 그 모범 사례집을 주면서 시행하게 했어야 한다. 그런데 조선에서는 이러한 성공 사례가 드물었고 조정에서도 이러한 방식으로 좋은 사례를 널리 보급하려 노력하지 않았다. 《목민심서》를 인쇄해 목민관들에게 보급하지도 않았다. 수령들이 권농과 양잠을 위한 목민관의 역할만 제대로 했더라면 조선의 경제가 발달하고 민생이 크게 개선되었을 것이다. 조선이 농업 생산 증대에 정책적으로 노력하려면 목민심서의 제안과 같이 아래의 절차를 제도화했어야 했다. 간단한 절차를 예시해보면 다음과 같다.

1. 조정(호조)에서 새로운 농법, 양잠, 목축 등을 권장하는 지침을 각 도 관찰사에게 내리고 관찰사는 각 군현에 이를 시달한다.

2. 각 군현에서는 마을마다 현지 실정에 맞는 방법으로 농민들과 협의해 권농과 양잠 등을 실행하고 성공 사례와 실패 사례를 찾아 그 내역을 관찰사에게 보고한다.

3. 관찰사는 관내에서 수집한 성공 사례와 실패 사례를 모아 중앙으로 전달한다.

4. 중앙에서는 성공 사례를 검토해 다른 지역에 보급할 수 있는 것을 선택하고, 관찰사를 통해 각 군현에 널리 보급해 확산하게 한다. 실패 사례도 전문가들에게 검토를 의뢰해 개선 방법을 찾고 그 방법을 마찬가지로 지방에 널리 보급한다.

5. 성공한 사례에는 반드시 포상하고 실적이 부진한 사례에는 징계해야 한다. 해당 군현의 수령과 해당 농민에게 확실한 포상을 해 이러한 행위를 널리 장려한다는 조정의 의지를 전국에 선포해야 한다.

이런 방법은 실행하기에 그다지 어려운 것들도 아니었을 것이다. 그러나 조선에서 이런 제도가 정립되지 않은 것은 그만큼 중앙이나 지방의 관리들에게 농업을 증대시켜야 한다는 절실한 의지가 없었기 때문이라고 생각한다. 18세기 실학자 유수원도 조선 관료들에게는 권농이 국가의 일이라는 절실한 인식이 없었다고 지적했다. 그들에게 농민은 통치의 대상일 뿐 관리가 지원하고 봉사해야 할 대상은 아니었던 셈이다. 지방 수령들이 이런 임무를 수행할 수 있게 구체적인 역할을 규정해주고 그 방법을 알려준 뒤에 실태를 정기적으로 점검했어야 한다.

국가의 사정기관인 사헌부나 사간원은 주로 중앙 정부 관료들과 임금의 언행에 대한 감시를 담당했다. 지방 관리들에 대한 감독을 담당하기에는 인원, 조직 등에서 매우 취약했다. 도의 감사는 본래 산하 수령들의 행정 실태를 감독하는 것이 주요 임무였으나 갈수록 이 기능은 축소되고 형식화되었으며 수령들에 대한 피상적인 평가 업무와 감사 직할 지역의 행정 업무에만 몰두했다. 암행어사도 지방 행정을 감독하기에는 관할 범위가 너무 넓었고 파견이 정례화되어 있는 것도 아니어서 견제 역할이 미미했다. 또한 후기로 갈수록 암행어사가 중앙 관료들과 연계되어 파견 정보가 미리 새어 나가거나, 같은 붕당, 지연 등과 연계된 지방 수령에 대해서는 편파적으로 감찰하는 등 그 기능이 쇠퇴했다. 결국 지방에 대한 감독체제가 대단히 미흡한 것이 조선 행정체제의 가장 큰 문제라고 다산 정약용도 지적하고 있다.

조선의 사대부 관료층은 민생을 안정시키기 위해서는 제도를 만드는 것에 못지않게 중앙과 지방에서 행정을 철저히 감시하고 감독해야 한다는 집행·감독 기능의 중요성을 잘 인식하지 못했다. 제도의 실효성을 확보하기 위해서는 지방에서 임금의 대리인인 수령이 제대로 임무를 수행하도록 견제하고 감시하는 것이 중요했다. 현대 정치학이나 경제학에서는 주인(임금)-대리인(수령) 관계 내 이해가 상충될 수 있기 때문에 엄정한 성과 평가와 인센티브제도를 중시한다. 물론 조선에서 수령을 감독하는 감사(관찰사)가 있고 암행어사가 있었으며, 향리를 감시하는 유향소도 있었다. 그러나 이들은 모두 양반 사대부들이고 다른 계급의 입장을 대변하지 못했다. 지방 수령과 결탁할 여지가 커서 제대로 감사 역할을 수행하지 못하고 임금(주인)의 기대에서 어긋날 가능성이 컸다. 지방에서는 제도의 취지에서 벗어나 기득권층인 양반 사대부계급에게 유리하게 제도를 시행하는 것이 관행화되었으므로 민생은 어디에서도 보호받지 못했다.

성호 이익은《성호사설》에서 관리들이 일을 제대로 하도록 감독하는 제도의 중요성을 강조하며 이를 위한 별도의 관청을 만들어 엄히 집행해야 한다고 주장했다. 실학자다운 발상이다. 별도의 관청에서 관리들의 근무태도를 엄밀하게 조사하되 위반자는 10년간 금고에 처하거나 사면하지 않아야 한다는 것이다. 또한 이러한 세부 내용을 모든 관청에 한 통씩 갖추어 놓고 관리들이 수시로 펴볼 수 있게 하자고 제안했다.

성호 이익의 주장은 오늘날의 현실에 비추어도 실제적이고 유용한 제안이다. 그런데 조선의 지배계급에게는 그런 개혁적인 제도를 채택할 의지가 없었다. 애쓰모글루는 제도가 중요하지만 사전에 의도했던 법적인 제도보다는 사후에 실현된 사실상의 제도를 더 중시했다. 아무리 사전에 의도했던 제도가 포용적이었다고 하더라도 시행 과정에서 집단의 반발 등에 부딪혀 왜곡되어 실제로 구현된 제도가 폐쇄적이고 착취적으로 변질되었다면 그러한 제도는 경제성장을 촉진하기 어렵기 때문이다. 이러한 면에서 조선의 사후 실현된 제도는 양반 기득권층의 영향으로 당초

의도와는 달리 폐쇄적이고 착취적인 성격으로 변질된 경우가 많았다.

법치의 미흡

조선의 성리학자 관료들은 법을 너무 강조하는 것이 덕을 우선시하는 도덕정치 이념에 맞지 않는다고 생각했다. 극심한 가뭄 등 국가적 재난을 만나 금주령을 발동했는데 최고위 관료인 재상이 술을 마셔 법령을 어겼다면 이를 벌하는 것이 당연할까, 재상이니 위법을 따지지 말아야 할까? 성종 때 젊은 관료가 법령을 어긴 재상을 벌주자고 주장했다가 곤욕을 치른 일이 있다. 경연에서 임사홍任士洪이라는 관료가 "이제부터 재상이 금령을 범하는 자가 있으면 반드시 벌해 용서함이 없이 해, 천견天譴(하늘의 꾸짖음)에 답하소서"라고 주장한 것이다.

성종실록에 기재된 1472년(성종 3년) 4월 26일의 기록을 보면, 이에 대해 승지들이 강력하게 반발했다. "임사홍이 '재상도 금령을 범한 자는 반드시 벌해 용서함이 없어야 한다'고 말한 것은 바로 상앙의 정치와 같은 것이니, 어찌 유자儒者가 말해야 할 바인가?"하고, 오히려 임사홍의 죄를 다스려야 한다고 주장했다. 그러나 성종이 적극 임사홍을 보호함으로써 승정원에서 마침내 더 이상 임사홍의 죄를 청하지 못했다.

엄정한 법을 세우고 엄격히 시행하자는 논의는 상앙의 정치(엄정하고 가혹한 법치정치)이니 유학자가 언급해서는 안 되고 오히려 그런 주장을 하는 자를 처벌해야 한다는 논리였다. 백성이 법을 어기면 엄격히 처벌해야 하지만, 재상이 어긴 것을 벌주자고 하면 그 주장하는 사람을 처벌해야 한다는 것은 고대 중국의 삼대 시대에나 거론될 무책임한 유학자의 논리가 아닐까?

유교 경전 《예기禮記》에 "예는 서인에게 내려가 적용되지 않고 형벌은 대부에게 올라가 적용되지 않는다"라는, 고대 중국에서나 통용되던 구절이 있다.* 법가는 이런 이념을 배격하고, 지위 고하를 막론하고 법을 엄정하게 지키는 제도를 확립했다. 과오를 벌할 때에 대신도 피할 수 없으며, 선행에 대해 상을 줄 때에 필부도 빠뜨리지 않는다는 신상필벌의 원칙을 견지했다. 이 원칙으로 진나라는 약소국에서 출발했으나 단기간에 중국을 통일하는 대제국을 건설했다. 중국에서는 진나라 이후에도 유학과 법가의 사상이 결합되어 제도를 형성했다. 그런데 상앙과 한비자를 비롯한 법가를 이단시하는 유학의 영향으로 조선에서는 법을 그다지 존중하지 않는 풍조가 널리 퍼져 있었다.

유학에서는 법보다 도덕을 더 우위에 두는 통치 질서를 강조하므로 서구식 법치주의 개념은 유교권 국가에 잘 부합하지 않는다. 법가의 법은 군주의 명령을 성문화한 것일 뿐 국민의 권리와 의무를 규정하는 서구식 법과도 다르다고 볼 수 있다. 그럼에도 불구하고 전제군주 시대에도 일단 시행되는 법규는 누구나 지켜야 한다는 의식이 있었는데, 조선의 관료들은 여전히 도덕이 법보다 더 중요하다고 생각했다. 도덕정치를 지향하는 조선 관료들에게 법치는 최고의 가치가 아니었다.

법이란 게임의 규칙이고, 그 사회에서 공감을 받는 최소한의 도덕규

---

*이 구절은 《예기》의 〈곡례〉 상권에 등장한다. 중국 주나라의 봉건 초기, 인구가 적어 예와 대면 접촉에 의한 통치를 강조하던 시절의 통치 원리였다.

범이 성문화된 것이다. 국가가 정한 게임의 규칙을 그 국가에서 활동하는 모든 사람이 동등하게 지켜야, 국가를 통치하고 발전시킬 수 있다. 조선 관료들은 법을 너무 강조하는 것은 유학에 배치된다고 했는데 유학이라는 것이 국가의 기본 질서보다 더 앞설 수 있는가? 백성을 근본으로 하는 민본 국가를 지향하면서도, 유학을 맹목적으로 신봉하는 조선 관료들의 인식은 이 정도로 편협하게 치우쳐 있었다. 이때는 건국 100년도 지나지 않은 1472년의 일이었다. 이들이 유학자라고 자부하며 조선 조정을 주도한 관료들이었다.

법령 위반을 인정하되 임금이 통치 행위로서 위반자를 특별 사면하는 것은 법리에 맞는다고 할 수 있다. 그런데 고위 관료라고 해서 법을 위반했다는 사실 자체를 논의하지도 말자고 하면 이미 법치 국가라고 할 수 없다. 1398년(태조 7년) 8월 9일 기록을 보면 요동 정벌을 위한 군사훈련이 대대적으로 진행되고 있을 때 고위 관료와 왕족들이 군사훈련에 참여하지 않은 사실이 적발되어 문제가 된 적이 있었다. 이때 태조는 법령 위반 행위를 문책하되, 다만 위반자 중에서 왕실의 지친과 개국공신들은 특별 사면하도록 조치했다. 그러나 그 책임을 대신 물어 휘하의 장병들을 태형, 면직 등 처벌한 사례가 있었다.[3]

제도는 주로 법령으로 구체화되는데, 법을 경시하면 제도가 제대로 시행되지 않는다. 제도가 본래 기능을 다하기 위해 가장 본질적으로 요구되는 것은 제도의 위반 여부를 쉽고 분명하게 판단할 수 있게 하는 것, 그리고 위반에 엄격한 벌칙을 부과하는 것이다. 정치와 행정은 법을 만들고 집행하는 것이 기본이다. 법령의 내용을 따지기 이전에 이왕 공포된 법령은 엄정하게 시행되어야 한다. 일단 법령을 준수한 후에 잘못된 법령을 개정하는 것이 순서이다. 조선에서는 법령 중에서도 총론에 치중하고 각론인 세부 규정이 취약해 제도를 시행하는 체제가 취약했다. 법령 위반에 대한 처벌도 관대해 법치 이념이 상대적으로 약했다.

포용적인 제도에서 법치는 핵심 요소이다. 아무리 좋은 제도를 만들었다고 해도 법치가 실행되지 않으면 재산권이나 투자이익의 보호, 계약의 확실한 이행이 보장되지 않아 마음 놓고 경제활동을 할 수 없게 된다. 사회에서 경제활동의 규칙인 제도가 제대로 작동하지 않으면 불확실성이 커지고 이런 사회에서는 경제가 성장하기 어려운 것이다. 그래서 법치주의는 강한 국가의 핵심 요건이며, 강한 국가는 경제 발전의 필수 조건이다.[4]

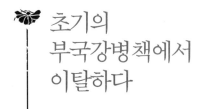

초기의
부국강병책에서
이탈하다

조선의 건국자 태조와 태종은 부국강병을 위한 계책을 관료들에게 강구
하라고 지시하고 실제로 부국강병에 많은 노력을 했다. 태조는 즉위한
해의 7월 28일, '즉위교서'를 발표하고 이어 조정의 건의를 받아 부국강
병책을 논의했다. 국정의 방향과 과제를 결정하는 과정에서 재상들의
합의기관인 도평의사사의 배극렴裵克廉과 조준趙浚 등이 핵심과제 22조
목을 제안했는데, 그 첫째가 교육과 농상에 관한 것이었고 둘째가 인재
추천에 관한 것이었다.*

---

*1392년 9월 24일 태조실록에 기록된 내용 중에 "각 도에서 경의經義에 밝고 행실을 닦아서 도
덕을 겸비해 사범師範이 될 만한 사람과, 식견이 시무時務에 통달하고 재주가 경제에 합해 사공
事功을 세울 만한 사람과, 문장에 익고 필찰筆札을 전공해 문한文翰의 임무를 담당할 만한 사람
과, 형률과 산수에 정통하고 행정에 통달해 백성들을 다스리는 직책을 맡길 만한 사람과, 모계
謀計는 도략韜略에 깊고 용맹은 삼군에 으뜸가서 장수가 될 만한 사람과, 활쏘기나 말타기에 익
숙하고 봉술과 석척石擲에 능해 군무를 담당할 만한 사람과, 천문·지리·복서卜筮·의약 중 혹 한
가지라도 기예를 전공한 사람을 자세하게 방문해 재촉해 조정에 보내어서, 발탁 등용하는
데 대비하게 하라"고 건의한 내용이 있다.

건국 초기에는 성리학을 통치 이념으로 채택하면서도 문무의 각 영역, 그리고 천문, 지리, 의약 등 각 기술 분야에 능통한 인재를 널리 포용, 발탁하여 나라를 부강하게 하는 방안을 모색했다. 부국강병은 성리학 통치 이념과 얼마든지 같이 갈 수 있었던 정책이었다. 태조 이성계는 건국 초기에 명나라에서 과도하게 내정에 간섭하며 긴장 관계가 계속되자 마침내 요동을 정벌하겠다는 방침을 결정했다. 요동 정벌을 실행하기 위해 대대적으로 군사를 확충했고 경기도 양주에 목장을 만들어 말을 대규모로 사육하고 군사훈련을 강화했다. 군사훈련에는 관료와 왕족 등 지배층이 모두 참가하도록 하였고 불참자는 지위고하를 막론하고 태형, 면직 등으로 처벌해 엄중한 기강을 유지했다.

그러나 조선 중기 도학정치를 추구하는 사람이 등장한 이후, 부국강병책은 패도정치로 매도당하는 처지가 되었다. 대표적인 사림 학자인 조광조는 부국강병을 '무력을 앞세우는 패술'이라고 매도했다. 중종실록의 1518년(중종 13년) 4월 28일 기록에는 다음과 같이 언급되어 있다. "왕안석 같은 자는 학술이 정밀치 못해 제왕의 대도를 알지 못하고 도리어 부국강병의 패술을 본받고자 하였으니, 학자가 단순히 부국강병으로 계책을 삼는다면 이것을 어찌 유자라 할 수 있겠습니까?"

유학자의 길을 가는 것이 국가의 부강보다 더 중요한가? 제왕의 대도는 국가의 부강과 다른 길인가? 조광조가 지적한 것은 왕안석의 학문이 정밀하지 못해 도덕정치의 참뜻을 깨우치지 못했다는 지적이었다. 유학자의 길에서 벗어나 패도정치만을 본받으려 했다는 비판이었다.

왕안석은 중국사에서 대표적인 개혁가로 꼽히는 인물이다. 그의 개혁이 실패한 것은 학문이 치밀하지 못했기 때문이 아니라 개혁을 지지했던 황제가 조기 사망했기 때문이었다. 황제가 사망하자 정권을 잡은 개혁 반대파가 기득권층의 특권을 삭감하려던 개혁조치를 폐지해 모조리 원점으로 돌려버렸다. 조광조의 비판은 자신과 다른 견해를 가진 사람은 학문이 치밀하지 못하다고 매도하는 이데올로기적 사고의 대표적 사례이다. 차원이 다르기는 하지만 조광조도 후세의 대학자 이이로부터 바로 그런 평가를 받았다. 《율곡전서》에 기록된 내용에서 이이의 평가를 엿볼 수 있다.

"조광조가 출세한 것이 너무 일러서 경세치용의 학문이 아직 크게 이루어지지 않았고, 같이 일하는 사람들 중에는 충성스럽고 현명한 이도 많았으나 이름나기를 좋아하는 자도 섞이어서, 의논하는 것이 너무 날카롭고 일하는 것도 점진적이지 않았으며 임금의 마음을 바로잡는 것으로 기본을 삼지 않고 겉치레만을 앞세웠다." 그래서 그가 간사한 무리들에게 걸려 실패했다고 지적했다. 조선 최고의 성리학자 이이는 조광조의 경세치용 학문이 충분히 성숙하지 않은 상태에서 조정의 관료들과 토론하며 조정하려 하지 않고 일방적으로 자신의 정책을 급격하게 추진함으로써 좌절되었다고 비판한 것이다.

연산군 때 피폐해진 제도를 개혁하기 위해, 1515년 중종은 조광조를 비롯한 젊은 사림을 발탁해 개혁을 추진하고자 했다. 중종이 "임금이 부국강병에 뜻을 두는 것은 커다란 잘못"이라고 말하며 부국강병론에 대해서 거부하는 태도를 밝힌 것(중종 13년 2월 26일 기록)은 조광조 등 사림의 왕도정치 영향을 받고 있던 바로 이 무렵이었다. 이후 사대부들에게 부국강병은 잘못된 정책으로 인식되었다. 그러나 조광조 등이 이상만 앞세워 조급하게 추진한 개혁이 1519년 반정공신들의 반발로 실패하며 사림이 몰락했고(기묘사화), 이를 계기로 조선은 임진왜란 이전에 다시 없을 개혁의 기회를 상실하고 말았다.

조광조의 개혁 실패가 불러온 결과

앞에서 본 것처럼, 조광조는 조선 중기에(1515~1519년) 급진적인 개혁을 추진하다가 좌절되어 몰락했다. 그의 개혁 실패는 그 자신과 동료 사림의 몰락에 그친 것이 아니라 후대 조선 개혁에 악영향을 미치는 매우 중대한 사건이었다. 조광조 본인은 개혁 실패로 죽임을 당하지만 후대에 그 명성이 복원되면서 후학들에게 대대로 추앙받게 된다. 반면 조선 사림은 조광조의 성급한 개혁 실패로 인해 결정적으로 중요한 시기에 개혁의 기회를 상실하고 조선 쇠퇴의 계기를 제공했다. 조광조 몰락 이후 사림은 결속해 재기를 모색하면서 더욱더 교조적인 왕도정치에 매몰되었다.

중종 때에 조광조가 추진한 개혁은 군주를 교화하기 위해 경연을 강화하는 것뿐만 아니라 내수사장리內需司長利(왕실의 비용을 조달하기 위해 내수사가 서민에게 놓았던 고금리)와 소격서昭格署를 폐지하는 내용이었다. 또한 향촌 사회의 안정과 자율을 위해 향약을 실시하고 《삼강행실도》, 《주자가례》, 《소학》 등 유학 서적을 보급하는 일이 포함되어 있었다. 여기에 더해 공신들의 공훈을 삭감하고, 특히 토지와 노비를 몰수해야 한다고 주장해 공신들의 반발을 샀다. 소격서라는 관청은 하늘과 땅, 별에 지내는 도교의 제사를 주관하던 곳이었는데 사림은 이를 이단으로 간주했다. 또한 사림은 왕실에서 믿던 불교와 민간의 무속신앙마저도 억압했다. 이같이 사림은 주자학만을 외곬수로 신봉하고 다른 사상이나 종교를 모두 이단으로 몰아 배척하며 수많은 적을 양산했다. 포용의 미덕을 배제해버린 폐쇄적인 사상이었다.

이때 사림은 유교의 이상적인 왕도정치를 구현하려 했고, 반정공신 등 훈신들은 부국강병의 현실주의를 고수하며 기득권을 지키려고 대립했다. 김종직 문하의 사림파들은 현실정치 기반이 없는 관념적인 이상주의자들이었다. 이들 젊은 사림들은 삼사의 언관직을 장악하고 급진적인 개혁을 공론화하며 한꺼번에 많은 개혁조치를 몰아붙이려 했다. 정책의 우선순위 조정, 개혁을 통한 백성의 지지 확보, 반대하는 관료들의 설득, 치밀한 전략에 의한 군주의 신임 유지 등의 준비가 제대로 안 된 상태에서 조급하게 추진한 개혁은 쉽게 좌절되었으며 엄청난 후유증을 남겼다.

1506년 중종반정은 양반 관료들의 쿠데타로 왕을 교체한 사건이다.[5] 이렇게 정권 확보에 성공한 공신들의 권력과 위상이 막강하던 시기에, 공신들이 이미 누리던 공훈과 기득권을 대폭 삭감하려 한 시도는 결사적인 반발을 초래할 수밖에 없는 사안이었다. 다른 개혁조치를 성공시켜 임금과 사대부뿐 아니라 백성의 지지를 확고하게 확보하고 나서 차근차근 여론을 조성하며 기득권을 삭감하는 조치를 취했어야 했다. 반정공신으로 책정된 100명 가운데 76명을 공신에서 제외하고 이들의 토지와 노비를 몰수해야 한다는 주장은 공신들의 엄청난 저항과 반발을 초래할 것이 분명했다.

송나라의 왕안석은 정부의 재정 기반을 확충하기 위해 농업 생산력을 확대하고 재정 지출 요인을 삭감하는 등의 개혁을 추진했다. 조광조의 개혁은 성리학 중심의 도학정치, 주자의 예법 보급에 의한 생활 문화의 개선, 도교의 청산 등 국가의 경제 회생이나 재정 확충과는 다소 거리가 있는 정책을 우선시했다.

조광조는 33세에 관직에 진출해, 4년 남짓한 짧은 기간 동안 공직에 있으면서 아직 개혁 추진을 위한 체제를 확실하게 확보하지 못한 상태였다. 신진 사류 몇 사람과 왕의 신임을 믿고 개혁정책의 우선순위를 잘못 선정했고 방법 면에서도 너무도 급격하게 추진하려다 몰락했다. 농업 생산 증대, 공물제도 개혁 등을 먼저 시도해 서민의 부담을 경감하고 민심을 확보하며 재정을 확충하는 것이 당대의 급선무였다. 이러한 1차적인 개혁이 성공한 후에 그 여세를 몰아 공신들의 공훈 삭감 등 기득권을 정면으로 공격하는 일을 추진하되, 치밀한 여론 조성으로 개혁 여건이 성숙한 뒤에 단행했어야 했다. 이들은 개혁 실패와 자신들의 몰락에 그치지 않고 조선에서 다시 그런 개혁을 추진하기 어렵게 만드는 폐쇄적이고 배타적인 문화를 형성했다.*

---

*이이는 《석담일기石潭日記》에서 조광조를 비롯한 신진사류들의 실패를 다음과 같이 평가했다. "옛사람들은 반드시 학문이 이루어진 뒤에나 이론을 실천했는데, 이 이론을 실천하는 요점은 왕의 그릇된 정책을 시정하는 데 있었다. 그런데 그는 어질고 밝은 자질과 나라 다스릴 재주를 타고났음에도 불구하고, 학문이 채 이루어지기 전에 정치 일선에 나갔다. 그 결과 위로는 왕의 잘못을 시정하지 못하고 아래로는 구세력의 비방도 막지 못하고 말았다."

나와 다른 논리를 배척하는 문화

조선 사대부 성리학자들이 자신과 다른 이론을 수용하지 않으려 하는 가장 파괴적인 논리가 이른바 '사문난적' 주장이다. 우암 송시열宋時烈이 반대파인 윤휴尹鑴를 사문난적, 즉 주자의 학문을 어지럽힌 도적과 같다고 매도하면서 이런 문화가 시작되었다. 성리학자가 주자학에 대한 해석을 달리 한다고 어떻게 도적으로 취급될 수 있을까? 그 후로도 여러 차례 조정에서 사문난적 논란이 반복되었다.

1687년(숙종 13년) 송시열이 나라를 다스리는 올바른 도리라며 상소를 올렸다. 숙종실록의 당해 2월 4일 기록을 보면, 그는 "윤휴는 곧 사문난적이고, 공公은 곧 당여黨與로서 주자를 배반한 사람"이라고 규탄했다. 이후 송시열의 후학들이 반대파를 계속 사문난적으로 매도했다. 주자와 송시열의 논리는 무조건 그대로 답습하는 것이 교조적 성리학자들이 보인 행태였다. 송시열이나 후학들의 문집에서도 반대 학파의 학자에 대한 평가를 "더불어 하늘을 떠받들고 살 수 없는 사람"이라고 표현하는 사례가 많았다.[6] 사림파 성리학자들은 다른 이론과 사상을 적대시하고 배격하는, 지극히 폐쇄적이고 독점적인 문화를 형성했다.

다산 정약용은 《정다산전서丁茶山全書》에 포함된 〈시문집〉에서, 19세기까지 지속된 사대부 성리학자들의 이런 행태를 매섭게 비판했다. "칠서대전七書大全만이 세상에 유행된 뒤로부터 이 세상에 태어난 사람들은 어린이에서 늙은이에 이르기까지 이 50권의 테두리를 벗어나지 못해 반점이나 한 획도 마치 하늘이 만들어낸 것으로 여기고 한 글자나 한 구절도 철칙으로 알아 스스로의 영명한 지혜를 폐쇄하고, 감히 달리 생각하거나 의논하지 못하게 됨으로써 (…) 후세 선비들의 논변이 모두 사문난적으로 몰렸습니다."

정약용은 주자가 주석을 붙인 사서삼경만을 경전으로 여겨 맹목적으로 음독하고 암기해서 과거에 응시하는 세태를 비판했다. 이런 편협한 학자들이 조정에 무슨 도움이 되겠느냐고 지적했다. 유학 경전은 한 점, 한 획도 달리 해석해서는 안 된다고 규제하면 어떻게 학문이 발전할 수 있겠는가? 창의적인 연구나 토론의 기회를 봉쇄해버린, 너무도 폐쇄적이고 배타적인 문화였다.

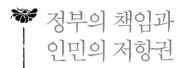

정부의 책임과
인민의 저항권

임진왜란은 조선의 모든 시스템을 총체적으로 무너뜨린 대재앙이었다. 국가의 가장 기본적인 책무는 대외침략으로부터 나라를 수호하고, 백성의 생명과 재산을 지키는 것이다. 이를 이행하지도 못하고 대책 없이 나라를 붕괴시킨 지배세력은 엄정한 심판을 받고 책임을 져야 했다. 그런데 조선의 전제 왕권과 관료 지배층은 국민적 비판을 외면하고 엉뚱한 데에서 합리화의 명분을 모색했다.

이들은 대명의리론(명나라에 대한 의리를 지켜야 한다는 이론), 존주론(주나라로부터 전승된 중국의 문화를 존중하여 계승해야 한다는 논리) 등을 내세우며 명분과 의리를 중시하는 성리학에 매달렸다. 존망의 위기에서 구원해준 명나라에 대한 의리를 강조한 것은 이해할 수 있는 측면도 있으나, 그것은 피해 복구, 민생 회복, 제도 혁신 등을 먼저 완성한 후에 해야 할 일이었다. 국가를 개조해야 할 결정적인 시기에 엉뚱한 명분론에 국력을 소모하고 정치 쟁점을 바꿔버린 것이다. 존망의 위기를 겪고도 국가를 개조하지 못한 조선은 1636년에 병자호란을 겪으며 또다시 존폐의 기로에 몰렸다.

무책임한 군주, 선조의 사례

1592년(선조 25년) 4월 13일 왜군이 침략해 오자 순식간에 한양이 함락되었고 임금을 비롯한 조정의 피난 행렬은 평양을 지나 의주로 향했다. 수많은 백성들이 생명과 재산에 막대한 피해를 입고 조선 국토가 왜군에게 유린되고 있는 상황에서, 조선의 통치자인 선조는 요동으로 건너가서 중국으로 도망가자는 주장을 시도 때도 없이 반복했다. 이를 '내부內附'라고 했다. 내부란 들어와서 복종하고 따른다는 의미이니, 명나라에 복종해 들어가 붙어살겠다는 의미이다. 임금은 중국에 들어가 붙어살 수 있을지 모르나 백성은 어떻게 하라는 말인가? 이황과 이이를 스승으로 모시고 성학(성리학)을 배우며 사서삼경과 제자백서를 통달했다는 선조는 그것이 본래 자신의 뜻이었다고 강변한다. 조선 임금의 국가에 대한 책무, 백성에 대한 책임의식이 그런 정도였다. 이런 무책임하고 무능한 리더가 있는데 나라가 온존하겠는가?

당해 선조실록의 기록을 몇 군데 살펴보자. 6월 13일, 세자에게 권한을 위임하고 임금(선조)이 이어 요동으로 들어갈 일에 대해 말하자, 영의정 최흥원은 요동 인심이 몹시 험하다며 반대했다. 그러자 선조가 이르기를, "그렇다면 어찌 갈 만한 지역을 말하지 않는가. 내가 천자의 나라에서 죽는 것은 괜찮지만 왜적의 손에 죽을 수는 없다. 지금 백방으로 생각해봐도 내가 가는 곳에는 왜적도 갈 수 있으므로 본국에 있으면 발붙일 땅이 없을 것이다. 내가 나라를 떠나 지성으로써 사대事大하면, 명조가 반드시 포용해 우리를 받아들일 것이요 거절까지는 않을 것이다."*

6월 14일 선조가 대신에게 명하여 내부할 문건을 작성해 요동 도사에게 발송하도록 했다. 6월 18일 명나라 군대가 도착했고 6월 22일 선조는 의주에 도착했다. 선조는 대신들에게 요동에 들어갈 일을 미리 중국 측에 전하라고 명했다. "명나라 장수가 막상 물러가고 적병이 점점 가까이 오면 일이 반드시 위급해질 것이니, 요동으로 건너가겠다는 의사를 명나라 장수에게 미리 말해두는 것이 어떠하겠는가?"

병자호란 때 선조의 손자인 인조는 더 무책임하고 무능한 통치자로서의 면모를 보였다.

책임을 묻지 않는 정치

조선은 책임정치와 신상필벌을 제도화하지 못했다. 임진왜란에 대해 조선에서는 누가 책임을 졌는가? 결과를 놓고 보면 실제 책임진 사람은 전쟁을 총괄 지휘해 공헌했던 영의정 유성룡밖에 없었다. 당연히 임금과 관료, 제도와 그 이념적 기반인 성리학이 책임의 주체들이었는데 아무도 책임을 지지 않았다. 권력이 분산되지 않아 누구도 이들의 책임을 추

---

*이것은 실록 중 선조의 말을 중심으로 압축해 편집한 것이다.

궁하지 않았기 때문이었다.[7] 다원적이지 못한 정치제도에서는 지배계급 밖에서 책임을 추궁하는 집단이 없어 책임정치를 구현하기 어렵다.

7년이나 지속되었던 긴 전란이 끝난 뒤 1604년(선조 37년)에 논공행상을 했다. 문신들인 호성扈聖공신은 86명이 선정되었고 직접 전투에 참여한 무신들인 선무宣武공신은 18명만이 선정되었다. 궁중의 내시 24명과 선조의 말을 관리했던 관원 6명도 호성공신이 되었고 이들이 이순신 장군, 권율 장군과 같은 등급의 공신이 되었다. 선조는 국가를 위해 목숨 바쳐 싸운 사람보다 임금 가까이에서 밀착 봉사한 사람을 더 우대했다. 중국의 역사서를 읽고도 전쟁 후 신상필벌하는 논공행상의 기본 원리를 배우지 못한 것이다. 공정하지 못한 평가와 보상 시스템은 신상필벌을 외면하는 폐쇄적 제도의 산물이었다.

1592년 4월, 왜적이 쳐들어와 한양을 비워놓고 평양 의주로 계속 쫓겨 가면서도 간관들은 선조에게 계속 특정 관료들의 문책, 경질 등을 요구했다. 국가 비상사태에서 총력을 모아 위기를 극복할 방책을 논의할 시간도 부족한 마당에, 나중에 논의해도 될 현직 관료들의 언행을 계속 시비하며 문제를 제기했다. 오늘 임명되고 다음 날 해직된 사례도 많았다. 이미 한양에서 탈출해 평양에 피신하고서도 당시 영의정 이산해가 파천을 주장한 것은 잘못이라며 문책을 주장하기도 했다. 일의 경중과 우선순위를 큰 틀에서 보지 못하고, 또 실질적인 논의보다 형식적인 명분에만 몰두하는 소견 좁은 관리들의 폐쇄적인 행태였다.

국토를 황폐화시키고 수많은 백성을 희생시킨 전란 중에 조선 조정에는 두 개의 정책노선이 대립하고 있었다. 즉 조선 스스로 힘을 길러 적을 물리치고 나라를 다시 일으키자는 유성룡과 이순신 등의 자강파와, 명나라에 의지해서 명의 구원을 받고 나라를 유지하자는 의명파로 구분할 수 있었다. 의명파가 선조를 위시한 조정 대다수의 관료들의 견해를 대변하는 노선이었다. 이들에게 국가를 부강하게 해 지켜내겠다는 의지 자체가 있었을까?[8]

선조는 왜란이 끝나고도 9년을 더 집권했는데, 그 기간에 명나라에 대한 보은과 새로운 왕비 간택, 대군의 탄생과 세자 문제 등으로 세월을 보냈다. 1608년 광해군이 즉위하면서 드디어 전쟁복구사업을 추진했다. 파괴된 궁궐을 복구하고 토지조사와 호적조사를 실시했으며 대동법을 경기도에 처음 시행했다. 또한 성벽과 무기를 수리했으며 군사훈련을 강화했다.[9]

조선은 임진왜란을 겪고 나서 병자호란까지 30년 이상의 시간적 여유가 있었다. 그 기간에 위기를 초래한 근본 원인을 찾아내고 국가의 역량을 결집하고 생산력을 증대할 대대적인 개혁을 했더라면 또 다른 존망의 위기를 겪지 않았을 것이다. 임진왜란이 일어나기 3년 전에 조선은 정여립鄭汝立의 난을 겪었다. 작은 역모 사건이 동인과 서인 간의 정쟁으로 확대되며, 전란에 대비했어야 할 3년간 국력이 낭비되었고 1,000명 이상의 인재가 희생되었다. 왜란이 끝나고 국란 극복과 국가 개혁에 몰두하고 있던 광해군 대에도 임해군, 영창대군의 옥사 등 새로운 정쟁으로 많은 사람들이 희생되었다.

이렇게 편을 가르고 인재를 희생시키며 국론이 분열되는 폐쇄적인 체제에서는 국가 개혁의 여력이 없었다. 다양한 논의를 조장하고 이견을 수용하지 못하는 폐쇄적인 제도에서는 근본적인 개혁 방안이 나오기 어렵다. 오히려 광해군을 몰아낸 인조반정 등 정권 교체와 붕당 교체 등 정치적 혼란만을 초래했을 뿐이다. 정권 교체도 개혁을 위한 것이 아니라 붕당 간 세력투쟁의 산물이었으며 그래서 개혁다운 개혁을 못 하고 귀중한 시간을 낭비했다.

성리학을 독점적 지배 이데올로기로 채택한 조선에서는 포용이나 통합의 정치가 거의 실종되고 양란 이후에 오히려 포용력이 더 약화되었다. 양반 사대부 지배층은 책임회피 차원에서 더욱 명분과 의리를 중시하는 획일적인 성리학에 매몰되었다. 향촌에 대한 지배를 강화하며 주자의 예절을 평민들에게까지 강요했고, 양반계급이 특권을 독점하며 평민들에게는 부담만을 늘릴 뿐이었다. 양반들 간에도 정당이나 이념이 다른 자들은 모두 적으로 돌려 사문난적으로 매도하는 풍조가 확산되었다. 조선 후기 정쟁에서는 정적인 상대 당을 실각시키는 데서 끝나지 않고 사문난적으로 몰아 죽이는 관행이 유행했다. 사문난적의 정쟁이 심화된 시기는 병자호란으로 피폐해진 국가를 개혁해야 할 바로 그 무렵이었다.

인민의 저항권

17세기에 영국에서 자연법사상에 기초한 자유주의 정치철학을 확립한 존 로크는 국민의 자유와 재산의 보호 의무를 다하지 못하는 정부는 전복시켜도 된다고 주장했다. 《통치론》의 19장 211~243절은 아예 어떤 경우에 정부를 해체할 수 있는가에 대해 구체적 사례별로 논의하고 있다. 미국의 독립선언문에서도 존 로크의 사상을 수용해 이런 정부는 폐지되어야 한다는 것을 분명하게 선언하고 있다.

조선은 민심이 이반한 고려 왕조를 교체해 역성혁명으로 새 왕조를 세우며, 백성이 나라의 근본이라는 민본의 통치 이념과 혁명 사상을 정립했다. 통치권은 천명에 의해 부여되고 합리화되는 것이었다. 천명이 떠나면 통치권은 소멸되며 덕이 있는 다른 자에게 천명이 옮겨가 통치권이 새로 부여된다는 논리였다.[10] 조선 왕조를 설계한 정도전은 《조선경국전》에서 "백성은 지극히 약하지만 힘으로 위협할 수 없고, 지극히 어리석지만 지혜로써 속일 수 없는 것이다. 그들의 마음을 얻으면 복종하게 되고, 그들의 마음을 얻지 못하면 배반하게 된다"라고 하며 백성의 저항권을 명확하게 정의했다.

그런데 조선 중기에 들어 두 번의 전란을 치르며, 민본 이념은 사라지고 오히려 임금이 나라와 백성을 배반하는 행태를 보였다. 《조선경국전》의 논리에 의하면 천명이 떠난 임금이 물러나거나 백성이 임금을 교체해야 하는 기회였다. 그러나 조선의 백성들은 정부에 책임을 추궁하지도 못했다. 무책임한 정부를 해체하고 새로 구성할 중요한 시기를 두 번이나 놓치고 말았다. 권력이 분산된 다원적인 정치제도가 확립되지 않았기 때문이다. 그 결과 1905년에 외세에 의해 조선이 망하고 일제의 식민지로 전락하게 되었다.

자연법사상과 자유주의가 확산되기 전에 유럽에서도 착취적인 전제군주, 무책임한 정부가 대부분이었다. 그러다가 1688년의 명예혁명 이래 1776년 미국의 독립전쟁, 1789년의 프랑스혁명 등 19세기 중반까지 유럽을 흔들었던 혁명의 흐름으로 비로소 국민의 자유와 재산을 지키는 책임정부와 자유주의체제가 출범하게 된다. 역사학자 에릭 홉스봄^{Eric} Hobsbawm은 이 시기를 정의한 저서 《혁명의 시대^{Age of Revolution}》를 출간 하기도 했다.

산업혁명의 발상지 영국에서는 산업화로 인한 빈부격차, 아동과 여성 의 노동 착취, 장시간 저임금 노동 등 수많은 사회 갈등과 분열 요인에 도 불구하고 1688년 명예혁명 이후에는 혁명을 겪지 않았다. 그 이유가 바로 지식인들이 상황에 맞는 정책을 제안하는 이론적 근거를 제공하고 정치인들이 대승적으로 개혁 방안에 합의했기 때문이었다. 아동 노동과 장시간 노동의 제한, 최저임금, 선거권의 확대 등의 조치가 이런 과정에 서 산출된 정책들이다. 자유주의 철학자들의 영향을 받은 영국의 정치 인들은 이러한 제도 개혁을 단행하는 것이 혁명을 예방하고 국민의 진 정한 자유를 실현하며 국가를 발전시키는 길이라고 믿었다. 따라서 이 런 이념에서 고전적 자유주의가 수정되고 진보적 자유주의철학이 정립 되었다.

조선에서도 같은 시기에 많은 진보적인 실학자들이 등장해 활발한 저 술활동을 통해 개혁을 주창했다. 그러나 그런 책들은 19세기 중반까지 출판될 기회도 없었고 널리 읽혀 사회적으로 공론화되지 못했다. 더구 나 집권층 관료들의 외면으로 정책으로 채택될 기회도 없었다. 전쟁이 나 혁명이 없는 상황에서 대대적인 제도 개혁이란 기득권층의 반발 때 문에 실현하기 어렵다. 그렇기 때문에 이를 주도할 집권층, 관료, 학자들의 책임과 역할이 큰 것인데 조선의 관료와 학자 들은 지식을 전파해 백성을 교화하고 공론화하는 역할을 제대로 하지 못했다. 그런 책임감 도 없었다. 그것이 조선의 불행이었다.

11장

포용적
경제제도는
존재했는가

조선의 토지와 조세제도

조선은 민본정치를 지향하면서 작은 재정, 낮은 세금을 표방했고 이에 따라 토지, 조세, 지출제도 등을 보수적으로 편제했다. 성리학의 영향으로 경제제도에 있어서는 초기부터 대체로 폐쇄적인 성향이 지배적이었지만 건국 직전의 전제 개혁, 환곡과 사창 등의 재분배제도, 대동법 개혁 등을 통해 독특한 포용적 제도의 면모를 보여주었다.

농업사회인 조선에서 토지는 가장 중요한 재산이었다. 토지제도는 조선 경제의 근간을 이루는 제도였고 농민의 생산 의욕과 생산량, 부의 분배 등에 직결되었다. 그만큼 토지제도는 경제제도의 핵심이었다. 여기에서 어떠한 토지제도가 가장 적합한지 이론적으로 고찰하는 것은 우리의 관심 대상이 아니다. 골격만 간단히 살펴본 후 우리의 주된 관심사인 토지의 소유제도와 토지세 부과체제의 성격에 집중해보자.

유학자들이 생각하는 이상적인 토지제도의 원형은 중국 주나라에서 시행했다는 정전제였다. 정전제는 네모난 토지를 '우물 정#'자 모양으로 공평하게 9등분한 다음 여덟 가구에 분배하되, 그 한가운데 토지를 공동경작지로 지정해 주변의 여덟 가구가 공동경작하고 그 수입으로 조세를 납부하는 제도이다. 나머지 토지의 수입은 개개인의 몫으로 하는 이상적인 제도였다.

고대로부터 토지의 소유권은 국왕에게 있다는 왕토사상이 주도했고 농민들은 자신에게 주어진 토지를 경작할 권리만을 가졌다. 그러다가 진나라의 상앙이 정전제를 폐지하고 토지를 개인의 사유재산으로 인정하는 제도를 만들었다. 한나라에서 시행한 한전제는 토지 소유의 한도를 정하는 제도이며, 균전제는 토지를 국유화하고 모든 농민에게 균등하게 재분배하자는 제도이다. 이러한 제도들이 조선 시대 제도 개혁에서 주로 논의가 된 토지 소유제도 유형이었다.

전제 개혁, 건국의 토대를 만들다

수조권收租權이란 토지에서 전조를 거둘 수 있는 권리를 의미한다. 현대 국가의 경우 국가가 수조권을 가지고 있으나, 고려와 조선 왕조에서는 국가를 위해 복무한 대가로 관리에게 봉급 대신 일정한 농토의 수조권을 주어 관리가 직접 전조를 징수해 사용하게 했다. 전시과나 과전법에서 과전을 분급한다고 할 때 관리에게 그 토지의 소유권을 지급한 것이 아니라 수조권을 준 것이다. 이때 과전을 받은 자는 그 토지의 수조권자로서 전주田主라 하고 그 토지의 실제 경작자인 농민은 전객佃客 또는 작인作人이라고 불렀다. 왕토사상에 따라 모든 토지의 소유권은 궁극적으로는 국가에 귀속되는데, 다만 관리에게는 봉급으로 수조권이 부여되고 농민에게는 경작권이 주어졌다고 보면 된다. 국가가 직접 수조권을 행사하는 토지를 공전公田, 관리를 포함한 개인이 수조권을 갖는 토지를 사전私田이라 했다.

고려 말에 단행된 전제 개혁은 역사상 가장 혁신적인 토지 개혁으로 평가된다. 정도전, 조준 등 신진 성리학자들은 이성계를 중심으로 지지 기반을 확대하기 위해 1390~1391년 과전법을 단행했다. 과전법의 공포로 관리에게는 녹봉 대신 경기도의 토지를 지급해 수조권을 인정하되 전국의 사전을 공전화했다. 군인과 한량 등 중소 봉건지배층에 대해서는 경기도 이외의 토지를 군전軍田으로 지급했다. 과전법에서는 사전에 대해 전세田稅를 부과해 재정 수입원으로 충당했다. 실제 경작하는 농민들은 전주에게 1결당 수확량의 10분의 1 수준인 30두씩 전조를 내게 되었다. 개혁 세력은 원래 정전제나 균전제를 실현하기 위해 의욕적으로 전제 개혁을 추진했으나, 기득권 세력인 대지주 권문세족 등의 완강한 저항을 받자 결국 과전법이라는 형태로 타협을 하게 된 것이었다.[1]

과전법은 수조지와 수조권 차원에서 개혁하는 것이 중심이었고 과전의 재분배로 개혁을 주도한 세력이 새로 수조권을 확보하게 되어 양반들 간에도 부와 권력이 재분배되었다.[2] 이상적인 토지 개혁을 시도했으나 기득권 세력의 강력한 저항에 따라 과전제로 축소되고 변형되는 과정을 보면, 왕조 교체기라는 혁명적인 상황에서도 기득권을 박탈하는 개혁은 대단히 어렵다는 것을 이해할 수 있다. 이 정도의 개혁을 성공적이라고 평가하는 이유이다. 전제 개혁으로 농민들은 가혹한 부담에서 벗어 났다. 이제는 대폭 낮아진 법정 조세(10분의 1 수준)를 내는 것으로 부담을 경감해주면서 백성들의 지지를 얻고 국가 재정도 크게 확충되었다.

과전은 경기도에 국한해 지급했으나 점차 토지 여유가 없게 되자 1466년(세조 12년)에 지급 대상을 현직 관료로 축소하는 직전제로 전환했다. 16세기 중엽 명종 대에는 직전제마저 폐지되어 관료들은 이제 토지가 아닌 녹봉만을 받는 처지로 전락했다.

14세기 말에 단행된 전제 개혁은 오래지 않아 그 의의를 상실했다. 우선 세종 연간부터 토지 매매가 법적으로 허용되고 병작반수제가 공인되면서 소유권 차원에서 개인의 토지 소유권이 성립되었다. 양반 관료와 지방의 토호 지주들은 토지를 개간하거나 매입해 점차 토지를 늘렸으며, 농민에게 빚을 주고 토지를 대신 차지하는 방법으로 사유지를 확대했다. 왕실은 내수사 소유의 토지와 1만 명의 노비로부터 얻는 막대한 수입을 자금으로 고리대를 놓아 재산을 늘려갔다. 내수사는 토지뿐만 아니라 산림, 어장, 목장, 하천 등을 겸병해 대지주로 군림했다.[3]

반계 유형원을 비롯한 개혁가들이 토지제도의 개혁을 논의할 때 가장 모범으로 삼은 제도가 정전제이다. 《반계수록》에서 유형원은 토지가 불공평하게 분배된 주요 원인이 사유재산제도라고 규정하며 정전제의 이상으로 다시 돌아가자고 역설했다. 모든 토지를 국유화하되 정전제의 원리에 따라 균등하게 나누어 백성들에게 골고루 분배하자는 주장이었다. 유형원은 토지 소유권을 사유가 아닌 공유제로 해야 백성들의 생산 의욕이 증진되어 산업이 발달하고 국가의 생산과 부를 증진할 수 있다고 생각했다. 유형원은 《반계수록》에서 실제 경작자인 농민들에게 토지를 분배해야 그들이 열심히 일할 인센티브가 생기고 결국 국가의 부가 증진될 것이라는 경제적 효과를 명확하게 설명했다.[4]

"토지를 갖지 못한 사람은 매년 남의 토지를 경작하므로 그 토지를 자신의 소유라고 생각하지 않기 때문에 거름을 줄 생각을 하지 않는다. 대부분의 토지에 거름이 부족한 것은 이 때문이다. 내가 구상한 제도가 시행되면 황무지가 없게 되고 모든 토지에서 사람들이 열심히 농사를 지을 것이다. 토지에서 생산되는 곡식을 계산하면 지금보다 두 배 이상 많아질 것이며 곡식은 물이나 불처럼 흔해질 것이다."[5]

유형원은 개인의 생산활동을 자극하는 적절한 제도를 시행하면 생산이 늘어나 국가의 부가 증대될 것이라는 신제도학과 성장이론의 핵심을 정확히 제시한 학자였다. 17세기 당시의 사상으로는 매우 혁신적인 이론이었는데, 그는 대지주들의 충격을 완화하기 위해 이런 제도를 점진적으로 시행하자고 제안했다.

지배계층에서 달가워하지 않았던 《반계수록》의 가장 중요한 부분이 이 토지 개혁이었다. 지주들에게서 토지를 몰수해 백성들에게 분배하자는 주장은 기득권층의 이익에 정면으로 배치되는 파격적인 주장이었다. 이러한 개혁을 시도한다면 지주들이 강력하게 저항할 뿐만 아니라 임금과 국가에 대해서 반기를 들 가능성도 있는 폭탄 이슈였다. 왕실과 관료들이 스스로 대지주인데 기득권을 박탈하는 급진적인 개혁에 찬성할 리가 없었다.[6]

유형원의 주장은 후기 실학자들에게 많은 영향을 미쳤지만, 정부의 제도 개혁에는 반영되지 못했다. 조선의 지배계급은 토지제도의 개혁이 농업 생산을 늘리고 국가의 부를 증진하는 데 핵심적인 사항이라는 것을 이해하지 못했고, 설사 이해했다 하더라도 이런 개혁을 추진할 만한 의지나 역량도 없었다.

정약용도 《경세유표》를 통해 정전제의 실시를 제안했다. 산이 많고 평야가 좁은 우리나라 지형을 감안해 전지를 9등분하는 대신 10등분한 정전제가 적절하다고 주장했다. 이러한 제도가 공평한 토지 분배를 실현하면서 생산 의욕을 고취할 것이라고 보았다. 유형원과 정약용은 특출한 경세가답게 정전제의 시행을 위한 구체적인 실행 방안과 이행 상황을 감독하는 제도까지 제안했다.

정약용이 제안하는 감독제도는 어떤 제도를 처음 시행하면 중앙 관료 중에서 성실한 관리를 선발해서 경전어사 등의 신분으로 지방에 보내 그 업무 시행 실태를 철저히 감독하라는 것이었다. 이렇게 점검해서 원칙대로 제도를 잘 운영하는 관리를 선발해 포상하는 인센티브제를 제안했다. 농민이나 장인 중에서도 일 잘하는 사람은 선발해 서반 말직 등 관리로 발탁하라고 했다. 이렇게 성과를 많이 내는 사람을 우대하면 나라의 생산물이 증가해 다른 나라에도 수출하고 국가의 부가 증대될 것이라고 주장했다.

재정의 압박, 어떻게 해결할 것인가

당나라에서 수립된 조용조租庸調체제는 고려, 조선과 일본에서도 시행되었고 동양 조세제도의 근간이 된 제도이다. 조租는 토지를 대상으로 거두는 세금(곡물), 조調는 가구(호)를 대상으로 거두는 토산물, 용庸은 노동력으로 제공하는 요역을 의미했는데 점차 실제 요역에 종사하는 대신 물납하는 것을 의미하게 되었다. 조용조제도는 당나라 중기 이후 소농민의 파산, 균전법의 붕괴 등으로 인해 운영상의 문제가 거듭되자, 780년에 가구나 사람이 아닌 토지를 부과 대상으로 삼는 양세법兩稅法으로 바뀌었다.

명나라에서는 1570년경에 징세 업무를 간소화하고 조세 수입을 확보하기 위해 잡다한 항목으로 나뉘어 있던 부역과 조세를 각각 하나의 세목으로 하고 납세자의 토지 소유 면적과 가구의 남정男丁 수에 따라 세액을 결정해 은으로 일괄 납부하게 했다. 이것이 일조편법이다. 청나라에서는 18세기 초 정세丁稅를 지세地稅에 포함시켜 은으로 납부하는 지정은地丁銀 제도로 개선했다. 따라서 일조편법은 국가의 기본적인 조세 부과 대상이 가구에서 토지로 이행해가는 징세 기술의 일대 개혁이었다. 이렇게 해 중국에서는 국가의 지배체제가 인간 중심에서 토지 중심으로 전환되었다. 그런데 조선은 중국과 달리 토지에 기반을 둔 조세 이외에 인간의 노동력을 자원으로 파악해 그로부터 조세를 수취하는 인간 중심 지배체제를 왕조 말기까지 유지했다.[7]

역사학자들은 조세제도라는 용어보다 수취제도라는 용어를 주로 사용하고 있다. 이는 국가가 백성들에게서 거두어들이는 모든 것을 포괄하는 개념이며 이에 따른 수입이 국가의 근간 수입원이 되었다. 조선의 수취제도는 전조와 전세, 공납과 역으로 구성되었다. 조선 초기의 전조는 대략 수확의 10분의 1을 기준으로 공전에서 1결당 최고 30두를 징수했다. 관료들에게 과전으로 지급된 사전에서 전조 수입은 관료들이 받고 국가는 전세를 징수했다. 관료들에게 과전으로 지급된 경기도를 제외하고는 거의 모든 토지가 공전으로 편입되어, 왕조 초기에는 전조와 전세를 합해 국가의 세입이 크게 증가했고 연간 60~100만 석에 이르렀다. 국가는 그 외에도 공납과 상인세, 장인세 등을 세입으로 확보했다.[8]

역役에는 국가의 토목사업, 공물 운송 등 공적인 업무에 동원되는 요역과 국방을 맡는 군역의 두 가지가 있었다. 역의 대상은 천인을 제외한 모든 양인으로서 16~60세까지의 남정이었다. 관리와 서리, 향리는 관청에서 국가를 위해 봉사한다고 보고 이것을 역으로 간주했기 때문에 군역에서 면제되었고, 성균관의 유생 등 공부하는 학생은 학문을 장려하는 취지에서 군역에서 면제되었다. 《경국대전》에서 요역은 토지를 기준으로 부과하되 8결마다 한 명의 역군을 내어 6일 이내로 사역하도록 규정했다. 그런데 지방 관청에 대한 요역은 지방에 일임되어 지방 수령과 향리의 재량에 맡겨졌으므로 부정의 소지가 많았다.[9]

한편 공납은 각 지방의 특산물을 바치게 하는 것으로, 각 고을을 단위로 해 국가나 왕실에서 필요로 하는 지방 특산물을 그 지방의 수령이 책임지고 거두어 바쳤다. 공납은 현물로 바쳐야 했기 때문에 징수, 보관, 운송에 어려움이 많았다. 이러한 폐단을 제거하고, 전세 수입의 감소로 인한 재정 확충을 위해 후기에는 대동법을 추진해 토지 1결에서 쌀 12두를 징수했다. 대동법이 실시됨으로써 비로소 거의 모든 조세가 전세화되었다. 18세기 중엽, 조선의 수취제도는 전조(쌀 4두), 대동미(쌀

12~15두), 결작미(쌀 2두) 중심의 토지세와 연간 면포 1필의 군역으로 바뀌었다.

조선 후기에 토지세가 늘어나지는 않았으나 정부는 균역법에서 부과하는 어염선세, 장시와 포구의 거래에서 징수하는 수세 등 새로운 세원을 확보하려고 노력했다. 그런데도 1800년 전세의 비중이 90% 정도로 거의 전부를 차지했고 상업세는 1~2%, 광공업세는 1%, 간접세는 1% 정도로 매우 낮았다.[10] 18세기에 시장경제가 활성화되고 있었지만 아직 충분히 성숙하지 못해 국가의 세입을 충당하는 데 크게 기여하지 못했음을 반영한다. 세출은 갈수록 늘어나는 추세인데 세입은 이에 맞춰 늘어나지 못했기 때문에 18세기부터 재정 압박이 심해졌다.

중앙 재정의 압박은 여러 문제를 초래했다. 우선 대동법에서 통합되었던 조세체계에 많은 잡세가 추가로 부과되었다. 대동미에서 중앙 상납미가 증가하자 지방 유치미가 감소했으며 지방 재정을 충당한다는 명목으로 지방 관리의 부정과 중간착취가 생겼다. 또한 환곡제도가 조세로 변질되어 중앙과 지방 각급 관청의 경비 확보 수단으로 운영되었다. 19세기 중반에 환곡 규모가 1,000만 석 정도로 증가해 국가 재정의 절반 정도를 담당했다는 분석도 있다.[11]

세종의 공법 개혁

세종은 핵심 경제제도인 전세제도를 공법貢法으로 바꾸자는 개혁을 추진했다. 공법은 본래 중국 하나라 때 시행되었던 정액세제도였다. 농민 한 사람에게 토지를 50무씩 일정하게 지급하고 그중 10분의 1에 해당하는 5무의 수확량을 세금으로 거두는 세제였다. 세종 때 공법은 오랜 논의를 거쳐 수정되었다. 토지가 비옥한지 메마른지에 따라 여섯 개의 등급으로 나누고, 다시 그해의 풍흉에 따라 아홉 개의 등급으로 나누어 세율을 적용해 1결당 20두에서 4두까지 차등 있게 내도록 하는 것이었다. 1427년(세종 9년)부터 그 시행 방안을 논의해 1444년(세종 26년)에 가서야 공법으로 확정되어 시범 실시되었다. 이후 지역별로 확대하다가 1489년(성종 20년)에야 전국에 걸쳐 실시했다.

본래 조선의 토지세는 수확량에 비례해 부과되었는데, 세종이 처음으로 토지세를 일정하게 고정시키는 정액세의 원리를 도입했다. 조선 초기에 과전법을 실시하면서 전국의 토지를 세 등급으로 나누었고, 1결의 전세는 수확량의 10분의 1에 해당하는 30두를 기본으로 정해두었다. 추수기가 되면 고을 아전이 직접 논밭에 나가 수확량을 평가해 세금액수를 감면해주는 답험손실법踏驗損實法을 적용했다. 이 제도는 관리에게 너무 많은 재량권을 부여하고 있었다. 실제 시행 과정에서 실사를 맡은 아전들이 많은 횡포를 자행하며 농민들의 원성을 사고 세수도 감소한다는 문제가 제기되었다. 이에 따라 관리의 착취와 부정을 막고 공평과세를 실현하기 위해 전세를 아예 정액으로 고정시키는 방안을 논의하게 된 것이었다.

공법 개혁은 세종이 직접 제안한 후에도 오랜 기간에 걸쳐 의견을 수렴하고 논의하였으며, 몇 차례 시범실시를 거쳐 단계적으로 확대 시행하다가 드디어 1489년 성종 대에 전국에 걸쳐 시행되었다. 세종실록을 보면 세종 9년에 논의를 시작한 이래 수많은 관료들과 진지하게 논의하며 온갖 상황과 찬반논리를 검토한 내용이 나와 있다. 또한 지방 관리와 주민의 의견을 수렴하고 국정 최고 책임자가 여러 의견을 수용하고 조정해가는 과정이 기록되어 있다.

공법 개혁은 백성들의 부담을 줄여주고 불공정한 조세 부담이나 지방 아전들의 수탈, 비리 등을 혁파하는 제도였다. 제도 자체가 성공했다고 평가하기는 어렵지만 개혁을 추진하는 과정에서 보여준 세종의 리더십은 정책 결정의 모범사례라 할 수 있다. 세종실록에서 논의 과정의 중요한 사례만 발췌해 간단히 살펴보자.

1427년(세종 9년) 3월 16일, 문과 시험에 조선에 공법을 시행하는 방안을 제시하라는 책문 과제가 출제되었다. 핵심 정책 과제에 대해 양반 주류 계층의 의견을 묻고, 논의를 확산시키고자 한 세종의 독특한 시도였다. 1428년(세종 10년) 1월, 조정에서 공법이 본격적으로 논의되었고 1429년(세종 11년) 11월에는 관료들에게 공법의 시행 방안 검토를 촉구했다.

1430년(세종 12년) 7월, 세종은 "백성들이 좋지 않다면 이를 행할 수 없다. 그러나 농작물의 잘되고 못된 것을 답사고험할 때에 각기 제 주장을 고집해 공정성을 잃은 것이 자못 많았고, 또 간사한 아전들이 잔꾀를 써서 부유한 자를 편리하게 하고 빈한한 자를 괴롭히고 있어, 내 심히 우려하고 있노라"고 말하며 공법의 편의 여부와 폐해를 구제하는 일을 백관이 숙의해 보고하라고 지시했다. 조선 초기부터 지방 아전들의 횡포를 조정에서 임금까지 소상히 알고 있었음을 보여준다.

1430년(세종 12년) 8월, 호조에서 공법에 대한 그간의 논의 결과를 종합해 아뢰었다. 이날의 실록에는 공법에 대한 찬반 의견을 밝힌 전직 관료와 현직 관료의 숫자, 어떤 논리로 찬성했는지, 왜 반대했는지 등을 호조에서 상세하게 정리해 보고했음을 기록했다. 아울러 각 도에서도 지방 수령과 관리, 주민을 대상으로 찬반 여부를 조사했고 찬반의 숫자와 그 주장 및 근거를 종합해 제출했다고 기록되었다.

　한편 정인지 등 일부 관료들은 논란이 많으므로 경기도 몇 개 고을에 시험 실시한 다음 다른 지역으로 확대하자는 의견을 제안했다. 호조에서는 각 지방의 찬반 여부와 그 의견을 일일이 열거한 뒤에 "무릇 가하다는 자는 9만 8,657인이며, 불가하다는 자는 7만 4,149인입니다"라고 보고했다. 이때 17만 2,806명의 백성이 여론조사에 찬반의사를 밝혔다(당시 인구는 500만 정도였다).

　1438년(세종 20년) 7월, 경상도와 전라도에 공법을 시험 실시했다. 10월에는 조관을 파견해 공법의 시행에 대해 심사하도록 했다. 1440년(세종 22년) 9월 3일, 경상도 주민 1,000여 명이 등문고登聞鼓를 쳐서 공법의 불편함을 아뢰고 종전의 답험손실법을 회복하고자 했으나, 세종이 윤허하지 않았다.

　1443년(세종 25년) 7월, 하삼도(충청도, 전라도, 경상도)에 우선 공법을 실시하고 하삼도 관찰사에게 공법의 실행에 대해 자신과 고을 수령, 백성들의 의견 등을 수렴해 밀봉해서 보고하게 했다.

　그러나 많은 논의 끝에 확정된 법안은 종전과 같이 그해의 풍흉 상태를 고려해 세액을 조절하게 함으로써 엄격한 의미의 정액세제에서 이탈하고 개혁의 의의를 상실하게 되는 중대한 결함이 되었다. 제도가 성공하지는 못했지만 국가의 최고 지도자인 임금이 농민의 고충과 향리들의 횡포를 우려해 중요한 제도 개혁을 주도했고, 그 과정에서도 다양한 계층의 참여와 의견 수렴, 이견 조정, 단계적 시행 방안, 민심의 측정과 사후점검 등을 주도했다. 국가의 리더가 주도한 개방적이고 포용적인 정책 결정 사례로 볼 수 있다.

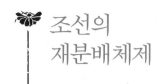

조선의
재분배체제

조선 경제체제의 성격을 어떻게 보아야 할까? 서구 국가에서 보듯이 전근대적이고 봉건적인 경제체제에서 점진적으로 근대적인 시장경제체제로 이행해 갔을까? 한국사학계의 이론은 일치하지 않는다. 이것은 조선 후기 경제가 다른 나라와 비교해서 얼마나 성장했는가와 연관된 문제이다. 이헌창, 김재호, 이영훈 등 일군의 경제사학자들은 조선 경제가 봉건적 자급자족경제에서 조선 후기 들어 근대적 시장경제로 전환했다는 전통적인 한국사학계의 주장에 이의를 제기하고, 칼 폴라니Karl Polanyi의 배분 원리를 적용해 조선의 경제체제를 호혜와 재분배체제로 분석하는 새로운 시도를 했다.

이들은 조선이 상공업을 억제하고 국가 재분배 위주의 경제체제를 설계한 배경을 조선의 지배 이데올로기인 유학의 원리에서 찾았다. 건국을 주도한 성리학자들이 고려 말에 상업이 활성화되면서 사회의 기강과 경제 안정을 해쳤다고 판단했기 때문이라는 것이다. 성리학자들은 조선에서도 상업이 본업인 농업에 지장을 주고 국가 재분배체제에 악영향을 미칠지도 모른다고 우려했다. 조선의 집권층은 명나라와의 조공무역체제에 편입하면서 대외무역을 금지한 명나라의 정책에 순응하는 차원에서도 무역활동을 금지했다.

조선은 상업을 제도적으로 억제하는 대신 유교적 '인仁'의 정치를 구현하기 위해 기근의 구제와 농가의 안정을 위한 환곡, 진휼제도를 크게 확대해 국가 재분배체제를 강화했다. 이렇게 호혜와 재분배체제 중심으로 운영되던 조선 경제도 후기에 대동법 시행을 계기로 재분배체제와 시장의 배분체제가 양립하는 체제로 전환했다.

본래 유학의 경제 원리는 시장경제가 발달하기 전, 농업 중심의 전근대적 자급자족 경제체제에서 형성되었기 때문에 호혜와 재분배체제를 기반으로 한다. 즉, 유학의 경제 원리는 자급자족과 호혜, 국가에 의한 재분배를 근간으로 하는 경제 원리라고 할 수 있다. 또 유학은 재분배의 이념적 기반도 가부장제 가족의 호혜 원리에서 찾았다. 가부장제적 가족 중심의 호혜체제를 근간으로 하고 여기에 국가와 사회가 운영하는 재분배체제를 확립한 것이므로 국가의 세수는 기능을 유지하는 데 필요한 최소한으로 억제할 필요가 있었다. 조선의 유학자들은 국가를 '가부장제 가족질서가 외연적으로 확장된 거대한 공동체'로 설정하고 가정의 호혜이념을 국가적 재분배의 이념적 토대로 삼고자 했다.[12]

유교 원리에 따라 가정에서는 부모의 자애, 자식의 효도, 형제의 우애를 강조하고 향촌에서는 상부상조, 환난상휼 등의 행동규범을 구체화한 것이 주자의 향약이었다. 유교적 예절과 풍속을 향촌에 보급해 미풍양속을 진작시키고 재난을 당했을 때 상부상조하기 위한 규약이었다. 주자는 향약을 통해 상부상조, 환난상휼을 실행하는 제도와 사창社倉의 곡물 대여제도를 시행하게 함으로써 호혜와 재분배 기능을 제도화했다.

조선은 작은 재정에 비해 매우 높은 수준의 기근 대책과 복지제도를 운영했다. 재정에서 차지하는 환곡의 규모가 컸을 뿐만 아니라, 고아, 홀아비, 과부, 장애인, 가난한 병자 등에 대해서도 국가가 배려했다. 세종 대에는 GDP의 1% 정도를 복지에 사용했는데, 이후 재정에 대한 과도한 부담으로 축소되었다가 영조, 정조 대에 다시 증가하여 GDP의 0.5% 내외를 차지했다.[13]

조선의 재분배체제는 현물재정을 기본으로 운용됨으로써 화폐경제가 발달하지 못하고 시장을 더욱 위축시키는 결과를 초래했다. 조선이 호혜와 재분배에 의존한 자원배분 원리를 채택한 결과 경제성장에는 불리한 결과를 초래했으나, 정치 안정과 국가 권력의 유지에는 기여해 결국 조선 왕조가 장수하는 데에 도움을 주었다. 조선은 농업 생산에 의존하는 경제였고 흉작에 따른 기근과 이로 인한 사회 불안이 심했다. 그래서 지배 세력들은 경제성장보다 정치와 사회 안정을 더 중시했다. 같은 차원에서 자원 배분의 효율보다는 재분배에 더 관심을 가졌던 것이다.

오스트리아-헝가리 출신의 경제사학자이며 철학자인 칼 폴라니는 1944년 발간한 《거대한 전환The Great Transformation》에서 인류의 역사를 통해 유지되어온 사회, 경제 체제의 작동 원리를 다음의 네 가지로 분류

했다. 호혜와 상호성의 원리, 재분배의 원리, 가정경제의 원리, 교환의 원리이다. 더글러스 노스는(1977) 칼 폴라니의 자원 배분 원리가 자본주의경제가 발달한 현대의 경제에도 적용된다고 주장했다. 아무리 자본주의가 발달해도 일정한 범위 내에서는 호혜와 상호성의 원리, 재분배원리가 시장의 교환 원리와 함께 작용하고 있다는 것이다. 역사적으로도 거래비용이 높은 단계에서는 시장이 발달하지 못해 호혜와 재분배가 성행하나, 기술 발달로 거래비용을 절감할 수 있게 되면 시장이 성장한다고 설명한다.

폴라니와 노스의 논리는 후기 조선에도 들어맞는다고 생각된다. 조선의 경우 초기에는 재분배체제가 주도했으나 점진적으로 시장교환체제가 강화되었다고 할 수 있다. 조선은 같은 시기의 중국이나 일본에 비해 재분배체제를 더 강화했다. 그 결과 다른 나라에 비해 환곡 등 구휼제도의 비중이 훨씬 더 커져 시장의 발달이 오히려 저해되었다. 다른 나라에 비해 유난히 현물재정에 의존하고 재분배 기능에 집중했으며, 상공업 억제가 심했던 조선에 대해 경제사학자들이 폴라니 모형을 적용해 그 배경을 분석해낸 것은 매우 돋보이는 시도이다.

조선의
핵심 산업

조선은 초기부터 중농정책을 시행했다. 당초의 정책 의도대로 상공업은 정체된 것이 분명한데, 그러면 농업의 생산량은 상공업 희생의 대가로 얼마나 증대되었을까? 초기에는 개간을 장려하고 양전사업을 시행해 경지 면적이 크게 늘어났다. 특히 서북부 지방, 연해 지역, 섬 등에 대한 개간이 활발했다. 종전에는 2년마다 한 번씩 경작하며 한 해를 쉬어야 했는데 비료 사용법이 보급되면서 매년 경작하는 것이 가능해졌다. 또한 1430년에 《농사직설》이라는 농업 지침서를 편찬하면서 선진적인 농업 기술을 보급했고 저수지 건설, 농기구 보급 등으로 농업 생산이 증가했다.

17세기부터는 이앙법이 보급되며 저수지를 축조하고 관개시설을 늘려 밭을 논으로 전환한 덕분에 쌀 생산이 늘어났다. 쌀과 보리의 이모작 방법이 보급되고 쌀, 보리, 기장, 콩 등의 생산이 확대되면서 식량이 늘어나 인구 증가에도 기여했다는 평가를 받는다. 조선의 인구는 건국 초기 500만, 18세기 1,600만, 1910년 1,700만 명으로 연평균 0.24%씩 증가한 것으로 추정된다.[14]

17세기에 보급된 이앙법은 쌀농사에서 획기적인 변화를 초래했다. 종전의 직파법에 비해 잡초 제거에 소요되는 노동력을 20% 이상 절감할 수 있어 농민 한 사람당 경작 가능한 농지가 늘어났다. 또한 모판에서 모를 기르는 동안 논에 보리를 재배할 수 있어 쌀과 보리의 이모작이 가능하게 되었다. 이로써 농업 생산량이 크게 증가했다. 이렇게 중요한 이앙법을 조선 초기에는 "물 원천이 없는 곳에서 한번 가뭄을 만나면 완전히 실농하게 되니 이를 금지하지 않을 수 없다"고 《경제육전》에 명시해 금지했다(태조 6년). 저수지를 건설하는 것보다 저수지를 필요로 하는 이앙법 자체를 금지하는 것이 조선의 제도였다. 1662년(현종 3년) 조정에서는 이앙법의 확산을 위해 저수지 행정을 담당하는 제언사堤堰司를 설치했다. 18세기 말에는 전국적으로 저수지가 6,000개에 달하도록 늘어났다.[15]

밭농사에서도 이랑과 고랑을 높고 길게 조성하는 쟁기갈이 기술이 발전하고 비료 사용이 대폭 늘어나 노동력을 절감하면서도 생산량은 늘어나는 효과를 거두었다. 고구마와 감자도 구황작물로 널리 재배되어 식량난에 기여했다. 곡물을 제외하고는 면화가 가장 널리 재배되었다. 곡물보다 노동집약적인 면화농사는 곡물농사의 두 배 정도 수익을 주었다. 면직업이 발달하지 못해 대부분 농가는 면화를 판매하지 않고 가내에서 직접 무명을 직조하여 유통했다.

상품 생산과 농업의 성장

진안의 담배, 전주의 생강, 임천과 한산의 모시, 안동과 예안의 왕골 등은 전국적으로 유명한 경제작물로 상품화되었다. 인삼과 담배도 대표적인 상품작물이었다. 18세기 초부터 인삼 재배에 성공해, 인삼을 가공한 홍삼이 중국에 대한 주요 수출품으로 등장했다. 한양 인근에서 채소 등을 재배해 고수익을 얻는 사례도 확산되고 있었다. 이런 정도의 상업적 농업을 가능하게 했던 것은 17~18세기에 형성된 장시의 발달과 도시 시장의 성장이었다.[16]

이헌창 교수는 조선 장시의 구매 물품 종류를 분석했는데, 농촌에서 시장이 발달했으나 공산품은 아직 가공도가 낮은 가내생산물이 주종을 이룬다는 점에서 당시 조선이 사회적 분업의 전근대적 단계에 머물렀다고 평가했다. 19세기 경상도 예천의 한 농가에서 쌀을 판매한 수입으로 구입한 상품을 보면 공산품, 수산물, 축산물 등이었다. 직물과 모자, 신발, 종이 등을 구입했고 어류와 젓갈, 해조류와 육류를 구입했다.

한편 같은 시기 중국에서는 송나라 이래 농업 생산이 늘어나고 상업이 발달하면서 이를 기반으로 인구가 크게 증가했다. 17세기 후반 이래 조선에서도 농업 생산이 늘어났고 인구도 증가하고 있었지만 경제성장을 위한 자본의 축적을 기대하기는 어려웠다.[17] 제임스 팔레는 이런 자료를 근거로 17~18세기에 조선에서 농업과 상공업의 발달 등 자본주의의 싹이 트기 시작했다는 일부 민족주의 사학자들의 주장에 근거가 약하다고 판단했다.

조선의 중농정책은 의도와는 달리 지원제도가 미흡하고 지방에서의 실행력이 취약해 실제 농업을 육성하는 효과가 제한적이었고 중국이나 일본에 비교해도 농업 생산량이 획기적으로 늘어나지 않았다. 조선과 일본의 재정과 쌀 생산량의 추계를 비교해보자.[18]

18세기 후반 조선의 쌀 생산량은 약 1,800만 석 정도로 추정된다. 조세와 현물로 내는 공물, 부역 형태의 노동력, 온갖 종류의 공과금과 정부나 관리에 대한 선물 등 백성이 실제 부담하는 물적인 것을 모두 쌀로 환산해 합계하면 국가의 총 수입은 400만 석 정도로, 쌀 총생산량의 22% 수준으로 추정되었다. 이 중에서 중앙 정부와 왕실로 올라가는 수취분이 150만 석이었고 나머지 250만 석은 지방 정부 또는 관리 등이 수취하거나 중간 수탈하는 분량이었다. 쌀 생산량 자체가 크지 않은 데다가 공식적으로 중앙 정부가 운영할 수 있는 재정 수입도 현물을 포함해 100만 석 정도에 불과했을 것으로 추정된다.

일본의 통계는 1871년 기준으로 쌀 생산량이 6,000만 석으로 나타났다. 조선의 쌀 1석은 일본의 약 0.6석에 해당할 정도로 당시에 통용되는 일본의 쌀 용량이 컸다. 그러니 일본의 쌀 생산량은 조선 도량형 기준으로 1억 석 정도에 해당한다. 18세기에 일본의 쌀 생산량이 19세기보다 더 적었을 것으로 추정하더라도 일본의 쌀 생산량은 조선의 네 배가 넘는 수준에 이른다는 것을 짐작할 수 있다. 당시 일본은 6,000만 석의 생산량 중, 국가에서 1,225만 석을 거둬들였다. 일본은 16세기 이후에 각 다이묘들이 경쟁적으로 자기 영지의 경제력을 확대하기 위해 농업과 상공업의 진흥시책을 추진했고, 농업뿐만 아니라 상공업 부문에서도 비약적으로 발달했다.

당시의 중국, 일본과 비교해보면 조선의 재정 규모가 상대적으로나 절대적으로나 아주 작았음을 알 수 있다. 이헌창 교수가 도량형 단위를 3국 간에 같은 기준으로 조정해 비교한 자료를 인용해보자. 1753년 기준으로 중국의 세입은 5,000만 석 수준이었다. 2억 5,000만 명 인구 1인당 0.2석 정도이다. 조선은 세입이 250만 석인데 당시 인구는 1,600만 명 정도이니 1인당 0.16석이다. 이에 반해 일본은 공식 세입이 1,225만 석이며 인구는 3,360만 명이므로 1인당 0.365석으로 산출된다. 조선의 재정 규모가 상대적으로 작은 수준이라는 것을 알 수 있다. 중국과 조선은 법적인 조세 부담률이 매우 낮은 수준인 데 비해 각종 잡세 등으로 인한 중간 수탈이 많아 실질적인 국민 부담은 이보다 훨씬 높았다. 반면에 일본은 공식적인 조세 부담률은 매우 높은 반면 비공식적인 수탈은 훨씬 적었다고 한다. 조선은 중국의 조공무역체제에 편입되어 안주하면서 외부로부터의 위험을 경시하고 작은 재정, 낮은 조세부담체제를 유지하면서 국방비도 대폭 줄였다.[19]

제임스 팔레는 여러 학자들의 연구 결과를 종합해 쌀의 생산성을 한국, 중국, 일본과 비교한 결과를 보여준 바 있다.[20] 1910년 한국의 1에이커당 쌀 생산량은 15.55부셸(밀의 무게를 나타낼 때 쓰이는 단위. 영국식은 약 28킬로그램을, 미국식은 약 27킬로그램을 각각 1부셸로 한다)로 추정되었다. 일본은 1878~1882년 1에이커당 25.1~26.9부셸의 생산성을 보였다. 즉 한국의 1910년 쌀 생산성이 일본의 60% 미만인데, 조선 시대에는 아마 이보다 훨씬 더 낮았을 것으로 생각된다. 1191~1333년 일본 가마쿠라 막부 시대에는 1에이커당 22.5부셸 정도의 생산성을 보였다고 추정되는데, 이것이 이미 1910년의 한국의 생산성보다 더 높은 수준이다.

한편 중국은 명나라 초기인 1400년에 1에이커당 15.29부셸, 1770년에 22.33부셸, 1850년에 27.73부셸의 생산성을 보이고 있다. 1850년 중국의 생산성이 조선의 거의 두 배 수준임을 보여주고 있다. 3국 중에서 농업을 중시하면서 상공업을 유난히 억제했던 조선이 농업 실적도 그다지 좋지 않았던 것이다.

조선 후기 농업 생산성이 중국의 선진 지역이나 일본에 비해 뒤떨어진 가장 큰 이유로, 시장 규모가 작았다는 것을 우선 지적해야 한다. 시장의 제약에 따른 판로의 문제가 조선의 농업 기술 개발, 비료 사용이나 토지 생산성 향상을 자극할 유인이 적었고 그 결과 상대적으로 생산성이 낙후되었다. 결국 농민에게 생산성을 올리게 할 경제적 유인이 없었던 것이 가장 큰 문제였다. 조선 시대에 인구는 초기의 500만 수준에서 18세기에 1,600만으로 크게 늘었고 경지면적도 개간, 이모작 등으로 확대되었다. 생산량도 크게 늘어났으나 시장 형성이 미진해 단위면적당 또는 1인당 생산성을 증대할 경제적 유인이 적었고 생산성 증대 효과가 크지 않았다.

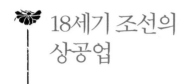

18세기 조선의
상공업

조선이 상공업을 억제하는 동안 유럽의 상업혁명은 대항해 시대를 맞아 전 세계로 전파되고 있었다. 조선은 줄곧 폐쇄적 대외정책을 유지했으나 중국, 일본과는 연결되어 있어 무풍지대에 있었던 것만은 아니었다. 조선 후기를 장식하는 18세기의 상공업 성장은 조선의 경제사에서 특별한 주목을 받고 있다. 침체했던 상공업이 18세기에 갑자기 성장하게 된 요인이 무엇일까?

여기에서 우리의 핵심 주제인 제도적 요인에 주목해보자. 경제제도 측면에서 보면 종래의 폐쇄적이고 착취적이었던 제도에서 18세기에 몇 가지 뚜렷하게 개방적이고 포용적인 성격의 제도로 바뀌는 변화가 있었다. 아직 제도의 내용이나 시행에서 포용적인 성격이 강하지는 않았으나 종전의 제도와 비교하면 확연히 구분되는 변화였다. 몇 가지 제도 개선은 거래비용을 줄이고 민간의 잠재된 경제활동 의욕을 촉진하는 데 크게 기여했다. 여기에서는 간단히 요약만 하고 해당 부문에서 상세히 논의하겠다.

경제제도 개혁을 겪다

첫째, 경제제도에서 가장 큰 변화로 대동법이 시행된 것을 지적해야 한다. 대동법 시행은 기나긴 제도 변혁 과정을 겪었다. 이것은 농민들이 특산물을 개별적으로 납부하던 형태에서 공인貢人이 시장에서 일괄 구입해 납품하는 형태로 제도가 변경된 것이므로, 거래비용 감소와 규모의 경제를 통해 시장을 활성화하는 효과가 있었다. 시장의 활성화는 상업뿐 아니라 물품을 제조하는 수공업의 발달을 자극했다.

둘째, 1750년(영조 26년) 균역법均役法의 시행이었다. 군포 부담을 16개월 2필에서 12개월 1필로 줄여, 농민의 부담을 반 이하로 줄인 획기적인 제도 개혁이었다. 비록 제도의 효과가 오래 지속되지는 못했으나 농민의 생활수준이 향상되었다.

셋째, 1791년(정조 15년) 금난전권禁亂廛權의 철폐로 상징되는 개인 상업(사상私商)의 활성화였다. 관청 허가를 받은 시전상인들이 향유하던 폐쇄적이고 독점적인 특권제도를 철폐한 것은 상업활동을 억제하던 시대의 상징적인 규제철폐정책이었다. 금난전권의 철폐는 18세기 말에 단행되었지만 이미 상인계층이 성장하고 시장이 활성화되고 있어 규제를 폐지하라는 시장의 압력을 정부가 더 이상 외면할 수 없었던 것이라 할 수 있다.

넷째, 화폐유통의 활성화를 들 수 있다. 시장의 활성화로 화폐 수요가 커지자 현물화폐나 은화로는 감당하기가 어려워 상평통보를 대량으로 주조해 공급했다. 상평통보의 주조는 1678년(숙종 4년)부터 이루어졌지만 18세기에 들어 전국에서 널리 유통되어 시장경제의 촉진에 기여했다.

18세기에 집중된 이러한 제도들은 종전과 확연히 달라진 변화로, 시장을 활성화하고 생산을 촉진하는 효과가 있었다. 그러나 얼마 되지 않아 19세기에 세도정치와 삼정의 문란으로 경제가 크게 위축되는 바람에 그 효과가 오래 지속되지 않고 산업화로 연결되지 못했다.

조선 초기에 시행된 상공업 억제정책과 폐쇄적 경제제도는 상공업을 위축시키는 방향으로 작용했다. 농업 중심의 자급자족경제가 중심이 되어 상품경제가 발달하지 못했고 사대부들 간에는 선물교환이 성행했다. 정부는 조세제도에서도 토산물을 공물로 바치는 현물재정제도에 집착해 상품을 유통시키는 시장 형성이 저해되었다.

15세기 말부터 지방에서는 장시가 형성되어 보통 5일마다 열렸는데, 농민들이 농산물과 수공업 제품을 물물교환하고 보부상들이 먼 지방의 특산물을 가져와 판매했다.[21] 17세기 후반에서 18세기 전반에는 장시가 전국적으로 1,000여 개로 확대되어 선물교환을 능가하며 상업에서 중심을 차지했다. 장시는 대개 농촌을 중심으로 확산되어 도시화에는 기여하지 못했다.

대동법이 시행된 이후 관청에 물품을 납품하는 공인이 성장해 상공업 진흥에 크게 기여했다. 공인들에게는 관청에서 필요로 하는 물품의 독점 공급권을 보장하면서, 시가보다 높게 공가(공물의 값)를 책정해주고 공가를 선불해주었으며, 소요자금을 대출해주는 등 여러 특혜를 주었다. 공인들은 관청에서 자금을 미리 받기도 했지만, 대개 자기 자본으로 물품을 먼저 대량구입하고 이를 정부에 납품한 후 대가를 받았다. 이들은 점차 이익을 모아 상업자본을 축적하게 되었다. 상업의 성장에 따라 독점권을 가진 공인의 권리가 점점 커지면서 공인의 지위 자체가 비싼 가격으로 매매되기도 했다. 공인들은 시전상인이나 지방 장시의 객주, 또는 수공업자들과 거래를 하며 점차 규모를 키워 독점적인 도매상인인 도고都賈로도 성장했다.[22]

18세기 도시에서의 상업은 단일 품목에 대한 독점판매권을 가진 시전을 중심으로 발달했다. 관허상인인 시전은 관청에 물자를 조달하고 조세를 납부해주는 것 외에도, 수시로 관청이 요구하는 노동력을 제공하는 국역을 부담해야 했다. 한양의 시전에서는 명주, 종이, 어물, 모시, 삼베, 무명의 여섯 가지 품목을 파는 육의전이 번성했다. 규모가 큰 육의전 외에도 일반 시전이 급증해 18세기 말에는 한양에 120개의 시전이 있었다. 새로 시전을 허가받은 자들은 주로 군인과 수공업자들이었다. 훈련도감의 군인들은 약간의 급여만으로 생계가 어려워 수공업 제품을 만들어 파는 시전을 허가받았다. 또한 수공업자 장인들은 관청 복무 기간을 제외한 기간에 상품을 제조해 판매하도록 허가받았다. 농촌에는 보부상이라는 봇짐장수와 등짐장수가 마을마다 돌아다니며 일용품, 소금, 그릇, 문방구, 책 등을 팔았다. 그러다가 장시가 형성되자 보부상들이 장시를 순회하며 매매를 했다.[23]

한양의 인구가 늘어나고 시장이 활성화되면서 허가받지 않은 난전, 즉 사상私商으로 생계를 유지하는 영세민들이 증가했다. 18세기 후반에는 교통의 요지를 장악해 매점매석으로 이익을 독점하는 사상도고가 거의 모든 물종에 걸쳐 활동했다. 그런데 한양의 시전상인들은 자신들에게 부여된 금난전권이라는 독점 특권을 남용해 한양의 물자유통을 좌우하며 가격을 올리고 수량을 제한하는 등 횡포를 부려 서민들의 생계를 위협한다는 비판을 받고 있었다. 곳곳에서 새롭게 성장한 사상들과 시전상인들의 잦은 충돌이 문제가 되자 1791년(정조15년) 정조는 시전상인에게 부여했던 독점권인 금난전권을 폐지했다. 이것을 '신해통공辛亥通共'이라고 한다.

일부 관허상인들의 독점적인 특권을 폐지한 신해통공은 조선 후기의 매우 중요한 제도 개혁이었다. 시전상인들을 옹호하는 노론 권세가문과 남인 계열의 개혁 세력이 맞섰는데, 정쟁을 떠나 다수 서민의 생활 안정을 위해 소수의 기득권이며 독점적인 특권을 폐지해야 한다는 논리가 승리한 것이었다. 정조실록의 1791년(정조 15년) 1월 25일 기록을 보면, 금난전권 폐지를 추진한 채제공蔡濟恭은 당시 시전상인의 횡포를 이렇게 지적했다.

"(시전상인들이) 크게는 말이나 배에 실은 물건부터 작게는 머리에 이고 손에 든 물건까지 길목에서 사람을 기다렸다가 싼값으로 억지로 사는데, 만약 물건 주인이 듣지를 않으면 곧 난전이라 부르면서 결박해 형조와 한성부에 잡아넣습니다. 이 때문에 물건을 가진 사람들이 간혹 본전도 되지 않는 값에 어쩔 수 없이 눈물을 흘리며 팔아버리게 됩니다.

(…) 이 때문에 그 값이 나날이 올라, 물건값이 비싸기가 신이 젊었을 때에 비해 세 배 또는 다섯 배나 됩니다."

난전 금지제도의 폐지에 따라 민간상인이 성장하고 도시상업이 발달했다. 사상 중에서도 한양의 경강상인京江商人, 개성의 송상松商, 동래의 내상萊商, 의주의 만상灣商, 평양의 유상柳商 등은 당대의 거상으로 불렸다. 개성의 송상은 전국적인 상업망을 만들고 국제무역에도 활발하게 참여했으며 18세기에 이미 사개부기四介簿記라는 초보적인 복식부기법도 사용했다. 조선 후기 상업이 발달하고 위탁매매를 주선하는 객주가 등장하면서 유통업이 발달하고 상업자본이 축적되어갔다. 특히 객주 중에서 매점매석을 통해 이익을 독점하는 행위를 도고都賈라 했는데, 도고의 세력이 크게 확대되었다. 도고인 경강상인이 쌀을 매점매석해 한양의 쌀값을 좌우해 비난을 받기도 했다.

대외무역은 조선이 명나라의 해금海禁정책을 그대로 수용하는 바람에 고려보다 쇠퇴했다. 명나라는 초기부터 주변국과의 대외무역을 공적인 조공무역 중심으로 일원화하면서 사적인 대외무역을 금지하는 해금정책을 견지했다. 그런데 조선은 조공무역에서도 해상 조난 사고를 우려해 육로로만 이용하도록 더욱 제한함으로써 중국과 해상무역하는 길마저 봉쇄했다. 1684년에 청나라가 해금을 완화한 후에도 조선은 여전히 해금정책을 견지하며 조선 상인들의 해상무역을 금지했다.

이로써 조선의 무역은 중국과 일본에 대해 제한적인 형태로 이루어졌다. 중국과의 해상무역이 금지되자 국경을 통한 육로를 이용해 관무역과 사무역이 동시에 행해졌다. 관무역은 조공사신을 수행하는 상인들을 통해 비단, 모자, 약재 등을 중국에서 수입하고 은이나 인삼, 종이, 무명을 수출해 대금을 결제하는 구조였다.

일본과의 무역에는 해마다 40여 척의 무역선이 왕래했다. 일본과의 공무역에서는 은, 동, 유황 등을 수입하고 무명과 쌀을 지급했다. 사무역에서는 18세기 전반까지 인삼과 중국산 비단과 명주실을 일본에 수출하고 은과 구리를 수입했다. 18세기 들어 일본의 면화 재배와 직물업의 발달로 조선 무명의 수출은 감소했다. 1730년대 이후에 일본이 인삼 재배에 성공하자, 일본으로의 인삼 수출과 은 유입이 감소하며 일본과의 무역이 쇠퇴했다.

이제까지 살펴본 바와 같이 조선 후기 들어 상업이 성장했으나 유럽이나 일본에 비해 상업이 경제성장을 유도하는 역할을 하지는 못했다. 그 원인으로 여러 가지를 지적할 수 있다. 우선 조선 정부는 국가 주도의 재분배체제를 강화하면서 현물재정을 견지하고 시장 의존을 기피했다. 또한 중국과의 조공무역체제에 안주하면서 대외교역을 제한하고 조선 상인의 해상무역을 금지했다. 한편 지방분권이 이뤄지지 않아 지역의 지배층이 지역경제 활성화에 노력하지 않았다.

이런 요인이 겹쳐 조선은 도시화가 진전되지 못하고 시장 규모가 매우 작았다. 대규모의 상업자본 축적이나 상품 생산을 촉진할 제도적인 유인이 너무 미약했다. 16세기 이후 세계 무역이 급성장하고 있는 가운데 조선은 줄기차게 해금정책을 견지했고 그 결과 조선은 고립되었으며 세계를 무대로 시장을 확대할 기회를 놓치고 말았다. 조선이 해금정책을 견지한 것이 대외무역 발달을 억제하고 상업을 통한 경제성장을 저해한 결정적인 제도 실패였다. 제도의 실패에 대해서는 다음 장에서 자세하게 논의할 것이다.

수공업의 성장

수공업은 관청수공업과 개인수공업 형태로 존속했는데, 조선 전기에는 관청수공업이 주를 이루었다. 관청수공업은 관청이 장인을 직접 관리하면서 생산하는 방식이다. 기술자(공장工匠) 또는 장인은 모두 관청의 장인 명부인 '공장안工匠案'에 등록해야 했으며 관청에 소속되어 필요한 물품을 제작했다. 15세기 중엽 한양에 소속된 경京공장은 129개 직종의 2,841명이었고, 지방 관청에 소속된 외外공장이 27개 직종의 3,652명이었다. 한양에서는 공장들이 무기 제조, 의복 제조, 음식과 그릇 제조, 인쇄 출판, 종이 제조, 토목공사 등의 일을 맡았다. 지방에서는 종이 제조, 대장, 목공, 가죽과 칠기, 화살 제조 등을 담당했다.

조선의 장인, 수공업자 관리제도는 관청에 장인들을 모두 등록시키고 순번에 따라 1년에 몇 달 동안 관청에서 의무적으로 복무하면서 관수품을 제작하게 하는 폐쇄적인 노동력 지배제도였다. 이 기간에 약간의 보수를 지급받았다. 장인들은 이러한 복무가 끝난 후에는 개별적으로 생활필수품을 제조해 시장에 팔 수 있었고, 그 수입에 대해 공장세를 납부했다. 정부가 수공업자를 직접 관리하는 제도 때문에 이들은 자율적으로 생산활동을 하기는 어려웠고 상대적인 지위도 고려에 비해서 하락했다. 장인들은 과거를 응시해 문관과 무관으로 진출하는 것이 허용되지 않았고 잡직에만 응시할 수 있었다. 모두 상공업을 억제하는 제도의 일환이었다.

국가의 수공업자 관리제도는 지속가능하지 않은 착취적 제도였다. 장인을 의무적으로 복무시키고 신분을 저하시키면서 이들의 사기도 저하되었고 해당 직종에서 도피하는 현상이 확산되었다. 결국 17세기에 관청에 의무 복무하는 대신 장포匠布를 납부하는 제도로 바뀌었다. 관청은 장포 수입으로 장기 복무하는 장인에게 비용을 지급해 필요한 물품을 제조하게 했다. 이때 장포 수입을 확대하기 위한 목적으로 관청이 장인들을 무질서하게 등록함으로써 장인 수가 17세기 말 1만여 명에서 18세기 중엽에는 10만여 명으로 늘어나기도 했다. 장인들은 이렇게 국가로부터 신분상 천시되었을 뿐만 아니라 장포 납부 등에서 이중의 착취를 당했다. 장인의 의무 복무제도가 폐지되고 장포 납부제로 바뀌면서 관청 수공업체제는 해체되었고, 대신 민영 수공업이 성장하게 되었다.

이러한 제도 변화에 추가해 수공업 성장을 촉진한 계기는 대동법 시행이었다. 대동법 시행으로 공인들이 관수품을 수공업자에게 주문해 생산하게 되면서 이제는 장인들이 관청에 의무적으로 소속되지 않아도 되었다. 장인들은 장인세를 납부하고 제품을 생산해 관수용으로 납품하거나 시장에 판매할 수 있었다.

조선 후기 수공업 제품은 직물이 중심이었다. 전라도와 경상도의 무명, 충청도의 모시, 함경도와 강원도의 삼베, 평안도와 황해도의 비단이 대표적이었다. 농가에서는 면화를 재배해 무명을 짜고 자신이 소비할 분량과 군포 납부에 충당하고 남는 것을 상품화했다. 모시와 비단은 자가 소비보다는 주로 상품화했다.

그러나 수공업 생산이 늘어났다고 해도 여전히 농가 부녀자들이 농한기에 부업으로 하는 영세 가내수공업 형태를 벗어나지 못했다. 가내수공업에서는 규모를 확대하거나 기계화할 수 있는 유인이 없었다. 도시의 시장이나 해외에서의 무역 수요 등이 없었기 때문에 수요 기반이 매우 한정되어 수공업의 성장이나 제조 기술의 발달을 촉진하기 어려웠다. 이런 이유로 조선 후기에 면직물과 견직물 생산에 사용된 직기의 생산성이나 기술이 중국이나 일본에 비해서도 뒤떨어졌던 것이다.

한편 지방 장시가 확대되면서 수공업자들이 공장을 설립하고 임노동자를 고용해 상품을 대량으로 제조해서 판매하기도 했다. 상업자본이 축적되면서 물주物主라고 불리는 대상인이 수공업자에게 원료를 제공해주고 상품을 대량으로 제조하게 하는 선대제先貸制 형식의 생산 방식도 형성되었다. 그러나 아직 시장이 충분히 발달하지 못하고 대외무역이 금지된 상태에서 가내수공업에 의존하고 있었기 때문에 공장제 상품 생산과 생산 기술의 발달을 자극할 유인은 지극히 제한되어 있었다.

광업의 성장

조선은 초기에 국가가 광업을 직접 경영하며 개인의 광산 개발을 금지했다. 17세기 중반부터 청나라와의 결제수단으로 은의 수요가 늘어나면서 민간의 광산 개발을 허용했고 수익에서 일정한 조세를 징수하는 방식으로 전환했다. 개인은 호조로부터 허가를 받아 채광한 뒤 국가에 세금을 납부하고 생산량의 상당 부분을 수취했다. 점차 광산 개발이 늘어나면서, 물주는 채굴 허가를 얻어 자금을 제공하고 채굴, 노동자 모집, 채광, 판매 등의 운영은 덕대德大가 맡는 체제가 정착했다.

물주-덕대체제는 자본과 경영이 분리된 체제로서 당시 조선 정부가 주도하던 생산체제에서는 큰 진전이었다. 광산 노동자들은 화폐로 임금을 받기도 했으나 대부분 생산물의 일정 부분을 현물로 분배받았다. 광산에 상인자본이 들어오고 자본과 경영의 분리, 민간에 의한 상품 생산 등에서 진전이 있었으나 본격적인 광업 발달을 촉진하는 제도는 아직 미흡했다. 다음 몇 가지 관점에서 보면 조선 후기 광업이 다소 성장했어도 이를 자본주의가 싹을 틔운 증거로 보기에는 취약했다.

· 광업의 성장에도 불구하고 광업에 대한 재산권제도가 정비되지 못해 대규모의 상업적인 투자를 유인하지 못했다. 광업정책이 안정적이지 않았고 지방관의 횡포로부터 보호받을 수 있는 제도가 미흡했다.

· 중농정책이 지속되어 상공업, 특히 광업에 대한 정책적인 배려가 없었다. 광산 개발을 촉진해 세수를 확보하려는 제도가 정비되지 못했다.

· 채광 도구나 기술이 발달하지 못했다.

12장

상공업을
억제한 조선

왕도정치를
위하여

〈허생전〉에서 한 번의 매점매석으로 엄청난 돈을 벌어들인 허생이 그동 안 번 돈을 자신에게 사업자금을 빌려주었던 변 씨에게 모두 돌려준다. 그러나 변 씨는 받지 않겠다고 한다. 이때 허생이 화를 내며 말한다. "당 신은 어째서 나를 한낱 장사치로 여긴단 말이오!" 상인 변 씨가 돈을 받 지 않는 것은 양반인 자신을 같은 장사치로 여긴 것이라 생각해 화를 낸 것이다. 조선에서 장사치란 양반이 전혀 가지고 싶지 않던 불명예스러 운 직업이었다.

조선은 가난하다

조선 후기에 해당되는 1760년, 영조에게 한 고위 관리가 상소를 제출 했다. "우리나라는 가난한 나라입니다. 한양이나 외방의 사서土庶는 큰 부자나 녹을 먹는 사람 이외에는 대체로 궁핍한 사람이 많은데, 그중에서도 양반이 가장 많고 또 가장 가난합니다. 사부士夫의 공경公卿 자손과 향인鄕人의 교생校生 이상을 통칭 양반이라고 하는데, 그 수효는 거의 모든 백성의 반절이 넘습니다. 조선의 양반은 한번 공장이나 상인이 되면 당장에 상놈이 되니 공장이나 상인이 될 수 없고 살아갈 길은 단지 농사밖에 없는데, 만일 몸소 농사를 짓고 아내는 들에 밥 나르기를 농부가 하는 것처럼 하면 한정閑丁이나 권농勸農의 직첩이 바로 나오니 이 짓은 죽어도 할 수 없는 일입니다. 공, 상, 농업은 모두 할 수 없어 겉으로는 관복을 입고 혼상婚喪에는 양반의 체모를 잃지 않으려 하니, 어떻게 가장 가난하지 않을 수 있겠습니까?'

영조실록의 1760년(영조 26년) 6월 22일자에 게재된 이종성李宗城의 이 상소는 당시 최대의 쟁점이었던 군포제軍布制 개혁에서 호포제 실시안을 반대하는 주장을 담고 있었다. 그런데 그 상소에는 조선 후기 경제와 사회 상황에 관한 아주 중요한 내용들이 많이 함축되어 있다.

첫째, 조선 후기에 임금에게 고위 관료가 공개적으로 조선이 자고로 가난하다고 공언했다는 것이다. 조선의 가난이 당시 관료들의 일반화된 인식이었다는 것을 의미했다. 이를 조정에서 공개적으로 거론해도, 아무도 새삼스럽게 자극받지 않았다. 인구의 절반이 넘는 양반계층이 체면 때문에 아무런 생산활동에도 참여하지 못한다는 현실도 주목해야 한다. 양반의 수가 인구의 절반을 넘는다고 표현한 것은 과장되었지만 아무튼 인구의 상당 비중을 차지하는 양반이 아무런 생산활동을 하지 않는다는 지적은 심각한 문제 제기였다.

현직 고위 관료가 양반 가구에도 군포를 징수하자는 호포제에 반대하기 위해 양반들의 경제사정을 다소 과장한 측면도 있을 것이다. 그러나 실록에 그 내용을 상세하게 전재한 것은 결코 가볍지 않은 내용으로 선택되었다는 의미였다. 상소 내용이 전혀 사실과 다르거나 허위라면 임금을 모욕한 죄로 처벌받아야 할 일이었다. 그런데도 이런 문제 제기에 대해 새삼스레 논의할 필요를 느끼지도 못할 만큼 당시 조정 관료들이 공감했다는 의미가 아니겠는가. 조선의 빈약한 경제, 양반들의 생산활동 기피, 양반의 보편적 가난 등의 지적에 대해 임금이나 관료 등 지배층이 심각하게 받아들이지 않을 정도로 그런 인식이 공유되고 있었고, 그래서 안이하게 대처했다고 생각된다. 과연 책임정부라면 고위 관료가 이런 보고서를 공개적으로 제출해도 그냥 읽고 넘길 수 있을까?

둘째, 상공업 종사자에 대한 공개적인 비하발언을 담고 있다. 양반이 왜 기술자나 상인이 되면 바로 상놈이 된다는 것인가? 상놈은 양반계급이 아닌 상민을 낮추어 부르는 말이다. 양반 신분이라도 상공업에 종사하면 사회에서 바로 상놈 취급한다는 것은 당시 조선이 상공업에 얼마나 배타적인 문화를 가지고 있었는지를 생생하게 보여주는 증거이다. 양반이 농사에 종사하면 바로 호적에서 직첩이 '권농'으로 바뀐다는 관행도 보여준다. 당시에도 지주로서 대토지를 소유하고 농지를 더 늘리려 노력한 양반이 많았지만 이들은 직접 농사를 짓지 않고 노비나 농민을 시켜 농사를 지었다.

상공업에 대한 세금과 억제시책, 신분상의 차별 등 공식적인 법 이외에 사회에서는 더 폐쇄적이고 차별적인 문화가 작동하고 있었다. 당시의 중국이나 일본에서도 없던 관행이었고 바로 그것이 조선의 상공업을 다른 나라에 비해 유난히 쇠퇴하게 만든 요인이었다. 더구나 18세기 후반은 조선에서 그나마도 가장 상공업이 성장하고 있던 시기였다.

마지막으로, 양반은 가난해도 혼사나 장례에서 체모를 잃지 않아야 한다는 의식이 매우 강했다는 것을 보여준다. 아무리 가난해도 일정한 격식과 체면을 지키는 것을 중요시했다. 허례허식 문화가 이렇게 만연해 있었다. 이 상소에 대해 영조는 묘당(의정부)으로 하여금 품의해 처리하라는 평범한 지시를 했다. 특별히 새로운 내용이 아니라는 의미였다.

이 지적은 건국 초기가 아니라 조선 후기 들어 영조 때 제기된 것이다. 1724~1776년까지 52년간 통치한 영조 시대를 조선 왕조의 중흥기라고 한다. 이 시기에 청나라는 강희제와 건륭제가 통치하며 번영을 구가하던 시기였다. 더불어 18세기 조선도 중국과의 안정된 관계를 발판으로 내정에 전념하며 산업이 발달하던 시기였다.

1750년대는 서양에서 상업혁명을 거쳐 산업혁명이 시작되고 농업혁명을 통해 농업 생산성도 급격히 올라가는 시기였다. 그런데 조선에서는 사회의 지도층이 생산활동을 기피하면서 소득이 없어 가난하니 세금을 못 내겠다고 반발했다. 문제는 다 가난하다는 것을 알고 있으면서도 여기에서 벗어나기 위한 적극적인 노력을 하지 않았다는 것이다. 과장된 통계이기는 하지만 인구의 절반 이상이 양반이라 해서 생산활동을 기피한다면 국가의 생산체제에 중대한 문제이다. 그런데 임금을 비롯한 국가의 최고 정책 결정자들이 모인 자리에서 제기된 문제인데도 이를 통상적으로 처리할 뿐, 심각한 논의를 하지도 않았다. 양반의 체면과 기득권을 유지하는 것이 그리도 중요했는가? 굶어 죽더라도 농공상의 직업에 종사할 수 없는 사회적 족쇄가 있었는가?

일본의 사무라이들은 지위가 박탈되면 상공업에 뛰어드는 것을 마다하지 않았다. 중국의 사대부들도 벼슬길에 들어설 기회가 없으면 지역에 거주하며 농장을 경영하거나 상공업에 종사했고 지역의 부자들 중에 사대부 출신이 많았다. 엄격한 신분제를 견지했던 혁명 전의 프랑스에서도 상업의 유용성을 인정해 17세기에는 귀족들의 도매업 종사를 허용했다. 이어 18세기에는 새로 작위를 받는 도매상인들이 계속 상업에 종사할 것을 요구했다.[1] 그런데 유독 조선의 양반은 굶주리더라도 책 읽는 것, 관직 이외에는 다 하찮은 일이라 생각했다. 조선의 양반들은 허례허식에 목을 매고 상공업을 천시했고 체면 때문에 차라리 가난을 택했다. 한 세기 후에 조선이 강대국들에게 휘둘린 것은 경제력이 빈약했기 때문인데 조선의 조정과 양반 지배계층은 18세기 후반에도 경제에는 관심이 없었다.

무본억말 정책

조선의 이념과 제도를 설계한 정도전이 상공업을 억제해야 한다고 주장했다는 데에 대해서는 앞에서 논의했다. 이 논리가 건국 초부터 조선에서 얼마나 생생하게 구현된 것인지 하나의 사례로 살펴보자.

1410년(태종 10년) 10월 29일, 사간원의 간부 유백순이 상공업을 억제하라는 상소를 올렸다. "대저 농사라는 것은 몸이 땀에 젖고 발에 흙을 묻히니 그 수고로움이 심하고, 무畝를 계산해 요역에 나가니 그 괴로움이 많습니다. 장사하는 사람은 천한 물건으로 귀한 물건을 바꾸니 그 이익이 배나 되고, 수고로운 일 대신에 편안한 일을 하니 그 즐거움이 많습니다." 이 논리가 유학자들이 생각하는 상업관이었다. 상업의 이익이 많아 선호한다는 것을 인정하면서도 농부가 줄어드는 것만을 걱정해 장사를 억제해야 한다고 주장했다. 다른 나라와의 교역 가능성을 배제하는 폐쇄적인 틀에 갇혀 있으니, 농부가 줄어들면 식량을 조달할 수 없으므로 상업을 억제해야 한다고 판단한 것이다.

유백순은 그러니 지역 관청에 상인 장부를 비치해 상인들을 등록하게 해서 세금을 내고 상업 허가장(행장行狀)을 받아 상업에 종사하게 하자고 건의했다. 상인에게 세금을 부과하자는 근거로는 집 근처에 뽕나무와 삼을 심지 않은 자에게 부과하던 벌과금 성격의 과세제도를 적용하자는 논리를 제안했다. 장사하는 사람에게 국가 정책을 이행하지 않은 자와 같은 벌칙을 주어야 한다는 발상이었다. 상인 등록제, 상업세, 상업 허가장 등은 농경 사회에서 채택할 수 있는 제도였으나 벌칙을 주어 억제하겠다는 발상이 더 문제였다. 본업인 농업에 힘쓰고 말업인 상업은 이렇게까지 억제해야 한다는 것이 조선 사대부들의 경제철학이었다.

중국에는 오래 전부터 "농업이 공업만 못하고 공업은 상업만 못하다"라는 교훈이 있었다.[2] 중국은 오랜 역사를 통해 다른 나라와 매우 활발하게 교역했다. 한나라는 실크로드를 확보해 교역을 활성화했고 멀리 아라비아의 카라반(대상)이 수도 장안에 들어오곤 했다. 기원전 3세기 전국 시대에 살았던 순자는 북방의 날랜 말, 남방의 상아, 물소가죽, 안료, 동방의 어염, 서방의 모직물 등을 모두 중국 시장에서 구입할 수 있다고 하며 당시의 교역이 매우 활발했다고 기록했다. 순자는 재물을 유통하고 서로 있고 없는 것을 교환하면 모두가 만족하고 사해가 한 집안처럼 될 것이라며 나라 간의 교역 장애물을 제거하고 중국을 통일해야 한다고 강조했다.[3] 중국의 대유학자 순자도 상업을 통한 유통의 생산성과 경제 효과를 확실하게 설파하고 있는데 조선의 유학자들은 유학 원리를 너무 좁게 이해하고 적용했다.

한나라는 공식적으로 중농억상 정책을 표방했다. 상업거래는 정부가 지정한 시장구역에서 이루어졌고, 관리가 상품 가격을 결정하여 상업세를 부과했다. 그러나 다양한 억제정책에도 불구하고 막대한 이익을 추구하는 상인들을 정부가 규제하기는 어려웠다. 상인들은 언제든지 관리들과 결탁해 돈을 벌 수 있었다. 이들은 고리대와 매점매석, 독점판매를 통해 부를 축적했다. 중국 내에서도 여러 지역 간의 상업과 유통이 발달했고 로마, 서역西域(중앙아시아, 서부아시아, 인도), 베트남, 일본 등 대외의 여러 나라와 교역을 활발하게 했다.[4]

연암 박지원이 열하일기에서 소개한 중국 털모자 공장 사례는 상공업 정책이 조선과 중국에서 어떠한 차이를 초래했는지를 보여준다. 18세기 후반에 중국 공장에서 생산된 털모자가 연간 60만~100만 개 조선에 수입되어 모자 수입을 위해 엄청나게 많은 조선 은이 유출되었다. 당시 조정에서 중국 사행경비 마련과 역관 부양을 위해 중국 털모자 수입권을 역관에게 부여한 결과였다. 박지원의 지적대로 조선에서 양을 사육했다면 털모자를 수입하지 않아도 되니 은을 절약하면서도 백성들은 양고기를 먹을 수 있었을 것이다.

중국을 본받아 모든 법제를 만들고 운영한 조선은 중국보다 더 상업을 억제하는 정책을 일관되게 시행했다. 또한 상공업을 천시하는 가치관, 의식 등 문화를 조성하고 사회가 지속적으로 상공업을 억압했다. 중국과 조선의 차이는 어디에서 비롯되었을까?

중국에서는 인허가를 받는 과정에서 관리들의 통제를 받았으나 상인들은 관리와 결탁하면 언제든지 상업을 개척할 수 있는 길이 있었다. 중국의 향신鄕紳들은 관직 수에 비해 너무나 많은 인원이 배출되어 있었기에 그들이 관직을 직접 맡는 것은 매우 큰 행운이 있어야만 가능한 일이었다. 그러니 대부분의 향신들은 지방에 체재하며 각자가 할 일을 모색해야 했다. 그들은 관리와 결탁해 세금 징수, 관청 업무 등을 맡기도 했다. 지방의 향신이나 관리가 직접 상업에 종사하는 경우도 많았다. 조선 양반에 상응하는 중국의 향신들에게 상업은 부를 축적할 수 있는 자신들의 직업이었고 수단이었다. 상업 억제제도는 중앙 정부의 제도로만 남아 있었고 지방에서는 실제 제대로 작동하지 않은 것이었다. 지방의 관리들이 이 제도를 제대로 집행할 의지도, 또 그럴 필요도 없었다. 중국에서 상업은 유학의 원리에 사로잡혀 맹목적으로 억제하기에는 너무도 중요한 산업이었다.

중국을 따라 한 상업 억제정책

명나라를 건국해 1368년부터 30년을 통치한 홍무제洪武帝는 역대 중국에서 가장 강력한 황제로 꼽히는 인물이다. 중국 전문가 페어뱅크John K. Fairbank의 표현을 인용하면, 그는 개인적인 성향 때문에 "중국에 커다란 재난을 안겨준 인물"이다. 홍무제는 전혀 학문을 공부하지 않았기 때문에 무식했지만, 농업을 국부의 원천으로 보는 유교적 전통에서 영향을 받아 상업을 멸시했고 기생적인 것이라고 생각했다.

홍무제는 검약을 강조해 관리들에게는 명목상의 봉급만 지급했다. 명나라는 어떤 지역이 특히 번영하거나 대외교역을 활성화하는 경향을 보이면 제국의 정치적 통일을 위협한다는 명목을 내세우고 반대했다. 상업에 대한 배타적인 억압정책은 대외무역에서도 폐쇄적인 형태로 나타났다. 그런 의미에서 중국의 경제사에서는 홍무제의 정책을 중대한 파탄이자 대표적인 실패 사례라고 규정했다.[5]

홍무제는 상업의 이익은 국가와 사회의 이익에 배치되는 것이므로 가능한 한 억제해야 한다고 주장했다. 또한 폐쇄된 경제에서 국가의 이익은 백성의 손해를 의미하므로 국가는 재정을 확대해서는 안 된다는 신념을 가졌다.[6]

데이비드 랜즈는 명나라에서 정화鄭和 원정*의 성과가 소멸된 주된 요인을 성리학의 상공업 멸시에서 찾는다.[7] 정화가 환관 출신이었던 탓에 환관 세력과 유학자 관료들 간에 세력 경쟁이 계속되었다. 그러나 정화를 후원하던 영락제가 사망하자 권력투쟁에서 환관 세력이 밀리게 되었다. 유학자 관료들이 주도권을 갖게 되면서 유학의 원리에 집착해 상공

---

*명나라 영락제의 명을 받고 환관 정화가 떠났던 남해 원정. 1405~1433년에 7회에 걸쳐 동남아시아와 서남아시아, 아프리카 동해안까지 원정했다.

업을 멸시하는 풍조가 확산되었다. 북경에 새 수도를 건설하면서 막대한 재정 수요가 발생하고 재정난이 계속되며 백성의 원성이 높아지자 관료들은 갑자기 정화의 원정을 매도하며 극단적인 폐쇄정책으로 선회했다. 그 결과 일체의 대외원정과 대외무역을 금지하게 되었다.

랜즈는 이렇게 지적했다. "1500년경에는 돛대가 두 개 이상인 배를 건조하는 자는 누구든지 사형에 처해졌고, 1525년에는 대양을 드나드는 배들을 모두 파괴하고 그 선주를 잡아들이라는 명령이 연안 지방 관청들에 하달되었다. 그리고 마지막 조치로 1551년에는 다수의 돛을 단 배를 타고 바다에 나가거나 상거래를 하는 행위가 범죄로 규정되었다."[8] 결과적으로 세계 해양의 무대에서 동양이 퇴조하는 중대한 정책의 실패였다.

그런데 하필이면 조선은 건국 당시에 중국 역사에서 경제성장에 가장 부정적이고 폐쇄적인 제도를 운영했던 명나라의 제도를 도입했다. 명나라의 상공업에 대한 멸시와 폐쇄적 경제정책이 당시 막 건국한 조선에 직접적인 영향을 미친 것이다. 조선은 이를 성리학 이념과 결부시켜 맹목적으로 답습했다. 조선의 폐쇄적 제도는 단순히 '작은 재정, 작은 조세'를 구현하는 데 그치지 않고 조선의 경제성장을 저해하는 방향으로 작용했다.

조선에는 공식적인 제도 이외에 더 큰 비공식적인 규제가 있었다. 즉, 사회 전 영역을 지배한 성리학 이데올로기였다. 그러니 사회적인 냉대를 무릅쓰지 않는 한 양반계층이 상공업에 종사하는 것은 거의 불가능했다. 양반은 상공업에 종사하면 양반계층에서 배제될 각오를 하지 않으면 안 되었다. 상공업을 경시하는 사상은 양반에게만 한정되지 않고 사회 전반, 일반 백성에게도 전파되어 사회의식, 문화로 형성되었다. 그래서 장사꾼, 장사치, 갓바치, 대장장이 등의 용어가 해당 직업을 홀대하는 표현으로 사용되었다.

중국에서는 역대 왕조에서 유교, 도교 등 다양한 사상이 통용되었으며 어떤 단일 사상이 국가적 숭상을 받은 경우가 거의 없었다. 유학이 전통적으로 통치 조직이나 제도 구축의 이론적 기반이 되었지만 그것은 유교가 정치 원리로서 유용했기 때문이었다. 유학 중에서도 송에서는 주자학, 명에서는 양명학이 크게 유행했으나 그때도 국가에서 배타적이고 유일한 이념으로 숭상하지는 않았다. 중국과 달리 조선에서는 성리학, 즉 주자학이 독점적인 지배 이념으로 숭상을 받았다.

결과만 놓고 보면, 조선에서는 상공업이 정체되었지만 중국에서는 억제정책 속에서도 상공업이 계속 번성했다. 중국에서는 거대한 국내 시장과 풍부한 생산물, 운하를 통한 남북 간의 유통이 상공업 발달을 촉진했다. 명나라의 공업은 면직물과 비단 제조업, 인쇄, 유리 제조업, 제철과 조선업에서 크게 발달했다. 명나라와 청나라 시대에 중국은 공식적으로 폐쇄적인 대외통상정책을 유지했음에도 불구하고 많은 나라와의 조공무역, 밀무역이 성행했다. 심지어 해금정책을 피해 동남아시아 많은 나라로 이주해 상업활동을 장악한 상인도 많았다. 자고로 큰 이익이 있다면 상인은 죽음을 두려워하지 않고 간다는 속설을 인정하지 않을 수 없었다.

조선 말기에 중국인들이 조선에 와서 상설 점포도 없고 상품도 빈약한 것을 보고 크게 놀랐다. 상공업을 경시하는 철학과 제도를 만든 나라에서는 지배층과 학자들만 이론적으로 존중하고 지방에서는 백성들이 크게 구애받지 않고 경제활동을 해 상공업이 발달했다. 그런데 이를 배운 조선에서는 전 사회가 나서서 철저히 상공업을 억제하며 경제를 망친 것이었다. 성리학을 독점적 이데올로기라는 틀에서 생각하지 않으면 이해할 수 없는 일이었다.

조선 건국 초부터 시행된 상공업 억제제도는 조선의 경제성장을 저해한 제도적 요인들 중 가장 중요한 제도 요인이다. 경제는 인센티브에 민감하게 반응한다. 공식적인 법제뿐만 아니라 사회의식, 문화 등이 경제활동에 큰 영향을 미친다. 조선은 공식적인 제도만이 아니라 의식, 가치관, 문화 등 비공식적인 제도에서도 경제활동에 커다란 족쇄를 채웠다. 불교를 숭상한 고려는 상공업에 대해서도 진취적인 생각을 했는데, 유교를 국정의 기본 이념으로 삼은 조선은 상공업에 대해 폐쇄적인 제도를 설정하고 이를 철저히 이행했다. 그 결과가 조선의 전반적 쇠퇴였다.

농경 사회인 당시의 사정으로 농업을 강조하는 것은 당연한 것이나 그렇다고 상공업을 억제하는 정책으로까지 나간 것은 잘못된 정책이었다. 조선이 농상을 핵심 산업으로 본격적으로 육성했다면 경제를 크게 성장시킬 수도 있었다. 농업과 면직업, 견직업, 여기에 축산업 정도만 추가해 정책적으로 육성했다면 국내 수요를 충족하고 일본, 만주, 중국 등에도 수출해 경제를 성장하게 하는 원동력이 되었을 것이다. 조선은 농상을 장려한다고 천명했으면서도 실제 그렇게 하지도 못했다.

상공업과 국가의 성쇠는 어떻게 연관되는가

　중세 유럽은 암흑기라고 불릴 정도로 정체된 시기였다. 의식주, 1인당 식량, 보건 수준, 주거 문화 등이 오랜 기간 발전 없이 정체되어 있었다. 그러던 유럽이 십자군 원정을 계기로 교역이 활성화되면서 베네치아, 피렌체 등 지중해 연안의 이탈리아 도시들을 중심으로 비약적으로 성장하게 되었다. 베네치아와 제노바 등 이탈리아의 도시들은 지중해를 중심으로 하는 동서양의 교역을 중개하며 막대한 부를 축적했다. 이때부터 비롯된 상업의 발달은 경제의 성장과 동서의 패권 경쟁에서 동서 간의 우열을 바꿔놓은 매우 중대한 사건이었다. 역사가들은 이를 '상업혁명'이라고 부른다. 그만큼 상업은 경제성장을 견인하는 데 선도적인 역할을 했다.

　13세기 후반부터 18세기 초까지 유럽을 주도했던 상업혁명은 유럽의 근대화를 촉진한 원동력이었다. 십자군 원정과 지리상의 대발견을 계기로 동서양의 교역이 급증했으며 통상에 참여한 국가와 무역 상인들은 거대한 부를 축적했다. 지리상의 대발견도 이슬람이 지배하는 소아시아–지중해 항로를 피해 동양과의 새 통상로를 확보하려는 욕구에서 비롯된 것이었다. 상업과 통상을 통한 부의 증가는 화폐(금이나 은)로 표시되는 국부를 증진하려는 유럽 국가들 간의 경쟁을 촉발했고 이것이 중상주의 정책으로 나타났다.

　17세기에서 18세기, 유럽을 휩쓴 중상주의의 물결에 따라 각국은 경쟁적으로 국내 산업의 보호, 육성과 보호무역을 위한 정책과 제도를 마련하고, 해외 시장과 원료 공급을 위한 식민지 확보에 총력 매진했다. 유럽 각국의 최고 지도자와 학자들이 중상주의를 실현하는 제도와 정책을 경쟁적으로 개발하고 앞장서서 추진했다. 중상주의에서는 경제적으로 부자인 국가가 강대국이었다. 이렇게 상업활동을 통해 축적한 부가 산업혁명을 촉발한 기반이 된 것이다. 그런데 유럽에서 중상주의와 상업혁명이 진행되던 바로 그 시기에 조선은 상공업 억제제도를 시행하고 해상무역을 금지하는 정책을 고수했다.

중세의 기독교 윤리에서도 영리를 추구하는 상공업은 기피 대상이었다. 기독교가 지배했던 중세 유럽에서는 이자를 받는 대금 행위를 죄악시해 금지했다. 영국에서는 고리대금을 금지하는 법을 제정해 원금 이상의 이자를 받는 것을 금지하고, 위반하면 원금도 몰수하고 투옥했다. 고리대금업은 교회나 유대인이 담당하는 것이었는데 유럽에서는 서서히 예외로 취급되며 증가하고 있었다. 농경 사회에서 영리 행위를 기피하는 풍조는 동양이나 서양이나 마찬가지였다. 그런데 상업의 실질적인 이익을 한번 체험해본 집단은 이러한 부의 기회를 놓치지 않고 적극 달려들었다. 막대한 상업 이익을 추구하는 상인들과 이를 이용해 부를 획득하려는 영주들에게 종교적인 제약은 실질적인 장애가 되지 않았다.

16세기에 전 세계에 걸쳐 광대한 제국을 건설했던 스페인은 육체노동과 상공업을 무시하고 경멸한 결과 쇠퇴했다. 1492년 콜럼버스가 아메리카를 발견한 이래로, 스페인은 아메리카에서 막대한 금은보화를 들여오며 엄청난 부를 축적했다. 그런데 이를 전쟁, 사치, 호화 건축물 등에 낭비했을 뿐 생산적인 산업의 육성에는 활용하지도 않고 관심을 두지 않았다. 전쟁이나 사치 등에 소비하는 것은 군수품이나 사치품을 조달하는 나라의 산업을 발전시키고 이를 소비하는 귀족들의 효용을 증가시킬 뿐이었다. 스페인은 식량의 대부분을 네덜란드와 플랑드르에서 수입했고, 철제 대포 등 무기를 영국에서 수입했다. 하지만 스페인의 지속적인 성장을 담보할 산업자본의 축적에는 기여하지 못했고 오히려 국부의 유출을 초래했다. 나라 안에 아무리 많은 금은을 쌓아두어도 이것이 기계나 장비 등 산업자본으로 투입되어 생산에 활용되지 않으면 지속적인 성장에 기여하지 못한다. 그 결과가 스페인제국의 쇠퇴였다. 17세기 말에 스페인 마드리드에 주재하며 현실을 목격했던 모로코 대사는 이렇게 지적했다.

"오늘날 스페인은 모든 기독교 국가들 중에서 가장 부강하고 소득수준이 높은 나라이다. 그러나 그들은 사치와 문명의 안락함을 너무나 좋아한 나머지 사치와 향락에 정복당해버렸다. 그래서 네덜란드나 영국, 프랑스, 제노바 등지의 사람들처럼 스페인 사람들이 무역에 종사하거나 상업활동을 하기 위해 해외로 여행하는 것을 볼 수 없다. 마찬가지로 스스로를 다른 기독교 국가들보다 우월시하는 이 나라에서는 신분이 낮은 사람이나 천민들이 주로 종사하는 수공예도 멸시를 받는다. 스페인에서 이런 수공예를 하는 사람들은 대부분이 일자리를 찾아 스페인으로 몰려든 프랑스인들이다."[9]

상공업이나 육체노동은 외국인이나 하층민들이 할 일이지 스페인제국 사람들이 할 일이 아니었다. 당시 유럽에서 육체노동을 경시하는 풍조가 있었으나 스페인에서는 이러한 풍조가 유달리 심했다. 스페인 사람들은 그런 천한 일을 하느니 차라리 가난하게 사는 것이 더 낫다고 생각했다.[10] 이들은 조선의 양반들과 놀랍게도 비슷한 의식과 행태를 보였다. 다만 조선은 스페인제국과 같은 부국이 아니었다.

17세기경, 인도의 면화 산업은 세계 최고 수준의 경쟁력을 갖추고 번성했다. 품질, 가격, 생산량 등에서 경쟁할 나라가 없었다. 인도 자체의 내수시장이 거대한 데다가 외국에서도 인도 제품에 대한 수요가 증가했고 생산량의 절반을 인도양 전역과 중국에까지 수출했다. 거기에 해양 개척 시대에 인도 제품을 접한 유럽에서 대량의 수요가 새로 추가되어 수요와 공급의 괴리가 심화되고 있었다. 공급의 애로를 타개하기 위해 기계화 등 생산체제를 변경할 필요성이 대두되었는데 당시 인도에서는 누구도 기계화를 통해 생산량을 늘리는 데에는 관심을 갖지 않았다. 왜 그랬을까?

데이비드 랜즈는 범죄수사의 기법, 즉 "누가 이득을 보는가To whose benefit?"라는 질문을 던져 이 문제를 규명해보자고 제안한다. 어차피 저임금을 받는 방직공이나 방적공 등 인도의 노동자들은, 숙련된 기술이란 손끝의 감각에 있다고 믿었으므로 철제 도구의 사용이나 기계화에 무관심했다. 상품 주문을 받아 방적공들에게 자본을 대는 중간상인들이나 유럽 무역상들도 값싼 노동자들이 도처에 넘쳐나는 상황에서 굳이 비용을 들여 기계화를 추진할 유인을 갖지 못했다. 수공업에서 기계화에 의한 생산으로 전환한다면 카스트제도에서 규정된 신분과 직업체계에 큰 변화를 초래할 수도 있었다. 당시의 인도 사회에서는 이러한 혁신을 추진할 주체나 동력이 없었다. 그 결과 소규모 가내공업 중심의 수공업 생산을 고수하다가 기계화를 이룩한 영국에 주도권을 모두 내주었다. 19세기 중반에 드디어 인도는 영국에서 면직물을 수입하는 나라로 전락했다.

조선에서는 왜 상공업이 발달하지 못했을까? 상공업이 발달하면 누가 이익을 보는가? 양반 사대부들은 상공업의 발달이 초래할 변화를 두려워했을 것이다. 기술자들이 천시되고 시장이 형성되지 않은 조선에서는 이를 주도할 주체나 그럴 유인도 없었다.

해상무역과 산업육성정책의 중요성

박제가는 조선이 가난을 극복하고 나라를 부강하게 하는 길은 중국과 통상하는 길밖에 없다고 여러 차례 강조했다. 《북학의》에서도 고려 때 양쯔 강 이남의 명주 지역과 통상하던 관례에 따라 중국과 다시 통상을 확대하자고 제안했다. 고려 시대에는 송나라의 배가 절강성의 명주로부터 6일이면 예성강에 도달할 정도로 가까운 거리여서 왕래가 빈번했었다. 그런데 조선에 들어 조공무역을 제외한 일체의 사무역을 금지한 이래로, 거의 400년 동안 다른 나라와 무역선 한 척이 왕래한 사실이 없다고 지적했다. 정부의 대외접촉 금지령이 아니더라도 이렇게 오랫동안 외부와 단절되어 있었기 때문에 모두에게 대외기피증이 생겼다는 것이다.

통상의 이익은 막대하므로 무역거래를 확대해야 물산이 풍부해지고 그 결과 인민의 생활이 윤택해진다. 박제가는 중국과 통상을 하다가 국력이 조금 강성해지면 다른 나라와도 통상을 확대해야 한다고 주장했다. 과거에 왜국은 조선을 통해 중국과 중계무역을 했는데 지금은 왜국이 중국과 직접 교역을 하고, 그 역량으로 30여 개국과도 교역을 한다는 것도 소개했다. 조선도 충분히 통상을 확대할 능력이 있다는 의미였다.

조선이 경제성장에 실패하게 만든 가장 중대한 실책의 하나로 해금 정책을 지적해야 한다. 내수 시장이 협소하고 국내 물류도 활성화되지 못한 상황에서 유일한 활로는 해상무역이었다. 그런데 조선은 초기부터 민간인 선박의 외국 출입을 금지하고 외국과의 무역을 금지했다. 중국과의 조공사절도 해상이 아닌 육로로만 통행하도록 제한했다. 조선의 국내총생산에서 무역이 차지하는 의존도를 살펴보면 16세기 중엽에 1% 정도, 19세기 중엽에 1.5% 정도로 추정된다. 1700년경 영국의 무역의존도는 26% 정도였으니 조선이 얼마나 폐쇄적이었는지를 알 수 있다.[11]

조선 지배계층이 무역을 통한 상공업의 발달이나 국부의 증진에 대한 관념이 없어 비단이나 면직물 생산을 확대할 결정적인 기회를 놓치고 말았다. 18세기 이래 조선에서 중국의 비단에 대한 수요가 급증했는데, 이때 국내에서 양잠을 장려하고 견직물 생산을 촉진해 이를 대체하는 정책을 시행했어야 했다. 건국 초기부터 양잠은 농업과 더불어 국가시책으로 장려하게 되어 있었다. 그런데 지배계층은 국가시책으로 농상정책을 내세우고도 그 필요성을 제대로 인식하지 못했고, 그런 정책을 제대로 시행할 의지도 없었다. 또한 면직물 산업도 조선 중기까지 일본에 대해 조선이 비교우위를 가졌으나 이를 발전시키지 못하고 후기에 들어

오히려 생산성이나 기술에서 일본에 역전되고 말았다. 상공업을 발전시켜야 한다는 인식이나 의지에서 일본의 지배층이나 관료들이 조선의 지배층이나 관료들보다 더 앞서 있었다. 비단, 면직물, 종이, 인삼, 도자기, 인쇄 등 당시의 주된 교역상품에서 조선이 충분히 경쟁력을 가질 수 있었으나 폐쇄적인 제도와 지배층의 리더십 부족으로 이런 기회를 놓치고 말았다.

17세기 네덜란드의 경제성장 성공 사례는 당시 조선이 취했어야 할 정책 방향을 제시해준다. 네덜란드와 같이 조선도 17세기부터 상공업을 중시하는 제도를 확립하고 상공업을 통한 자본의 축적과 국가의 부강을 도모했어야 했다. 중국과의 관계에서 다소의 제약이 있었다 하더라도 조선이 네덜란드와 같은 정책을 택하지 못할 요인은 별로 없었다. 조선은 3면이 바다로 둘러싸여 있고 중국, 일본, 러시아, 만주와 직접 연결되어 있어 매우 유리한 위치에 있었다. 신라와 고려의 해상무역 성공 등 이미 충분한 경험도 있었다. 이때 아래와 같은 산업정책과 무역정책을 취하는 것도 가능했다.

우선 바다를 활용한 어업과 조선업, 무역업을 활성화하는 것이 중요했다. 어업은 식량자원의 확보뿐만 아니라 수출자원으로도 활용할 수 있었다. 무역이 활성화되면 국내에서 양잠과 면화 재배를 촉진해 견직물, 면직물 산업을 성장시킬 수 있었다. 양을 사육해 육류 공급을 확대하면서 더불어 모직물 산업을 촉진하는 것도 가능했다. 또 조선이 기술적인 우위에 있던 도자기, 인쇄와 출판, 종이 제조업 등도 적극 육성해 국내 소비를 진작시키고 나아가 수출상품으로 개발해 인근 국가의 수요를 충당하며 국부를 증진시킬 수 있었다.

　이런 일은 사대부들이 주도할 수 있는 일이 아니었다. 이익을 좇는 상인들에게 기회만 제공하고 그렇게 활동할 수 있는 개방적 제도만 만들어주면 얼마든지 활성화되었을 것이다. 조선은 바로 중국 인근에 있어 당시 세계 최고 수준의 조선 기술을 적절히 확보해 활용할 수도 있었다. 문제는 그럴 필요성을 느끼지 못했고 그러한 안목이 없었다는 것이었다. 조선 조정과 관료들이 개방적인 제도와 진취적인 사고를 갖지 못해 조선은 네덜란드와 같은 기적을 만들어낼 기회를 놓치고 백성과 나라를 가난에 빠지게 했다.

시장 형성을 억제하는 제도

조선에서 상공업을 천시하는 이념은 당연히 시장 형성을 억제하는 제도로 연결되었다. 1502년(연산군 8년)에 있었던, 시장 형성을 탄압하는 조정의 생생한 논의 사례를 살펴보자. 도승지 이자건李自健 등이 다음과 같이 아뢰었다. "사헌부에서 아뢴, 시장에서 이득 보는 사람을 금제禁制하는 절목에 '비싼 것을 싼 것으로 하고 싼 것을 비싼 것으로 하는 사람은 장 80대를 치는데, 이 벌이 가벼운 듯하니 장 80대를 치고 온 가족을 변방으로 옮기도록 하며, 또 적발하기가 어려우니 고발한 사람에게 죄지은 사람의 재물로써 상을 주자'고 하였는데, 신 등의 생각에는 장 80대가 진실로 가벼운 벌이 아니며 더구나 온 가족을 변방에 옮기는 것은 법이 너무 과람한 듯합니다. 또한 간사한 짓을 다스리려고 죄지은 사람의 재물로써 고발한 사람에게 상을 준다면, 사사로이 서로 고자질할 폐단이 적지 않을 것입니다."*

당시 조선 조정의 상업에 대한 인식은 이런 수준이었다. 이런 문제 제기에 따라 관료들이 시장 상인들의 간사와 협잡이 너무 심하므로 법이 엄하지 않으면 금지하기 어려우니 사헌부의 제안대로 시행하자고 임금에게 촉구했다. 장사해 이득을 취하는 것은 곤장을 칠 범죄에 해당하니 엄격히 처벌하는 제도를 설정하자는 것이었다. 관료들은 싸게 사서 이윤을 붙여 비싸게 파는 장사의 원리를 이해하지 못하고 일종의 범죄로 취급해 벌주자고 했다. 다행히도 고발한 사람을 상 주는 것은 미풍양속 차원에서 바람직하지 않다고 해서 시행하지 않았다.

상공업을 억제하고 사리추구 행위를 경멸하는 성리학 이데올로기는 이렇게 관련 제도에 직접 반영되었다. 유교뿐만 아니라 기독교 세계에서도 중세까지 고리대금업 등의 영리 행위를 금지했지만 그것은 윤리적인 규제이지 형벌로까지 단속할 일은 아니었다. 이렇게 상업활동을 죄악시하니 조선의 상공업이 쇠퇴했고 경제가 번영하기 어려웠다.

상공업을 천대하는 문화

《주례》의 〈동관고공기冬官考工記〉에서는 6직이라 해 국가의 직업을 여섯 가지로 구분했다. 즉, 국가 정책을 논하는 왕공王公, 공공의 업무를 담당하는 사대부士大夫, 여러 가지 재료를 꾸미는 데 힘써 백성의 기물을

---

*연산군일기, 연산군 8년 6월 6일의 기록. 의미 전달을 위해 일부 자구를 수정했다.

갖추는 기술자百工, 사방의 진귀하고 특이한 물건을 통하게 하는 상인商旅, 힘을 다해 땅에서 재물을 키우는 농부農夫, 명주실과 삼실을 가공해 의복을 만드는 사람婦功(여성 기술자) 등을 말한다.

《주례》의 직업 분류는 백성들의 생업을 그 적성과 능력에 따라 구분해주며 누구나 한 가지 직업(생업)에 종사하게 하려는 취지이지 어느 직업이 더 우월하고 어느 직업은 열등하다는 가치판단이 들어 있는 것은 아니다.《주례》에서는 모든 직업이 귀천 없이 성인이 만든 것이라고 기술한다. "지혜로운 자는, 대를 이어 기술을 지켜오며 기물을 창조하고 기교가 있는 자를 공(기술자)이라고 이른다. 백공의 일은 다 성인이 일으켰다. 쇠를 녹여서 칼을 만들고 흙을 응고시켜 그릇을 만들고 수레를 제작해 육지를 다니게 하고 배를 만들어 물로 다니게 한 일은 다 성인이 일으킨 일이다." 그런데 《주례》를 기반으로 했던 조선에서 갈수록 이를 참고하지 않으면서 직업별 차별사상이 과도하게 심화되었다.

조선에서 '신량역천身良役賤'이란 법적인 신분은 양인이지만 실제 직업은 천역을 지는 계층을 이른 말이었다. 천민은 아니지만 양인의 최하층을 이루는 사람들이다. 이들은 뱃사공, 어부, 목축인, 봉수꾼, 제염업자, 묘지기, 도살꾼, 광대 등이었다. 상공업자도 천대받았지만 어부, 선원, 목축인, 제염업자 등은 아예 천인과 같은 취급을 받았다. 그러니 누가 목축이나 어업에 종사하려 하겠는가? 수산업과 목축업을 천시한 것은 너무도 잘못된 정책이었다. 이러한 산업을 기반으로 식량난을 해결하고 나아가 수출 산업으로도 육성할 수 있었을 텐데 조선은 자연이 베풀어준 혜택도 스스로 저버리는 선택을 했다. 농업 이외에 다른 생산활동은 조선에서 인센티브가 없는 것은 물론, 네거티브의 인센티브를 주는 활동이었다. 다른 산업이 발달하거나 생산력이 증대될 여지가 없었다. 다른 사상을 허용하지 않고 성리학을 이데올로기로 신봉한 관료들의 폐쇄적인 성향이 초래한 폐쇄적 제도였다.

박제가는 조선 선비들이 중국에 가서 번화한 시장을 처음 보고 나서 "오로지 말단의 이익만을 숭상한다"고 비판하는 행태를 통렬히 지적했다. 상인은 사농공상의 네 직업 가운데 하나이지만 상인이 나머지 세 부류 백성을 소통시키므로 실제로는 열에 셋의 비중을 차지해야 한다는 것이 박제가의 생각이었다. 박제가가 재물을 우물에 비유한 것은 경제의 핵심을 간파한 유명한 문구이다.

"재물은 비유하자면 우물이다. 우물에서 물을 퍼내면 물이 (다시) 가득 차지만 길어내지 않으면 물이 (아예) 말라버린다. 마찬가지로 비단옷을 입지 않으므로 나라에는 비단을 짜는 사람이 없고 그 결과로 여성의 기술이 피폐해졌다. 조잡한 그릇을 트집 잡지 않고 물건을 만드는 기교를 숭상하지 않기에 나라에는 공장과 도공, 풀무장이가 할 일이 사라졌고 그 결과 기술이 사라졌다. 나아가 농업은 황폐해져 농사짓는 방법이 형편없고 상업을 박대하므로 상업 자체가 실종되었다. 사농공상 네 부류의 백성이 너 나 할 것 없이 다 곤궁하게 살기에 서로를 구제할 길이 없다. 나라 안에 보물이 있어도 강토 안에서는 용납되지 않으므로 다른 나라로 흘러간다. 남들은 날마다 부유해지건만 우리는 날마다 가난해지니 이것은 자연스러운 추세다."[12]

박제가의 사상은 놀라울 정도로 오늘날의 경제학이론과 통한다. 그는 적절한 수요가 있어야 시장이 형성되고 상공업이 발달한다고 지적했다. 소비자가 수준 높은 상품을 원하면 기술 수준이 이에 부응해 높아질 것이라고 생각한 것이다. 《북학의》에서 관료에게 녹봉을 지급해야 한다고 주장한 내용도 보수의 인센티브 효과를 확실하게 지적했다. "모름지기 관직에는 녹봉이 있어야 하고 녹봉은 농사를 대신할 정도로 주어야 한다. 그래야만 관리에게 가진 능력을 다 바치라고 요구할 수 있다."

중국은 예로부터 상업이 발달해 물자의 유통이 활발해지고 그 결과 국내, 해외로부터 더 늘어난 수요를 맞추기 위해 상품 생산을 늘렸다. 그런 과정에서 기술이 발달하고 관련된 산업이 함께 발달했다. 이것을 피상적으로 파악한 조선의 집권층들은 편협한 성리학 지식에 사로잡혀 중국이 말단의 이익만을 좇는다고 비판하니 한심하게 보인 것이다.

박제가가 거쳐 간 중국의 시골 마을에도 각종 점포가 몇 리에 걸쳐 펼쳐져 있었다. 그런 점포에서 취급하는 물품의 품목이 다양하고 풍부함은 조선에 비할 바가 아니었다. 그것이 바로 상업 유통의 효과라는 것이다. 중국 사람은 가난하면 신분에 관계없이 장사를 했고 그렇더라도 원래의 명망에 전혀 손상이 없었다. 조선의 양반은 상공업에 종사하면 주변에서 비웃고 혼삿길이 끊어질 것이라고 지적했다. 이러한 지적은 《조선왕조실록》에도 여러 번 거론된 바 있는 당시의 보편화된 풍조이며 문화였다. 사농공상을 중시하는 유학의 원조인 중국도 맹신하지 않는 성리학 이데올로기를 조선에서는 맹목적으로 추종했고, 그 결과 사회 전반에 이런 문화를 형성해놓은 셈이다.

시장 개설을 적극 반대한 이유

조선 시대에는 시장을 '장시'라고 했는데 15세기 후반에 전라도에서 5일장이 형성되면서 생겨났다. 1470년(성종 원년)에 흉년이 들자 전라도 지방의 백성들이 장을 열어 물물교환하며 많은 사람들의 목숨을 보전했다. 이에 대해 당시 전라도 감사는 있는 물건을 가지고 없는 것과 바꾼다는 이점을 인정하면서도 이것이 무본억말 시책에 어긋나고 해가 많아 금지했다고 보고했다. 그는 "근본을 버리고 끝을 따르는 것이며, 물가가 올라 이익은 적고 해가 많으므로, 이미 모든 고을로 하여금 금지했다"고 설명했다(성종실록, 성종 3년 7월). 이런 보고를 받고 호조에서도 장시를 엄중히 금지하자고 건의해 조정에서 그렇게 결정했다.

조선의 지방 수령이 시장 개설을 반대한 이유로 두 가지를 들고 있다. 첫째, 농민이 상업에 종사하면서 말단의 이익만을 추구해 놀고먹는 자가 늘어나 논밭을 황폐화시키고 물가를 오르게 한다는 것이다. 둘째, 농촌에서 이탈된 무리가 시장을 배경으로 살아가게 되면 도적의 무리가 늘어날 여지가 있다고 우려한 것이다. 첫째 논리는 성리학의 농본상말 원리를 그대로 인용한 것이고, 둘째 주장은 당시의 현실적인 상황에서 일어날 가능성이 있는 일을 지나치게 확대해 염려한 것이다.

반면에 당시에도 시장 개설의 효과를 인정해 이를 허용해야 한다는 견해도 있었다. 이들은 흉년을 타개하고 굶주린 백성을 구제하는 데 시장이 중요한 역할을 한다고 주장했다. 명종 때 이황은 시장의 긍정적 효과를 인정해 적어도 흉년에는 시장 금지 조치를 해제하자고 건의했다.

조정의 논란에도 불구하고 백성들은 시장이 유용하고 필요하다는 데에 공감해 1520년대 무렵에는 전국에 장이 서지 않은 곳이 없을 정도로 확산되었다. 시장이 전국적으로 성행하고 상인이 늘어나자 조정에서는 17세기 말부터 '시장의 금지'에서 '허용하되 장세場稅 징수'하는 쪽으로 정책 방향을 선회했다.

이렇게 징수되는 장세는 지방 관청의 운영을 위한 재정 수입으로서 중요한 위치를 차지했다. 장세를 징수하는 방법은 지방마다 달라 현물로 징수하거나 화폐로 징수하기도 했고, 그 액수도 달랐다. 명확한 규정이 없어 지방 관청에서 장세를 임의로 징수하거나 과다하게 징수했고 그 과정에서 수령이나 아전들이 중간 수탈하는 등의 폐단이 심화되었다. 이에 조정에서 일시적으로 장세를 금하는 명령을 내리기도 했다. 그러자 지방 수령들이 진휼 비용과 행정 운영비, 능역 개축비, 사신 접대비 등을 명분으로 그 폐지가 불가하다고 극력 반대해 결국 다시 허용하고 말았다. 장세는 지방 관청의 공방에서 담당해 공방의 하급 관리나 군교가 징수했다. 장시 개설 권한이 점차 지방으로 위임되자 지방 관청은 중앙 정부의 묵인 하에 지방 재정 확충의 명목으로 장세를 징수했다. 이제 장세 징수는 전국적인 현상이 되었다.

영조실록을 보면 영조 7년 6월 20일, 조정에서 전라도 장세를 징수하는 문제를 의논했다. 우의정 조문명이 전라도 감사의 장계에 대해 전주의 장세는 본래 공용을 위한 것이므로 혁파하는 것은 부당하다고 주장했다. 청나라 제도를 보면 백성들의 부세는 가볍고 상인의 부세는 무겁다고 하며, 이 때문에 부강하게 되었다고 말했다. 즉 나라 재정을 탄탄하게 하는 데 장세가 매우 유용함을 지적한 것이다. 그러나 이런 논의에도 불구하고 장세를 활용하고 시장 형성을 촉진하는 적극적인 제도는 만들어지지 않았다.

조선에서는 상설 점포에 '포자鋪子'라는 용어를 사용했는데, 포자는 17세기에 처음 등장했다고 한다. 종전에는 개성, 평양 등에 설치한 시전이 유일한 상설 점포였다. 그러다가 유통이 늘어나 물화가 집산되는 마포, 강경, 통영, 전주, 공주 등의 지역에 포자를 설치하게 되었다. 이러한 점포는 관이 직접 설치하거나 관의 허가를 받아 민간이 설치하는 경우도 있었다.

포자를 설치하는 이유는 주로 지방 재정을 확충하고자 하는 것이었다. 이 과정에서 부당한 이윤추구 행위가 문제가 되어 포자를 혁파하라는 주장이 일어났고 평안도에서는 실제 37개 포자를 폐지하기도 했다. 이렇게 일부 도시에 상설 점포가 생겨나기도 했으나 조선은 19세기 말까지도 중국이나 일본 등 주변 나라에 비해 상설 점포가 거의 없었다. 그래서 19세기에 조선에 온 외국인들에게서 상설 점포가 없고 상업이 매우 빈약해 경제가 침체되어 있다는 평가를 받았다.

한양에서 상업의 중심은 정부의 허가를 받은 시전이었다. 시전은 상설 점포로서 관수용 물품을 조달하고 상업세를 납부했으며 정부가 부과하는 각종 부역을 부담했다. 시전상인에 대한 부역제도도 폐쇄적 제도의 산물이었다. 궁궐과 종묘 등의 수선, 창호지 도배, 조공 예물의 포장, 임금 행차의 수행과 잡역, 종묘 제사 준비, 궁중의식 때의 천막 설치 등 공적으로 필요한 노동력 제공을 시전상인에게 부과했다. 관청에서 잡역이 필요할 때 이를 확보할 인력 시장이 없어 결국 관청 주변의 시전상인에게 의뢰해 처리한 것이다. 그 대신 시전상인에게는 그에 대한 보상으로 특권을 주었다. 시전상인 명부에 오르지 않은 무면허 상인(난전)을 단속하는 특권, 즉 금난전권을 부여해 진입장벽을 보호한 것이다.

금난전권의 법제는 1668년 확립되었는데, 난전 상인을 잡아들이고 난전 물종을 몰수할 수 있는 강력한 특권이었다. 이런 특권을 관청이 아닌 시전상인이 행사했다는 것은 그들이 정부에서 보호를 받는 특별한 독점 상인이었다는 것을 의미한다. 그런데 이미 상공업의 성장으로 자생적으로 성장한 사설 상인(사상)은 이러한 특권을 거부하며 그 폐지를 강력히 주장했다. 특히 권세가의 노비, 군영의 군인, 수공업자들이 사상으로 성장하면서 일부는 도고상인으로 세력을 확대해 시전상인들의 특권에 대항했다. 그 결과 신해통공으로 금난전권이 폐지되었다.

《주례》에서는 시장을 어떻게 관리했을까

중국의 고전인 《주례》의 〈지관사도地官司徒〉에는 시장에 관련된 업무를 관장하는 '사시司市'라는 행정관서와 그 직제에 대한 규정이 상세히 마련되어 있다. 전담직원을 174명이나 배치할 정도로 큰 조직이었다. 사시는 시장의 경계, 점포의 배열, 계약 준수, 화폐 유통, 영업시간, 상행위 및 질서 위반, 도량형 기준 위반, 분실물 처리 등을 모두 관장했다. 이 직책 이외에도 어음 유통과 도량형의 기준을 균일하게 하는 업무인 '질인質人', 점포에 대한 세금 업무인 '전인廛人' 등을 담당하는 부서가 별도로 설치되어 있었다. 전인 부서의 정원은 34명으로, 시장의 점포에서 세금을 징수하는 업무를 관장했다.

《주례》는 마치 오늘날의 시장 업무에 대해 기술하듯 여러 분야에 걸쳐서 상세하고 구체적으로 시장을 규정하고 있다. 주례가 춘추전국 시대나 후한 시대에 정리되었다는 것을 고려해보면 중국에는 조선보다 1,500년도 더 앞서 시장의 조직이나 활동이 대단히 활성화되어 있었고 이런 정도로 상세한 규정이 필요했었다는 것을 알 수 있다. 이러한 행정 조직의 목표는 시장의 질서를 유지하고 세금을 징수하되 시장을 평화롭게 하고, 상품이 원활하게 유통되어 돈이 돌게 하려는 것이었다. 시장을 규제해 상공업을 통제하려는 것이 결코 아니었다.

그런데 《주례》의 제도가 조선으로 넘어와서는 시장을 억압하는 제도로 변질되었다. 《주례》를 모범으로 삼아 시장 질서에 관한 구체적인 규칙을 정해두고 이를 준수하게 하며 어기는 경우에만 처벌해 단속했으면 될 것인데, 상업을 억제하고 시장 개설 자체를 규제하는 데 몰두하다 보니 시장을 지원하는 제도를 만들 필요조차 없었다. 정책 목표가 달라진 것이다. 제도를 만든 중국인들도 전혀 예상하지 못했을 왜곡이었다. 왜 사대부들이 숭상하는 중국의 하, 은, 주 삼대 시대의 제도인, 《주례》의 제도를 조선에서 시행하지 못했을까? 참으로 안타까운 일이다.

반계 유형원은 농업을 저해하지 않는 범위 내에서 상공업을 진흥해야 한다고 생각했다. 장시는 도시의 시전과 달리 농민들이 서로 모여 교역하는 것이므로 여기에 장세를 부과하는 것은 부당하다고 생각했다. 시장은 여러 폐단이 있으므로 억제하는 것이 타당하고, 오히려 상설 점포를 두는 것이 좋겠다고 주장했다. 성호 이익은 농사에 전념케 하고 사치를 금하려면 상업활동을 억제해야 한다고 생각했다. 백성들이 상업에 종사하면 농업에 방해가 되므로 시장을 억제해야 한다는 것이다. 성리학자들의 상업에 대한 부정적인 인식은 이렇게 그 뿌리가 깊었다.

18세기 상업활동, 상설 점포의 필요성을 강조하고 이를 널리 권장해야 한다고 주장한 사람은 농암 유수원이었다. 유수원은 중국의 사례를 본받아 대자본, 대상인을 육성해야 한다고 하면서 상설 점포를 설립해 지방 도시를 발전시켜야 한다고 주장했다. 일시적으로 개설되는 장시는 도적의 무대가 될 수 있으므로 금지할 필요가 있다는 데 동의하고, 그보다는 상설 점포를 설치해야 한다고 주장했다. 또한 상설 점포와 이에 대한 장세를 통해 지방 재정을 확충할 수 있다고 했다.

한편 박제가는 특히 해상무역의 강점을 강조하며 가난한 조선이 나갈 길은 중국과의 해상무역을 활성화하는 것이라고 주장했다. 조선의 가난을 구제하는 것은 중국과 바다로 통상하는 길밖에 없다고 했다. 3면이 바다인 조선의 지리적 이점을 활용해, 해상무역 본연의 강점을 살리고 가난에서 벗어나 나라를 부강하게 하자는 논리였다.

폐쇄적 제도가
불러온 침체

11장에서는 17~18세기에 조선의 농업과 상공업이 일부 포용적인 제도의 시행으로 성장한 실상을 간략하게 살펴보았다. 그런데 19세기 전반 조선은 이렇게 성장을 시작한 농업과 상공업의 싹을 잘라버리며 다시 폐쇄적이고 착취적인 제도로 환원했다. 60년간 지속된 세도정치로 삼정三政(재정의 주종을 이루던 세 가지 수취제도. 전정田政·군정軍政·환정還政을 말한다)이 문란해지며 국가의 기강이 무너져, 경제활동이 침체하고 산업의 발달이 정체되었다. 18세기까지 이룩한 농업과 상공업, 광업, 무역 등에서의 성과가 잠식되며 경제력이 쇠퇴했다. 농업에서는 과중한 조세 부담을 감당하지 못한 농민들이 대거 농지를 버리고 이탈함으로써 농업 생산이 대폭 감소했다.

농업 생산의 감소와 농촌의 피폐화는 상공업의 침체를 초래했고, 18세기 후반 청나라와의 무역이 축소되면서 상공업은 더욱 위축되었다.

각지에서 민란이 일어나고 천주교에 대한 박해로 수많은 희생자가 속출하는 상황에서 정상적인 경제활동이 지속되기는 거의 불가능했다. 정부는 부족한 재정수입에 충당하기 위해 중국에 대한 홍삼 수출을 허용했다. 이에 따라 19세기에 이례적으로 인삼의 재배와 홍삼의 수출이 늘었고, 이를 주도한 개성상인(송상)이 부상했다.[13]

19세기의 모습

대원군은 1863년에 집권하며 삼정의 문란을 종식시키고 서원을 철폐하는 등 내정 개혁을 단행했다. 잠시 경제가 회복되었으나 대원군이 10년 만에 물러나 개혁의 성과를 충분히 거두지 못했다. 더구나 시대착오적인 쇄국정책으로 국내외에 더 큰 문제를 야기했다. 이러한 폐쇄적이고 착취적인 제도가 경제의 침체를 초래한 것은 당연한 귀결이었다. 조선은 산업화의 기회를 놓치고 강대국에 개방을 강요당하며 제국주의의 제물이 되어 쇠퇴의 길을 질주했다.

그 결과 19세기 중반에는 서양인, 중국인과 일본인, 외국을 다녀온 조선인 들이 모두 조선의 경제력, 특히 상공업이 매우 침체되어 있었다는 것을 인정하고 있다. 다른 관점에서 종합해보면 18세기 말까지 조선의 상공업이 성장했지만 산업혁명을 겪고 있는 서양은 말할 것도 없고 상대적으로 정체되어 있던 일본이나 중국에 비해도 조선이 훨씬 낙후되어 있었다는 것을 부인할 수 없다. 더구나 각국이 산업혁명을 겪고 있어 결정적으로 중요했던 19세기에 60여 년을 세도정치로 허비한 상황에서는 그 격차가 더욱 벌어질 수밖에 없었다. 또한 조선의 상공업이 발달했다는 것은 조선 초기나 중기에 비해서 그렇다는 것이지, 절대적으로 또는 다른 나라에 비해서도 상대적으로 발달했다고 할 수는 없었다. 16세기 후반부터 성장하기 시작해 본격적으로 발달하려는 단계에 있었는데, 19세기에 다시 제도가 반전되어 침체로 돌아간 것으로 해석해야 할 것이다. 조선 후기에 상공업이 발달했다고 막연히 주장해서는 마치 다른 나라와 견줄 수 있을 정도로 발달했다는 오해를 줄 수 있을 것 같다.

도고의 성장과 매점매석

박지원의 〈허생전〉에 나오는 허생이 단기간에 돈을 번 비결이 바로 매점매석이다. 제주도에서 나오는 말총을 모두 사들여 망건 값이 열 배로 치솟게 만든 사례, 대추, 밤, 감, 배 등 과일을 사재기해 창고에 쌓아 놓고 과일 값이 폭등하자 이를 되팔아 큰돈을 번 사례 등의 이야기이다. 단돈 1만 냥으로도 과일을 매점매석해 유통을 마비시키고 큰돈을 벌 수 있었을 정도로 조선의 경제는 취약했다.

1833년 한양에서 도고(도매상인)의 대표적인 매점매석 사건이 발생했다. 한양의 미곡상인과 여객주인 및 경강상인이 연합하여 쌀값을 조절해 폭리를 취한 것이다. 쌀값의 폭등에 쌀을 구하지 못한 빈민들이 들고 일어나, 쌀을 매점한 경강상인의 가옥 열다섯 호를 불태우는 등 거칠게 항의했다. 그러자 조정에서 매점매석자들을 사형 또는 유배 등 중벌로 처벌했다.

이 사건은 사상인 경강상인들이 도성의 시전상인들보다 훨씬 커진 세력으로 당시 한양의 물가를 좌지우지하고 있었음을 상징적으로 보여준다. 주로 개성, 동래, 의주와 같이 대외무역이 활발한 지역이나 지방의 상품 집산지, 특히 금난전권이 미치지 못하던 성 밖의 경강, 송파, 양주, 포천과 같은 상업 요충지는 도매상인 도고들의 주요 활동 무대였다. 이들이 주민들의 생계에 필수적인 쌀이나 소금 등의 일용품을 매점매석했기 때문에 상품 공급이 부족하면 가격이 급등해 도시민들의 생활을 압박하기도 했다.

쌀을 매점매석하는 것은 싼값에 쌀을 대량으로 사재기했다가 가격이 오를 때까지 쌀을 팔지 않는 것이었다. 그런데 이때 문제가 된 것은 당시 조선에는 이런 행위를 처벌할 구체적인 법령이 갖춰져 있지 않았다는 사실이다.

순조실록의 1833년(순조 33년) 4월 10일 기록을 보면 임금이 조치 방안을 물으니, 형조 판서 박종훈이 다음과 같이 답했다. "강상의 상인과 싸전(쌀가게) 사람들이 곡식을 파는 것을 아주 막아버려 백성들의 먹는 길을 끊어버림으로써 저자에서 소동이 일어나게 하였으니, 그 죄는 죽여도 속죄하기에 부족한 것입니다. 여러 율서를 상고해 보아도 이 조목은 없습니다마는, 또 신이 그윽이 생각하건대, 법은 한계가 있고 일에는 끝이 없습니다. 그러므로 범죄의 정상은 중한데도 형률이 경한 경우에는 위아래를 견주어 붙이는 예가 있는 것입니다. 법문에 없는 법을 적용할 때에는 상경常經에 근거해 단안해야 합니다."

상공업이 발달하지 못해 이런 범죄를 규제할 명시적인 처벌 규정이 없으나 그래도 민심을 소란하게 했으니 죽여야 한다는 주장이었다. 실정법이 없으면 유사 규정을 적용하고 또 상경에 근거해 처벌하자는 말이었다. 상경이란 사람이 마땅히 지켜야 할 올바른 도리를 말하는 것으로서, 도덕이지 법제는 아니었다. 이들은 백성들의 생계에 없어서는 안 될 쌀, 소금 등을 매점매석했기 때문에 상품 공급의 부족과 물가 상승을 야기해 소비자의 생활을 압박한 죄가 컸다. 다른 한편으로는 시전상인과 경쟁함으로써 이들을 통해 국역을 부과하고 징세하던 국가 재정체제에도 크게 부담을 주었다는 것이다. 상공업이 발달하지 못하고 상업거래를 규율하는 법제가 미흡했던 조선의 현실을 그대로 보여주고 있다.

도고의 성장이나 매점매석 행위도 그 부작용을 떠나 시장과 상업이 발달하고 있다는 증거였다. 이런 문제가 부각되면 정부는 곧바로 시장거래에 대한 공정한 게임의 규칙, 제도를 마련해 경제활동을 촉진할 필요가 있었다. 그러나 조선에는 그런 문제 제기도 없었다. 공정한 규칙이 미비한 상황에서는 위의 사례와 같이 정부가 주먹구구식이고 자의적인 대응을 할 수밖에 없다. 불투명하고 불공정한 폐쇄적 제도는 경제활동에 불확실성을 야기했고 성장을 저해했다.

13장

재산권과
조세제도

사유재산권과 소유권 보호제도

경제제도에서 가장 중요한 제도는 사유재산권에 관한 제도이다. 조선에서는 일찍부터 법적인 소유권이 인정되었다. 1391년(고려 공양왕 3년) 과전법이 시행되면서 토지의 매매가 금지되었으나 1424년(세종 6년)부터는 매매를 허용했다. 그 이후로는 특별히 예외적인 경우를 제외하고는 국가가 토지의 매매에 관여하지 않았고 개인 간의 매매를 법적으로 허용했다. 《경국대전》에 토지거래에 대한 법적 보호를 규정해, 토지 소유권이 법적인 보호를 받을 수 있었다. 예를 들면 "남의 토지와 가옥을 부정한 방법으로 매매한 경우, 토지와 가옥의 소송이 확정되지 않은 경우 등에는 재판에서 권리를 주장하지 못한다"고 명시했다. 토지 소유는 개인의 권리로서 신분적인 지배관계와는 직접적인 관련이 없었으므로 노비를 포함해 누구든지 토지를 소유할 수 있었다. 법적인 소유권에 있어서는 15세기에 벌써 매우 진보된 제도를 가지고 있었던 셈이다.[1]

소유권 보호제도가 발달한 결과 조선에서는 토지, 가옥, 노비 등 중요한 재산의 매매에는 반드시 서류와 계약서(명문, 문기 또는 문권이라 불렀다)를 작성해 법적인 보호를 받게 했다. 국가가 토지 소유권을 공적으로 보증하는 입안立案제도도 마련되어 있었다. 그런데 입안을 신청할 때 납부하는 수수료나 관청에 출두해야 하는 교통비 등의 거래비용으로 인해 입안의 활용 편의성이 크지 않았다. 더구나 훨씬 간편한 매매계약서에 법적 효력이 인정됨으로써 입안을 받을 필요성도 줄어들었다.[2]

소유권이 보장되고 매매계약서를 통한 거래가 활발해져 18세기에 조선도 어느 정도 계약 사회에 편입되었다고 할 수는 있다. 그러나 근대적인 민법 질서가 체계적으로 정비되지 못해 완전한 계약 사회를 이루었다고는 할 수 없다. 매매계약에 대한 공증제도가 발달하지 못했고 국가의 공증 없이 상속되거나 매매된 경우에 일부 경지는 권력의 침해를 받기도 했다. 또한 토지 이외에 임야, 광물자원, 수산물, 기타 지적재산 등에 대한 재산권제도는 19세기 말까지도 발달하지 못했다. 법적인 공문서의 신뢰도나 공정성에도 미흡한 점이 많았다. 그럼에도 불구하고 기본적인 분쟁 해결 절차와 공정한 소송제도가 마련되어 있어 조선의 장기적인 안정에 기여했다.[3]

재산권 보호제도의 취약점

포용적 경제제도의 핵심은 재산권을 보장하는 것이다. 그러나 실제로 재산권이 제대로 보장되었는가는 전혀 별개의 문제이다. 공식적인 법제와는 별개로, 일선에서 재산권제도를 집행하고 분쟁이 발생했을 때 이를 심판하는 데에서 조선은 많은 취약점을 가지고 있었다.

17세기 무렵까지는 왕토사상이 주도해 재산에 대한 사적 소유권이 공문서에 명확하게 정리되지 않은 경우도 많았다. 권위적인 통치체제 하에 개인의 재산권이 관청에서 유린되는 경우도 있었고, 엄격한 신분제로 양반과 상민, 노비 간의 재산권 분쟁이 있을 경우 제대로 보호받기가 어려웠다. 일선에서의 법 집행은 임금의 대리인인 지방의 수령과 그를 보좌하는 향리들의 역할이었는데, 이들이 엄정하게 재산권 보장에 충실하도록 담보하는 제도가 취약했다. 오히려 지방의 수령, 아전들이 권력의 압력이나 자신들의 이익 때문에 공정하게 법을 집행하지 않는 사례가 많았기 때문이다. 8장에서 재지사족들과 향리들이 자행하는 여러 부정 사례들을 논의했는데, 이처럼 법적인 재산권이 유린되는 사례도 많았다.

양반 지주와 농민 또는 노비가 재산권 분쟁에 휘말린 경우 힘없는 농민이 이기기는 어려운 실정이었다. 실무적으로 문서를 작성하고 법을 시행하는 관청 아전들이 뇌물의 유혹, 외부 압력, 사적 이익, 재지사족 지주와의 암묵적인 거래 등으로 얽혀 있어 객관적으로 공정하게 일을 처리하기 어려운 구조였다. 더구나 일반 평민들은 어려운 한자로 작성되는 계약서를 쓰거나 읽는 것이 거의 불가능해 정보의 비대칭성이 심했다. 이런 상황에서 실질적인 재산권 보호가 이뤄지기는 어려웠다.

조선의 재산권 보호제도에도 미흡한 부분이 많았지만, 실제 더 큰 문제는 제도 시행 과정에 있었던 셈이다. 조선에 근대적인 토지와 가옥의 매매법령이 완비된 것은 1905년 토지가옥증명규칙, 1912년 조선민사령, 1964년 일반 농지의 소유권 등기제도 등이 도입된 후의 일이었다.

또한 착취적인 부세징수제도 운영에도 큰 문제가 있었다. 토지를 기준으로 부과되는 각종 조세와 부역이 불공평하고 부당하게 운영되면 영세한 토지 소유자나 농민에게 과중한 부담을 초래하게 된다. 조선 후기에 삼정의 문란으로 표현되는 착취적 부세 행정이 바로 그런 결과를 초래했다. 양반 지주의 부담을 떠맡아야 하고 토지에 대해 각종 부가세가 첨가되는 조세제도에서는 토지를 소유한다는 것 자체가 행운이나 축복이 아니라 재앙이었다. 그래서 영세한 토지 소유자들은 토지를 버리고 양반 가문에 노비로 편입하기를 자청하거나 도주해 떠돌아다니는 길을 택하지 않을 수 없었다.

재산권은 소유권만을 의미하는 것이 아니다. 소유 자체보다는 재산에서 나오는 경제적 과실을 개인이 제대로 향유할 수 있게 보장하느냐의 여부가 중요하다. 그런데 토지 소유를 법적으로 보장해놓고도 그 과실을 멋대로 빼앗아간다면 재산권이 보장되는 것이 아니다. 조선은 토지 소유권을 법적으로는 보호했지만, 조세제도를 착취적으로 운영함으로써 재산권이 실제로는 보장받지 못하는 결과를 초래했다.

토지대장 관리의 문제

현재 보존되어 있는 조선 시대 토지대장(양안)을 보면 전답의 지번, 토지의 모양, 크기, 토지의 등급, 경작 중인 기전起田인지 경작하지 않은 진전陳田인지의 상태, 소유자의 신분, 인접하고 있는 토지 소유자 등 매우 상세한 정보를 수록하고 있다. 지방 군현에서 토지의 조사와 징세 업무를 담당하는 향리를 서원書員이라 불렀는데, 이들은 보통 한 개의 면을 전담하며 군에는 이들을 감독하는 도서원都書員이 있었다. 이들은 매년 8월 이후 곡식이 익을 때 자신의 담당구역을 돌아다니며 작황과 재해 피해 여부를 조사했다. 서원들은 양안을 토대로 실무적으로 필요한 부분만을 필사해서 들고 다니며 조사 결과를 기록했다. 이 서류를 행심行審이라 불렀는데 여기에는 작황을 상지상上之上에서 하지하下之下까지 9등급으로 나누어 기록했다. 이 작황의 등급을 매기는 것이 담당 아전인 서원의 고유 권한이었다. 재산권을 보호하는 핵심 관리인 서원들은 들판에 혼자 또는 둘이 나가 자기의 판단만으로 등급을 판정했다. 이들의 재량권은 매우 컸으므로 자연스레 부정의 유혹에 많이 노출되었다.[4]

행심을 통해 납세자의 작황정보를 수집하고 나면 서원이 개개인의 토지 정보를 모두 합산해 세액을 결정하고 부과했다. 이렇게 서원이 작성한 문서에는 지역과 연도, 납세자의 토지명세와 납부할 세액 등을 표시했다. 납세자는 "호명戶名"이라고 가명으로 표시하거나 "순매 황도수"처럼 호명과 본명을 함께 표시했다.

당시 토지대장인 양안은 소유권을 표시하는 장부라기보다는 조세의 수취를 위한 징세대장으로 간주되었다고 한다. 그래서 양반들은 자신의 본명 대신에 노비의 이름을 등록하는 경우가 일반적이었다. 대개 노비는 성이 없어 이름 두 자만 기재했다. 호명을 쓰는 관행이 생긴 것도 체면 문화 때문이었다. 체면을 중시하는 양반들이 세금을 낼 때 자신의 이름으로 하지 않고 노비의 이름으로 대납함으로써 비롯된 것이었다. 평민들도 차츰 이를 본받아 가명을 만들어 그 이름으로 납부하면서 호명이 사용되었다.

호명이라는 가명으로 대장을 기록하고 납부하게 되니 오직 담당 아전만이 실제 인물이 누구인지 알 수 있었다. 아전들은 이 장부에 표기되는 호명과 납세 대상 토지 규모, 세액 등을 다른 사람이 알 수 없는 독특한 필체로 기재했다. 서원들이 오랜 훈련을 통해 익힌 독특한 필체를 사용해 호명으로 표기했으니 다른 사람이 좀체 그 정보를 확인하기 어려웠다. 아전들의 감독자인 지방 수령들도 구체적인 내역을 알 수 없는 아전들만의 폐쇄적인 전문 영역이었던 셈이다. 토지대장을 이렇게 관리했기 때문에 소유권 보장이 확실하게 담보되지 못하고 많은 비리와 부조리가 발생했다.[5]

이런 관행 때문에 실제 소유주와 장부상 소유주가 달라, 후일에 소유권 분쟁이 자주 발생했다. 장부상의 노비 이름 두 자(돌쇠, 개동 등)만 쓰는 경우 이름이 같은 경우가 많으니 그것이 자기 집 노비라고 주장하는 주인이 여러 명 나타난 사례도 있었다. 또한 노비제가 해체되면서 노비 후손이 옛 주인집을 상대로 소유권 분쟁을 일으키기도 했다. 해방된 노비 후손들은 토지대장의 이름을 근거로 자기 집안의 소유권을 주장할 수 있었다. 더구나 해당 토지를 노비들이 개간해 노비의 이름으로 토지대장에 등록한 경우에는 더욱 소유권을 내세우기 쉬웠다.

양반 지주들은 노비를 사역한 대가로 일정한 토지를 사경私耕으로 지급했는데, 오랜 기간이 지나자 노비들은 자신들이 오래 경작한 이 땅을 자신의 소유지로 인식하게 되었다. 더구나 토지대장에 노비의 이름으로 등록이 되어 있을 때는 후손들이 더욱 소유권을 주장할 수 있었다. 이러한 사경제도도 많은 분쟁을 유발했다.

조선에서 실제 사용된 토지대장은 모두 어려운 한자를 사용해 기록되었다. 《조선 시대 생활사》에서 소개한 1722년 경상도 예천군 현내면 토지대장의 일부를 보면 다음과 같은 내용이 수록되어 있다.

"第三西犯肆等梯田 (…) 起主今寺奴占奉." 제3第三은 지번 표시, 서범西犯은 서쪽을 향해서 측량했다는 의미, 사등肆等은 6등급 중 4등급이라는 의미, 제전梯田은 토지의 지형이 사다리꼴이며 토지의 용도가 밭이라는 의미이다. 경작 중인 토지를 기전이라고 불렀으므로, 기주起主는 경작 중인 토지의 소유주가 내수사今寺에 속한 노비奴 점봉占奉이라는 뜻이다. 앞에 쓰인 '肆'는 넷을 뜻하는 '四'와 같은 글자이나 획수도 더 많고 복잡해, 웬만해서는 알기 어려운 글자이다. 이렇게 암호 같은 한자나 이두로 토지대장을 기록했으니 담당 관리가 아니면 이해하기 어려울 수밖에 없었다.

이러한 토지대장은 일반 농민이 알 수도 없고 알려고도 하지 말라는 의미를 가지는, 폐쇄적인 제도의 산물이었다. 납세자의 실명이 누구인지, 납세했는지 아닌지, 작황과 재해 등급이 무엇인지 등을 기록하고 알고 있는 것도 아전뿐이었다. 이런 상황에서 토지 소유권이 제대로 보호받을 수 있었을까? 엉성한 토지대장 관리와 미숙한 소유권 관념이 빚어낸 관행이었다.

또 토지대장에 언제부터 진전인지, 언제 개간되었는지, 현재 경작하는지를 기재하는 것이 지극히 주관적이어서, 고을 아전들이 멋대로 정했다. 한번 정해지면 그 기록에 따라 세금이 징수되며 토지 상황이 바뀌어도 토지대장의 기록은 쉽게 바뀌지 않으니 애꿎은 농민만 피해를 입는 것이었다.

이런 현실적인 문제를 정약용도 지적했다. 정약용은 《경세유표》와 《목민심서》에 많은 비리 사례를 예시했다. "고을에 전리田吏(면의 서원)가 있고 군현에 전감田監(도서원)이 있는데, 같이 눈을 껌벅이며 같이 속삭이면서 '기간이다', '진전이다' 한다." 또한 이들에게 뇌물을 주지 않으면 아무리 병충해가 심해도 재해로 인정되지 못했고, 뇌물만 주면 잘 자란 전답도 재해 전답으로 처리된다고 했다. 국가에서는 재정 손실을 입으면서도 농민을 위한다는 명목으로 전세를 면제해주지만 실제 혜택이 농민에게 가지 않고 중간에서 착복하는 아전에게 돌아갔다. 납세자와 담당 아전이 담합하면 아무도 눈치 채지 못하게 면세 받거나 세금이 줄어들 여지가 많았다. 이는 제도 자체보다는 제도 시행 과정에서 사후적인 집행과 감독체제가 미흡하고 객관적인 판단 지표가 미비한 탓에 비롯된 병폐였다.

진전이란 농사에 적합하지 않아 묵혀둔 전답을 말한다. 진전에는 면세하고 진전이 개간되면 세액을 반감해주는 좋은 제도가 《속대전》에 규정되어 있었다. 정약용의 외가인 해남의 한 부자는 풀밭이며 자갈밭인 진전 40결을 가지고 있었다. 이 진전이 인가에서 동떨어져 소작료를 면제해준다고 해도 경작하겠다는 농민을 모집할 수 없었다. 면세 대상인 진전인 채로 남아 있어도 해마다 전세가 부과되었다. 할 수 없이 기름진 땅을 팔아 이 진전에 대한 세금을 바치기 시작했다. 1809년과 1814년의 대흉년에도 이 진전에 대한 세금을 면제해주지 않았다. 결국 가족들이 기름진 땅을 다 팔고 서적까지 팔아 세금을 내다가 굶주려 죽고 말았다는 사례를 정약용이 소개했다. 좋은 제도도 얼마든지 착취적으로 운영될 수 있음을 보여주는 사례이다.

토지 소유권 분쟁을 계기로 18세기에 조정에서 대대적으로 양전 사업을 추진했고, 이제 양반 토지 소유자들이 노비 이름뿐 아니라 자기 이름도 정확하게 등록했다. 양안이 이제 소유권을 증빙하는 대장이라는 인식이 보편화되었고 소유자에게 '주主'라고 표기하기 시작했다. 이전에는 왕토사상에 따라 경작자일 뿐 소유주라는 인식은 약했다. 이렇게 토지에 대한 실질적인 소유권이 확립된 것은 18세기 이후의 일이었다.

결국 조선의 전제제도는 나름 합리적으로 편성되었다고 볼 수 있으나, 토지대장 관리, 등급사정, 문서체계 등 실제 운영에서는 부정비리를 예방하거나 재산권을 보장하는 체제가 미비해 농민들에게 피해를 주었다. 법제가 아니라 사후적으로 시행되는 제도, 큰 틀이 아니라 세부시행 제도가 착취적, 폐쇄적으로 운영되는 바람에 문제가 생겼다. 제도를 설계한 관료들이 미리 모든 규정을 갖추기는 어려웠을 것이다. 그러나 시행 과정에서 문제가 드러나면 바로 보완하고 감독을 철저히 하는 제도를 마련했어야 하는데 조선의 관료들에게는 이런 실무 능력과 개혁 의지가 매우 미약했다. 대다수 농민의 입장을 대변해 문제를 지적하고 보완제도를 갖추도록 촉구할 대변 기구도 없었다. 개방적이고 다원적인 정치제도가 갖춰지지 않아 초래된 문제였다.

핵심은 소송의 공정성이다

조선의 지방 수령은 태형 이하의 죄목, 관찰사는 장杖 이상, 유형流刑
이하의 죄목에 해당하는 사건을 단독으로 조사해 판결할 수 있는 권한
이 있었다. 더구나 재판 과정에서 자백을 받아내기 위해 고문도 자행되
었으므로 재판은 수령이 판단하는 대로 진행되기 쉬웠다.

1775년 영조 때에 지방 수령이 권한을 남용해 재산권을 탈취한 사례
가 있었다. 수안군에 은 광산이 있었는데 송도의 부자 상인이 물주가 되
어 그 광산을 개발했다. 수안 군수는 이 광산을 반값만 주고 빼앗으려
했다. 물주가 상례에 벗어난다며 응하지 않자, 그에게 심한 고문을 시행
해 그 자리에서 죽게 했다. 돈 많은 상인도 지방 수령의 횡포에서 벗어
나기 어려웠고 재산을 뺏기기 쉬웠다. 법적으로 보장된 재산권도 실제
거래 과정에서 보장되지 않을 수 있음을 보여주는 사례였다. 영조실록
에 의하면(영조 51년 9월 28일 기록), 이 사건은 임금에게 보고되어 군수
가 처벌받았다.

아무리 법적으로 재산권을 보호해도 지방에서 실제 법을 집행하는 지
방 수령이나 향리들이 불공정하고 착취적으로 시행하면 평민의 재산권
이 제대로 보호받기 어려웠다. 그런데 향리들은 봉급도 받지 못하고 재
량이 많아 각종 부정에 너무도 많이 노출되어 있었다. 더구나, 앞에서도
여러 차례 지적한 바와 같이, 이들을 감시하고 감독하는 제도가 제대로
작동하기 어려운 구조였다.

혼란스러운
토지 소유권,
전정의 문란

전쟁은 농업에도 재앙을 초래했다. 임진왜란과 병자호란을 거치며 인구가 급감하고 토지가 극도로 황폐화되었다. 전쟁의 직접적인 피해도 컸지만 인구 감소와 이농으로 경작할 사람이 줄어들어 버려진 토지가 늘어난 것이 더 문제였다. 토지의 황폐화와 토지대장의 소실로 임진왜란 직후 정부가 파악한 전국의 토지 전결 면적은 전쟁 전의 3분의 1로 감소했다. 경상도는 특히 전쟁 피해가 커서, 농경지가 6분의 1로 줄어들었다.

이런 혼란을 악용해 재산 축적의 기회로 삼은 부류가 많았다. 주인이 사망 또는 행방불명된 토지, 토지대장 소실로 주인이 누구라고 입증하기 어려운 토지, 황폐화되어 복구해야 할 토지 등이 이들에게 악용되었다. 우선 지역의 양반 지주는 향리와 결탁해 그런 토지를 과거부터 자기 집안 소유였던 것처럼 문건과 증인을 조작해 토지를 차지하며 겸병했다. 또한 국가기관인 각급 관공서와 왕실도 같은 방법으로 토지겸병에

적극 가담했다. 이것이 17세기 토지 문제의 주요한 원인이 되었다.[6]

병작제도의 확산

17세기 후반 이래 인구가 증가하며 개인당 토지 면적이 점차 줄어들었다. 더구나 노비의 감소로 종전의 농장 경영 방식을 유지할 수 없게 되면서 병작제도라는 영농 방식이 나타나게 되었다. 병작제도는 땅 주인(전주)은 토지를 내고 경작하는 사람(작인)은 노동력을 내어 합작으로 농사를 짓는 계약 형태이다. 농작물 수확을 전주와 작인이 5:5로 나누는 방식이었다. 원래는 지주가 종자와 토지세를 부담했는데, 갈수록 작인에게 불리하게 변경되어 토지세와 종자까지 작인이 부담하는 것이 관행화되었다. 그 결과 지주는 앉아서 생산물의 10분의 5를 차지했다. 작인은 10분의 5를 갖게 되었지만, 10분의 1은 토지세로 납부해야 했다. 결과적으로 생산자인 작인은 생산물의 10분의 6을 내놓게 되는 것이었다. 여기에 각종 부과금을 합하면 농민인 작인이 차지하는 것은 10분의 2에도 미치지 못했다고 한다. 정약용이 《경세유표》에 기록한 추산에 의하면 호남지방에서 이러한 병작농이 70%에 달했고 자작농은 25%, 지주가 5% 정도였다.

이영훈 교수는 병작제도가 18세기에서 19세기 농촌의 지배적인 생산 관계였다고 파악했다. 17세기 후반 이래 상업경제가 발달하고 집약농법이 성숙했다. 토지는 개인의 사유재산으로 정착되며 매매와 상속 등을 통해 평균 경지 면적이 점점 감소했다. 한편, 인구가 증가하고 노비제도가 해체되는 등 사회적인 변화가 신분에서 계약 관계로의 진전을 촉진했다. 이런 변화로 나타난 것이 병작제의 확산이고 소규모 경작의 소농이 농촌의 표준적인 형태가 되는 소농 사회가 조선에 형성되었다고 분석했다.

궁방전과 둔전의 소유권 분쟁

임진왜란 이후 중앙 재정이 축소되자 왕실과 각 관청은 자신의 수조지를 가지고 자체 수입을 확보하는 관행으로 급격히 전환되었다. 본래 조선 초기에는 중앙 정부인 호조에서 세수를 확보해 각 관청에 배분하는 형태였다. 그러나 전란 후에 세입이 줄자 각 관청이 소요 세입을 스스로 확보할 수밖에 없게 된 것이었다. 왕실도 종전에는 자체 수조지와 소속 납공노비로부터의 신공을 받아 운영했었다. 그러다 전란을 계기로 납공노비가 대부분 도망해 왕실 재정을 운영하기 어려운 상황에 처했다. 이로써 조선 왕조의 재정 기반이 더욱 축소되고 중앙집권체제도 약화되는 결과를 초래했다.

왕실은 궁방전宮房田(궁방에 소요되는 경비를 위해 지급하던 토지)이라는 형태로 수입을 얻는 토지를 확보했다. 초기에는 내수사에서 수입을 확보해 왕실 살림을 맡았으나 임진왜란 이후에는 많은 진황지를 확보해 이를 왕실 경비를 얻는 기반으로 활용한 것이다. 궁방전도 토지에만 한정되지 않고 어장, 염분, 산림 등으로 확대되었다. 궁방전에는 일반 농민들이 토지를 위탁해 면세특권을 이용하는 사례가 많았다. 왕실에서는 수입을 확보하는 기반이 되었으나 농민들은 점차 작인(소작농)으로 전락해갔다. 궁방전은 면세되었으므로 궁방전의 확대는 조세 수입이 감소하고 농민이 토지를 상실하는 것으로 귀결되었다.

왜란과 호란을 거치며 전국에 대량으로 발생한 주인 없는 진전(무주진전)에 대한 개간을 장려하기 위해 소유권 인정제도가 시행되었다. 진전 개간 후 3년이 지나면 개간자를 소유주로 인정하는데, 개간하기 전에 미리 서류를 제출하고 지방 관청의 확인을 받으면 되는 것이었다. 당시 농민들은 이런 제도와 절차를 잘 모르기도 하고 익숙하지 않았기 때문에 지방 관청에 신고하지 않은 채 인근에 있는 진전을 개간하여 농사를 지었다. 오랜 기간 농사를 지으며 농민 서로 간에 매매, 상속도 하고 있었다. 그런데 왕실과 각 관청, 군영은 토지대장에 무주진전으로 기재된 전국 각지의 토지를 자신의 소유지로 인정받고 면세 혜택을 받았다. 왕실의 토지는 궁방전, 관청과 군영의 토지는 아문둔전衙門屯田이라 불렀다. 이러한 토지에서는 조만간 소유권 분쟁이 발생하게 되어 있었다.

곧 궁방전과 아문둔전에서 농민들에게 수확의 절반을 지대로 내라고 요구하며 분쟁이 발생했다. 농민의 입장에서는 자기들이 직접 공들여 개간해 오래 농사를 지어온 땅인데, 절차를 지키지 않았다고 궁방이 소유권을 주장하니 수용할 수 없는 일이었다. 그런데 법적으로는 무주진전이고 관청에서 소유권을 인정받은 궁방 등에 권리가 있다고 할 수 있다. 또한 궁방전과 둔전에 대한 법적인 소유권은 궁방과 관청에 있지만, 사실상의 소유권은 진전을 개간하고 농사를 지어온 농민에게 있었다. 이러한 소유권 분쟁은 쉽게 해결이 나지 않고 오랜 세월이 소요되는 경우가 많았다.

각급 관청과 군영은 진황지에 둔전을 만들고 이농한 농민들을 모아 경작시켜 세입을 확보하기도 했다. 초기에는 관청에서 종자와 농기구 등을 제공하였으나 농민들은 점차 둔전의 소작농으로 전락했다. 또 다른 형태로는 농민들이 조세 부담을 회피하기 위해 자기 토지를 형식상 둔전으로 편입시키는 것이었다. 관청의 둔전 경작이므로 조세와 요역이 면제되었고 관청은 생산물의 절반을 수취했다.

17세기 중반 이후에는 각 관청이 둔전 이외에도 조세 수입을 위해 어장, 어선, 산림, 염분 등을 점유하고 세금을 거두었다. 영조 때 조정에서는 둔전을 폐지하는 대신 궁방과 관청 소유지에서의 조세 징수를 추인했다. 이러한 토지가 18세기 말에는 총 경지의 11.4%에 달했고 이 토지는 모두 면세되었다.

전정의 문란

전정은 토지를 대상으로 조세를 부과해 수취하는 일련의 제도와 관련한 행정을 의미했다. 민본을 표방한 조선은 작은 정부, 작은 재정을 지향해 조세체제는 백성에게 최소한의 부담을 지우도록 설정되었다. 그랬던 조세체제가 오래 지속되지 못하고 시행 과정에서 변질되어 많은 부작용을 초래했다. 조세 행정이 문란해지면서 정부와 관리가 갖은 방법으로 백성을 착취한 것이다. 이른바 전정의 문란이다.

전정이 문란해진 이유는 많으나 조세 법령에 대강만을 규정해두어 세부 시행 규칙이 미비했던 것과 감독체제가 소홀한 것이 가장 큰 문제였다. 명확한 세부 기준이 없이 지방 수령과 담당 향리에게 과도한 재량이 주어져 부정의 여지가 많았다. 시행 과정에 대한 감독이 소홀해 관리의 부정을 적발하지 못하거나 감시자가 향리와 담합하고 묵인했다. 나는 이것이 처벌제도가 엄정하지 않아 관리들이 부정을 저지르고도 처벌에 대한 두려움이 없었기 때문이라고 생각한다.

정약용이 귀양 가서 살던 전라도 강진의 경우 토지대장에 기록된 전지가 6,000결, 누락된 전지가 2,000결로 추정되었다. 즉 토지의 4분의 1이 대장에서 누락되어 공식적으로 과세가 되지 않은 채 지방 향리들이 사적으로 이득을 취하는 대상으로 전락했다는 의미이다. 다른 지역인 나주는 누락된 전지가 토지대장에 기록된 전지보다 더 많다고 했다. 농민은 조세를 납부하지만 그것이 중간에서 사라져 국가에는 세입으로 들어가지 않았다. 이렇게 중간착취가 많으니 흉년이 들지 않은 평년에도 국가의 공식 세입이 12만 석을 넘지 못할 정도로 빈약했던 것이다.

더구나 고을 아전 등 향리들이 마을 부자들의 좋은 토지를 골라 토지대장에서 일부러 누락시키고 사사로이 돈과 쌀을 징수해 착복했다. 이것을 방결防結이라 한다. 그 토지 대신에 전지 중 모래가 덮이거나 하천이 되어버린 곳, 묵혀진 토지 또는 고을의 홀아비나 과부, 자식 없고 가난한 병자 등의 토지를 골라 토지대장에 기재해두었다고 한다.

은결隱結이란 토지를 측량할 때 비옥한 전답의 일부를 토지대장에서 누락시키거나 전답의 면적을 실제보다 축소시켜 토지대장에 올려놓고 그 누락된 부분에 대해 아전들이 조세를 받아 착복했던 토지였다. 정약용은 《경세유표》에 은결이 발생하는 사례를 상세하게 예시했다. 몇 가지 사례만 살펴보자.

"토지를 측량할 때에 전답의 일부만 토지대장에 기재하고 나머지를 누락시키거나 실제보다 줄여서 기재한다. 묵혔던 토지나 새로 경작한 토지를 찾아내면 일부만 상사에게 보고하고 나머지를 개인 문적으로 돌려 아전이 조세를 받는다. 폭우나 급류로 토지 일부가 떨어져 나가면 보고할 때에는 부풀려 손실이 크게 생긴 것으로 한다. 큰 흉년이 들어 농민들이 떠나가고 온 마을이 황폐해져 진적陳籍에 들면(농사지을 수 없는 땅으로 바뀌면) 관청에서는 면세 조치하지만 아전은 다른 고을에 사는 친척을 찾아가 진전에 남은 세액을 납세하도록 압박한다. 백성이 관에 호소해도 아전이 위압으로 구타하고 협박하면 결국 아전에게 납부하고 만다. 농사짓는 작인의 명의가 바뀔 때 아전이 슬그머니 세액을 조금씩 증액시켜 늘린다. 새로 온 농부는 따지기도 어렵고 내용을 잘 몰라 수용하기 마련이고 그다음부터는 그대로 확정된다."

정약용은 이런 은결을 없애기 위해 조정에서 특별히 엄한 조서를 내려 특별조사 기간을 설정하고 각 수령에게 조사, 보고하도록 하자는 실질적인 방안을 제시했다. 보고를 받은 다음 암행어사를 내보내 철저히 확인하고, 은결이 많은 관리를 적발해 극형에 처하며 가장 적은 자라도 종신 금고처분하자고 제안했다. 어사가 다녀간 후에 또 다른 어사를 내보내, 은결이 남아 있음에도 적발하지 못한 어사는 귀양을 보내 10년간 사면하지 않는 제도를 시행한다면 근절할 수 있다고 주장했다. 전정의 문란으로 국가 재정이 지극히 취약하고 나라 구실도 못하는데, 정약용이 제안한 것처럼 강력한 조치를 강구해 시행해보는 것이 마땅하지 않았을까?

정약용은 현장에서 직접 겪어보며 자신의 관찰과 경험을 토대로 문제의 핵심을 파악했고 실효성 있는 해결 방안을 제시했다. 그런데 조선에서 이런 개선 방안은 채택되지 않았다. 관료들이 방법을 몰라서가 아니라 추진할 의지와 능력이 없었다. 지방 수령이나 재지사족들도 향리들의 조직적인 부정을 단속하기가 쉽지 않았다. 향리에 대한 구체적인 사례는 8장에서 상세히 다룬 바 있다.

착취적 조세제도, 환곡의 문란

조선 후기 조용조체제의 붕괴는 양반계급이 법정 부세인 조용조의 어느 것도 사실상 부담하지 않고 이를 농민에게 떠넘기는 사례가 많았다는 것을 의미한다. 병작제가 확대되면서 원래 전주가 종자와 토지세를 부담하던 것을 갈수록 작인에게 떠넘기게 되었다.

한편 부역에서는 가장 부담이 큰 군역의 부담을 양반들이 향촌에서는 유학이라는 등 각종 명목으로 면제받았다는 것도 언급했다. 공물 부담에서는 대동법 논의에서 지적했듯이 지역의 세력가인 양반들은 공물분정제도를 통해 자신들이 부담해야 할 부분을 힘없는 농민들에게 떠넘기는 경우가 많았다. 결국 제도와 다르게 양반 지주계급은 사실상 조용조의 어느 것도 부담하지 않는 경우가 많았다.

과다한 세금 부담

정약용이 전라도 강진군 농민에게 실제로 부과되는 세금을 법에 규정된 것과 법에 근거도 없는 것을 모두 정리해《경세유표》에 기록했다. 법에 근거도 없이 징수하거나 근거가 있더라도 갖가지 명목을 붙여 추가 징수하는 것이 너무도 많고 복잡해 여기 인용하기도 어렵다. 명목을 보더라도 정부가 백성에게 이런 것까지 요구할 수 있나 의심스러울 정도로 복잡하고 지저분했다. 일단 부과되면 백성들은 관청의 압박에 밀려 납부하지 않을 수 없었다.

감영에 파견된 경저리와 영저리의 보수, 그리고 세곡 운반선 아전들의 식량을 왜 농민이 부담해야 하는가? 세곡을 바칠 때 검수하는 아전들에게 바치는 뇌물도 농민이 부담하는 것이 타당한가? 환곡을 받지도 않고 갚으라고 명령하고 징수할 수 있는가? 한 나라의 같은 법제 아래에서 어떻게 마을마다 세금 징수하는 명목과 세율이 다른가? 이 기록에서는 관리들이 상정할 수 있는 온갖 착취의 유형이 다 나와 있다. 공개적으로 드러난 각종 부과금은 고위 관료들이 건의하고 임금이 조서를 내려 금단하면 개혁될 것인데도 그렇게 하지도 않음으로써 비리가 되풀이되며 백성을 착취한다고 정약용은 한탄했다.

백지징세白地徵稅란 비어 있는 땅, 즉 황폐화되어 버려져 농사짓지 못하는 땅에다 세금을 물려 징수하는 것을 말했다. 도결都結이란 향리가 개인적으로 허비해버린 공금을 채워 넣기 위해 정해진 양 이상의 토지세를 거두는 것을 의미했다. 관리들은 이같이 갖가지 부정한 방법을 고안해 세금을 추가로 징수했다. 당시 완전한 조세법정주의가 시행되기 어려웠다고는 하지만, 조선이 《경국대전》이라는 통합 법전을 사용하면서도 지방 관청에 법정 조세 이외의 부가세를 거둘 수 있게 허용한 것은 너무도 착취적인 제도의 산물이었다.

정약용이 통탄하며 지적한 데에 모든 실상이 압축되어 있다. 그는 "조선에는 조종이 마련한 법전 이외에 감사가 증액하고, 현령이 증액하고, 아전이 증액하고 하예(아전 아래 관노)가 증액하고 이정里正(이里의 책임자)이 증액해 농민에 대한 부담이 계속 가중되는데 기강이 없으며 법도가 날로 무너졌다. 개혁하자는 논의가 일어나면 '조종이 마련한 법을 가볍게 고칠 수 없다'는 명분을 내세워 관료들이 거부한다"고 지적했다.

삼정의 문란으로 표현되는 조선 후기의 징세 행정은 착취적인 제도의 폐해를 단적으로 보여주는 사례이다. 세도정권은 징세 목표를 달성하기 위해 군현 단위로 미리 수취 총액을 할당하는 총액세제 방식을 활용했다. 이 제도는 각 면과 이 단위까지 징수할 총액을 미리 정해주고 지방관에게 징수하도록 독려하는 방법이다. 전세징수에는 비총제, 군포 징수에는 군총제, 환곡에는 환총제 등의 식으로 운영했다. 징수할 총액이 할당되면 수령과 향리들은 무슨 수단을 써서라도 그 목표를 채워야 했다.[7] 당시 조선의 호적은 총 인구의 절반도 포함하지 못했고 토지대장도 부실했기 때문에 이런 식으로 행정 관청에 일임한 것이다. 비총제 등이 실제 시행 과정에서 갖가지 부정부패를 초래하며 백성의 원성을 샀다.[8]

지방 수령들은 부임하면서부터 이미 향리들의 덫에 걸려 부정부패의 길에 들어선다. 감사가 지방 수령들을 감시하기 위해 감영의 서리를 내보내는데, 이 무리들이 여러 고을의 아전들과 이미 깊게 얽혀 있었다. 이런 향리나 아전들에게 미움을 받는 현령은 고과에서 하 등급을 받고 관직을 잃어 쫓겨 나가기 쉬웠다. 그러니 혼자서만 고매한 척 하기가 어렵고 대개는 아전들의 부당한 요구도 들어주면서 부정 사례를 눈감아줄 수밖에 없었다.

'진상가미進上價米'라는 것이 발생하는 과정을 살펴보자. 임금에게 올리는 진상이라는 명목으로 징수하면서, 실리는 지방의 아전들이 챙긴다. 진상품을 납품하는 감영의 아전들이 물품을 검수한다는 핑계로 지나치게 엄격한 기준을 행사하며 끝없이 뇌물을 요구한다. 까다로운 검수에 견디다 못해 결국 영저리에게 대신 납부하도록 하면 같은 영리들끼리는 서로 담합해 그냥 수용하는 것이다.

이렇게 진상 납품 절차가 관행화되면 기준의 10배, 100배를 더 요구하는 사례가 생긴다. 가끔 지방 군현에서 영저리를 거치지 않고 직접 납품하게 되면 열 번에 열 번 모두 불합격 판정을 내린다. 이런 경우에 감사는 감영 영리들의 보고에만 의지해 부실 납품했다는 이유로 군현의 아전들을 곤장으로 다스린다. 할 수 없이 군현의 아전들은 다시 영저리에게 매달리게 된다. 이렇게 되면 진상가액이 두 배, 세 배 증가하는 것이다. 이런 비용에 충당하기 위해 진상가미라는 첨가미를 추가로 징수하게 되었다는 것이 정약용의 설명이다.

17세기에서 18세기, 영국의 소비세 징수제도를 보며 조선의 징수제도를 논의해보자.[9] 영국 의회와 정부는 공정한 과세를 실현하기 위해 소비세 담당 조사원을 1609년 1,211명에서 1780년 4,800명으로 늘렸다.

이들 조사원을 관장하는 감독관들이 일일이 현장을 시찰하며 과세 장부와 실제 생산량 등을 대조하고 확인했다. 조사원들은 세 종류의 장부를 기록했는데 서로 대조해 일치하지 않거나 기록을 조작하면 중범죄로 다스렸다. 비슷한 시기에 영국과 조선은 현장의 조세조사원 인원, 생산량 조사와 대조 절차, 장부 관리 등의 제도에서 차이가 컸다. 이런 제도적 차이는 정부의 의지에 의해 좌우되었던 것이다.

환곡제도의 변질

환곡제도는 춘궁기 농민을 구제하는 대표적인 복지제도(11장에서 논의한 재분배제도)로 출발했다. 그런데 재정이 궁핍해지자 이 환곡제도가 중앙과 지방 정부의 재정을 보충하는 조세제도로 변질되었다. 병자호란 이후에 외교와 국방자금 수요가 늘어나면서, 갈수록 이런 추세가 강화되었다. 조선 전기부터 환곡을 빌려주고 돌려받는 과정에서 생기는 소모분을 메운다는 명목으로 10%의 모곡耗穀(이자에 상당하는 것)을 더 거두어들여 지방 관청에서 경비로 사용했다. 중앙 정부는 재정 수요를 메우기 위해 지방 관청이 확보한 모곡 수입의 10%를 중앙 정부로 가져가기 시작했는데 그것이 점차 늘어나 30%가 되었고 19세기 초에는 80~90%에 이르렀다. 모곡 수입의 거의 대부분을 중앙에서 가져다 썼다는 의미였다.

이런 제도가 만들어지자 여러 관청이 경쟁적으로 환곡을 만들어 운영해 환곡은 농민 구제제도에서 조세제도로 변질되었고, 많은 문제를 야기했다. 지방의 감영, 병영, 진영, 군현 등이 독자적으로 환곡을 만들어 농민들에게 강제 배분했다. 환곡 규모가 18세기 중반에는 종전에 비해 두 배 이상 급증해 1,000만 석 정도로 늘어났다. 환곡제도가 너무도 복잡해 지방 수령이나 향리들도 파악하기 어려울 정도였다. 환곡이 이렇게 문란해진 것이다.[10]

정약용은 《목민심서》에 환곡 부정 사례를 자세히 소개하며, 이것은 감사, 지방 수령, 아전들이 각각 장사하고 횡령하는 것이라고 지적했다. 몇 가지 대표적인 사례만 살펴보자.

'번질(번작反作)'이란 거두지 않은 것을 거둔 것으로 하거나, 나누어 주지 않은 것을 나누어 준 것으로 허위서류를 작성하며 잉여분을 챙기는 것이다. '가분加分'이란 마땅히 창고에 비치해야 할 비상저축까지 다 나누어 주고 이자를 취하는 것이다. '분석分石'이란 겨와 쭉정이를 쌀과 섞어서 1석을 2석으로 만들어 농민에게 나누어 주는 것이다. 아전들이 분석에 쓰려고 마을을 돌아다니며 겨를 수백 석 공개적으로 사서 모으는 사례도 지적했다. 그러나 농민이 상환할 때 좁쌀은 반드시 키로 까부르고 쌀은 기름이 흐르듯 번지르르해야 했다. 이런 부정행위를 규정하는 용어가 만들어진 것은 그만큼 많은 지역에서 행해지는 보편적인 사례라는 의미였다.

환곡의 문란이 삼정에서도 가장 농민들에게 원성을 사는 제도였다. 1862년 경상도 진주를 위시해 삼남과 중부 지역에서 대거 분출된 민란은 삼정의 문란으로 벼랑 끝까지 몰린 농민들이 정부와 관리에 대해 제기한 집단 항거였다.

세원 발굴에도 취약한 구조

중국은 인민의 필수품을 국가에서 전매사업으로 운영하며 세수를 확보했다.[11] 소금, 차, 술 등 필수품과 기호품을 국가에서 직접 생산하거나 민간이 생산한 것을 판매, 관리하고 세금을 부과해 국가 수입을 늘렸다. 이렇게 확보하는 세수가 큰 비중을 차지했다. 19세기 초반에 소금에 부과하는 염세 수입만 해도 국가 재정의 15%를 넘는 수준이었다. 중국에서 어세와 염세는 매우 중요한 국가의 수입원이었는데, 조선에서는 이런 제도를 본받지 않고 제대로 활용하지 않았다. 조선은 중국과 달리 이를 왕실의 수입원으로 내주고 그 수입에 대해서는 면세 혜택을 주는 제도를 운영했다. 제도를 바꿔 술과 담배 등을 전매사업으로 운영하며 어업과 염업을 육성하고 세금도 징수했다면 경제력의 향상과 재정 확충에 크게 기여하고 농민의 조세 부담도 줄여줄 수 있었을 것이다. 그런데 왕실만의 독점직인 수입원으로 허용하는 폐쇄적이고 착취적인 제도로 일관했다.

1624년(인조 4년) 6월 20일, 인조는 병자호란을 앞두고 총력적으로 국방에 대비하기 위해 국가 세수를 증대하고 왕실의 어염 면세를 폐지하자고 관료들이 거듭 상소를 해도 기각했다. 조종의 법제로 주어진 왕실 기득권을 하루아침에 빼앗는 것은 말이 되지 않는다는 명분이었다. 어세, 염세를 국가 세입으로 활용하자는 제안은 과거에도 논의된 바 있었다. 예컨대 1525년(중종 20년) 5월 6일 경연에서 염세의 활용과 무역 확대 방안에 대해 논의했다. 그때도 소수 지배계층의 기득권은 다수 백성에게 이익이 된다고 해도 양보받기 어려웠다. 매번 국가 지도자가 결단하지 못했으므로 결국 성사되지 못했다.

정약용이 《경세유표》에서 지적한 경기도 어세 사례를 보자. 경기도 해안 지방은 한양에서 가까워 해산물에서 생기는 수입이 매우 많은데, 국가의 조세 대장에는 등재되어 있지도 않았다. 아무리 왕실에 면세 혜택을 주더라도 정확하게 기록하고 관리해야 얼마의 면세를 부여하고 있는지, 면세 금액이 적절한지 부족한지 알 수 있을 텐데 이것을 전혀 기록하지도 않았다는 것이다. 연평도에서 잡히는 주산물인 조기의 수확은 아예 누락되어 있었고 관청대장에 기록된 해산물은 새우와 게에 불과했다. 해산물 수확이나 수입이 얼마인지 알 수 없으니 면세 범위를 조정하는 조치를 할 수도 없었고 오랫동안 그냥 내버려둔 것이다.

정약용은 염세의 징수 기준이 지역마다 달라 아전들이 개입해 농간을 부릴 여지가 많고, 이로 인해 백성들의 부담이 늘어난다는 것도 비판했다. 법규를 만들 때에 시행 과정에서 관리의 재량이 개입하거나 불공평하지 않게 시행 세칙을 잘 마련해야 하는데 조선의 세법에서는 이러한 부분이 취약했다.

면세를 하느냐의 여부는 국가에서 정책적으로 정할 수 있겠지만, 체계적으로 관리하지도 않는 것은 제대로 된 국가의 제도가 아니다. 조선의 실무 역량이 취약해서 못 한 것일까 아니면 할 수 있어도 안 한 것일까? 나는 할 수 있었지만 제대로 하지 않은 요인이 더 컸다고 생각한다. 세원 누락과 과도한 면세 혜택으로 인한 세수 결함의 불이익은 결국 다른 세금을 추가 부담해야 하는 서민에게 전가되었다. 서민에게 전가해 추가 징수하고 손쉽게 세수를 확보할 수 있는데 관료들이 굳이 왕실에 밉보일 이유가 없었을 것이다. 이런 것이 왕실과 관료 지배층이 만든 착취적인 제도였다.

시작은 공평했으나…
군정의 문란

조선은 초기부터 양인개병제를 채택해 모든 양인이 군역을 부담하는 제도를 마련했다. 양반과 상민의 구분 없이, 천민으로 등록된 노비를 제외하면 모두 양인으로서 공평하게 군역을 부담하게 되어 있었다는 의미이다. 사실상 인권을 인정하지 않는 천민을 제외한 16세부터 60세까지의 모든 양인이 군역의 대상이었다. 다만 예외적으로 현직 관리와 학생에 대해서는 군역을 면제했다. 왕실의 종친과 외척, 공신과 고위 관료의 자제는 특수부대에 편입시켜 군역 의무를 이행하도록 편의를 제공했다. 시작은 개방적이고 보편적인 제도였다.

농민은 정군正軍과 보인保人으로 역할을 나누어 군역을 부담했다. 정군은 실제 몸으로 군역을 지는 사람이고 보인은 정군이 현역으로 복무하는 데에 필요한 비용을 부담하는 사람을 말한다. 정군 1명에 대해 보인 2명 기준으로 현역 복무와 비용 부담자를 연결해 편제했다.

그런데 조선 중기 중종 때부터는 군역 대신 포를 바치게 하는 군포제가 시행되더니, 임진왜란 후 모병제가 실시되면서 군역은 군포 2필을 바치는 것으로 바뀌어 아예 조세처럼 운영되었다. 결국 군포는 국가 재정에서 큰 비중을 차지하게 되었다. 시간이 흐르며 양반 사족들은 유학幼學, 즉 공부하는 학생이라는 명분으로 군역을 면제받아 군포를 내지 않는 것이 관행화되며 사회 문제를 야기했다. 앞으로 논의할 군제 개혁의 핵심은 양반과 평민 간 군역 부담의 형평성 문제와 국방 재정의 충당 방안에 대한 것이다.

초기의 군제는 어떠했을까

군역 대신 군포를 걷고 군역을 면제해주는 군포제도는 평화 시에 농민을 군역에 붙잡아두기보다는 귀가시켜 농사를 짓게 하는 것이 정부에게나 농민에게나 더 유리하다는 발상에서 출발했다. 그런데 이러한 군역이 세입의 수단으로 인식되고 그 과정에 많은 부정이 개입됨으로써 백성의 원성을 사면서 국방력도 약화되었다. 조선 후기 군정의 문란으로 돈 있고 세력 있는 양인은 향리와 결탁해 군역을 면제받았고, 무력하고 가난한 양인만이 군역을 지게 되었다. 역사책에 등장하는 유명한 부정 비리의 사례 중 많은 수가 군포와 관련되어 있다. 마을 단위로 할당되는 군포를 양반이 내지 않으면 농민이 분담하게 하거나 이웃에게 물렸고(인징鄰徵), 친척이 도망가면서 미납한 것도 부담시켰다(족징族徵). 이미 죽은 사람에게도 군포를 부과했고(백골징포白骨徵布), 16세 미만의 어린아이에게도 부과하는(황구첨정黃口簽丁) 등 별별 사례가 성행했다. 남자 1명에 2필씩 바치게 되어 있는 군포 부담이 이런 식으로 몇 배씩 증가해, 실제 부담은 전세나 공납보다도 더 무거웠다.[12]

양반들의 군역을 면제하는 문제에 대해서는 지배계급 내에서도 문제 제기가 잇달았다. 명확한 법적인 근거도 없이 지배세력이 자신들의 우월한 힘을 남용해 국가에 대한 의무를 기피하는 것은 법과 제도의 유린이었고 국가 기강을 문란하게 하는 행위였다. 더구나 정부가 어찌 왜란과 호란을 겪고 나서도 이런 관행이 지속되도록 방치했는가? 성리학자, 사대부들이 가장 이상적으로 모방하고자 하는 주나라나 한나라 등 중국에서도 지배계급이 군역을 회피하는 제도를 만들지 않았는데 조선의 지배계급은 어떤 근거로 이런 제도를 용납했을까? 이미 군역제도가 군포 납부제도로 변경되었기 때문에 양반이 체면을 손상하며 군복을 입고 현역병으로 나가 평민들과 함께 복무해야 할 일도 없었다. 그저 병역 의무로 군포만 납부하면 되는데 대부분 경제적으로 여유 있는 양반들이 이런 부담조차 기피하면서 사회통합을 저해하고 백성들의 불만을 야기했다.

힘겹게 이룬 군제 개혁

효종 대의 김육은 양반계층에게 군역을 면제한 것이 국방 재정을 부족하게 만든 주요 요인이라 지적하며 양인은 물론 고위 관리와 유생의 자제, 관직을 갖지 않은 양반에게도 20세부터 매년 1필을 징수하자고 제안했다. 김육의 이 제안이 바로 100년도 넘는 기간 동안 논쟁을 유발

한, 양반에 대한 호포 징수 문제이다.[13]

양반에게 군역이나 군포를 면제하는 것은 건국 초기에 만들어진 제도가 아니며 왕조 중기에 형성된 관행이었다. 예전에는 사대부의 자제와 서얼의 남자는 출신의 귀천을 막론하고 부대에 소속되어 군역을 부담했기 때문에 백성의 역이 균등하고 백성의 마음이 안정되었다. 그런데 나라의 기강이 해이해져 사대부의 후손들은 군적에 이름을 올리지 않게 되니 군역이 불공평하게 분배되며 백성들의 주된 불만 요인이 되었다.

관념적으로 유학을 숭상하는 사대부 관료들은 군제 개혁 등을 논의할 때 공자의 분배균등 논리를 자주 인용했다. 공자는 《논어》에서 이렇게 말했다. "국가를 다스리는 사람은 백성이나 토지가 적은 것을 걱정하지 말고 분배가 균등하지 못한 것을 걱정하며, 가난한 것을 걱정하지 말고 평안하지 못한 것을 걱정하라고 했다. 대개 분배가 균등하면 가난이 없고, 서로가 화합을 이루면 백성이 적은 것이 문제될 리 없으며, 평안하면 나라가 기울어질 일이 없다." 조선의 관료들이 사서삼경을 암송하고 이런 구절을 말로 인용하는 데에서 그치지 말고 실제 이런 철학을 제도에 구현해 시행하는 데 더 노력했더라면 불공평한 제도는 시정되었을 것이다.

1674년(현종 15년) 7월 3일, 어전에서 사대부 관료들이 찬반 토론을 하며 제시한 논리를 살펴보자. 어떤 관료는 "나라치고 백성들 수를 제대로 파악하지 못한 나라는 조선이 유일할 것"이라고 지적하며 호패법을 시행하고 양반 상민 구분 없이 각자에게 포 1필씩 받자고 제안했다. 다른 관료는 양반들의 반대 등 논란이 있더라도 임금이 결단을 내리면 해

결될 것이라고 주장했다. 또한 "교생이라고 이름을 붙인 한유閑游 무리들의 수가 너무 많고 이들이 군적에서 빠지기 때문에 일반 백성들이 괴로움을 당하고 역도 고르지 못하다"고 지적했다. 양반들이 갖은 명목으로 군역을 피하자 일반 백성들도 서원에 교생으로 등록하는 편법으로 군역을 피하는 사례가 증가해 병력 자원이 부족하게 되었다는 것이다.

이렇게 문제의 실상을 다 파악하고 조정에서 논의하면서도, 조선 정부는 문제를 해결하지 못했다. 국가 안보에 관한 중대한 문제도 기득권을 수호하려는 양반 관료와 유학자들의 반발에 부딪혀 번번이 좌절되고 말았다.[14] 임금의 결단을 촉구해도 대부분의 임금이 결단을 내리지 못했다. 후기 조선 조정은 논의만 무성하지 문제 해결 능력이나 조정 능력이 부족해 허약한 모습을 보이고 있었다.

숙종 때에는 군포 징수를 사람 단위로 하지 않고 가호 단위로 해 양반에게도 징포하자는 호포론, 군포를 폐지하고 토지에 부가세를 부과해 그 비용을 충당하자는 결포론, 양반 자제 및 유생에게도 징포하자는 유포론游布論, 儒布論, 군포를 폐지하고 화폐로 징수하자는 구전론口錢論 등 논의가 분분했다.

1750년(영조 26년), 마침내 영조의 결단으로 군포제 개혁안인 균역법이 시행된다. 균역법이 시행되면서 과거에 16개월마다 두 필씩 내던 군포를 12개월마다 한 필씩 내는 것으로 축소했으며, 군포 수입이 감소한 것을 보충하기 위해 궁방에서 사용하던 어세, 염세, 선세를 균역청에서 관할하게 조정했다.

강력한 전제군주였던 영조가 자신이 원했던 호포제를 포기하고 균역제를 채택하기로 한 것은 조정의 사대부와 유생 등 양반계층의 강한 반발이 두려웠기 때문이었다. 신분에 관계없이 각 호별로 부과하는 호포제를 시행하면 그동안 면제 특혜를 누리던 양반들이 반란을 일으킬 수도 있다는 우려가 있었다. 영조 자신도 성리학을 공부한 양반들을 지식인 집단이라는 차원에서 대우하려고 노력했다. 대신에 균역제로 군포 부담을 절반으로 감축하는 것으로 농민의 부담을 줄이면서 양반들도 설득하는 절충점을 찾은 것이다.[15]

그러나 균역제의 성과는 오래 지속되지 못했다. 시행 초기에는 양인들의 부담을 줄여주었으나 몇 년 지나지 않아 다시 관리들의 부정이 시작되었다. 균역법을 보충하기 위해 도입된 어세, 염세, 선세가 과중해져 해안 주민들에게 고통을 안겨주었고, 새로운 부정행위가 늘어났다. 1770년대 후반에는 향교나 서원에 학생이나 교관으로 등록하거나 유학으로 등록해 군역을 피하는 사례가 만연했다. 드디어 1870년 대원군이 모든 양반 가호에게 호포를 내도록 제도를 변경했다.[16]

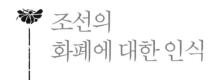

조선의
화폐에 대한 인식

조선의 화폐 중 가장 잘 알려진 것은 상평통보이다. 조선 초기 세종 때에 조선통보^{朝鮮通寶}라는 것이 있었으나 그다지 유통되지 못했다. 상평통보는 1678년(숙종 4년)에 주조되었으나 공급이 부족하고 시장경제가 성숙되지 못해 충분히 유통되지 않다가, 18세기 후반에 가서야 널리 유통되었다. 다른 나라에서는 17~18세기부터 화폐가 널리 통용되었으나 조선에서는 소극적인 경제정책, 즉 상공업에 대한 억제 관념이 반영되어 화폐 유통이 원활하지 못했던 것으로 보인다.

조선은 왜 이렇게 경제활동의 핵심적인 거래수단인 화폐에 대해 소극적이었을까? 제임스 팔레는 조선의 화폐정책 진전 과정을 상세하게 추적했다. 그가 내린 결론은 조선 정부가 경제에서 화폐의 중요성을 제대로 인지하지 못했고, 그 결과 화폐를 적절히 공급하고 조세 납부수단으로 공인해 화폐 유통을 촉진하는 정책을 취하지 않았기 때문, 즉 폐쇄적인 제도가 문제였다고 지적했다. 이 책에서 지속적으로 지적하고 있는 것처럼, 조선은 동전을 원활하게 공급하고 유통하게 함으로써 산업 발달을 촉진하면서 경제성장을 주도할 의지와 역량이 부족했다.[17]

화폐 유통의 어려움

조선은 17세기 중반, 인조에서 효종 대에 상업활동이 확대되며 동전 수요가 늘어나자 동전을 추가로 주조하며 유통시키려고 노력했다. 이때 는 화폐가 교환수단으로 유용하다는 인식이 널리 퍼져 있었고 백성들 사이에서도 동전이 꾸준히 사용되고 있었다. 다만 동전의 양이 충분하 지 못해, 정부가 조세 납부에는 동전을 사용하지 못하게 하고 개인 간의 거래에만 일부 사용하게 하는 등 유통에 제약이 많았다.

당시 동전이 유통되지 못한 주된 이유는 두 가지로 집약되었다. 효종 때 영중추부사 이경여李敬輿의 상소가 이런 문제를 잘 요약해 보여준다. 첫째는 동전 주조에 필요한 구리 공급이 매우 부족했다. 한때 일본에서 수입하고 중국의 동전을 수입해 유통시키기도 했으나 국내 화폐 수요를 충당하기에는 많이 부족했다.

둘째는 국내에서 유통시킬 재화의 부족이 문제였다. 생산이 취약하고 백성이 가난해 겨우 자급자족하며 생계를 유지하는 상황이니 동전의 필 요성을 느끼지 않았다. 백성들은 한 되나 한 말의 쌀을 구해 다급한 끼 니를 해결할 생각뿐이니 돈을 가지고 집에 온들 무슨 도움이 되겠느냐 는 인식이 강했다. 유통시킬 재화 자체가 부족하니 화폐경제가 발달하기 어려운 상황이었다. 이경여는 동전이 물자 유통에 중요한 것은 인정하지만 자급자족하는 조선경제에서 이런 애로가 있고 백성이 원하지 않는데 억지로 강요하는 것은 옳지 않다고 주장했다. 결국 효종은 1656년(효종 7년) 동전 유통정책을 취소한다는 결정을 내렸다.

17세기 후반 상공업의 성장으로 화폐에 대한 수요가 늘어남에 따라 1678년 상평통보를 새로 주조했다. 17세기 말에 일본에서 대량의 동을 수입해 동전을 주조해 유통시켰다. 그러다 18세기에 동전이 통용되면서 동전의 사용이 초래하는 여러 부작용이 사회적 이슈가 되었다. 동전 사용이 빈부격차를 확대하고 순박한 풍속을 손상시키며, 관리의 부패나 도적이 증가할 소지를 제공한다는 등의 문제 제기였다(영조실록, 영조 3년 3월 15일). 특히 당시에는 동전이 고리대의 수단으로 악용되어 농민을 피폐하게 한다는 지적이 중요하게 논의되었다.

동전이 어떻게 고리대의 수단으로 악용되었을까? 쌀값이 비싼 춘궁기에 동전 1냥을 빌려 농민은 시장에서 쌀 2두를 사 먹을 수 있었다. 가을 추수기에 농민은 쌀을 이용한 대부거래에서 통상 허용되었던 이자율인 50%의 이자를 포함해 동전으로 1냥 50문(1.5냥)을 갚아야 했다. 그런데 가을에는 쌀값이 5두에 1냥 수준으로 크게 떨어지니 동전 1.5냥을 구하려면 농민은 자기 쌀 7.5두를 내다 팔아야 했다. 농민 입장에서는 봄에 쌀 2두를 빌렸는데 가을에 7.5두를 상환해야 했으므로 가을에 갚아야 할 돈이 쌀로 환산한 원금의 3.75배나 되었던 셈이다. 실제로는 50%보다 더 높은 금리로 돈을 빌려 원금의 일곱 배나 여덟 배를 상환하는 사례도 속출했고, 빈익빈 부익부 논란이 일어났다. 이를 방지하기 위해 동전 대부의 이자율을 제한하거나 아예 동전을 폐지하자는 주장이 힘을 얻게 된 것이었다.

이때 영조가 결정적으로 부정적인 역할을 했다. 영조는 1724년에 즉위해 51년간을 재임하면서 탕평책이나 균역법 시행 등 조선 중기의 중흥을 이끈 임금이었다. 그런데 유독 영조는 화폐와 경제에 대해서는 매우 폐쇄적이고 보수적인 입장을 견지했다. 영조는 동전이 꼭 필요한 것도 아닌데 고리대의 수단으로 악용되며 농민을 착취한다고 생각했고, 동전에 대한 거부감이 매우 강했다. 동전 공급은 제한되어 있는데 부유한 채권자만 이득을 보는 것이므로 아예 동전을 폐지하면 농민 채무자들이 큰 혜택을 볼 것이라고 주장했다. 조정의 다수 관료들은 동전이 이미 필수적인 교환수단이 되어 폐지하는 것은 불가하다고 반대했다. 영조는 1727년에 조세 납부에 동전을 사용하지 못하게 하는 유통 제한 조치를 취하기도 했다.

영조와 그 신하 관료들은 시장의 수요 증가에 대응해 교환의 수단으로 정착한 동전의 공급을 원활하게 늘려야 했는데, 그 필요성을 이해하지 못하고 동전의 폐해에만 관심을 집중했다. 추가 공급 대신에 아예 폐지하느냐 마느냐 하는 시대착오적인 정책으로 18세기의 귀중한 시기를 허비한 것이다. 영조는 1742년(영조 18년) 백성들까지 소액전의 필요성을 강조하며 추가로 주전해야 한다는 입장이라는 보고를 받고서야 80만 냥의 동전을 주조했다. 팔레는, 영조가 산업의 발달을 촉진하는 것이 임금의 의무라고 생각하지 않았으며, 해외 무역이 외국의 영향력 확대로 이어질 것을 두려워했다고 분석했다.[18]

당시 동전 유통량은 쌀 생산량의 8% 정도, 국내총생산의 2%~3% 정도로 추정되어 매우 부족한 실정이었다. 더구나 화폐를 부의 축적수단으로 삼아 집안에 감추어두고 고리대를 운영하는 사례가 많아 화폐부족 현상, 즉 전황錢荒이 사회적으로 문제가 되기도 했다. 정조는 부족한 구리를 일본에서 대량 수입하여 동전을 주조해 유통시켰으나, 동전의 공급 부족으로 인한 전황이 1710년대부터 1820년대까지 오랜 기간 반복되었다. 1828년 국내에서 구리 채광이 증가함으로써 동전 주조도 함께 늘어났다. 이때 동전을 대량주조해 전황을 종식시키자 이번에는 물가가 등귀했다.

이러한 우여곡절에도 불구하고 18세기 후반 이래 대동미와 지대를 현물 대신 동전으로 납부하는 전납錢納 관행이 확산되면서 금속화폐 사용이 증가했다. 소액거래에 편리한 동전은 점차 면포 등 물품화폐와 은화를 대체하며 조선에서 널리 유통되었다. 개성상인을 중심으로 환과 어음도 사용되다가 19세기에는 일반 상거래에서도 두루 사용되었다. 화폐는 이미 필수적인 교환수단이었는데 다만 정부의 화폐정책이 이를 따라가지 못해 경제활동을 제약했던 셈이다.

단지 구리가 부족하다고 통화를 제때 주조해 공급하지 못할 정도로 조선 정부의 기능이 취약했을까? 사실 금속자원의 개발, 특히 구리 생산이 국내 동전 주조에도 충당하지 못할 정도로 적어서 이것이 큰 제약 요인으로 작용했다. 15세기까지는 구리를 제련해 종을 만드는 기술이 뛰어나서 일본에도 기술을 전수할 정도였다. 그러다가 고려와 조선을 거치며 상공업 억제로 채광과 제련 기술이 쇠퇴했다. 18세기에 구리를 채굴하고 제련하는 기술이 일부 복원되긴 했으나, 조선에서는 주로 일본으로부터 구리를 수입한 뒤 중국산 주석 등을 합금해 동전을 주조하는 실정이었다.

18세기에는 채광 기술이 부족했던 것, 구리광산을 개척하지 않은 것, 광산 경영 기술이 미흡했던 것 등 복합적인 요인이 작용해 구리 부족 사태를 만들었다. 1751년(영조 27년)에는 수안, 영월, 보은, 안변 등의 광산을 개발해 처음으로 제련을 시작했으나, 방법이 미숙해 실용적이지 못했다. 1785년(정조 9년)에 안변의 구리와 일본산 동을 혼합해 주전했으나, 18세기 말에도 관영 동광산은 안변 한 곳뿐이었고 여전히 일본산 동과 중국산 동을 수입했다.

구리 부족 사태도 결국 정부의 제도와 역량의 문제였다. 조선 정부는 지하자원의 개발에 매우 소극적이었다. 당시에도 논의되었던 고액전을 발행하자는 제안, 고려 말기와 조선 초기에 사용되었던 저화의 재활용 방안, 국내의 놋그릇 등을 수거해 동전의 재료로 활용하는 방안, 외국에서 구리를 충분히 수입하거나 다른 대체 금속을 개발하는 방안 등도 검토해볼 수 있었다. '추포'란 거칠고 조잡하게 제조된 삼베 옷감을 말하는데, 고려에서 조선 초까지도 이것이 물품화폐로 사용되었다. 이렇게 옷을 만들기 어려울 정도로 사용가치가 적은 물건도 사회에서 인정하면 교환의 매개물로 사용될 수 있었다. 정부의 제도 여하에 따라서 화폐를 지정해 유통하는 것이 충분히 가능했다는 증거였다. 그런데 조선 조정이 그렇게 하지 못한 것을 보면 시장을 활성화하려는 의지와 역량이 부족했다는 사실을 알 수 있다.

조선에서는 이렇게 화폐 유통이 원활하지 못했기 때문에 시장경제가 활성화될 수 없었다. 화폐는 교환의 매개수단이며 거래비용을 줄이는 핵심적인 수단이다. 그런데 화폐를 제대로 활용하지 못하고 쌀과 면포 등 물품화폐에 더 의존함으로써 거래비용이 더 들고 불편하니 시장 발달이 저해된 것이다. 19세기 중반에도 조세의 전납 비율이 25% 정도에 머물 정도로 낮은 수준이었다.[19] 중국이나 일본에 비해서도 조선에서 화폐 유통은 매우 부진했고 그만큼 시장경제의 활성화와 경제성장이 지체되었다. 결국 조선은 폐쇄적인 제도와 화폐정책으로 시장경제를 발달시킬 기회를 놓치고 말았다.

수레 활용에 대한 저항

수레는 인류의 오랜 역사에서 두루 활용되어 그 유용성이 이미 입증이 되어 있었다. 그런데 조선에서만은 수레 활용에 거부감이 많아 제대로 활용되지 않았고, 관련 제도를 구축하거나 도로를 개설하기 위한 노력도 하지 않았다.

물론 수레를 활용해 물자의 유통을 원활히 해야 한다고 주장한 실학자들은 많았다. 유형원, 박제가, 이익, 정약용 등은 같은 취지로 수레를 활용해야 경제활동이 활발해진다는 것을 강조했다. 조선의 성리학자들이 신봉하는《주례》에 수레에 관한 상세한 규정이 있는데 조선은 왜 이를 소홀히 했을까? 정약용은《경세유표》에서 "나라가 여위고 백성이 가난해지는 것은 모두 수레가 없는 연고이다"라고 지적했다. 그는 오래전부터 수레를 운행한 중국의 제도를 본받아 수레바퀴 크기를 일치시키고, 도로를 잘 닦아야 한다고 했다.

1435년(세종 17년)에 조정에서 본격적으로 수레를 제작해 보급하는 일을 논의한 적이 있었다. 세종은 중국에 다녀온 관리의 건의로 태종 때에도 수레를 제작해 사용한 바 있으나, 당시 영의정을 비롯한 여러 관료가 말리고 반대하는 바람에 중단한 사례를 지적했다. 또한 자신도 수레를 제작해 사용하라고 지시했는데도 여전히 좋지 않다고 말하는 사람이 많았음을 환기시켰다. 세종은 수레를 제작해 여러 종친과 대신에게 나누어 주며 사용하게 했다. 그랬더니 사용자들은 벽돌, 기와, 돌 같은 것을 운반하는 데 대단히 편리해, 한 번에 운반하는 것이 세 사람이 지는 것보다 배나 되니, 그 이익이 크다는 호응을 했다고 소개했다. 그러니 양식을 운반할 때에 수레를 제조해 말과 소에 대신하게 하라고 지시했다.

이때에 황희 등이 "수레가 비록 운반하는 데는 편리하나, 평탄한 길에만 마땅하고 험조險阻하고 질척질척한 곳에는 마땅치 아니한데, 평안도 일부 지역은 길이 평탄해 다닐 만하지마는 강계나 자성 같은 고을은 길이 울퉁불퉁하고 험해 쓸 수 없고, 강원도는 모래가 많아 수레가 빠지기 쉬워 쓰기 어렵다"고 반대했다. 또 "사람마다 제작할 수가 없어 처음에는 국가에서 만들어주더라도 곧 꺾어지고 부서져서, 두어 달도 못 되어 전부 못 쓰게 되므로 시행하기 어렵다"고 지적했다.* 조선의 많은 관료들이 유지했던 반대 논리가 대부분 이런 식이었다. 세종도 관료들의 집

---

*세종실록, 세종 17년 4월 11일의 기록을 바탕으로 했다. 원문에서 강축杠軸이라 표현한 것은 수레를 의미한다고 보아야 할 것이므로 그렇게 번역을 수정했다.

요한 반대에 부딪히자 수레 사용 계획을 포기하고 말았다.

조선의 대표적인 개혁 관료 김육도 수레 사용을 위해 노력했다. 김육은 1644년 사신으로서 중국을 다녀오고 나서 바로 수레 사용을 건의했다. 중국에서는 험한 길에 수레로 짐을 실어 나르는데, 조선이라 해서 사용하지 못할 리가 없겠다고 생각했다. 사신의 왕래에 수레를 사용하면 역마驛馬를 동원하는 폐단을 없앨 수 있고, 지붕이 있는 수레에서 잠잘 수도 있다는 장점도 지적했다. 조정은 수레를 사용하자는 그의 주장을 받아들였고 그는 솔선해 수레를 타고 1644년에는 평안도 의주에, 1646년에는 중국에도 왕래했다. 그러나 수레의 보급을 위한 그의 노력도 성과를 거두지는 못했고 대도시와 함경도를 제외하고는 거의 수레가 이용되지 않았다. 무엇보다도 시장이 충분히 성장하지 못해 유통량이 적은데다가 도로가 정비되지 못했기 때문이었다.

18세기 말에 만주를 거쳐 북경에 다녀온 박제가와 박지원은 오가는 길목에서 중국인들이 평지는 말할 것도 없이 산악지대에서도 수레를 잘 활용하는 것을 보고 감탄했다. 그런데도 조선에서는 황희 등 사대부들이 지형을 핑계로 내내 수레 사용에 반대했던 것을 아쉬워했다. 산악지형에서는 다소 지장이 있더라도 평지에서 사용하며 점차 확산할 수 있었고 우리 지형에 맞는 외바퀴 수레 등을 제작할 수도 있었을 것이다. 실학자들은 그랬더라면 물자 유통이나 산업 발달에 크게 기여했을 것이라며 한탄했다.

1636년 병자호란에서 청 태종은 남한산성까지 무거운 대포를 수레에 매어 가져와 조선의 성곽을 초토화했다. 이때 사용했던 홍이포는 포 길이가 190센티미터, 포신의 무게가 300킬로그램이 넘는 무거운 대포였는데, 이것을 만주에서 평안도와 황해도를 거쳐 남한산성까지 수레에 실어 끌고 온 것이었다. 조선 관료들이 줄곧 수레 사용에 적합하지 않다고 거부하던 길이었다. 기존의 사고 틀에서 벗어나기를 싫어하는 수구적인 관료들의 눈에는 반대할 논리만 보이고 변화의 필요성은 보이지 않는 법이다.

중국에서는 주나라 시대부터 수레나 도로, 운하의 개설이 물자의 유통에 필수적이고 그래야 생산이 늘어난다고 인식해 대대적으로 이를 확충했다. 그런데도 조선에서는 산악지형이 많다거나 유통할 산물이 적다는 등을 명분으로 이러한 제안을 계속 묵살했다. 수레나 도로, 운하 등 사회간접자본이 확충되어야 지역 간에 물품이 유통될 수 있고, 다른 지역에서 새로운 수요가 생겨야 생산이 늘어나는 것인데, 조선의 관료들은 생산물이 적어 이런 사회간접자본이 필요 없다는 논리만 강조했다.

물류비용이나 시장의 규모는 거래비용을 낮추는 데도 매우 중요하다. 이런 논리는 성리학에 매몰된 관료들의 경제에 대한 무지에서 나온 것이라고 해석할 수밖에 없다. 힘든 일은 노비나 평민들에게 시키면 되고 직접 쌀 한 되도 들 필요가 없는 관료들에게 수레는 절실한 필수품이 아니었다. 수레 사용에 부정적인 조선에서 도로를 따로 정비할 이유는 더욱 없었다.

왕실의 착취제도

드라마 〈대장금〉에서 보여준 궁중요리 경연대회를 보면 전국 각지에서 올라온 갖가지 식재료를 활용해 왕과 왕비를 위한 최고의 음식을 요리 하는 장면이 펼쳐진다. 또한 온갖 약재를 써서 궁중에 쓸 약을 짓는 모 습도 보여준다. 이때 쓰이는 식재료와 한약재가 전국 각지에서 올라온 진상품들이다.

백성의 피와 땀, 진상품

본래 진상품이란 지방 수령이 자기 지역의 특산물을 나라의 통치자이 자 임명권자인 왕에게 예물로 올리던 전통에서 비롯된 것이었다. 그것 이 관행으로 굳어져서 또 하나의 세금과 같이 운영되고 조선 후기로 갈 수록 그 품목도 늘어났다. 진상품은 의무 없이 선의로 시작되어 지방 수령이 예물로 왕실에 바치는 것이었는데, 수령은 이를 임금에게 바친다는 명목으로 백성들에게 할당해 징수했다. 계절별로 특산물을 조달하기 위한 백성들의 부담이 엄청나게 클 수밖에 없었다.

진상품의 목록을 보면 사시사철 식재료와 약재 등 별의별 것이 다 들어 있었다. 이것을 전국 각지에서 수집해 왕실에 운반하는 것은 엄청난 일이 아닐 수 없었다. 더구나 왕에게 직접 진상하는 것이므로 최고 품질의 제품을 골라서 그대로 품질을 유지하며 운반해야 했다. 왕실에 진상하는 것을 보면 갖가지 생물을 다 취급했다. 예를 들면 꿩, 사슴, 노루, 돼지 등을 산 채로 잡아 한양으로 운반해야 했고, 해산물도 대구, 오징어, 낙지, 굴, 문어, 게, 홍합, 참조기, 쏘가리 등을 모두 살아 있는 것으로 진상했으며 송이버섯 등도 조달해야 했다. 그러니 백성들의 애로와 고통이 얼마나 심했겠는가? 심지어 진상품은 전란 중에도 약간 탕감되기는 했으나 계속되었다. 진상제도는 피지배층에 대한 지배층의 착취적인 제도였다.

예를 들면 진상하는 산 꿩은 살이 조금만 상처 나도 담당 관리들이 접수하지 않으므로 매가 잡은 것은 바치지 못했고, 많은 사람들이 산과 들을 에워싸고 맨손으로 잡아서 바쳐야 했다. 이것이 전국 각지에서 수시로 벌어지는 일이었다. 1596년(선조 29년) 전란 중에 왕에게 "백성들이 가엾으니, 혹시 손상된 꿩이라도 바칠 수 있도록 허가해주시도록 진언"하니 왕이 윤허했다고 그해 선조실록의 11월 7일자에 기록되어 있다.

각 관청에 분담된 진상품은 관찰사, 병마절도사, 수군절도사 등 책임관이 각 관부에 배정했다. 각 관부에서는 배정된 진상품의 일부는 관부에서 직접 조달(관비진상)하고 일부는 민간에 부과해 조달했다. 관비진상에는 지방 각 관청에서 소유 경영하는 어장, 채소밭, 대나무밭, 약초밭, 과수원 등 공공생산시설의 생산물이 주를 이루었다. 관비진상 가운데 특기할 것은 수영과 그 관하 진영에서 설치한 관설 어장에서 수군을 시켜 진상물을 포획하는 것이었다.

진상을 위한 어패류의 채집과 포획은 당시 수군들에게 견디기 어려운 고역이었다. 착취적인 진상제도는 지역에 주둔하는 군사들이 본연의 국토방위나 군사훈련 업무는 소홀히 하면서 엉뚱하게 진상품 수집에 매달리게 만들었다. 왕실이 소비하는 진상품은 국방력의 감소를 대가로 마련된 셈이다.

어떤 지방에서 특산물이 산출된다는 것이 중앙에 보고되면 해당 군현이 해당 공물을 진상품으로 납부해야 했다. 이 때문에 백성들은 그 지방에서 어떠한 특산물이 산출된다 하더라도 상시 진상품으로 지정되는 것을 두려워해 대외에 알리려 하지 않았다. 그러니 지방의 특색에 맞는 특산품의 개발이 활성화될 유인이 없었다. 이미 지정되어 있는 특산물 외에 새로운 산물을 개발하거나 열심히 품질을 개선하려 할 이유가 없었다. 착취적인 제도가 경제에 어떠한 부작용을 초래하는지 확실하게 보여주는 사례였다. 일본은 이 시기에 다이묘들이 앞장서 지역의 향토 특산물을 개발하도록 권장하고 이를 다른 지역으로 수출해 소득을 올림으로써 지역경제를 활성화했다. 제도의 차이로 조선과 일본의 경제력 격차가 확대되고 있었다.

2008년에 문화재청의 위탁을 받아 한국문화재보호재단이 '조선 왕실

진상품 조사연구'를 진행했다. 그 결과 조선 후기의 진상품에 대한 상세한 보고서가 작성되었다. 최근에 이러한 연구를 진행한 것은 진상품을 토대로 각 지역의 향토 문화와 특산물을 파악해 관광상품화하고, 지역 특산물을 복구한다는 긍정적 의미가 있었다. 지금은 이러한 문화산업 관점에서 연구할 수도 있겠지만 조선 시대의 진상품은 수많은 백성들의 피눈물이 들어 있는 착취적 제도의 산물이었다.

진상제도의 개혁

중국에는 이런 착취적 진상제도가 없었다. 조헌趙憲은 선조 때 중국에 사신으로 다녀와서 중국 황실이 궁중 식재료를 어떻게 조달하는지 살펴보고 조선의 진상제도 개선을 촉구했다. 중국 황실의 음식을 담당하는 기관(상선감)에서는 시장에 나가 은을 지급하고 식재료를 구입했다. 중국은 수운이 발달해 육로보다 수로로 운반하는 것이 훨씬 싸고, 현물로 납부하면 600마리의 말이 필요한 수량도 은으로 납부하면 한 마리의 말로도 충분하다고 지적했다. 이런 제도 덕분에 시장이 발달하고 시장에는 항상 물산이 가득하며 시세에 따라 은으로 살 수 있기 때문에 황제가 원하는 음식을 언제든지 조달할 수 있다고 했다.

진상제도의 개혁은 단순하지만 중요한 의미가 있었다. 중국에서 시행하는 제도를 왜 조선에서는 도입하지 못했을까? 왕실에서 필요한 물품은 국가 재정에서 구입해 쓰면 되는 것이었다. 민간에서 무상으로 수많은 현물을 징수하지 말고 차라리 세금을 더 거둬 그 세입으로 시장에서 구입하는 것이 훨씬 더 효율적이고 포용적인 제도였다. 이렇게 제도를 개선했더라면 조선의 시장경제가 발달했을 텐데, 이러한 제도 개선 요구를 수용하지 못할 정도로 임금과 관료들의 문제의식이나 경제관념이 없었다. 그만큼 중앙 정부의 재정이 취약했는데 재정을 확충할 의지와 역량도 없었다. 백성을 착취하는 것보다는 오히려 이들의 경제활동을 활성화하고 파이를 키워 재정을 확충하는 것이 훨씬 더 유리한 제도였을 텐데, 성리학에 매몰된 지배층은 이런 원리를 전혀 이해하지 못했고 실천할 의지도 없었다.

14장

현대 국가를 일깨우는 조선의 외침

우리는 조선의 사례에서
무엇을 보아야 하는가

조선 왕조는 500년 이상을 존속하는 저력을 보였으나 경제력이 취약해 소멸했다. 성리학사상에 근거해 관료제, 신분제 등 양반 사대부 중심의 안정적인 정치체제를 구축해 내우외환에도 불구하고 오랜 기간 나라를 유지했다. 그러나 국력이 취약해 재정과 군사력이 빈약했고 외부로부터의 도전에 제대로 대응하지 못해 무너지고 말았다.

즉 조선은 정치제도 면에서 왕조를 500년 이상 유지해나갈 수 있는 저력을 가지고 있었다. 그러나 경제제도 면에서는 폐쇄적이고 착취적인 특성이 더 강하게 작용하는 바람에 경제가 성장하지 못했다. 이것이 주변 국가와 국력의 격차를 초래하고 결국 조선 왕조의 쇠망을 초래했다.

폐쇄적, 착취적 제도를 선택한 결과

한마디로 압축하자면 조선의 제도에는 폐쇄적이고 착취적인 성격이 뚜렷했다. 사농공상의 신분제, 양반 관료들의 특권, 착취적 지방 행정, 착취적 조세제도는 말할 것도 없고, 병역제도와 환곡 등의 복지제도까지 착취적으로 운영되었다. 대외무역을 엄격히 통제하고 국내 상업활동도 억제해 상공업의 발달, 이를 통한 생산과 소득 증대를 도모하기 어려웠다. 폐쇄적이고 착취적인 제도가 복합적으로 작용해 경제의 성장을 저해했다. 형이상학적 도덕철학에 심취한 조선의 지배층은 경제성장의 필요성이나 이를 위한 방법론 등에 대한 이해도 부족했다.

상공업을 경시한 문화는 시장 발달을 저해하고 상공업자와 기술자의 신분 천시, 생계 불안 등으로 연결되어 기술 개발이나 경제성장을 촉진할 수 없었다. 기술자들은 중앙과 지방의 관청에 소속되어 최소한의 대가만을 받고 천대받으며 작업을 해야 했다. 17세기 이래 관청 수공업체제가 약화되고 민간 상품 생산으로 전환된 뒤에도, 추가 생산해 시장에 내다 팔 유통망이 발달하지 않아 이들의 생산 의욕을 자극하지 못했다. 농업의 생산성도 일본에 비해 낮은 수준이었으니 아예 경시했던 상공업의 생산력은 더 말할 것이 없었다.

조선의 재정이 취약한 것은 작은 정부를 지향한 정책 탓도 있겠으나 조선의 경제력이 큰 재정을 받쳐줄 정도로 튼튼하지 못했기 때문이기도 하다. 당시의 중국과 일본에 비해서도 재정이 취약했고, 사정이 그러니 사회간접자본이나 국방력의 증강에 투자할 여력이 없었다.

요약하면 조선의 경제성장이 저조하고 경제력이 취약했던 것은 국토가 좁거나 자원이 부족해서, 또는 중국의 착취나 간섭으로 인해 그렇게 된 것이 아니었다. 가장 중요한 요인은 조선이 스스로 선택하고 운영한 제도가 경제성장을 촉진할 수 있도록 개방적이고 포용적이지 못하고 폐쇄적이고 착취적이었다는 점이다. 그래서 경제가 침체했던 것이다.

제도와 경제성장의 관계

신제도학과 성장이론에서 볼 때 경제성장을 촉진하려면 제도가 개방적이고 포용적이어야 한다. 500년 이상을 유지한 조선 왕조는 정치적으로는 실패하지 않은 제도라고 말할 수 있을지 모르나 경제적으로는 결코 성공했다고 평가할 수 없다. 나는 조선의 제도를 연구하면서 제도의 논의가 조선뿐 아니라 현대의 한국에도 그대로 적용된다고 생각한다. 우리가 조선에 대해 분석했듯이 우리 후손들도 현대를 분석할 때 폐쇄적인 제도 때문에 더 발전할 수 있는 기회를 놓쳤다고 비판할지도 모른다. 폐쇄적이고 착취적인 제도의 문제가 결코 조선에 국한된 논의가 아니라 현대에도 적용되는 유효한 관점인 것이다.

현대에 와서 제도가 장기적인 경제성장에 가장 중요하다는 것은 이미 정설이 되었다. '들어가는 글'에서 언급한 것처럼, 이러한 성장모델에서 가장 대표적인 성공 사례로 바로 한국의 경제성장이 꼽힌다. 일본과 한국의 경제성장을 통상 '정부주도형 성장'이라 한다. 정부주도형 성장이 의미하는 것은 정부가 경제성장을 촉진하는 제도를 먼저 만들어놓고 민간 주체들이 인센티브를 좇아 따라오게 만들어 성장을 도모한다는 의미이다. 예컨대 중화학공업을 육성하려면 정부는 먼저 기계공업육성법, 자동차공업육성법, 조선공업육성법 등 법제를 만들고 이 산업에 투자하는 기업에는 세제, 금융, 사회간접자본, 행정 등 동원 가능한 모든 자원과 행정서비스를 파격적으로 배분하고 지원한다. 그런 유인책에 끌려 대기업이 투자하도록 촉진하고 경제활동 과정에서 발생하는 애로 요인을 정부가 앞장서 해결해준다. 기업이 파격적인 인센티브에 호응해 열심히 투자하고 경제활동에 매진할 제도를 먼저 조성하는 것이 핵심이다. 이것이 1960~1970년대에 한국이 시행한 정책이었다(일본이 먼저 시행하고 한국은 더 개선해 따라 했다).

1990년대 이래의 중국의 경제성장은 대표적인 제도의 성공 사례라고 할 수 있다. 1980년대 후반 덩샤오핑이 '흑묘백묘론'으로 알려진 제도 개혁을 주도했다. 즉 쥐를 잡을 수만 있다면 검은 고양이건 흰 고양이건 상관없다는 의미로, 경제성장을 위해서라면 자본주의체제건 사회주의 체제건 따질 것이 없다는 과감한 제도 개혁 주장이었다. 그는 정치적으로는 공산당 일당독재체제를 유지하면서 경제적으로는 과감하게 시장주의 인센티브제도를 도입했다. 시장경제 원리에 따라 성과 인센티브를 강화하는 제도를 도입하자 개인과 기업의 성취 욕구를 자극하며 중국 경제는 비약적으로 성장하기 시작했다.

물론 제도로 경제성장의 모든 것을 다 설명할 수는 없으나 가장 분명하게 성장과 침체의 핵심 요인을 설명할 수 있다는 데에 의미가 있다. 특히 한국, 중국 등과 같이 산업화가 이루어지지 않은 상태에서 급속하게 경제성장을 추진할 때 대단히 유용한 전략이었다는 것은 주지의 사실이다. 성장의 후유증은 논외로 하고 일단 경제성장의 성과가 있었다는 것은 분명하다.

그런데 한국은 제도의 효과와 정부의 역할에 도취되어, 경제가 고도로 성장하고 다원화된 이후에도 과거의 제도를 혁신하지 않고 새로운 제도를 덧붙여 추가하는 관행을 이어왔다. 이제는 과도한 제도가 성장을 촉진하는 것이 아니라 경제 각 부문을 옥죄는 규제로 작용하고 있다. 과거에 제조업을 지원하기 위해 편성된 제도가 서비스업에는 폐쇄적인 제도가 되었다. 어느 부문을 육성하기 위해 설정해놓은 제도가 폐쇄적인 진입장벽을 치며 기득권을 보호하는 제도가 되었다. 이익집단의 압력으로 도입된 새로운 제도가 경제활동을 규제한다. 한번 형성된 기득권은 한 부문에 독점적 특권을 인정하면서 다른 부문으로 배분되어야 할 자원과 부를 가로채는 착취적 제도로 작용한다. 지금은 금융, 보건, 의료, 교육, 정보통신 등 서비스 산업에 남아 있는 폐쇄적 제도를 혁신하기 위해서 과감한 규제철폐 조치가 있어야 할 때이다.

한국 경제에는 잠재성장률 저하, 신성장산업의 부재, 기업가 정신의 쇠퇴, 급속한 고령화 등 문제가 누적되고 있다. 우리 경제가 다시 활력을 회복하고 성장을 지속할 전망이 보이지 않는다. 세계 2대 경제대국으로 부상한 중국의 그늘에 가려 우리 경제의 앞날이 더욱 불투명해 보인다. 중국과 경쟁하고 있는 정보통신이나 제조업, 건설업 등에서 한국 기업의 경쟁력이 밀리는 일이 늘어나고 있다. 1990년대에 포용적인 경제제도를 도입한 중국이 한국보다 더 적극적으로 규제를 해소하고 더 많은 인센티브를 부여해 집중적으로 추진한 효과라고 할 수 있다. 중국은 과감한 제도 혁신으로 개방적, 포용적 제도의 성과를 거두고 있는데 한국은 제도 혁신이 부진해 성장이 정체되는 결과를 초래하고 있는 것이다. 바로 이럴 때 우리는 다시 제도에 집중해 정치와 경제, 문화 등 제도의 전 영역에 걸쳐 폐쇄적이고 독점적인 성격을 제거하며 거래비용을 줄이고 인센티브를 강화하는 혁신을 추진해야 한다.

기본으로 돌아가 국가의 법제를 재점검해 핵심적인 것은 철저히 확립하고 경제활동을 저해하는 폐쇄적인 제도를 대폭 정비해야 한다. 국가는 게임의 기본 규칙만 규정하고, 나머지는 국민의 역량을 믿고 민간에 맡겨야 한다. 국가의 핵심 제도를 이런 원칙에 따라 정비해 개방적이고 포용적인 성격을 강화하자는 것이 조선을 통해 우리가 얻은 교훈이다. 경제의 성장과 고용 창출, 복지 확충을 위해 법질서가 바로 서게 하고 이익집단 간의 갈등은 국민 대의를 앞세워 과감하게 조정해야 한다. 나는 조선의 폐쇄적이고 착취적인 제도를 비판하면서 그것이 과거의 문제가 아니라 바로 지금 우리의 문제라는 것을 지적하고 싶었다.

다시 짚어보는 조선 성리학의 문제

미국의 경제학자 더글러스 노스, 경제사학자 데이비드 랜즈 등은 경제성장에서 문화의 중요성을 특히 강조한다. 노스는 문화를 비공식적 제도라고 하며 제도의 틀 속에 포함시켰고, 비공식적 제도가 공식적 법으로 표현되는 정치제도, 경제제도보다 더 큰 영향을 미친다고 주장한다. 나라마다 다른 조건이 같다면 문화로 대표되는 비공식적 제도의 차이가 경제력의 격차를 설명한다고 할 수 있다.

　실제 우리의 행동이나 경제활동에 있어서 개인의 행동을 규율하는 가장 중요한 제도는 명문화된 법보다도 비공식적인 행위규범이나 관행 등이라고 할 수 있다. 사회에서 상공업을 경시하고 이익추구가 부도덕하다고 생각한다면 기업가 정신이 쇠퇴하고 경제활동이 저해될 것이다. 또 그런 문화가 당연히 법에 반영되기 마련이다. 상업활동에 높은 세금을 물리거나 허가 조건을 복잡하게 설정해 상업을 규제하는 제도를 설정한다. 그래서 상거래의 이익이 최소화되도록 통제하고, 거래시간과 거래비용이 많이 들게 되는 것도 그런 사회의식의 반영이다.

　조선은 성리학으로 모든 영역을 지배해 다른 사상을 억압하며 사농공상의 계급적 이데올로기를 전 국민에 보급하고 의식화했다. 삼강오륜을 내세운 관념적 성리학은 경제활동과 영리 행위를 경시하는 문화(비공식적 제도)를 조성했다. 경전 공부와 관직에 최고의 가치를 부여하며 상공업 등의 생산활동을 천시했다. 고고하고 가난하게 사는 것을 오히려 자랑스럽게 여기는 사회풍조를 조성했다. 《주자가례》를 전 국민에게 보급해 비생산적인 허례허식이 만연했다. 이런 문화는 경제활동을 저해하고 활력을 떨어뜨렸으므로 경제가 성장하기 어려웠다.

　한편 성리학의 영향으로 근검절약, 청빈한 생활태도가 사회 지도층에 형성되었고 교육과 학문을 유난히 중시하는 문화가 조성되었다. 국가에 대한 충성, 부모와 어른에 대한 공경, 조상 숭배 등의 문화에 성리학이 긍정적으로 기여한 측면도 많다. 이렇게 조성된 문화는 지금도 우리 사회에 많은 영향을 끼치고 있다.

조선의 관료제와 신분제, 이에 따른 사농공상의 의식은 사회를 지배하는 문화로 자리잡았다. 사농공상이 중국에서는 직업별 분류 기준이었는데 조선에 와서는 엄격한 신분제와 직업별 귀천의 기준으로 운영되었다. 지금도 검사, 판사나 공무원을 중시하는 직업관이나 기술직을 기피하는 풍조도 그 영향이다. 이런 직업관과 신분제의 부정적인 영향은 특정 직군에 과도한 경제지대를 발생시켜 계층 간 위화감을 조성하고 사회통합을 저해한다. 또한 인적 자원을 한쪽으로만 쏠리게 해 인적 자원의 효율적인 활용을 저해한다.

성리학 이데올로기는 매우 폐쇄적인 성향을 가져 성리학 이외의 다른 학문을 허용하지 않았다. 조선 후기에 왕도정치를 강조하자 경세론을 외면했으며 성리학에 대한 다른 해석이나 부국강병론을 패도로 배척했다. 자기 이론과 다른 사상과 학파를 수용하거나 관용하지 못하는 문화가 이렇게 형성되었다. 한편 성리학은 유학 경전과 전통적인 가치관을 추종하므로 기본적으로 보수적인 성향을 갖게 된다. 조선에서는 더욱 기존 체제의 변경에 따르는 '창조적 파괴에 대한 공포'로 인해 임금부터 왕실, 양반, 사대부 등이 현재의 제도를 바꾸는 데 소극적이었다. 이들은 조종의 법제는 함부로 바꾸는 것이 아니라는 논리를 들며 줄기차게 개혁에 반대했다.

성리학을 독점적 지배이념으로 채택한 조선에서 포용, 관용이나 통합의 정치가 거의 실종되었고 임진왜란과 병자호란 이후에 포용력이 더 약화되었다. 양반 사대부 지배층은 책임 회피 차원에서 국가 기강을 회복한다며 명분과 의리를 중시하는 주자학에 더욱 매몰되었다. 향촌에 대한 지배도 강화하며 삼강오륜과 《주자가례》의 예법을 평민들에게까지 보급했고 양반계급이 특권을 독점하며 평민들에게 부담을 전가했다. 엄격한 신분제에서 기득권을 가진 양반계급이 사회통합이나 국가발전을 위해서 다른 계급에게 특권을 양보하거나 관용하며 노블레스 오블리주를 발휘한 경험이 거의 없다.

양반들 간에도 타협하지 못하고 정당이나 이념이 다른 자들은 모두 적으로 돌려, 사문난적이라는 개념까지 사용되었다. 조선 후기 정쟁에서는 정적인 상대 당을 실각시키는 데서 끝나지 않고 사문난적으로 몰아 죽이기까지 했다. 사문난적의 정쟁이 심화된 시기는 17세기 후반으로, 병자호란으로 피폐해진 국가를 개혁해야 할 시기였다.

조선에서 양반계급은 과거에 합격해 관료가 되어 직접 정책 결정에 참여하거나 상소, 향촌에서의 유향소 활동 등을 통해 자신의 정치적 의견을 반영하고 참여할 수 있었다. 양반이 아닌 일반 평민들에게는 어려운 한문을 배울 기회도 거의 없었고 정책에의 참여, 정보의 획득 기회도 사실상 봉쇄되어 있었다. 양반계급이 계급적 이해관계가 다른 평민계급을 대변할 유인이 없었다. 조선은 제도적으로 정치적 다원성을 확보하는 데에도 상당한 제약이 있었음을 의미한다.

양반 관료 중심의 폐쇄적인 통치체제에서는 다원성을 발휘하기 어려웠고, 신분제의 제약에서 다른 계층까지 아우를 관용과 포용력을 갖기 어려웠다. 중앙집권제에 일관해 지역 간의 분권과 경쟁체제를 갖추며 지방을 포용하는 제도를 실시하지 못했다. 즉 정치제도에서 포용적이고 통합적인 성격이 취약했다는 것을 보여준다.

중국의 고전《주례》는 성과에 입각한 신상필벌 원칙이 이상사회인 주나라의 정부 조직 원리였다고 서술하고 있다. 주례를 기반으로 조선의 정치제도를 설계한 정도전은 관료의 고과제 등 이런 원칙을 시행하려 했으나 후대의 성리학 명분론자들은 존주론을 펴면서도 이런 원리를 의도적으로 무시했다. 정쟁이 심화되면서 객관적 평가 결과와는 상관없이 정파의 이익과 정실이 압도했다. 이렇게 되면 어떤 기준을 내세워도 반대되는 정파에서는 승복하지 않고 평가방법에 문제를 제기하게 된다. 그 결과 조선에서 관리들의 행정 능률이 점차 저하되고 양반 사대부들이 결과에 승복하지 않는 문화가 정착되었다고 생각한다.

잘하는 사람에게 상을 주고, 못하는 사람에게 벌을 주는 신상필벌은 경제활동을 촉진하는 명확한 인센티브 시스템이다. 성과제도는 업무성과를 측정해 성과를 많이 낸 부서와 담당자에게는 보상을 많이 주고, 성과가 적은 부서와 담당자에게는 적게 주자는 포용적인 인센티브제도이다. 잘하는 집단은 계속 일하게 하고 잘 못하는 집단은 배제하는 것도 신상필벌의 인센티브제도이다. 같은 유교 문화의 영향을 받았으나 중국에서는 쉽게 수용되는 성과보상제가 한국에서는 수용되지 못한다. 조선에서 신상필벌 원칙을 제대로 구현하지 못한 문화가 지금도 이어지고 있다고 생각한다. 법치도 제대로 못하고 신상필벌도 확립되지 않는데 어떻게 경제가 지속 성장할 수 있겠는가?

한국이 찾아야 할 법치주의

상앙과 한비자를 비롯한 법가를 이단시하는 유학의 영향으로 조선에서는 법을 그다지 존중하지 않는 풍조가 널리 퍼져 있었다. 특히 성리학자들은 도덕이 법보다 더 중요하다는 생각이 매우 강했다. 제도는 주로 법령으로 구체화되는데, 법을 경시하면 제도가 제대로 시행되지 않는다. 정치와 행정은 법을 만들고 집행하는 것이 기본이다. 법령의 내용을 따지기 이전에 이왕 공포된 법령은 엄정하게 시행되어야 한다. 일단 법령을 준수한 후에 잘못된 법령을 개정하는 것이 순서이다.

철학 국가 조선에서는 법령에서도 총론에 치중하고 각론인 세부 규정이 취약해 시행 과정에서 많은 문제를 야기했다. 더구나 위반에 대한 처벌도 관대해 법치가 상대적으로 약했다. 포용적인 제도에서 법치는 핵심 요소이다. 아무리 좋은 제도를 만들었다고 해도 법치가 실행되지 않으면 재산권이나 투자이익의 보호, 계약의 이행이 보장되지 않고 마음 놓고 경제활동을 할 수 없게 된다. 제도가 제 기능을 다하는 데 가장 본질적인 것은 위반 여부를 명확히 하고 벌칙을 엄중히 하는 것이다. 게임의 규칙인 제도가 제대로 작동하지 않으면 불확실성이 커지고 경제가 성장하기 어렵다.

지금도 많은 사람들이 주로 제도를 만드는 데에 관심을 갖지 그 제도가 제대로 시행되는지에 대해서는 상대적으로 관심이 적다. 있는 법령을 지키지 않으면서 일부 미비점이 드러나면 법 자체가 잘못되어 고쳐야 한다고 주장한다. 물론 잘못된 법령은 개정해야 하지만 개정되기 전까지는 반드시 준수해야 한다. "악법도 법"이라고 했듯이 사회적인 합의로서의 법령을 준수하는 관행과 문화를 만드는 것은 대단히 중요한 과제이다.

현대에도 법치가 약한 것이 우리 제도가 안고 있는 가장 큰 문제의 하나이다. 사회적 약자는 법을 어기거나 무리한 요구를 하더라도 약자이니까 묵인해주자는 동정론이 생기기도 한다. 한편, 수시로 반복되고 관행화된 정치적 특별사면으로 재벌, 정치인 등 힘센 집단들은 법을 무시하고 온갖 편법을 동원해 적당히 법을 회피한다. 그러니 법의 권위가 없고 법치가 되지 않는 것이다. 나라가 발전하려면 무엇보다도 공정한 법과 제도를 만들고 법의 권위를 세워 신상필벌의 문화를 만들어야 할 것이다. 능력과 실적에 따르지 않고 지역이나 집단 간 적당히 안배해 좋은 것이 좋다는 식으로 나누는 것은 잘하려는 의욕을 저해하고 잘하는 사람에게 불이익을 주는 후진적이고 폐쇄적인 제도이다.

법치가 약하고 관료주의가 득세하는 것은 이행하기도 어렵고 모호한 규제가 과도한 데에도 원인이 있다. 게임의 규칙이 너무 많고 복잡하면 선수들이 다 알지도 못하고 이행하지도 않는다. 국민이 지킬 수 있는 공정한 제도를 만들어놓고 이것만은 반드시 지키게 하는 것이 법치주의 원칙이다. 국가개조라는 이름으로 개혁을 추진하려면 국민의 생명과 재산을 지키는 데 핵심적으로 중요한 규칙은 존치하되, 그것은 누구를 막론하고 반드시 지키게 하고 못 지키는 자는 퇴출시키는 정도로 벌칙을 대폭 강화해야 한다. 지키기도 어렵고 별 의미가 없어 관료들에게나 필요한 규제는 철폐해야 한다. 이렇게 제도를 정비하면 국가의 기능을 강화하면서도 규제는 오히려 완화될 것이다.

현대에도 귀감이 되는 포용적 제도

조선은 왕정이지만 왕이 혼자 다스리는 국가가 아니었다. 초기부터 군신공치의 이념에 따라 왕과 관료가 공동으로 통치하는 방식으로 권력 구조가 설계되어 있었다. 절대 군주인 왕이 모든 권력을 독단적으로 행하도록 방치하지 않고 권력의 견제와 권력의 분산을 위한 여러 제도를 갖추고 있었다. 그러한 의미에서 왕과 관료들의 정책 결정 기구는 중요한 역할을 했다.

임금은 매일 핵심 관료들과 함께 1회에서 3회의 경연을 열고 다양한 논의 기구에 참여했다. 이러한 논의에는 의정부, 육조판서, 홍문관, 사간원, 사헌부, 예문관, 승정원 고위 관료들뿐만 아니라 6품 이상 문관과 4품 이상 무관도 참여했고, 현직뿐만 아니라 전직 관료도 정책에 참여할 길이 있었다. 참으로 다양한 소통과 논의 기구가 있었다.

이런 제도적 틀을 갖춘 가운데 국정의 주요 과제에 대해 임금이 주재하는 상시적인 어전회의에서 치열한 논의를 반복했다. 찬성하는 사람이나 반대하는 사람이나 최고 정책 결정자 앞에서 당당하게 자신의 논리를 제시하고 토론했다. 논의에 직접 참여하지 않은 사람들도 상소를 통해 자신의 주장을 상세하게 진술하고 이것이 어전회의에서 논의되는 개방적인 제도가 작동하고 있었다. 각자의 주장과 논의 과정을 사관이 상세히 기록함으로써 후대에 전한 것도 조선의 좋은 제도였다.

17세기와 18세기의 가장 중요한 제도 개혁이었던 대동법 논의에는 당대의 학자 관료들이 대부분 참여해 의견을 개진했다. 조선 양반과 성리학자들의 국정 참여도와 책임감을 보여주는 사례였다. 백성에게 부담을 주는 주요 제도를 시행할 때는 전국적으로 전면 실시하기 전에 두세 개의 도에 먼저 시범실시를 해보고 나서 그 성과를 평가해가며 점차 확대하는 융통성 있는 시행 방안도 채택했다. 지방 수령들에게 현지 실정을 파악해 민심의 동향과 애로사항 등을 보고하도록 지시해 그 결과에 따라 시행 여부, 범위, 방법 등을 결정하는 데 참고했다. 제도 변경에 있어서 실제 이를 시행할 지역의 민심과 현지 실정을 중시한 것은 현대의 시각에서도 돋보이는 대목이다.

공법이나 대동법과 같은 핵심 민생 과제에 대한 대부분의 논의는 정파적인 이해를 벗어나, 현실에 대한 판단과 정책의 우선순위에서의 개인 간 철학 차이에서 비롯되었다는 점도 주목해야 할 점이다. 소속 정파의 입장에 따라 개인의 소신과 관계없이 무조건 찬성, 반대하는 것이 아니라 자기 자신의 소신에 따라 당당하게 의견을 개진했다. 당시에도 당파 싸움이 있었으나 적어도 민생 과제인 대동법 시행 여부를 둘러싸고 자신과 다른 의견을 정치적 입장에서 매도하거나 반대파를 처벌하는 등의 행위는 하지 않았다. 향촌의 지도자인 양반 사족들이 공물제도 개혁에 관해 지역민들의 정서를 대변했던 포용적인 역할도 높이 평가해야 할 것이다.

비록 정부와 관료 그룹 중심으로 작동했지만, 대동법 결정 과정에서 발휘했던 소통과 협의 조정 메커니즘은 매우 훌륭한 것이었다. 그런데 지금은 이런 좋은 제도가 쇠퇴하고 소통 곤란, 조정 미흡, 대화 부족 등의 문제가 중앙 정부와 지방 정부, 공과 사의 각 부문에 만연해 있다. 조선의 정책 결정 과정의 개방적인 제도는 오늘날에도 참고해 본받아야 할 것이다.

우리는 강한 국가에 살고 있는가

전 국토를 황폐화시키고 수많은 인명을 희생시킨 임진왜란 이후에 조선은 누구에게 이 전쟁의 책임이 있고, 다시 이런 전란을 야기하지 않으려면 어떤 혁신이 필요한지에 대해 처절한 반성을 했어야 했다. 이 재난에 책임을 졌어야 할 주체는 임금과 관료, 제도와 성리학 등 통치의 핵심 기제들이었다. 그러나 조선은 아무도 책임을 인정하지 않았다. 제도의 혁신을 추진하기 전에 다른 이슈에 대한 당쟁으로 문제의 본질과 책임의 소재가 희석되고 있었다.

조선은 임진왜란을 겪고 나서 병자호란까지 30년 이상의 시간적 여유가 있었다. 그 기간에 위기를 초래한 근본 원인을 찾아내고 국가의 역량을 결집할 대대적인 혁신을 했더라면 또 다른 존망의 위기를 겪지 않았을 것이다. 왜란이 끝나고 국란 극복과 국가 개혁에 몰두했어야 할 광해군 대에도 임해군, 영창대군의 옥사 등 새로운 정쟁으로 많은 사람들이 희생되었다. 이렇게 편을 가르고 인재를 희생시키며 국론이 분열되는 폐쇄적인 체제에서는 국가를 개조할 개혁의 여력이 없었다. 오히려 광해군을 몰아낸 인조반정 등 정권 교체와 붕당 교체가 이루어지며 혼란만을 초래했을 뿐이다. 정권 교체도 개혁을 위한 것이 아니라 붕당 간 세력투쟁의 산물이었다. 그래서 개혁다운 개혁을 하지 못하고 귀중한 시간을 낭비하면서 병자호란을 초래한 것이다.

최근 지속되는 세계 경제위기, 고용절벽, 세월호 사건, 메르스 사태와 같은 위기를 겪으면서 우리는 전면적으로 국가 시스템을 개조해야 한다는 사회적 공감대를 형성했다. 그런데 국가 개조가 필요하다는 문제 제기만 있었을 뿐 아직도 개조를 위한 획기적인 청사진이 마련된 바가 없고 특별한 합의가 형성된 바도 없다. 국가 존망의 위기를 맞고도 책임을 묻거나 반성하지 않고 근본적인 혁신을 못 했던 조선의 전통은 지금도 이어지고 있는 것인가? 북한의 핵 위협, 중국의 부상과 일본의 견제 등으로 한국은 강대국의 틈바구니에서 생존을 위한 국가 혁신을 단행해야할 때이나 당파 간, 이해당사자 간 타협과 양보를 하지 못하고 있다.

포용적인 경제제도는 진입장벽을 제거해 누구나 참여해 자유롭게 경제활동을 할 수 있도록 하고 어느 한 집단이 경제지대를 독점해 다른 계층으로 돌아갈 몫까지 착취하지 않도록 하는 제도이다. 경제활동의 성과를 다른 계층에게 빼앗기지 않고 자기 스스로 확보할 수 있게 보장하는 것이 핵심이다. 포용적인 정치제도는 다양한 집단을 정책 결정 과정에 참여시키고 어느 특정 세력 집단이 독주하지 않게 하며 집단 간의 이견을 대화와 타협으로 조정하는 제도이다. 구체적으로 어떻게 제도화하느냐에 대해서는 특정 사안을 놓고 함께 토론하며 결정하는 것이 최선이다. 우리 사회 곳곳에 남아 있는 불합리한 기득권, 비정상적 특권, 과도한 지대추구 행위, 불공정과 불공평도 폐쇄적인 제도의 결과물이다.

결국 포용, 관용과 통합의 원칙으로 기득권과 부조리를 조정해가는 것이 중요하다.

조선이 이런 성격의 포용적이고 통합적인 제도를 갖지 못하고 지배층이 포용과 관용의 리더십을 발휘하지 못해 쇠퇴했는데, 오늘날에도 이러한 문제는 그대로 남아 있다. 최근 여러 정권에서 규제 완화를 정부의 우선 과제로 내세우고 있으나 실효를 보지 못하고 오히려 실질적인 규제의 강도는 더 강화되는 실정이다. 정부는 규제가 경제성장을 저해하는 암 덩어리 또는 손톱 밑의 가시라는 인식하에 이를 혁파하겠다는 야무진 의지만 보이고 있다. 역대 정부도 대개 강한 의욕으로 시작은 했으나 결과적으로는 성과를 내지 못했다. 정부는 기득권층의 반대, 이익집단 간의 의견 조정 실패, 국민적 공감대 조성 등에서 성과를 내지 못하고 무기력한 모습을 보이고 있다. 약한 국가의 문제이다.

집단 간의 갈등이 심하고 정부에서 조정하기 어려운 문제를 풀기 위해서는 사회적인 공감대 형성이 중요하다. 사회 각계를 대표하는 지도층이나 지식인이 참여해 대화하며 관용과 포용의 리더십을 발휘해야 한다. 조선 역사에서 가장 아쉬운 부분은 지배계층에서 포용과 관용의 리더십이 부족했다는 것이다. 다른 사람의 사상, 종교, 문화도 가치가 있다는 것을 인정하고 수용해야 한다. 이런 관용의 전통이 확립되어야 양보와 타협도 가능하게 될 것이다. 여기에는 지식인의 주도적인 역할이 중요하다.

프랜시스 후쿠야마는 나라가 발전하려면 강한 국가를 가져야 한다고 주장한다. 강한 국가는 국가의 역량이 강한 것을 의미하지 국가가 이것저것 개입하려고 정부 기능을 분별없이 확대하는 것을 의미하지 않는다. 국가의 역량을 강화하려면 법치주의를 구현하되 국가의 핵심적인 법제가 확실하게 실행되도록 해야 한다. 국가 기능을 무리하게 확대하기보다는 핵심적인 기능에 집중하되 원칙을 철저하게 확립하는 것이 국가의 역량을 강화하는 길이다. 대기업과 중소기업 간의 격차 확대도 근본적으로는 불공정한 거래제도와 불공정한 제도 집행에서 비롯된 것이다. 성과보다는 연공에 따른 임금체계, 대기업 정규직에 대한 과도한 보호와 비정규직에 대한 차별 등의 문제도 공정하지 못한 노동시장제도에서 원인을 찾아야 할 것이다.

미국 같은 선진국에서는 국민의 생명과 재산 보호, 치안과 질서 유지, 재난 관리, 조세 징수, 공정거래 질서 등 국가의 핵심 역량이 강력히 시행된다. 법은 예외 없이 엄정하게 집행된다. 탈세를 하거나 공정거래 질서를 어기는 기업에는 혹독한 대가를 치르게 한다. 미국에서는 시위대열이 경찰 저지선을 넘는 경우 경찰이 의회 의원에게도 수갑을 채워 연행하는 모습을 언론에서 볼 수 있다. 이것이 강한 국가의 면모이다. 누구도 국가의 권능을 무시하지 못하게 하고 이익집단, 지역, 계층 간의 갈등에 대해서 국가가 조정하면 그대로 수용하도록 권위를 갖는 것이 강한 국가의 조건이다.

한국은 강한 국가인가? 국민의 생명과 재산을 잘 지켜준다는 확신이 서는가? 이익집단 간에 갈등이 있을 때 국가의 권능으로 신속히 조정하는가? 불행히도 그렇다고 동의하기 어렵다. 우리는 국가의 역량 강화라는 측면에 별 관심을 갖지 못했다. 국가 역량의 강화를 마치 국가 기능의 양적 확대로 생각하는 정치가와 관료가 아직도 많이 존재한다. 위기 관리와 질서 유지 등 핵심 국가 기능도 제대로 발휘하지 못하는데, 정치권은 시장에 맡겨야 할 영역에까지 국가의 조직과 기능을 확대하는 입법을 양산하는 데 몰두하고 있다. 그 결과 정권 출범 때마다 규제 개혁을 외치지만 결과적으로는 규제의 질과 양이 모두 증가해왔던 것이다.

　대통령을 비롯한 여야 정치인들이 자기를 선출해준 국민의 지지를 바탕으로 이익집단의 무리한 요구나 반대를 설득하고 조정해야 한다. 정치인들은 국가와 국민을 위해 바로 이런 일을 하겠다고 국민의 지지를 호소했고 그래서 선출된 사람들이다. 정치인들이 눈앞의 표만 좇아 이익집단을 편드는 데 앞장서지 말고 국가의 역량을 강화해 강한 한국을 만드는 데 앞장서기를 기대한다. 조선의 제도에서 배우는 교훈이다.

주

1장 / 조선은 왜 가난했을까

1) 김학준, 《서양인들이 관찰한 후기조선》, 서강대학교 출판부, 2010.

2) 〈신보〉, 1876년 3월 1일, 137쪽 기사에서 재인용.

3) 박원호 외, 《15~19세기 중국인의 조선인식》, 고구려연구재단, 2005, 143.

4) 위의 책, 145.

5) 아사오 나오히로 외 엮음, 이계황 외 옮김, 《새로 쓴 일본사》, 창비, 2003, 220~221.

6) 유홍준, 《나의 문화유산답사기 일본편 1 규슈》, 창비, 2013.

7) 한국18세기학회, 《18세기 한일문화교류의 양상》, 태학사, 2007, 130에서 재인용.

8) 정장식, 《통신사를 따라 일본 에도시대를 가다》, 고즈윈, 2005, 66에서 재인용.

9) 위의 책, 118~121.

10) 위의 책, 203~205.

11) 위의 책, 84~87.

12) 위의 책, 160~174.

2장 / 제도가 만든 경제성장의 차이

1) 애덤 스미스, 김수행 옮김, 《국부론 상: 개역판》, 비봉출판사, 2007, 661.

2) 비공식적 제도에 관한 부분은 다음 논문을 참고했다. 일부 번역상의 차이는 원본을 참조할
   것. Douglass North, "Institutions, Institutional Change and Economic Performance", Cambridge

University Press, 1990, 36~37.

3) 대런 애쓰모글루 · 제임스 로빈슨, 최완규 옮김, 《국가는 왜 실패하는가》, 시공사, 2012, 118~121. 이후에는 《국가는 왜 실패하는가》로만 표기했다.

4) 위의 책, 126~127.

5) 존 P. 파월슨, 권기대 옮김, 《부와 빈곤의 역사》, 나남출판, 2007, 32~33.

6) 위의 책, 26~36.

7) 《국가는 왜 실패하는가》, 109~110.

8) 위의 책, 326.

3장 / 조선 초기의 제도

1) 제임스 B. 팔레, 김범 옮김, 《유교적 경세론과 조선의 제도들: 유형원과 조선 후기》, 산처럼, 2008, 49~88. 이후에는 《유교적 경세론과 조선의 제도들》로만 표기했다.

2) 위의 책, 49~88.

3) 송복, 《서애 류성룡 위대한 만남》, 지식마당, 2007, 453.

4) 위의 책, 49.

5) 이성무, 《조선시대당쟁사 1: 사림정치와 당쟁: 선조조~현종조》, 아름다운날, 2007, 215~222.

4장 / 포용적 정치제도

1) 한영우, 《다시 찾는 우리 역사》 2권, 경세원, 2004, 76.

2) 오항녕, 《조선의 힘: 조선, 500년 문명의 역동성을 찾다》, 역사비평사, 2010, 71~72.

3) 프랜시스 후쿠야마, 안진환 옮김, 《프랜시스 후쿠야마의 강한 국가의 조건》, 황금가지, 2005, 378.

4) 이정철, 《대동법, 조선 최고의 개혁: 백성은 먹는 것을 하늘로 삼는다》, 역사비평사, 2010, 46~47.

5) 이헌창의 2008년 강의, 〈잠곡 김육〉, 한국역사문화연구원.

6) 이헌창, 《한국경제통사》 제6판, 해남, 2014, 92~93.

5장 / 조선의 유교화

1) 샤를 달레, 정기수 옮김, 《조선교회사서론》, 탐구당, 1992, 281~282.

6장 / 지식의 국가 독점

1) 데이비드 S. 랜즈, 안진환·최소영 옮김, 《국가의 부와 빈곤》, 한국경제신문사, 2009, 297.

2) 《국가는 왜 실패하는가》, 312~314.

3) 강명관, 《조선시대 책과 지식의 역사: 조선의 책과 지식은 조선사회와 어떻게 만나고 헤어졌을까?》, 천년의상상, 2014, 139~145. 이후에는 《조선시대 책과 지식의 역사》로만 표기했다.

4) 위의 책, 112~113; 이재정, 《조선출판주식회사》, 안티쿠스, 2008, 218~219.

5) 《조선시대 책과 지식의 역사》, 111.

6) 이재정, 《조선출판주식회사》, 안티쿠스, 2008, 200.

7) 《조선시대 책과 지식의 역사》, 123.

8) 《조선시대 책과 지식의 역사》, 282.

9) 위의 책, 250.

10) 위의 책, 250~253.

11) 로버트 L. 하일브로너, 장상환 옮김, 《세속의 철학자들: 위대한 경제사상가들의 생애, 시대와 아이디어》, 이마고, 2008, 95.

12) 《조선시대 책과 지식의 역사》, 397.

13) 이재정, 《조선출판주식회사》, 안티쿠스, 2008, 147

14) 위의 책, 277

15) 신양선, 《조선중기 서지사 연구: 16세기 관찬서를 중심으로》, 혜안, 2012, 46~54.

16) 위의 책, 153.

17) 《조선시대 책과 지식의 역사》, 373.

18) 안대회, 《선비답게 산다는 것》, 푸른역사, 2007, 210~212.

19) 안대회, 《조선의 프로페셔널: 자신이 믿는 한 가지 일에 조건 없이 도전한 사람들》, 휴머니스트, 2007, 247~250.

20) 콜린 존스, 방문숙·이호영 옮김, 《사진과 그림으로 보는 케임브리지 프랑스사》, 시공사, 2001, 125~130; 158~159.

21) 이헌창,《한국경제통사》제6판, 해남, 2014, 192~193.

7장 / 통치의 기반, 관료제와 양반

1) 프랜시스 후쿠야마, 안진환 옮김,《프랜시스 후쿠야마의 강한 국가의 조건》, 황금가지, 2005, 144.
2) 샤를 달레, 정기수 옮김,《조선교회사서론》, 탐구당, 1992, 179.
3) 위의 책, 179~180.
4) 이성무,《조선초기 양반연구》, 한국학술정보, 2001.
5) 한국고문서학회,《조선시대 생활사 3 : 의식주, 살아있는 조선의 풍경》, 역사비평사, 2006, 53~55.
6) 규장각한국학연구원 엮음,《조선 양반의 일생》, 글항아리, 2009, 107.
7) 위의 책, 155.

8장 / 지방의 실질적 지배자, 사족과 향리

1) 노혜경,《조선후기 수령 행정의 실제 : 황윤석의 〈이재난고〉를 중심으로》, 혜안, 2006, 115.
2) 위의 책, 24.
3) 전형택,《조선 양반사회와 노비》, 문현, 2010, 86~92.
4) 한국고문서학회,《조선의 일상, 법정에 서다 : 조선시대 생활사 4》, 역사비평사, 2013, 266~274.
5) 규장각한국학연구원 엮음,《조선 양반의 일생》, 글항아리, 2009, 314~320.
6) 이영훈, "한국형 시장경제체제의 토대로서 사회의 역사적 특질", 〈낙성대경제연구소 Working paper〉 2014년 1월호, 2014, 제11장.
7) 이세영,《조선후기 정치경제사》, 혜안, 2001, 175.
8) 위의 책, 177에서 재인용.
9) 위의 책에서 재인용. 정조실록, 정조 12년 1월 7일, 장령 오익환의 상소이다.
10) 한국고문서학회,《조선의 일상, 법정에 서다 : 조선시대 생활사 4》, 역사비평사, 2013, 238.
11) 권기중,《조선시대 향리와 지방사회》, 경인문화사, 2010, 24.
12) 위의 책, 39.

13) 한국고문서학회, 《조선시대 생활사》, 역사비평사, 1996, 271~274.

14) 노혜경, 《조선후기 수령 행정의 실제: 황윤석의 〈이재난고〉를 중심으로》, 혜안, 2006, 253~255.

15) 권기중, 《조선시대 향리와 지방사회》, 경인문화사, 2010, 44에서 재인용.

16) 위의 책, 20에서 재인용.

9장 / 착취적 신분제의 대명사, 노비제도

1) 《고려사高麗史》의 〈형법지〉 노비서에 첨부된 최승로의 상소문을 인용한 것이다.

2) 《유교적 경세론과 조선의 제도들》, 306

3) 윤내현, 《사료로 보는 우리 고대사: 동북공정 논란을 둘러싼 진실게임》, 지식산업사, 2007, 163~164.

4) 한국고문서학회, 《조선시대 생활사》, 역사비평사, 1996, 317~320에서 재인용.

5) 한국고문서학회, 《조선시대 생활사 2》, 역사비평사, 2001, 105~106.

6) 한국고문서학회, 《조선의 일상, 법정에 서다: 조선시대 생활사 4》, 역사비평사, 2013, 81~83에서 재인용.

7) 이헌창, 《한국경제통사》 제6판, 해남, 2014, 224~225.

8) 위의 책, 224~225.

10장 / 폐쇄적 정치제도

1) 데이비드 S. 랜즈, 안진환·최소영 옮김, 《국가의 부와 빈곤》, 한국경제신문사, 2009, 108~109에서 재인용.

2) 범문란, 박종일 옮김, 《중국통사: 20세기 중국 사학 명저》 하권, 인간사랑, 2009, 344~345.

3) 한영우, 《정도전: 왕조의 설계자》, 지식산업사, 1999, 88~90.

4) 프랜시스 후쿠야마, 《프랜시스 후쿠야마의 강한 국가의 조건》, 황금가지, 2005, 2.

5) 한영우, 《정도전: 왕조의 설계자》, 지식산업사, 1999, 137.

6) 이황, 《퇴계선집》, 윤사순 옮김, 현암사, 2007, 59.

7) 《유교적 경세론과 조선의 제도들》, 31~32.

8) 송복, 《서애 류성룡 위대한 만남》, 지식마당, 2007, 429~431.

9) 한영우, 《과거, 출세의 사다리 2: 족보를 통해 본 조선 문과급제자의 신분이동 광해군-영

조 대》, 지식산업사, 2013, 164~165.

10) 한영우, 《정도전: 왕조의 설계자》, 지식산업사, 1999, 142.

11장 / 포용적 경제제도는 존재했는가

1) 한영우, 《과거, 출세의 사다리 2: 족보를 통해 본 조선 문과급제자의 신분이동 광해군-영조 대》, 지식산업사, 2013, 61~62.

2) 이경식, 《한국 중세 토지제도사: 조선전기》, 서울대학교출판부, 2006, 5~10.

3) 한영우, 《과거, 출세의 사다리 2: 족보를 통해 본 조선 문과급제자의 신분이동 광해군-영조 대》, 지식산업사, 2013, 131~132.

4) 《유교적 경세론과 조선의 제도들》, 445~446.

5) 위의 책, 452에서 재인용.

6) 위의 책, 545.

7) 이영훈, 《한국경제사》, 일조각, 근간 예정

8) 한영우, 《과거, 출세의 사다리 2: 족보를 통해 본 조선 문과급제자의 신분이동 광해군-영조 대》, 지식산업사, 2013, 82~83.

9) 이헌창, 《한국경제통사》 제6판, 해남, 2014, 92.

10) 위의 책, 96.

11) 위의 책, 96~99.

12) 이헌창, "반계 유형원의 경제사상에 관한 연구", 〈조선시대사학보〉 10권 61~96, 조선시대사학회, 1999, 65~67.

13) 이헌창, 《한국경제통사》 제6판, 해남, 2014, 99~100.

14) 위의 책, 54.

15) 노용필 외, 《한국문화사의 이해》, 신구문화사, 2006, 248.

16) 이헌창, 《한국경제통사》 제6판, 해남, 2014, 176~184.

17) 《유교적 경세론과 조선의 제도들》, 520.

18) 이헌창 외, 《조선후기 재정과 시장: 경제체제론의 접근》, 서울대학교출판문화원, 2010, 446~447.

19) 이헌창, 《한국경제통사》 제6판, 해남, 2014, 27~28.

20) 《유교적 경세론과 조선의 제도들》, 517~518.

21) 한영우, 《과거, 출세의 사다리 2: 족보를 통해 본 조선 문과급제자의 신분이동 광해군-영조 대》, 지식산업사, 2013, 192~194.

22) 한국고문서학회, 《조선시대 생활사》, 역사비평사, 1996, 461~469.

23) 이헌창, 《한국경제통사》 제6판, 해남, 2014, 142~143.

12장 / 상공업을 억제한 조선

1) 데이비드 S. 랜즈, 안진환 · 최소영 옮김, 《국가의 부와 빈곤》, 한국경제신문사, 2009, 295.

2) 범문란, 박종일 옮김, 《중국통사: 20세기 중국 사학 명저》 상권, 인간사랑, 2009, 247.

3) 위의 책, 176~177.

4) 위의 책, 247~248.

5) 존 킹 페어뱅크, 김형종 · 신성곤 옮김, 《신중국사》, 까치, 2005, 164~173.

6) 위의 책, 172~173.

7) 데이비드 S. 랜즈, 안진환 · 최소영 옮김, 《국가의 부와 빈곤》, 한국경제신문사, 2009, 163.

8) 위의 책, 164.

9) 위의 책, 285에서 재인용.

10) 위의 책, 286.

11) 이헌창, 《한국경제통사》 제6판, 해남, 2014, 220.

12) 박제가, 안대회 옮김, 《북학의: 완역 정본》, 돌베개, 2013, 135~136.

13) 이헌창, 《한국경제통사》 제6판, 해남, 2014, 163~165.

13장 / 재산권과 조세제도

1) 한국고문서학회, 《조선의 일상, 법정에 서다: 조선시대 생활사 4》, 역사비평사, 2013, 120.

2) 위의 책, 122~130.

3) 위의 책, 146~147.

4) 위의 책, 436~439.

5) 위의 책, 436~439.

6) 신용하, 《조선후기 실학파의 사회사상 연구》, 지식산업사, 1997, 239~253.

7) 한영우, 《과거, 출세의 사다리 2: 족보를 통해 본 조선 문과급제자의 신분이동 광해군-영조대》, 지식산업사, 2013, 228.

8) 이헌창,《한국경제통사》제6판, 해남, 2014, 95.

9)《국가는 왜 실패하는가》, 286~287.

10) 이헌창,《한국경제통사》제6판, 해남, 2014, 97.

11) 범문란, 박종일 옮김,《중국통사: 20세기 중국 사학 명저》하권, 인간사랑, 2009, 94~96.

12) 한영우,《과거, 출세의 사다리 2: 족보를 통해 본 조선 문과급제자의 신분이동 광해군-영조 대》, 지식산업사, 2013, 187.

13)《유교적 경세론과 조선의 제도들》2권, 661.

14)《유교적 경세론과 조선의 제도들》, 670.

15) 위의 책, 774, 779.

16) 위의 책, 780~782.

17)《유교적 경세론과 조선의 제도들》2권, 561~564.

18) 위의 책, 534.

19) 이헌창,《한국경제통사》제6판, 해남, 2014, 121~123.

강명관, 《조선시대 책과 지식의 역사: 조선의 책과 지식은 조선사회와 어떻게 만나고 헤어졌을까?》, 천년의상상, 2014.

강진아, "16~19세기 동아시아 무역권의 세계사적 변용", 백영서 외, 《동아시아의 지역질서》, 창비, 2005.

권내현, 《노비에서 양반으로, 그 머나먼 여정: 어느 노비 가계 2백 년의 기록》, 역사비평사, 2014.

권기중, 《조선시대 향리와 지방사회》, 경인문화사, 2010.

규장각한국학연구원 엮음, 《조선 양반의 일생》, 글항아리, 2009.

그레고리 클라크, 이은주 옮김, 《맬서스, 산업혁명 그리고 이해할 수 없는 신세계》, 한스미디어, 2009.

김대길, 《시장을 열지 못하게 하라: 조선시대의 상인과 시장 이야기》, 가람기획, 2000.

김준보, 《한국근대경제사 특강》, 연세대학교 대학출판문화원, 1993.

김태영, 《유형원: 국가개혁안을 제시한 실학의 비조》, 민속원, 2011.

김학준, 《서양인들이 관찰한 후기조선》, 서강대학교 출판부, 2010.

노용필 외, 《한국문화사의 이해》, 신구문화사, 2006.

노혜경, 《조선후기 수령 행정의 실제: 황윤석의 〈이재난고〉를 중심으로》, 혜안, 2006.

대런 애쓰모글루 · 제임스 로빈슨, 최완규 옮김, 《국가는 왜 실패하는가》, 시공사, 2012.

더글러스 C. 노스, 이병기 옮김, 《제도 · 제도변화 · 경제적 성과》, 자유기업센터, 1996.

더글러스 C. 노스 · 로버트 폴 토머스, 이상호 옮김, 《서구세계의 성장: 새로운 경제사》, 자유기업센터, 1999.

데이비드 S. 랜즈, 안진환 · 최소영 옮김,《국가의 부와 빈곤》, 한국경제신문사, 2009.

데이비드 워시, 김민주 · 송희령 옮김,《지식경제학 미스터리》, 김영사, 2008.

데이비드 N. 웨일, 백웅기 · 김민성 옮김,《경제 성장론》, 시그마프레스, 2013.

로버트 L. 하일브로너, 장상환 옮김,《세속의 철학자들: 위대한 경제사상가들의 생애, 시대와 아이디어》, 이마고, 2008.

론도 캐머런 · 래리 닐, 이헌대 옮김,《간결한 세계경제사》, 에코피아, 2009.

마르티나 도이힐러, 이훈상 옮김,《한국 사회의 유교적 변환》아카넷, 2003.

마틴 키친, 유정희 옮김,《사진과 그림으로 보는 케임브리지 독일사》, 시공사, 2001.

막스 베버, 박성수 옮김,《프로테스탄티즘의 윤리와 자본주의 정신》, 문예출판사 1988.

문소영,《못난 조선: 16~18세기 조선 일본 비교》, 나남, 2013.

미야사카 유쇼, 편집부 옮김,《불교에서 본 경제사상》, 여래, 1991.

미와 료이치, 권혁기 옮김,《일본경제사》, 보고사, 2005.

박영규,《한권으로 읽는 세종대왕실록》, 웅진지식하우스, 2008.

박원호 외,《15~19세기 중국인의 조선인식》, 고구려연구재단, 2005.

박은숙,《시장의 역사: 교양으로 읽는 시장과 상인의 변천사》, 역사비평사, 2008.

박제가, 안대회 옮김,《북학의: 완역 정본》, 돌베개, 2013.

박종기,《새로 쓴 500년 고려사: 박종기 교수의 살아있는 역사 읽기》, 푸른역사, 2008.

박지원, 고산 옮김,《열하일기》, 동서문화사, 2010.

박지향,《영국사: 보수와 개혁의 드라마》, 까치, 2007.

백영서 외,《동아시아의 지역질서: 제국을 넘어 공동체로》, 창비, 2005.

범문란, 박종일 옮김,《중국통사: 20세기 중국 사학 명저》, 인간사랑, 2009.

샤를 달레, 정기수 옮김,《조선교회사서론》, 탐구당, 1992.

송복,《서애 류성룡 위대한 만남》, 지식마당, 2007.

스유엔, 김태성 · 정윤철 옮김,《상경: 14억 중국인의 경영 정신이 된 최고의 경전》, 더난출판사, 2008.

시오노 나나미, 김석희 옮김,《로마인 이야기 1: 로마는 하루아침에 이루어지지 않았다》, 한길사, 1996.

신양선,《조선중기 서지사 연구: 16세기 관찬서를 중심으로》, 혜안, 2012.

아사오 나오히로 외 엮음, 이계황 외 옮김,《새로 쓴 일본사》, 창비, 2003.

안대회, 《선비답게 산다는 것》, 푸른역사, 2007.

　《조선의 프로페셔널: 자신이 믿는 한 가지 일에 조건 없이 도전한 사람들》, 휴머니스트, 2007.

애덤 스미스, 김수행 옮김, 《국부론 상, 하: 개역판》, 비봉출판사, 2007.

에른스트 J. 오페르트, 신복룡 옮김, 《금단의 나라 조선》, 집문당, 2000.

에릭 홉스봄, 정도영·차명수 옮김, 《혁명의 시대: 시민혁명과 산업혁명》, 한길사, 1998.

오항녕, 《조선의 힘: 조선, 500년 문명의 역동성을 찾다》, 역사비평사, 2010.

유득공, 송기호 엮음, 《발해고》, 홍익출판사, 2000.

유광호, 《한국경제의 근대화과정: 근대 한국경제사》, 유풍출판사, 2007.

유수원, 한영국 옮김, 《우서 I, II》, 재단법인 민족문화추진회, 1981.

유형원, 《磻溪隧錄》, 여강출판사, 1991 (이 책은 1959년 조선과학원 고전연구소에서 나온 책을 재인쇄한 것이다).

　한장경 옮김, 《磻溪隧錄》, 충남대학교 출판부, 1962.

유홍준, 《나의 문화유산답사기 일본편 1 규슈: 빛은 한반도로부터》, 창비, 2013.

윤내현, 《사료로 보는 우리 고대사: 동북공정 논란을 둘러싼 진실게임》, 지식산업사, 2007.

이경식, 《한국 중세 토지제도사: 조선전기》, 서울대학교출판부, 2006.

이덕일, 《당쟁으로 보는 조선역사》, 석필, 1997.

이사벨라 B. 비숍, 신복룡 옮김, 《조선과 그 이웃 나라들》, 집문당, 2013.

이성무, 《조선초기 양반연구》, 한국학술정보, 2001.

　《조선시대당쟁사 1: 사림정치와 당쟁: 선조조~현종조》, 아름다운날, 2007.

　《조선시대당쟁사 2: 탕평과 세도정치: 숙종조~고종조》, 아름다운날, 2007.

이세영, 《조선후기 정치경제사》, 혜안, 2001.

이영훈, "19세기 조선왕조 경제체제의 위기", 〈조선시대사학보〉 43권 267~296, 조선시대사학회, 2007.

　"19세기 서울시장의 역사적 특질", 〈경제사학〉 제48호 3~39, 경제사학회, 2010.

　"한국사회 갈등의 역사적 배경", 〈시대정신〉 제51호 여름, 한국선진화싱크탱크, 2011.

　"한국형 시장경제체제의 토대로서 사회의 역사적 특질", 〈낙성대경제연구소 Working paper〉 2014년 1월호, 2014.

　"총론: 한국형 시장경제체제를 찾아서", 이근·이근범 외, 《한국형 시장경제체제》, 서울대학교출판문화원, 2014.

《한국경제사》, 일조각, 근간 예정.

이이, 최영갑 엮음,《성학집요: 교양으로 읽는 율곡 성리학》, 풀빛, 2006.

이재정,《조선출판주식회사》, 안티쿠스, 2008.

이정철,《대동법, 조선 최고의 개혁: 백성은 먹는 것을 하늘로 삼는다》, 역사비평사, 2010.

이쿠타 사토시,《교양인을 위한 일본사》, 이재석 옮김, 청어람미디어, 2002.

이헌창, "1678~1865년간 화폐량과 화폐가치의 추이", 〈경제사학〉 제27호 3~45, 경제사학회, 1999.

　"반계 유형원의 경제사상에 관한 연구", 〈조선시대사학보〉 10권 61~96, 조선시대사학회, 1999.

　〈잠곡 김육〉, 한국역사문화연구원 역사 강좌 제8강, 2008년 4월 24일.

　"조선왕조의 경제통합체제와 그 변화에 관한 연구", 〈조선시대사학보〉 49권 175~226, 조선시대사학회, 2009.

　"박제가의 경제정책론: 조선시대 최고의 경제발전안", 〈한국경제포럼〉 5권 제1호 41~56, 한국경제학회, 2012.

　"조선시대 재산권, 계약제도에 관한 시론", 〈경제사학〉 제56호, 경제사학회, 2014.

　《한국경제통사》 제6판, 해남, 2014.

　"조선시대 경지소유권의 성장", 〈경제사학〉 제58호 3~52, 2015.

이헌창 외,《조선후기 재정과 시장: 경제체제론의 접근》, 서울대학교출판문화원, 2010.

이황, 윤사순 옮김,《퇴계선집》, 현암사, 2007.

임학성, "조선후기 신분별 인구구성비의 통계분석에서 나타난 양반층 인구의 점유율 급증의 원인", 정만조 · 한충희 · 김인걸 외,《조선의 정치와 사회》, 집문당, 2002.

자크 바전, 이희재 옮김,《새벽에서 황혼까지 1500-2000: 서양 문화사 500년》, 민음사, 2006.

전형택,《조선 양반사회와 노비》, 문현, 2010.

정도전, 박진훈 옮김,《삼봉집: 천줄읽기》, 지만지, 2011.

　심경호 옮김,《삼봉집: 조선을 설계하다》, 한국고전번역원, 2013.

정만조 · 한충희 · 김인걸 외,《조선의 정치와 사회》, 집문당, 2002.

정약용, 이익성 옮김,《경세유표》, 한길사, 1997.

　최박광 옮김,《목민심서》, 동서문화사, 2011.

정장식,《통신사를 따라 일본 에도시대를 가다》, 고즈윈, 2005.

제임스 B. 팔레, 김범 옮김,《유교적 경세론과 조선의 제도들 1, 2: 유형원과 조선 후기》, 산처럼, 2008.

조익,《포저집》, 한국고전번역원 제공, http://db.itkc.or.kr/index.jsp?bizName=MK.

존 로크, 강정인·문지영 옮김,《통치론》, 까치, 1996.

존 킹 페어뱅크·멀 골드만, 김형종·신성곤 옮김,《신중국사》, 까치, 2005.

존 P. 파월슨, 권기대 옮김,《부와 빈곤의 역사》, 나남출판, 2007.

주경철,《네덜란드: 튤립의 땅, 모든 자유가 당당한 나라》, 산처럼, 2003.

주공, 지재희·이준녕 옮김,《주례》, 자유문고, 2002.

찰스 P. 킨들버거, 주경철 옮김,《경제 강대국 흥망사 1500-1990》, 까치, 2004.

칼 폴라니, 홍기빈 옮김,《거대한 전환: 우리 시대의 정치·경제적 기원》, 길, 2009.

콜린 존스, 방문숙·이호영 옮김,《사진과 그림으로 보는 케임브리지 프랑스사》, 시공사, 2001.

패트리샤 버클리 에브리, 이동진·윤미경 옮김,《사진과 그림으로 보는 케임브리지 중국사》, 시공사, 2010.

폴 케네디, 이일주·전남석·황건 옮김,《강대국의 흥망》, 한국경제신문사, 1998.

프랜시스 후쿠야마, 안진환 옮김,《프랜시스 후쿠야마의 강한 국가의 조건》, 황금가지, 2005.

　함규진 옮김,《정치 질서의 기원》, 웅진지식하우스, 2012.

한명기,《병자호란 1, 2: 역사평설》, 푸른역사, 2013.

한영우,《정도전: 왕조의 설계자》, 지식산업사, 1999.

　《다시 찾는 우리 역사 1, 2, 3》, 경세원, 2004.

　《과거, 출세의 사다리: 족보를 통해 본 조선 문과급제자의 신분이동 태조-선조 대》, 지식산업사, 2013.

　《과거, 출세의 사다리 2: 족보를 통해 본 조선 문과급제자의 신분이동 광해군-영조 대》, 지식산업사, 2013.

　《과거, 출세의 사다리 3: 정조-철종 대》, 지식산업사, 2013.

　《과거, 출세의 사다리 4: 고종 대》, 지식산업사, 2014.

한국18세기학회,《18세기 한일문화교류의 양상》, 태학사, 2007.

한국고문서학회,《조선시대 생활사》, 역사비평사, 1996.

　《조선시대 생활사 2》, 역사비평사, 2001.

　《조선시대 생활사 3: 의식주, 살아있는 조선의 풍경》, 역사비평사, 2006.

《조선의 일상, 법정에 서다: 조선시대 생활사 4》, 역사비평사, 2013.

호사카 유지, 《조선 선비와 일본 사무라이》, 김영사, 2007.

황정하, "유럽의 금속활자 인쇄술: 구텐베르크의 발명", 〈인문과학〉 제97집 345~380, 2013.

Daron Acemoglu, Simon Johnson, James A. Robinson, "Institutions as a Fundamental Cause of Long-run Growth", Ed. Philippe Aghion, Steven N. Durlauf, Handbooks in Economics, Vol.1A, No.22(Elsevier, 2005).

Daron Acemoglu, 《Introduction to Modern Economic Growth》(Princeton: Princeton University Press, 2009).

Douglass North, 《Institutions, Institutional Change and Economic Performance》(Cambridge: Cambridge University Press, 1990).

"Markets and Other Allocation Systems in History: The Challenge of Karl Polanyi", Journal of European History, 1977.

Robert E. Hall, Charles I. Jones, "Why Do Some Countries Produce so Much More Output per Worker than Others?", The Quarterly Journal of Economics, Vol.114, No.1(Mass: MIT Press, 1999).

Paul M. Romer, "Endogenous Technical Change", The Journal of Political Economy, vol.98, no.5(Chicago: University of Chicago Press, 1990), 71~102.

조선은 왜
무너졌는가

ⓒ 정병석 2016

2016년 10월 25일 초판 1쇄 발행
2021년 2월 1일 초판 6쇄 발행

지은이 | 정병석
발행인 | 윤호권 박헌용
책임편집 | 최안나

발행처 | (주)시공사
출판등록 | 1989년 5월 10일(제3-248호)

주소 | 서울시 성동구 상원1길 22 7층(우편번호 04779)
전화 | 편집(02)2046-2861 · 마케팅(02)2046-2800
팩스 | 편집 · 마케팅(02)585-1755
홈페이지 | www.sigongsa.com

ISBN 978-89-527-7727-0 03910